SPECTACULUM · MODERNE THEATERSTÜCKE

SPECTACULUM 28

Sieben moderne Theaterstücke

Samuel Beckett – Thomas Bernhard – Thomas Brasch

Gerlind Reinshagen – Stefan Schütz

Botho Strauß – Alexander Wampilow

SUHRKAMP VERLAG

Erste Auflage 1978
© dieser Ausgabe 1978 Suhrkamp Verlag Frankfurt am Main. Alle
Rechte vorbehalten · Copyright der einzelnen Stücke am Schluß des
Bandes · Printed in Germany · Druck: MZ-Verlagsdruckerei GmbH,
Memmingen

Samuel Beckett

Damals

Deutsch von
Elmar Tophoven

Damals

Vorhang. Bühne im Dunkel. Licht, allmählich, aufs Gesicht des Hörers. Es erscheint des Hörers Gesicht etwa 3 m überm Bühnenboden, etwas abseits von der Bühnenmitte.
Altes, weißes Gesicht, Mähne nach oben ausgebreiteten weißen Haars wie das eines Liegenden.
Die Stimmen A B C sind seine eigenen, die von beiden Seiten und von oben zu ihm dringen. Sie gehen ineinander über ohne die geringste Unterbrechung des allgemeinen Redeflusses, abgesehen von den Stellen, wo Stille angegeben ist. Siehe Anweisung unten.
Stille 7 Sekunden. Die Augen des Hörers sind geöffnet. Sein langsames, regelmäßiges Atmen ist zu hören.

A damals als du rüberfuhrst das letzte Mal um zu sehen ob die Ruine noch da war wo du dich verstecktest als Kind wann war das *Augen schließen sich.* ein grauer Tag nahmst die Elf bis zum Ende der Strecke und weiter von dort aus nein keine Trambahnen mehr da alle nicht mehr schon lange damals als du rüberfuhrst um zu sehen ob die Ruine noch da war wo du dich verstecktest als Kind das letzte Mal keine Trambahn mehr da nur die alten Schienen wann war das

C als du reingingst aus dem Regen immer Winter damals immer Regen damals in der Porträtgalerie von der Straße rein aus Kälte und Regen reinschlichst wenn niemand hinguckte und durch die Räume zitternd und triefend bis du eine Bank fandest eine Marmorplatte und dich hinsetztest um auszuruhen um zu trocknen und los verdammt raus da wann war das

B auf dem Stein zusammen in der Sonne auf dem Stein am Rande des Wäldchens und so weit das Auge reichte der Weizen der gelb wurde dann und wann gelobend ihr liebtet einander nur ein Murmeln kein Berühren oder sowas ähnliches du an einem Ende des Steins sie am anderen ein langer niedriger Stein wie Sandstein keine Blicke nur da zusammen auf dem Stein in der Sonne mit dem Wäldchen dahinter zum Weizen schauend oder mit geschlossenen Augen alles still keine Spur von Leben keine Menschenseele ringsum kein Laut

A gleich runter vom Fährschiff und rauf mit dem Nachtgepäck zur Hauptstraße weder nach rechts noch nach links keinen Pfiff für die alten Szenen die alten Namen gleich den Hang rauf vom Kai zur Hauptstraße und da keine Drähte zu sehen nur die alten Schienen alle verrostet wann war das war deine Mutter noch ach um Gottes willen alle nicht mehr schon lange damals als du rüberfuhrst das letzte Mal um zu sehen ob die Ruine noch da war wo du dich verstecktest als Kind jemandes Tuskulum

C war deine Mutter noch ach um Gottes willen alle nicht mehr schon lange alle Staub allesamt du der Letzte da hockend auf der Platte in dem alten grünen Überzieher umfangen von deinen Armen wessen sonst umschlungen nur ein wenig Wärme um zu trocknen und los verdammt raus da und weiter zum nächsten keine Menschenseele ringsum nur du selbst und allenfalls ein Wärter herumdröselnd in seinen Filzschlappen kein Laut zu hören nur dann und wann das Schlurfen von Filz näherkommend und dann dahinschwindend

B alles still nur die Blätter und Ähren und ihr auch still auf dem Stein wie betäubt kein Laut

kein einziges Wort nur dann und wann um zu geloben ihr liebtet einander nur ein Murmeln das einzige das stets zu Tränen rührte bis sie trockneten ein für allemal dieser Gedanke wenn er aufkam inmitten der anderen auftauchte diese Szene

A Tuohy war es Tuohy's Tuskulum ein Turmstumpf immer noch da alles andere Trümmer
und Nesseln wo schliefst du kein Freund kein einziges Heim mehr war es die Absteige am
Strand wo du nein sie war bei dir damals immer noch bei dir damals nur die eine Nacht
jedenfalls runter vom Fährschiff eines Morgens und wieder rauf am nächsten um zu sehen
ob die Ruine noch da war wo nie jemand hinkam wo du dich verstecktest als Kind heim-
lich weg wenn niemand hinguckte um dich da zu verstecken den ganzen Tag auf einem
Stein inmitten der Nesseln mit deinem Bilderbuch

C bis du den Kopf hobst und da vor deinen Augen als sie sich öffneten ein riesiges Ölge-
mälde schwarz vor Alter und Schmutz jemand Berühmtes seinerzeit irgend eine Berühmt-
heit ein Mann eine Frau oder gar ein Kind ein junger Prinz oder eine Prinzessin irgendein
junger Prinz oder eine Prinzessin edlen Geblüts schwarz vor Alter hinter dem Glas wo
nach und nach während du darauf stiertest um herauszukriegen was es war nach und nach
ausgerechnet ein Gesicht auftauchte so daß du dich umdrehtest auf der Platte um zu sehen
wer das war da an deinem Ellbogen

B auf dem Stein in der Sonne zum Weizen schauend oder zum Himmel oder mit geschlossenen Augen nichts zu sehen nur der Weizen der gelb wurde und der blaue Himmel dann
und wann gelobend ihr liebtet einander nur ein Murmeln Tränen unausbleiblich bis sie
trockneten ein für allemal plötzlich da in was für Gedanken du auch sein mochtest in was
für Szenen vielleicht weit weg in der Kindheit oder im Mutterleib das Allerschlimmste
oder bei jenem alten Chinesen lange vor Christus mit langem weißem Haar geboren

C nie mehr derselbe danach nie mehr ganz derselbe doch das war nichts Neues wenn es dies
nicht war so war es jenes was Alltägliches etwas wonach du nie mehr derselbe sein konntest dich herumschleppend Jahr um Jahr versunken in deinem lebenslangen Dreck zu dir
selber flüsternd zu wem sonst du wirst nie mehr derselbe sein hiernach du warst nie mehr
derselbe danach

A oder zu dir selber sprechend zu wem sonst vor dich hin erdachte Gespräche das war dir
eine Kindheit zehn oder elf auf einem Stein inmitten riesiger Nesseln es alles erfindend
bald eine Stimme bald eine andere bis du heiser warst und sie alle gleich klangen bis tief in
die Nacht je nach Stimmung im Finstern oder Mondschein und sie alle draußen auf den
Straßen nach dir suchend

B oder am Fenster im Finstern auf die Eule horchend keinen Gedanken in deinem Kopf bis
schwer zu glauben immer schwerer zu glauben daß du je jemandem sagtest du liebtest ihn
oder jemand dir bis nur noch eines von diesen Dingen die du immerzu erfandest um die
Leere abzuwehren nur noch eines von den alten Märchen um die Leere nicht hereinströ-
men zu lassen über dich das Grabtuch
Stille 10 Sekunden. Hörbares Atmen. Nach 3 Sekunden Augen öffnen sich.

C nie mehr derselbe aber derselbe wie was um Gottes willen sagtest du je ich zu dir selber in
deinem Leben na komm *Augen schließen sich.* wagtest du je ich zu dir selber zu sagen in
deinem Leben der Wendepunkt das war ein großes Wort bei dir bevor sie trockneten ein
für allemal du und deine Wendepunkte dabei gab es nur den einen den ersten und letzten
damals zusammengerolltes Wurm im Schleim als sie dich herauszerrten und dich abwisch-
ten und dich gerade streckten nie mehr einen danach nie mehr zurückgeblickt danach war
das damals oder war das ein andermal

B murmelnd damals zusammen auf dem Stein in der Sonne oder damals zusammen auf dem Treidelpfad oder damals zusammen im Sand damals damals es erfindend von dort aus so gut du konntest immer zusammen irgendwo in der Sonne auf dem Treidelpfad stromabwärts blickend auf die untergehende Sonne und das ein oder andere Zeug das von hinten kam und weitertrieb oder sich im Schilf verfing das was wie eine tote Ratte aussah kam auf euch zu von hinten und trieb dann weiter bis ihr es nicht mehr sehen konntet

A damals als du rüberfuhrst um zu sehen ob die Ruine noch da war wo du dich verstecktest als Kind das letzte Mal gleich runter vom Fährschiff und den Hang rauf zur Hauptstraße um die Elf zu kriegen weder nach rechts noch nach links nur einen Gedanken in deinem Kopf keinen Pfiff für die alten Szenen die alten Namen nur den Kopf runter vorwärts den Hang rauf nach oben und dort wartend stehen mit dem Nachtgepäck bis die Wahrheit zu dämmern begann

C als du anfingst nicht zu wissen wer du überhaupt warst zu versuchen wie das gehen könnte zur Abwechslung nicht zu wissen wer du überhaupt warst keine Ahnung wer es war der gerade sagte was du gerade sagtest in wessen Schädel du gesperrt warst wegen wessen Unmut du so elend warst war das damals oder war das ein andermal da allein inmitten der Totenporträts schwarz vor Schmutz und Altertum mit den Daten auf den Rahmen falls du dich im Jahrhundert irren solltest nicht glaubend daß du es sein könntest bis sie dich hinauswarfen in den Regen als geschlossen wurde

B nie das Gesicht im Blick noch andere Körperteile nie ihr zugekehrt noch sie dir immer parallel wie an einer Radachse nie einander zugekehrt nur Verschwommenes am Rande der Blickfelder kein Berühren oder so was ähnliches immer Zwischenraum sei es nur einen Zoll kein Betatschen wie bei Fleisch und Blut nicht besser als Schatten nicht schlechter wären nicht die Gelöbnisse gewesen

A kein Hinkommen auf diese Weise also was dann Fragen kam nicht in Frage kein Wort mehr zu den Lebenden solange du lebtest also schließlich rauflaufen zum Bahnhof tief vornübergebeugt um hinzukommen auf diese Weise alles verschlossen und umzäunt dorische Endstation der Süd-Ost-Eisenbahngesellschaft alles verschlossen und zerbröckelnde Säulen also was dann

C der Regen und die alten Runden versuchend es auf diese Weise zu erfinden während du einhergingst wie es gehen könnte auf diese Weise zur Abwechslung nie gewesen zu sein wie nie gewesen zu sein gehen könnte die alten Runden versuchend dich in es hineinzukriegen taumelnd und flüsternd durch das ganze Viertel bis die Worte trockneten und der Kopf trocknete und die Beine trockneten wessen auch immer sie waren oder es aufgab wer auch immer es war

B ganz still immer ganz still wie damals auf dem Stein oder damals im Sand parallel ausgestreckt im Sand in der Sonne hinaufschauend ins Blau oder mit geschlossenen Augen blau finster blau finster ganz still Seite an Seite die Szene tauchte auf und da wart ihr wo auch immer es sein mochte

A gabst es auf gabst auf und setztest dich hin auf die Stufen in der fahlen Morgensonne nein diese Stufen kriegten keine Sonne woanders also gabst auf und los woandershin und setztest dich hin auf eine Stufe in der fahlen Sonne eine Türstufe sagen wir jemandes Türstufe bis es Zeit war für das Nachtfährschiff und los verdammt raus da nicht nötig irgendwo zu schlafen keinen Pfiff für die alten Szenen die alten Namen die Passanten die stehenblieben um dich anzugaffen schnell gaffen dann weiter weitergehen vorübergehen auf die andere Seite

B ganz still Seite an Seite in der Sonne dann versinken und verschwinden ohne euch mehr gerührt zu haben als die beiden Kugeln einer Hantel nur die Lider und dann und wann die Lippen um zu geloben und alles ringsum auch alles still überall wo auch immer es sein mochte keine Bewegung kein Laut nur leise die Blätter im Wäldchen dahinter oder die Ähren oder das Sandgras oder das Schilf je nachdem von Menschen keine Spur von Menschen oder Tieren keine Spur kein Laut

C immer Winter damals immer Regen immer irgendwo reinschleichen wenn niemand hinguckte von der Straße rein aus Kälte und Regen in dem alten grünen lochfesten Mantel den dein Vater dir vererbt hatte Orte wo es keinen Eintritt kostete wie die Öffentliche Bücherei noch so einer großartig die Gratis-Bildung weit weg von zuhause oder das Postamt noch so einer ein anderer Ort ein andermal

A hockend auf der Türstufe in dem alten grünen Überzieher in der fahlen Sonne mit dem unnötigen Nachtgepäck auf deinen Knien ohne zu wissen wo du warst nach und nach ohne zu wissen wo du warst oder wann du warst oder warum der Ort hätte unbewohnt sein können deinetwegen wie damals auf dem Stein das Kind auf dem Stein wo nie jemand hinkam

Stille 10 Sekunden. Hörbares Atmen. Nach 3 Sekunden Augen öffnen sich.

B oder allein in den gleichen den gleichen Szenen es auf diese Weise erfindend um es in Gang zu halten es draußen zu halten auf dem Stein *Augen schließen sich.* allein am Ende des Steins mit dem Weizen und Blau oder der Treidelpfad allein auf dem Treidelpfad mit den Geistern der Maultiere der ertrunkenen Ratte oder Krähe oder was immer es war was davontrieb zum Sonnenuntergang bis du es nicht mehr sehen konntest nichts rührte sich nur das Wasser und die untergehende Sonne bis sie unterging und du verschwandest alles verschwand

A nie jemand hinkam nur das Kind auf dem Stein inmitten riesiger Nesseln wo das Licht eindrang durch die zerbröckelnde Mauer über sein Buch gebeugt bis tief in die Nacht je nach Stimmung im Mondschein und sie alle draußen auf den Straßen nach ihm suchend oder Gespräche erfindend sich in zwei oder mehr teilend zu sich selber sprechend um so mit sich selber zusammen zu sein wo nie jemand hinkam

C immer Winter endloser Winter Jahr um Jahr als könnte es nicht enden das alte Jahr nie enden die Zeit nicht weitergehen damals im Postamt das Gedränge Weihnachtsgedränge von der Straße rein wenn niemand hinguckte aus Kälte und Regen Tür aufgestoßen wie jeder andere und gleich zum Tisch weder nach rechts noch nach links mit all den Formularen und Federhaltern an ihren Ketten setztest dich hin auf den ersten freien Platz und da herumblicken zur Abwechslung vorm Dahindösen

B oder damals allein auf dem Rücken im Sand und keine Gelöbnisse die den Frieden störten wann war das ein früheres Mal ein späteres Mal bevor sie kam nachdem sie ging oder beides bevor sie kam nachdem sie gegangen war und du zurück in die alte Szene wo auch immer es sein mochte gewesen sein mochte die gleiche alte Szene davor wie damals damals wie danach mit der Ratte oder dem Weizen den gelb werdenden Ähren oder damals im Sand als das Segelflugzeug vorüberglitt damals als du zurückkehrtest bald danach lange danach

A elf oder zwölf in der Ruine auf dem flachen Stein inmitten der Nesseln im Finstern oder Mondschein drauflosflüsternd bald eine Stimme bald eine andere das war dir eine Kindheit bis du da auf der Stufe in der fahlen Sonne dich wieder dabei hörtest keinen Pfiff für die Passanten die stehenblieben um das Ärgernis anzugaffen da hockend in der Sonne ohne irgendeine Befugnis das Nachtgepäck umklammernd drauflossabbernd vor sich hin mit geschlossenen Augen und dem weißen Haar das hervorquoll unter dem Hut und so dasitzend in der fahlen Sonne es alles vergessend

C vielleicht Angst vorm Hinauswurf da offenbar keine Befugnis an diesem Ort ganz zu schweigen von dem ekligen Äußern daher dieses Umherblicken dies eine Mal auf deine Mitunmenschen Gott dankend dies eine Mal so elend du auch warst du warst nicht wie sie bis es dämmerte daß gemessen am Ekel den du abkriegtest du ebensogut gar nicht dagewesen sein mochtest während die Blicke über dich herstreiften und dich durchdrangen als ob du Luft wärst war das damals oder war das ein andermal ein anderer Ort ein andermal

B das Segelflugzeug das vorüberglitt nie die geringste Veränderung die gleichen blauen Himmel nichts änderte sich je nur sie mit dir da oder nicht zu deiner Rechten immer zur Rechten am Rande des Blickfelds und dann und wann in jenem tiefen Frieden wie ein Lispeln so leis sie liebte dich schwer zu glauben daß du selbst du je sowas erfandest bis damals am Ende

A es alles erfindend da auf der Türstufe nach und nach dich wieder erfindend zum millionsten Mal es alles vergessend wo du warst und warum Tuohy's Tuskulum und allesamt des Kindes Ruine nach der du sehen wolltest ob sie noch da war um dich wieder darin zu verstecken bis es Nacht war und Zeit zu gehen bis damals kam

C die Bücherei noch so einer ein anderer Ort ein andermal damals als du reinschlichst von der Straße rein aus Kälte und Regen wenn niemand hinguckte was war es damals wonach du nie mehr derselbe warst nie wieder warst etwas mit Staub zu tun etwas was der Staub sagte am großen runden Tisch sitzend mit einer Schar alter Tapergreise über die Buchseite gebeugt und kein Laut

B damals am Ende als du versuchtest und nicht konntest da am Fenster im Finstern und die Eule weggeflogen um jemand anderes anzuheulen oder nach Haus mit einer Maus zu ihrem hohlen Baum und kein Laut mehr Stunde um Stunde Stunde um Stunde kein Laut als du versuchtest und versuchtest und nicht mehr konntest keine Worte mehr um es draußen zu halten also gabst es auf gabst auf da am Fenster im Finstern oder Mondschein gabst endgültig auf und ließest es herein und gar nicht schlimmer als vorher ein großes Grabtuch wallte herein ganz über dich oben auf dich und gar nicht schlimmer als vorher oder kaum gar nicht oder kaum

A zurück runter zum Kai mit dem Nachtgepäck und dem alten grünen Überzieher den dein Vater dir vererbt hatte über den Boden schleifend und dem weißen Haar das hervorquoll unter dem Hut bis damals kam los runter weder nach rechts noch nach links keinen Pfiff für die alten Szenen die alten Namen keinen Gedanken in deinem Kopf nur zurück an Bord und los verdammt raus da und nie wieder zurück oder war das ein andermal all das ein andermal war da je irgendein andermal als damals los verdammt raus aus alledem und nie wieder zurück

C kein Laut nur das alte Atmen und das Blättern der Seiten und dann auf einmal dieser Staub der ganze Raum auf einmal voll Staub als du deine Augen öffnetest vom Boden bis zur Decke nichts als Staub und kein Laut nur was war es was er sagte gekommen und gegangen war das es so etwas gekommen und gegangen gekommen und gegangen niemand gekommen und gegangen auf einmal gegangen auf einmal

Stille 10 Sekunden. Hörbares Atmen. Nach 3 Sekunden Augen öffnen sich. Nach 5 Sekunden Lächeln zahnloses am liebsten. 5 Sekunden lang, bis zum langsamen Ausblenden und Vorhang.

Thomas Bernhard
Minetti

*Ein Portrait des Künstlers
als alter Mann*

Minetti

Personen: Minetti, *ein Schauspielkünstler* · Eine Dame · Ein Mädchen · Der Liebhaber des Mädchens · Portier · Lohndiener · Ein alter hinkender Mann · Ein altes Ehepaar · Ein Liliputaner · Ein Betrunkener · Ein Krüppel · Ein Kellner · Maskierte

Erste, zweite und dritte Szene: ein altes Hotel in Oostende
Nachspiel: Atlantikküste bei Oostende

Erste Szene

Halle. Ein alter englischer Aufzug links. Portierloge, Portier in alten Hotelbüchern blätternd, rechts. Eine (rotgekleidete) Dame auf einem alten Sofa Virginier rauchend und trinkend im Hintergrund. Ein Lohndiener kommt von links mit einem riesigen alten Koffer herein und stellt ihn vor der Portierloge ab.

PORTIER *aufblickend:*
Was ist das
LOHNDIENER *leise zu ihm:*
Ein komischer Herr
Portier und Lohndiener schauen in die Richtung, aus welcher der Lohndiener gerade den riesigen Koffer hereingetragen hat.
DAME *trinkend, dann zum Portier:*
Durchstehen
alleinsein
Vergessen Sie meinen Champagner nicht
Wenn notwendig zwei Flaschen
ich will ihn allein trinken
allein
Lacht auf und schaut in dieselbe Richtung wie die andern.
es ist ja gleichgültig
ich muß mich wehren wissen Sie
Mit Nachdruck.
Wehren
Die Welt ist tatsächlich
von Verrückten bevölkert
unglaublich
Die Verkommenheit ist typisch
Zum Portier gewendet.
Ein Schneesturm

tatsächlich ein Schneesturm
In die Richtung, in welche die beiden andern schauen.
Dann setze ich mir die Maske auf
Mit Silvester werde ich fertig
ich habe meine Methode
Trinkt.
ich gehe mit meiner Affenmaske ins Bett
und warte
mit der Maske auf dem Gesicht auf dem Kopf
die ganze Champagnerflasche in einem Zug
Das ist schon das dritte Jahr
daß ich Silvester auf diese Art praktiziere
Als ob sie einen merkwürdigen Menschen beobachtete.
unter Umständen
zwei Flaschen
eine Finte natürlich
die Koketterie mit dem Ersticken
Eine Perversität
Ich bin dicker geworden
schon dreimal die Affenmaske zugeflickt
Trinkt.
zugeflickt
Mit gefalteten Händen unter der Affenmaske
Aber nicht zuhause
im Hotel wissen Sie
hier im Hotel
Wie sich befehlend.
Bis Elf ausharren
und dann hinauf
aufs Zimmer
und die Maske aufgesetzt
und den Champagner ausgetrunken
und ins Bett
Die Maske auf dem Kopf
und die Strümpfe an den Beinen
Lacht laut auf:
Und funktionierts nicht
dann noch eine Flasche
Trinkt und schaut auf den Koffer, dann wieder in die entgegengesetzte Rich-
tung.
Zweifellos der Herr
der zu dem Koffer gehört

MINETTI   *tritt auf in einem knöchellangen alten Wintermantel, schwarzen Lackschuhen*
mit Gamaschen, einem breitkrempigen Hut und einem Regenschirm auf dem
linken Arm, ein offenes Unterhosenband hängt ihm bis auf den Boden, und

geht langsam, sich nach allen Seiten umschauend, bis in die Mitte der Halle
und sagt zum Portier:
Minetti
Holt eine Geldbörse aus einer seiner Rocktaschen und sucht eine angemessene
Münze, hat er die Münze gefunden, will er sie dem Lohndiener geben, indem
er blitzschnell die Hand mit der Münze nach dem Lohndiener ausstreckt, aber
der Lohndiener rührt sich nicht.

MINETTI Da
Lohndiener nimmt die Münze.

MINETTI *schaut auf die Decke und auf alle Wände und in alle vier Ecken der Halle:*
Wie es sich verändert
wie es sich langsam verändert
Zur Dame.
vor dreißig Jahren
vor zweiunddreißig Jahren genau
das letztemal
Zum Portier.
Zimmer vierundsiebzig
vierundsiebzig
Schaut wieder auf die Decke.
Gänzlich verändert
Die Veränderung ist fortschreitend
Es ist alles nur eine Frage der Zeit
Dame trinkt.

MINETTI Eine Frage der Zeit
Der Aufzug wird von oben geholt.
Minetti stellt sich der Dame vor.
Minetti
der sich der klassischen Literatur
verweigert hat
Schaut wieder auf die Decke.
Den Fortschritt hassen
den Fortschritt hassen
Zur Dame.
Meinen Sie nicht
daß man den Fortschritt hassen muß
von einem bestimmten Zeitpunkt an
Klopft sich mit beiden Händen den Mantel ab.
Ein Schneesturm in Oostende
das ist eine Ungeheuerlichkeit
Zur Dame.
Ich habe hier
eine Verabredung
mit dem Schauspieldirektor
von Flensburg

Ich bin Schauspieler
Schaut auf die Decke.
Wie es sich verändert hat
Ich liebe Oostende
Das Grau
Die Küste
Die Atlantikküste
Der Aufzug kommt mit einer größeren Gruppe Maskierter herunter, die la-
chend und schreiend in die Halle stürzen und, ihn beinahe umwerfend, an
Minetti vorbei ins Freie.

MINETTI *ihnen nach:*
Unerhört
unerhört
Dame entdeckt, während sie trinkt, Minettis Unterhosenband.

MINETTI *zum Portier:*
Ich erwarte den Schauspieldirektor von Flensburg
Zur Zweihundertjahrfeier des Theaters in Flensburg
spiele ich den Lear
Shakespeare
Ich habe dreißig Jahre nicht mehr gespielt
ich bin dreißig Jahre nicht mehr aufgetreten
Zur Dame.
Lear wissen Sie
King Lear
Das bedeutendste dramatische Werk
der gesamten Weltliteratur
Zitiert, zurückschauend in die Richtung, aus der er gekommen ist.
Thou think' st 'tis much that this contentious storm
Invades us to the skin
so 'tis to thee
but where the greater malady is fix'd
the lesser is scarce felt
Du glaubst es ist viel
daß dieser streitsüchtige Sturm
uns bis auf die Haut dringt
so ist es für dich
aber wo die größere Krankheit festsitzt
wird die kleinere kaum gefühlt
Schaut auf die Decke.
Lear
Zeigt mit dem Regenschirm in die rückwärtige rechte Ecke.
Hier in dieser Ecke
habe ich mit Ensor gesprochen
mit Ensor persönlich
Zeigt auf seinen Koffer.

In diesem Koffer
ist Lears Maske
von Ensor persönlich
Diese Maske
des Lear
ist das Kostbarste
das ich besitze
Zur Dame.
Die Maske ist Lear
Zeigt wieder mit dem Regenschirm in die Ecke.
In dieser Ecke
Eine philosophische Abrechnung zweifellos
Eindringlicher.
James Ensor
Ich wollte die Learmaske
von Ensor
und Ensor
hat mir die Maske gemacht
Laut.
Eine ungeheure Perversität
die ganze Weltliteratur
auf dem Kopf
und vor dem Gesicht zu tragen
Zeigt wieder in die Ecke.
Ich glaubte plötzlich
er sei Shakespeare
während ich doch mit Ensor gesprochen habe
Das Theater ist eine ungeheuere Kunst
habe ich zu Ensor gesagt
machen Sie mir die Maske
für meinen Auftritt als Lear
habe ich gesagt
Dame trinkt.

MINETTI   Aber Shakespeare war dem Mann kein Begriff
Er wollte den Lear
studieren
aber ich habe zu ihm gesagt
studieren sie den Lear nicht
vergessen Sie die ganze klassische Literatur
die ganze verstehen Sie
Der Mann hatte keine Ahnung von Shakespeare
und überhaupt keine Ahnung von Lear
und überhaupt keine Ahnung von der Weltliteratur
Aber Ensor machte die Maske
für mich

die ungeheuerlichste Maske
die jemals gemacht worden ist
Mit dieser Maske spiele ich
zur Zweihundertjahrfeier des Theaters in Flensburg
Der Schauspieldirektor hat mein Wort
Ein solcher Künstler wie ich
kann einen Schauspieldirektor
nicht im Stich lassen
Schaut auf die Decke.
Lear
in Ensors Maske
Dame trinkt.
Ein alter hinkender Mann tritt von rechts auf und läßt sich vom Portier einen
Zimmerschlüssel geben und hinkt nach links ab.

MINETTI   *zum Portier:*
Hat denn der Schauspieldirektor
keine Nachricht hinterlassen
Wie spät ist es denn
PORTIER   Halbzehn mein Herr
MINETTI   *schaut auf seine Taschenuhr:*
Halbzehn
Ich habe mich verspätet
im Schneesturm
Klopft seinen Mantel nocheinmal ab, dann
Hat denn überhaupt niemand
nach mir gefragt
PORTIER   Nein mein Herr
Dame trinkt.
MINETTI   Kein Telefonat
PORTIER   Nein mein Herr
Kein Telefonat mein Herr
MINETTI   Das wird sich aufklären
aufklären
An die Dame.
aufklären
Zum Portier.
Ich werde warten
hier warten
hier in der Halle warten
Zur Dame.
Möglicherweise kennen Sie den Schauspieldirektor
aus Flensburg
er kommt alljährlich
um diese Zeit

Eine telegrafische Abmachung
hier im Hotel
um Neun
Schaut auf die Decke, dann
Das ist eine Überwindung
daß ich den Lear spiele
nocheinmal spiele
und ein Höhepunkt
Nur ein einzigesmal meine Dame
dann nicht mehr
Das habe ich mir geschworen
niemehr
nur ein einzigesmal
Dreißig Jahre auf keiner Bühne
dreißig Jahre nichts
Ich habe mich der klassischen Literatur verweigert
den Lear ausgenommen
Jetzt nocheinmal den Lear
in Ensors Maske
Es sind die Nerven
das entsetzliche Klima wissen Sie
Dame trinkt.

MINETTI *ganz leise zur Dame:*
Er hat von Shakespeare
nichts verstanden
nichts
als ob er
nie etwas von Shakespeare
gehört hätte
und dann
Dreht sich um und zeigt mit dem Regenschirm auf den Koffer.
diese Maske
Ich habe diese Maske
immer bei mir
in diesem Koffer meine Dame
keine Reise ohne diesen Koffer
und in dem Koffer ist Ensors Maske
Ich begehe den Verrat nicht
nocheinmal Lear
Es ist der Wunsch des Schauspieldirektors
daß ich den Lear spiele
zur Zweihundertjahrfeier des Theaters in Flensburg
Schaut in die Ecke und zeigt dann mit dem Regenschirm in die Ecke.
Ein schüchterner Mensch meine Dame
gleichzeitig fürchterlich

Ich hatte Angst
Die Künstler haben alle Angst
Angst
Angst
Kunst und Angst
Diese Menschen bestimmen den Gang der Geschichte
Gegenseitige Verletzungen wissen Sie
Laut deklamierend.
Was ist
die sogenannte Bildende Kunst
habe ich Ensor gefragt
ihm ins Gesicht
Er erwiderte nichts
Die sogenannte Schauspielkunst
fragte er
Nichts
Der Aufzug wird von oben geholt.
Ein Zufall
eine Gastspielbesprechung
Eine Dame aus Rotterdam
mit einem fürchterlichen Schnupfen
mit welcher ich meinen Auftritt in Rotterdam besprochen habe
als Lear
Da habe ich Ensor getroffen
und mich mit Ensor verabredet
in diesem Hotel
wie ich mich jetzt
mit dem Schauspieldirektor verabredet habe
Und Ensor hat mir die Maske gemacht
und ich habe in Ensors Maske den Lear gespielt
Ganz leise.
Manchmal verfügen wir
über alles
Ein altes Ehepaar kommt von rechts in die Halle herein, läßt sich vom Portier einen Zimmerschlüssel geben und geht zum Aufzug, der, vollbesetzt mit jungen lachenden Maskierten heruntergekommen ist. Die Maskierten, mit Gläsern und Flaschen lachend und schreiend durch die Halle ins Freie, das alte Ehepaar besteigt den Aufzug und fährt hinauf.

MINETTI *nachdem er das alte Ehepaar beobachtet hat:*
Lear
in Ensors Maske
Schaut auf die Decke.
Die Zufälle
sind das Erschreckende

DAME *plötzlich:*

Ihr Unterhosenband mein Herr
ihr Unterhosenband ist offen
Trinkt.
Minetti bückt sich und sieht das offene Unterhosenband und versucht, das
Unterhosenband zuzubinden, aber es gelingt ihm nicht.

DAME Zuerst geht das Unterhosenband auf
geht auf zuerst
Trinkt und lacht.
zuerst
das Unterhosenband
das Unterhosenband

MINETTI Das Unterhosenband natürlich
natürlich das Unterhosenband
Gibt seine Bemühung um das offene Unterhosenband auf.
Lohndiener versucht das Unterhosenband zuzubinden, was ihm schließlich
gelingt.

MINETTI Die Zeiten ändern sich
Zieht am Hemdkragen.
Das Unterhosenband
Dame trinkt.

MINETTI Zunehmende Erschöpfung
Erschöpfung zunehmend
Lohndiener zurück an die Portierloge.

MINETTI Weil ich mich
der klassischen Literatur
verweigert habe

PORTIER *fragend:*
Ein Zimmer mit Bad
Herr Minetti

MINETTI *abwehrend:*
Kein Zimmer
kein Zimmer
Ich warte hier
Schaut auf die Uhr.
möglicherweise logiere ich
wer weiß
bin ich Gast des Schauspieldirektors
Zeigt mit dem Regenschirm auf den Koffer.
Wenn er hier stört
stellen Sie ihn weg
Lohndiener nimmt den Koffer und will ihn wegtragen.

MINETTI *mit dem Regenschirm gegen den Lohndiener:*
Dalassen
stehenlassen
da stehenlassen

Lohndiener stellt den Koffer wieder ab, einen Meter von dem Platz weg, auf dem er bis jetzt gestanden war.

MINETTI Da
da
Lohndiener hebt den Koffer wieder auf.
Minetti zeigt mit dem Regenschirm an, wo er will, daß der Lohndiener den Koffer abstellt.

MINETTI Da
da
hierher
Lohndiener stellt den Koffer an der bezeichneten Stelle ab.

MINETTI Ensors Maske
Lohndiener zur Portierloge zurück.

MINETTI Die klassenlose Gesellschaft
versteht nichts
versteht nichts
Wir entwickeln fortwährend
eine Tragödie
oder eine Komödie
wenn wir die Tragödie entwickeln
im Grunde doch nur eine Komödie
und umgekehrt
mit dem Mittel der Zurechnungsfähigkeit
müssen Sie wissen
Immer wieder nur die Schauspielkunst
Dame trinkt.

MINETTI Existenz
Schauspielkunst
müssen Sie wissen
Die Konstruktion ist eine dramatische theatralische
Das Mittel immer wieder ein theatralisches
Der Gedanke
Schauspielkunst
Theater
Existenz
indem wir der Schauspielkunst dienen
eine ungeheuere Konstruktion
in welcher wir alles sind
Mein Bruder der Mathematiker
mit welchem ich vor dreiunddreißig Jahren
in diesem Hause
über das Integral gesprochen habe
ist den einen Weg gegangen
ich den andern
er den Weg der Wissenschaft

ich den Weg der Kunst
den Kunstweg meine Dame
Ich bin einer wahnsinnigen Idee verfallen
indem ich der Schauspielkunst verfallen bin
rettungslos verloren
in der Materie der Schauspielkunst
verstehen Sie
führte ich selbst die Existenz meines Bruders
die Mathematik ad absurdum
Die Schauspielkunst als Existenzzweck meine Dame
was für eine Ungeheuerlichkeit
Die Verdüsterung
die Verfinsterung
des Gemüts
Die Verhöhnung und Verspottung
nicht gescheut
Mit den Menschen gebrochen
mit allem und jedem gebrochen
Zum Portier.
Mit der Materie gebrochen mein Herr
für die Schauspielkunst
gegen das Publikum
gegen
gegen
gegen
immer wieder nur gegen
Mein Bruder ist dahin
Zeigt mit dem Regenschirm in die eine Richtung.
Ich selbst bin
Zeigt in die entgegengesetzte Richtung.
dorthin gegangen
Wenn wir unser Ziel erreichen wollen
müssen wir immer in die entgegengesetzte Richtung
Zur Dame.
In die entgegengesetzte Richtung meine Dame
Zum Portier.
Immer größere Einsamkeit
immer größeres Unverständnis
immer größeres Mißverständnis
immer tiefere Ablehnung
Haben wir unser Ziel erreicht
sind wir hinausgegangen
über unsere Idee hinausgegangen
aus der ganzen Menschengesellschaft hinausgegangen
aus der Natur hinausgegangen

Schaut auf die Uhr.
Wir haben die Materie verlassen
ein Augenblick ist es
ein kurzer Augenblick
der kürzeste Augenblick
wir sind tot
Das Schneiden einer Grimasse ist zurückgeblieben
nichts sonst
Eine Handbewegung
Der erschrockene Kopf
nichts sonst
zeitlebens machen wir
etwas vor
das kein Mensch versteht
Aber wir gehen diesen Weg
keinen andern
diesen einzigen Weg
bis wir tot sind
und wir wissen lebenslänglich nicht
ist es die Mathematik
ist es die Schauspielkunst
Zur Dame.
Es ist der Wahnsinn meine Dame
Glaubt, der Schauspieldirektor tritt ein und will ihm entgegen, aber es ist ein
Liliputaner in einem Matrosenanzug, der sich an der Portierloge den Zimmer-
schlüssel geben läßt und durch die Halle zum Aufzug geht und mit dem Auf-
zug hinauffährt.

MINETTI *einen Schritt zurücktretend, dann zur Dame:*
Ich habe geglaubt
der Schauspieldirektor
ist eingetreten
Lohndiener will Minettis Koffer aufheben.

MINETTI *stürzt hin und klopft dem Lohndiener mit dem Regenschirm auf die Finger:*
Der Koffer bleibt da
da
da
Lohndiener zurück an die Portierloge.

MINETTI Vielleicht
kann sein
ich bleibe nicht
Daß ich weiterreise
zurückreise
nach Dinkelsbühl
Nach einer Pause.
In einem fürchterlichen Augenblick

habe ich die Maske aufgesetzt
lebenslänglich
die Gesellschaft ist erschrocken
Ich selbst bin lebenslänglich erschrocken
wir fürchten
was wir nicht sehen
Dame trinkt.

MINETTI *zur Dame, mit dem Regenschirm hin- und herfuchtelnd:*
Der Schauspieler
der Künstler
der Wahnsinnige verstehen Sie
Der Bankrotteur
der Bühnensensibilist
der Gewalttäter
der Kunstgewalttäter
Dame trinkt.

MINETTI Der Schauspieler kommt an den Schriftsteller
und der Schriftsteller vernichtet den Schauspieler
wie der Schauspieler den Schriftsteller vernichtet
auslöscht verstehen Sie
Rechnung machen
Rechnung machen
Wenn wir die Rechnung machen
machen wir die Rechnung ohne den Schriftsteller
der Schriftsteller macht die Rechnung ohne den Schauspieler
In jedem Fall
kommen wir in den Wahnsinn
Und wenn der Schauspieler mit dem Schriftsteller abrechnet
und wenn der Schriftsteller mit dem Schauspieler abrechnet
ist die Natur verrückt
dann ist es Kunst meine Dame
Künstlerschaft
Diese Hunderte und Tausende und Hunderttausende Bemühungen
Anstrengungen zunichte gemacht
uns alle nur möglichen Verhetzungen und Verletzungen
zugefügt
und uns erschlagen
vernichtet
wir können tun was wir wollen
Zeigt mit dem Regenschirm in das Publikum.
Da
muß sich ein solcher Verrückter als Wahnsinniger sagen
von da unten
wirst du umgebracht
Zur Dame.

Verstehen Sie meine Dame
die Welt ist angefüllt mit vernichteten Kunstexistenzen
Wie zu sich selbst.
Verspottung
Verhöhnung
Vernichtung
Schaut auf die Uhr.
Wie er sich immer wieder
zu reden getraut der Verrückte
denken Sie
Bückt sich, um zu sehen, ob das Unterhosenband wieder aufgegangen ist oder
nicht.
Es ist nicht wieder aufgegangen
das Unterhosenband meine Dame
nicht wieder aufgegangen
Wie er sich immer wieder zu reden getraut
wo er schweigen sollte
immer nahe daran
tödlich zu verletzen meine Dame
in den Abgrund zu stürzen meine Dame
Der Liliputaner von links durch die Halle gehend und ab.

MINETTI   *dem Liliputaner nachschauend:*
Wo alle schweigen
ist er der
der redet
so ist seine ganze Existenz immer
eine andere Existenz
sein Kopf ein anderer
was er verschweigt selbst
etwas anderes
er handelt anders
Tippt sich an den Kopf.
stirbt anders
Zum Portier, sich an den Kopf tippend.
In diesem Kopf mein Herr
ist alles anders
Alles ist anders mein Herr
andere Bücher gelesen
andere Philosophien studiert
völlig andere Menschen angetroffen zeitlebens
ein gänzlich anderes
ja ein gänzlich entgegengesetztes Naturverhältnis
Betrachtet seine Schuhe.
und alles ist nichts als ein Irrtum
Zu der Dame, die trinkt.

nicht wahr meine Dame
dadurch zerstört auch ein solcher wie ich
etwas anderes
als was ihm die Umwelt vorwirft
während er in die Katastrophe hineingeht
Schaut auf die Decke.
Dieses Hotel
ist voller Mißverständnisse
die einen Menschen wie mich
wahnsinnig machen müssen
wie die ganze Welt einen solchen wahnsinnig machen muß
Dame trinkt.

MINETTI   Dann kommt es mir vor
als handelte es sich um nichts als um den Geistesunrat
Wie zu sich.
Empfindung
Zerstörung
Geistesunrat
Will sich setzen und setzt sich erschöpft zur Dame auf das Sofa.
Und nichts als Zweckmäßigkeit meine Dame
in welcher wir alle umkommen
umkommen meine Dame
Schaut auf die Uhr.
Der Geisteskünstler
der sich als Kopfkünstler tödlich verletzt hat
der in die Katastrophe hineingegangen ist

Zweite Szene

Wie vorher.

MINETTI   *wieder mit offenem Unterhosenband:*
Plötzlich der Absturz
in die Bequemlichkeit
entsetzlich
verantwortungslos
Die Welt will unterhalten sein
aber sie gehört verstört
verstört verstört
wo wir hinschauen nichts
als ein Unterhaltungsmechanismus heute
In die Kunstkatastrophe meine Dame
in die unglaublichste aller Kunstkatastrophen

gehört alles hineingestoßen
hineingestoßen hören Sie
hineingestoßen
Nach einer Pause.
Der junge Mensch
der ich gewesen bin
der in die tödliche Schauspielkunst hineingegangen ist
und sich tödlich verletzt hat
Kein Mensch heute
der sich tödlich verletzt
wir existieren in einer abstoßenden Gesellschaft
die es aufgegeben hat sich tödlich zu verletzen
Vor sich hinstarrend.
Lear
auf der Suche
nach dem Kunstwerk
immerfort nach dem Geistesgegenstand
gegrübelt und gegraben
nach dem Kunstwerk
Dame trinkt.

Minetti   Kopfüber in das Kunstwerk
meine Dame
kopfüber
Mit dem Geistesgegenstand
gegen den Geistesunrat
mit dem Kunstwerk
gegen die Gesellschaft
gegen den Stumpfsinn
Mit dem Regenschirm in die Luft schlagend plötzlich.
Verjagen
Mit gesenktem Kopf.
Dem Stumpfsinn
die Geisteskappe aufsetzen
Laut, empört.
mit der Geisteskappe
den Stumpfsinn erdrücken
die Gesellschaft
alles
unter der Geisteskappe erdrücken
Ein Schauspiel anzetteln
und dem Stumpfsinn die Geisteskappe aufsetzen
Hören Sie meine Dame
Der Schauspieler reißt
dem Schriftsteller die Maske herunter
und setzt sie sich auf

und verjagt das Publikum
indem er dem Publikum die Geisteskappe aufsetzt
Wir dürfen nicht kapitulieren
nicht kapitulieren
wenn wir nachgeben
ist alles zu Ende
Wenn wir nur einen Augenblick nachgeben
Ruft aus.
Nicht einen Augenblick
Leise, ruhig.
Auf der Lauer
dem Stumpfsinn
die Geisteskappe aufsetzen
immer wieder
jeden Tag
rücksichtslos
gegen jeden
gegen alles
lebenslänglich
lebenslänglich verstehen Sie
Dame trinkt.

MINETTI *zum Portier:*
Nicht beirren lassen
mein Herr
nicht beirren lassen
Leise, mit dem Regenschirm den Horizont beschreibend.
Dann herrscht plötzlich
Stille
vor dem gesprochenen Wort
Ganz langsam und leise vor sich hin.
Hören Sie
Das Meer
Die Mathematik
Die Mühsal
Das Entsetzen
Der Ehrgeiz
Die Verlassenheit
Wind
Küste
Dieses Wort Küste
Beinahe singend.
Küste
Küste
und dann
Nebel

Wahrnehmung
Eifersucht
Plötzlich laut schreiend.
Hilfe
Ganz leise.
Mord
Zur Dame direkt.
Wenn nurmehr noch das O herrscht
oder nurmehr noch das U
oder das I
Wie wenn er krähte.
Kikeriki
Kikeriki
Kikeriki
Nach einer Pause.
Blasphemie
Zur Dame direkt.
Überlegungen
Bewegungen meine Dame
Nachdenklichkeit
Wortlosigkeit
Lautlosigkeit meine Dame
Es ist ein Verspottungsprozeß
ein Verhöhnungsprozeß
und ein Verspottungsprozeß lebenslänglich
Vor sich hinstarrend.
Die Wissenschaft vom Kopf
und von den Beinen
Bemerkt das offene Unterhosenband, winkt den Lohndiener heran und zeigt
mit dem Schirm auf das Unterhosenband.
Da
da
Lohndiener bückt sich und bindet das Unterhosenband.
Dame trinkt und lacht.
MINETTI *zum Portier:*
Die Harmonie
Die Disharmonie
Kunstkörper mein Herr
Kunstkörper
alles Kunstkörper mein Herr
Zum Lohndiener, mit dem Regenschirm nachhelfend:
genug
genug
Lohndiener springt auf und zurück zur Portierloge.
MINETTI Ohr

Auge
Wahnsinn
Körperbeherrschung
Geistesbeherrschung
Zur Dame.
Magnetismus meine Dame
In einem einzigen Augenblick
die ganze klassische Literatur zeigen
wahrnehmen
und zerstören
vernichten
gleichzeitig
in einem einzigen Augenblick
Die ganze Geschichte auf den Kopf stellen
oder den Kopf auf die ganze Geschichte meine Dame
Schaut auf die Uhr.
In Flensburg meine Dame
Zur Zweihundertjahrfeier
Mit gesenktem Kopf.
Immer kränkelnd
immer verkühlt
sind diese Leute
die widerstandsfähigsten
die sich denken lassen
Zur Dame direkt.
Der Schauspieldirektor
ist ein Jugendfreund von mir
entfernt verwandt
sehr entfernt
in Flensburg
Die Erschöpfung
nicht aufkommen lassen
unterdrücken
mit dem Verstand
Dame trinkt.
Minetti *zum Portier:*
Nur die jungen Leute
haben zum Wahnsinn
eine Beziehung
eine Naturbeziehung
nur die jungen Leute
haben ein Verstandesmotiv
Der Aufzug kommt herunter und eine größere Gruppe lachender und schreiender junger Maskierter kommt heraus und eilt durch die Halle hinaus.
Minetti *ihnen nachschauend:*

Fanatismus
Intelligenz
und Fanatismus
Zur Dame.
Silvesterfanatismus
Silvester
Die gleiche Menschengruppe wieder in die Halle herein und in den Aufzug und
fahren hinauf.
MINETTI Silvesterfanatismus
Die Jugend getraut sich
Schaut auf die Uhr.
Theaterdirektoren
sind die Unverläßlichkeit selbst
die Unpünktlichkeit
Ein Schauspieler hat niemals
mit der Pünktlichkeit des Theaterdirektors zu rechnen
Zur Dame.
In Lübeck
in der Hansestadt Lübeck
vor vierzig Jahren müssen Sie wissen
wo ich Theaterdirektor gewesen bin
bevor ich mich endgültig
der klassischen Literatur verweigert habe
Ich habe es gehaßt
immerfort klassische Stücke zu spielen
Ich hasse die klassische Literatur
ich hasse die klassische Kunst
alles Klassische
Den Lear ausgenommen
Abgesetzt müssen Sie wissen
von den Senatoren verjagt
nach Dinkelsbühl
Früher oder später
werden alle Schauspieldirektoren verjagt
Aus dieser grauenhaften Stadt Lübeck
Alle diese am Meer gelegenen Städte stinken
aber in Lübeck stinkt es am mitleidlosesten
Zur Dame direkt.
Ich hasse die Ostsee
Ich liebe die Nordsee
Oostende verstehen Sie
Dünkirchen
schicksalhaft
sehr schicksalhaft
Plötzlich.

Aber meine ganze Vorliebe gilt England
England
von allen Ländern liebe ich England am meisten
Shakespeare und Scotland Yard
oder umgekehrt
Als ob er den Regenschirm auf seiner rechten Schuhspitze balancierte.
Scotland Yard und England
Aber ein kontinentaler Schauspieler in England
ist eine Unmöglichkeit
Ein Mensch wie ich
ist absolut
zur Kontinentexistenz verurteilt
lebenslänglich meine Dame
Hier in Oostende glaube ich
die englische Luft einzuatmen
die englische Luft
Eine absolute Kontinentexistenz meine Dame
ist ein Unglück
Zur Dame direkt.
Einmal bin ich in
der Nähe von Folkestone
von einem Gastwirt
in den Ärmelkanal geworfen worden
zu Silvester
Angeklammert an eine Wochenendausgabe der TIMES
habe ich mich aus dem Wasser herausziehen lassen
insoferne verdanke ich meine weitere Existenz
der TIMES
Ich habe mich oft gefragt
allerdings meine Dame
ob es nicht besser gewesen wäre
die TIMES außeracht zu lassen
Ich hätte mir viel erspart
Zum Portier.
Keinerlei Nachricht
Um neun verabredet
und keinerlei Nachricht

PORTIER Keinerlei Nachricht
Herr Minetti

MINETTI *zur Dame, mit dem Schirm in die Ecke zeigend:*
James Ensor und Shakespeare
Sie hätten sie sehen müssen die beiden
Da in der Ecke
Schaut auf den Koffer.
Seit dreißig Jahren

trage ich diesen Koffer mit mir
und in dem Koffer ist die Maske des Lear
von Ensor
und mehrere Zeitungsausschnitte
mich betreffend
Rezensionen
Artikel über mich
Vor allem alle Artikel
meinen Prozeß betreffend
den Prozeß betreffend
den die Stadt Lübeck gegen mich angestrengt hatte
weil ich mich der klassischen Literatur verweigert habe
Tatsächlich habe ich
den Prozeß verloren
Naturgemäß
ein Mensch wie ich
verliert jeden Prozeß
die korrupte Gesellschaft
gewinnt jeden Prozeß
Ich bin im Recht gewesen
aber die Stadt Lübeck hat den Prozeß gewonnen
Ich habe den Prozeß verloren
weil ich mich der Klassik verweigert habe meine Dame
Der einzelne
ist er noch so im Recht
verliert jeden Prozeß
*Ein Betrunkener tritt ein und holt sich vom Portier den Zimmerschlüssel und
geht zum Aufzug und fährt hinauf.*

MINETTI Alles was ich gehabt habe
hat mich dieser Prozeß gekostet
Ganz leise.
Weil ich mich der klassischen Literatur
verweigert habe
Ich habe mich daraufhin selbst
zu dreißig Jahren Einzelhaft in Dinkelsbühl verurteilt
Ich weiß wovon ich rede meine Dame
Das Leben ist eine Posse
die der Intelligente Existenz nennt
Ich bin aus Lübeck verjagt worden
seitdem hasse ich Lübeck
Die Heimatstadt
Ich habe mich dreißig Jahre geweigert
in einem klassischen Stück aufzutreten
Den Lear hätte ich gespielt
mit dem Lear ist es etwas anderes

Dadurch bin ich naturgemäß heruntergekommen
dreißig Jahre Dinkelsbühl
Selbstjustiz meine Dame
Ich habe nichts als diesen Koffer
Der Schauspieldirektor
Der Jugendfreund
Friese
Friese meine Dame
Friese
Plötzlich pathetisch.
Ganz Deutschland war gegen mich
und hat mich vernichtet
Wehe wenn es einer wagt
gegen die Gesellschaft
oder gegen die öffentliche Meinung
seinen Kopf durchzusetzen
Dreißig Jahre Dinkelsbühl
Alles was auch nur den Anschein hat
klassisch zu sein
verabscheue ich
ich fliehe das Klassische meine Dame
Ein bedeutender Künstler hat die Klassik zu fliehen
Dreißig Jahre beschäftigungslos in Deutschland
in Dinkelsbühl
weil ich mich der Klassik verweigert habe
Er springt auf, weil er glaubt, der Schauspieldirektor ist eingetreten, aber einge-
treten ist nur ein Krüppel mit einer Hundemaske auf dem Gesicht, der auf
Krücken seinen Zimmerschlüssel verlangt und durch die Halle zum Aufzug
geht und mit dem Aufzug hinauffährt.

MINETTI *dem Krüppel nachschauend:*
Lear
und Andere
Nach einer Pause.
Wer konsequent ist
fällt der Gesellschaftsvernichtung anheim
Setzt sich wieder.
Dame trinkt.

MINETTI Ich habe alle Möglichkeiten gehabt
aber ich habe keine dieser Möglichkeiten
ausnützen können
Wahrheitsfanatismus
Verfolgungswahn
Hypersensibilismus meine Dame
Dame trinkt.

MINETTI Es ist ein Gelübde

ein Gelübde ist es
Zieht eine Fotografie aus der Rocktasche und gibt sie der Dame.
Hier auf diesem Bild
sehen Sie mich
als Lear
Meine Abschiedsvorstellung in Lübeck
Die Dame betrachtet die Fotografie, vergleicht die Fotografie mit Minetti.

MINETTI Lear
in Ensors Maske
Geradeaus blickend.
Ein Portrait des Künstlers
als junger Mann
Die Dame gibt die Fotografie zurück.

MINETTI Ich habe den Lear
in ganz Norddeutschland gespielt
aber kein Mensch
hat den Lear verstanden
Shakespeare nicht
Lear nicht
nichts
Direkt zur Dame.
Das ist deprimierend meine Dame
Steckt die Fotografie wieder ein.
Wenn Sie umherreisen mit dem Lear
und kein Mensch versteht den Lear
und kein Mensch versteht Shakespeare
und kein Mensch versteht den Schauspieler
der den Lear spielt
Greift sich mit beiden Händen an den Kopf.
das ist Wahnsinn
Nach einer Pause.
Dann ist mir der Prozeß gemacht worden
dann bin ich abgesetzt worden
dann bin ich zu meiner Schwester nach Dinkelsbühl
nach Dinkelsbühl
wenn Sie wissen
wo das ist meine Dame
und habe mich versteckt
habe Gemüse gepflanzt
Kraut eingewintert
Zwiebelzöpfe geflochten
Laut, aufbrausend.
Lear hat sich versteckt
Auf den Regenschirm gestützt, geradeaus blickend.
Und jetzt werde ich den Lear spielen

nach dreißig Jahren
in Flensburg
Steht auf und geht zum Koffer und zeigt mit dem Regenschirm auf den Koffer
und sagt zur Dame
Weil ich konsequent gewesen bin
konsequent meine Dame konsequent
Der Aufzug kommt herunter mit Lachenden und Schreienden, die aus dem
Aufzug herausstürzen.

Dritte Szene

In der Bar. Minetti und Mädchen auf einem Sofa. Der Koffer im Vordergrund
auf dem Boden. Mädchen mit einem kleinen Transistorradio neben sich, daraus
leise Jazzmusik.

MINETTI Du glaubst es nicht
Ich bin berühmt
ich war berühmt
Minetti
der sich der klassichen Literatur verweigert hat
Ich spielte den Lear in Lübeck
Shakespeare
Die Schauspielkunst
ist eine hinterhältige Kunst mein Kind
Zeigt auf den Koffer.
In diesem Koffer
habe ich die Beweise
Zuerst habe ich
mit ganz einfachen Tricks angefangen
mit den einfachsten Tricks
wie man Menschen verschwinden läßt
zum Beispiel
Zauberkünstler
nichts als ein Zauberkünstler verstehst du
durch ganz Norddeutschland
bis nach Biarritz hinunter die ganze Küste
mit meinem Vater
aber plötzlich im Handgelenk
hier siehst du
Zeigt sein rechtes Handgelenk, schüttelt es.
eine Entzündung
meine Karriere war zuende
Mein Vater war verzweifelt

Die ganze Familie ist vor dem Ruin gestanden
Ich habe Menschen verschwinden lassen mein Kind
auf der Bühne
drei Menschen gleichzeitig
oder vier
oder fünf
plötzlich die Gelenksentzündung
verstehst du
Schüttelt sein Handgelenk.
Da erinnerte ich mich
meiner ursprünglichen Begabung
und ich wurde Schauspieler
ein absoluter Diener der dramatischen Literatur
Ich habe die Zauberkunststücke aufgegeben
für die dramatische Kunst mein Kind
für die dramatische Literatur
Shakespeare Strindberg verstehst du
Plötzlich.
Wielange wartest du schon

MÄDCHEN Nicht lange

MINETTI Wir warten beide
Mädchen stellt die Musik lauter ein.

MINETTI Du wartest auf deinen Liebhaber
ich warte auf den Schauspieldirektor
Ich habe mit dem Schauspieldirektor von Flensburg
hier eine Verabredung
er hat mich eingeladen
in Flensburg den Lear zu spielen
Du weißt nicht was das heißt
Lear Shakespeare mein Kind
Schaut um sich.
Bei diesem Sturm
Du gehst wahrscheinlich auf einen Ball
mit deinem Geliebten
Was für eine Maske trägst du
Du trägst doch eine Maske nicht wahr
Mädchen schüttelt den Kopf.

MINETTI Keine Maske
Keine Maske mein Kind
Dreißig Jahre
habe ich den Lear nicht mehr gespielt
auf der Bühne nicht mehr gespielt
auf einer ordentlichen Bühne
Ich habe mich der klassischen Literatur verweigert
Aber ich brauche ja nur die Maske aufzusetzen

Die Maske ist von Ensor persönlich
Ich habe Ensor
zusammen mit Shakespeare gesehen
Da
Zeigt in die Halle.
Eine unglaubliche Begegnung
Warte
Holt die Fotografie aus der Rocktasche und zeigt sie dem Mädchen.
Das bin ich
Lear
in der Maske von Ensor
Zeigt auf das Bild.
Als ganz junger Mann
Mädchen nimmt die Fotografie.

MINETTI Eine Sensation mein Kind
Steht auf und zitiert.
O reason not the need
our basest beggars are in the poorest thing superfluous
allow not nature more than nature needs
man's life is cheap as beast's
O erörtre nicht das Brauchen
unsere niedrigsten Bettler
haben in der ärmsten Sache Überfluß
erlaube nicht der Natur mehr
als die Natur braucht
des Menschen Leben ist billig wie das des Tiers
Plötzlich.
Wir dürfen uns nicht demütigen lassen
nicht demütigen mein Kind
Aber es gibt kein Lebensrezept
Jetzt zeige ich dir die Beweise
Öffnet den Koffer und entnimmt ihm verschiedene alte Zeitungen.
Hier
Liest aus einem Blatt vor.
Hatte dieser bedeutende Künstler
dem das Theater so viele Höhepunkte verdankt
auch an diesem Abend in der Rolle des Lear
und in Ensors Maske
alles andere in der gesamten dramatischen Literatur
in den Schatten gestellt
In den Schatten gestellt
in den Schatten gestellt mein Kind
Liest aus einer anderen Zeitung.
Die Kunst dieses Schauspielers
ist auf dem Höhepunkt

Auf dem Höhepunkt
auf dem Höhepunkt mein Kind
Liest aus einer anderen Zeitung.
Einer unserer größten Schauspieler
der sich an diesem Abend wieder
ein Denkmal gesetzt hat
Plötzlich.
Genug
ekelhaft ekelhaft ekelhaft
es ist ekelhaft mein Kind
Nimmt die Zeitungen und stopft sie wieder in den Koffer hinein und holt einen
Pack anderer Zeitungen heraus.
Kurze Zeit später ist mir der Prozeß gemacht worden
aus Lübeck verjagt verstehst du
ich
aus Norddeutschland verjagt
weil ich mich der klassischen Literatur verweigert habe
Als Direktor
und als Schauspieler verjagt
In Dinkelsbühl bin ich wieder aufgewacht
in Dinkelsbühl
Mit dem Zeitungspack zum Sofa, er kniet sich vor das Sofa hin und blättert in
den Zeitungen.
Alles
was über den Prozeß geschrieben worden ist
Verleumdungen
Verdrehungen und Verleumdungen
nichts als Gehässigkeiten
Daß ich das Theater zugrunde gerichtet habe
Daß ich die Leute vor den Kopf gestoßen habe
daß ich
indem ich mich der klassischen Literatur verweigert habe
das größte Theaterverbrechen begangen habe
Daß ich das Theater lächerlich gemacht
und schließlich vernichtet habe
das Publikum betrogen
belogen und betrogen habe
Nimmt eine Zeitung und liest.
Hier da steht
Herr Minetti ist eine Schande für die Stadt Lübeck
Was war dein Vater

MÄDCHEN Eisenbahnmaschinist
MINETTI Eisenbahnmaschinist
         Wo
MÄDCHEN In Lüttich

MINETTI In Lüttich
in dieser häßlichen Stadt Lüttich
mein armes Kind
Setzt sich zum Mädchen auf das Sofa.
da bist du eines Tages davon
Mädchen nickt.
MINETTI Du hast recht gehandelt
Wo man her ist
muß man so bald als möglich weg
weil man sonst zugrunde geht
Schaut in die Halle hinaus, ob der Schauspieldirektor kommt, dann auf die Uhr.
Daß ich selbst nicht Lübeck
den Rücken gekehrt habe zeitgerecht
das hat sich gerächt
Wer den Posten eines Schauspieldirektors annimmt mein Kind
begeht Selbstmord
Wenn wir nicht etwas gelernt hätten
und wenn wir nicht unsere Kunst hätten
müßten wir jeden Tag immer tiefer verzweifeln
Schaut in die Halle, ob der Schauspieldirektor kommt, dann
Zuerst sind sie alle pünktlich
aber dann
sind sie die Unpünktlichkeit selbst
Beinahe glaube ich
er kommt nicht mehr
aber letztenendes will er etwas
nicht ich ich nicht
Es ist eine Ungeheuerlichkeit
einen Menschen
mit welchem man verabredet ist
sitzen zu lassen
Minetti läßt man nicht sitzen
Aber die Schauspieldirektoren sind größenwahnsinnig
es hat eine Zeit gegeben
da haben die Leute gesagt
außer ihm gibt es keinen Zweiten
Dann haben sie mir den Prozeß gemacht
weil ich mich der klassischen Literatur verweigert habe
Die Stadt Lübeck ist vertragsbrüchig geworden
Die Stadt Lübeck hat mich auf dem Gewissen
Die Heimatstadt hat ihre Söhne auf dem Gewissen
Der Geburtsort ist der Mörder des Menschen
Plötzlich.
Willst du sie sehen

Mädchen weiß nicht, was er meint.
MINETTI Die Maske
Ensors Maske
Die Learmaske
die mir Ensor gemacht hat
Ich zeige dir die Maske
Versucht den Koffer zu öffnen, aber es gelingt ihm nicht und er gibt auf.
Es soll nicht sein
mein Kind
Später
vielleicht
dann
endgültig
In Flensburg setze ich die Maske wieder auf
und spiele den Lear
den ich dreißig Jahre
nicht mehr gespielt habe
zuletzt vor den Senatoren
vor niemand sonst
eine sogenannte geschlossene Vorstellung
Kein Applaus
nichts
mein Kind
Vollkommene Stille
nach dem Fallen des Vorhangs
nichts
sie rührten keine Hand
Eine Ungeheuerlichkeit
Dann haben sie mir den Prozeß gemacht
Der Schauspieler
ist das Opfer seiner fixen Idee einerseits
andererseits vollkommenes Opfer des Publikums
er zieht das Publikum an
und stößt es ab
in meinem Fall habe ich das Publikum
immer abgestoßen
je größer der Schauspieler
und je höher die Kunst des Schauspielers
desto heftiger ist das Publikum abgestoßen
Das Publikum strömt zu dem großen Schauspieler
und ist in Wirklichkeit abgestoßen von seiner Kunst
und je unglaublicher seine Kunst
desto heftiger ist das Publikum abgestoßen
Die Leute applaudieren
aber sie sind abgestoßen

Oder die Leute sind so abgestoßen wie die Senatoren in Lübeck
die so abgestoßen gewesen sind von meiner Kunst
daß sie überhaupt keine Hand mehr gerührt haben
Die Leute kommen in das Theater
um einen großen Schauspieler zu sehen
und sie sind gleich abgestoßen von seiner Unheimlichkeit
Zeigt der Schauspieler Unheimlichkeit
und er muß sie zeigen
ist das Publikum abgestoßen
Der Schauspieler hat sie zu zeigen
Unheimlichkeit sonst nichts
Überdeutlich.
nichts als Unheimlichkeit
Das Publikum strömt von allen Seiten
strömt strömt von allen Seiten
um den Schauspieler zu sehen
und der Schauspieler begegnet dem Publikum mit nichts
als mit Unheimlichkeit
Das Publikum wird auf die Probe gestellt
Das Publikum muß von dem Schauspieler entsetzt sein
Zuerst hat er es zu hintergehen
und dann hat er es zu entsetzen
Die großen Schauspieler haben ihr Publikum immer entsetzt
zuerst haben sie es hintergangen
und dann haben sie es entsetzt
in die Geschichtsfalle gelockt
in die Geistesfalle
in die Gefühlsfalle
hineingelockt in die Falle
und entsetzt
Der größte Feind des Schauspielers
ist sein Publikum
Wenn er das weiß
steigert er sich in seiner Kunst
In jedem Augenblick muß sich der Schauspieler sagen
das Publikum stürzt auf die Bühne
In diesem Zustand hat er zu spielen
gegen das Publikum
gegen die Menschenrechte verstehst du
Zeitlebens habe ich
gegen das Publikum gespielt
um die Anspannung auszuhalten
um nicht geschwächt zu sein
Mein Vater der Zauberkünstler
war mein Lehrer

mein einziger Lehrer verstehst du
der rücksichtsloseste
Der Verstandesmensch
von ihm lernte ich
hören
und sehen
zu verstehen mein Kind
Die Menschen haben kein Ohr
um zu hören
sie haben keine Augen
um zu sehen
sie haben keinen Verstand
Wir leben in einer vollkommen verstandeslosen Gesellschaft
wer das nicht begreift mein Kind
Schaut auf die Uhr.
Zu sich.
Nur ein einzigesmal
zur Zweihundertjahrfeier
Ganz leise.
Die Fahrkarte
von Dinkelsbühl nach Oostende
hat mich mein ganzes Geld gekostet
Wenn er nicht kommt
Steht auf und geht bis zur Halle, kommt enttäuscht wieder zurück.
Zum Mädchen.
Du kennst die Menschen nicht
sie sind nur dazu da
sich gegenseitig hineinzulegen
Zu sich.
möglicherweise
ist das Ganze
eine Mystifikation
eine Mystifikation
Ich glaube
der Schauspieldirektor ist es
aber ein Liliputaner kommt herein
oder ein Verkrüppelter
Jedesmal wenn die Tür aufgeht glaube ich
es ist der Schauspieldirektor
Zum Mädchen.
Ich habe das Beweismittel verloren
das Telegramm
in welchem mich der Schauspieldirektor auffordert
nach Oostende zu kommen
Setzt sich zum Mädchen.

Dreißig Jahre
habe ich jeden Tag in der Frühe
die Learmaske aufgesetzt
vor dem Spiegel mein Kind
dreißig Jahre jeden Tag in der Frühe ein paar Augenblicke Lear
in Dinkelsbühl
Ich habe in Berlin gespielt
in Moskau
in Minsk
in Konstantinopel
Ein Schauspielkopf wie kein zweiter
Heuchelei
nichts als Heuchelei
plötzlich in einem einzigen Augenblick
habe ich mich der klassischen Literatur verweigert
haßte ich die Klassik
alles Klassische
in diesem Augenblick hatte ich die ganze Welt gegen mich
Die Künstler hängen zeitlebens
ob sie es wahrhaben wollen oder nicht
von der sogenannten Gebildeten Welt ab
und verweigert sich ein Künstler der klassischen Kunst
läßt ihn die sogenannte Gebildete Welt fallen
er ist ein toter Mann mein Kind
Schaut auf die Uhr.
Zuerst glaubte ich
ich ziehe mich enttäuscht
naturgemäß enttäuscht
nur auf die kürzeste Zeit nach Dinkelsbühl zurück
in dieses kleine verschlafene Nest
in welchem sich die Krautköpfe Gutenacht sagen
aber ich bin ganze dreißig Jahre
in Dinkelsbühl geblieben
dreißig Jahre mein Kind
in welchen ich die gesamte klassische Literatur studiert habe
damit ich am Ende gewußt habe
warum ich mich ihr verweigere
Den Lear ja
aber die ganze übrige klassische Literatur nein
In der Dachkammer meiner Schwester in Dinkelsbühl
spielte ich an jedem Dreizehnten des Monats
vor dem Spiegel den Lear
immer pünktlich um acht am Abend
in Ensors Maske mein Kind
um nicht aus der Übung zu kommen

Und an jedem gewöhnlichen Tag
eine angemessene Deklamation mein Kind
Learsätze
immer die gleichen Learsätze
und an jedem Dreizehnten den kompletten Lear
einmal in Englisch
und einmal in Deutsch
in meiner eigenen Übersetzung natürlich
Der Künstler ist erst der wahre Künstler
wenn er durch und durch wahnsinnig ist
wenn er sich in den Wahnsinn hineingestürzt hat
bedingungslos
sich zur Methode gemacht hat
Der wahre Künstler mein Kind hat sich den Wahnsinn
seiner Kunst zur Methode gemacht
mag die Welt denken und schreiben was sie will
Er darf nur kein Angsthase sein
Der Künstler darf kein Angsthase sein natürlich
Die Gesellschaft hat mir den Boden entzogen
indem sie mir die Bühne entzogen hat
und die Senatoren haben mir den Prozeß gemacht
und meine Existenz ruiniert
aber meine Künstlerschaft hat unter dieser Gemeinheit
nicht gelitten
im Gegenteil
Aber welche Anstrengung mein Kind
Vehement.
In Dinkelsbühl in der Dachkammer meiner Schwester
Künstler sein
Niemals die Frage
ob etwas statthaft ist oder nicht niemals
Jeder Tag bringt nichts als Beweise
für die Niederträchtigkeit und die Unverschämtheit
und für die Unzurechnungsfähigkeit der Menschen
die sich die menschliche Gesellschaft nennt mein Kind
Die Menschheit flüchtet tagtäglich
in die klassische Literatur
denn in der klassischen Literatur ist sie unbehelligt
und in die klassische Malerei
und in die klassische Musik
daß es zum Kotzen ist
In der Klassik ist die Gesellschaft unter sich
unbehelligt
Aber ein Künstler hat sich dem Vorgang
dieser Schamlosigkeit zu verweigern

Zum Mädchen direkt.
Aber was geht ein solches schönes Kind wie du an
was ein solcher Verrückter denkt
Plötzlich aufgebracht.
Ich bin der aufgebrachte Künstler
zum Unterschied von dem andern
der entsetzte
zum Unterschied von dem andern
Zum Mädchen direkt.
Warten mein Kind
Je länger du wartest
desto schöner bist du
Zu sich.
Es ist ein Märchen
ein Märchen ist es
Schaut in die Halle hinaus, dann zum Mädchen.
Der Schauspieldirektor
ist ein alter Freund von mir
wir sind zusammen
in die Schule gegangen
er ist schon zwanzig Jahre
Schauspieldirektor in Flensburg
Friese verstehst du
Friese
er ist Friese
Weißt du wie klein Dinkelsbühl ist
Man merkt daß ich dreißig Jahre
in Dinkelsbühl gelebt habe
Schaut sich von oben bis unten an.
So sieht ein Mensch aus
der dreißig Jahre in Dinkelsbühl gelebt hat
existiert hat
Diese alte Hose
dieser alte Rock
diese alten Schuhe
Dem Mädchen ins Gesicht.
Nicht nach Dinkelsbühl gehen
nicht nach Dinkelsbühl
Leise.
Du liebst ihn nicht wahr
wie alt ist er
MÄDCHEN Siebzehn
MINETTI Siebzehn
Wie ich siebzehn gewesen bin
habe ich angefangen

mich mit Shakespeare zu beschäftigen
Nicht mit dem Lear
Aber mit achtzehn
habe ich schon den Lear gespielt
schon mit achtzehn
Wenn er siebzehn ist dein Liebhaber
hat er viel vor
sehr viel vor
Ist er aus Oostende
Mädchen nickt.

MINETTI *bestimmt:*
Geht nicht weg aus Oostende
meine ganzen Ersparnisse
habe ich für die Reise geopfert
Die Rückreise könnte ich
nicht bezahlen
Eine Gruppe Lachender und Schreiender durch die Halle, die man nicht sieht.

MINETTI Die Leute retten sich
durch diesen Tag
indem sie sich betrinken
Masken aufsetzen
Die längste Zeit starre ich
auf die Tür
aber er kommt nicht
Zitiert Lear.
Thou wert better in a grave
than to answer with thy uncover'd body
Du wärst beser in einem Grab
als mit deinem unbedeckten Körper
Zum Mädchen.
Hast du Geschwister

MÄDCHEN Ja
MINETTI Brüder
MÄDCHEN Zwei Brüder
MINETTI Wo leben die Brüder
MÄDCHEN In Lüttich
MINETTI In dieser fürchterlichen Stadt Lüttich
Geschwister
ist etwas Schönes
Ich hatte einen Bruder
er ist in Lübeck begraben
jedes Jahr bin ich
an das Grab gegangen
an die Stelle
wo er begraben ist

Jetzt dreißig Jahre nicht mehr
Plötzlich aufgebracht.
Man hat mich aus Lübeck verjagt
endgültig
für immer
Zitiert Lear.
Thou wert better in a grave
than to answer with thy uncover'd body
Mädchen dreht das Transistorradio lauter auf.

MINETTI Es ist ein Unglück
daß ich nach Oostende gefahren bin
Ohne etwas zu sagen
bin ich weg
Sie werden mich suchen
Der Süden Deutschlands ist fürchterlich
aber noch fürchterlicher
ist der Norden
Habe ich dir gesagt daß mir Ensor
für den Prospero
die Maske versprochen hat
Wenn ich Prospero spiele
habe ich zu ihm gesagt
Prospero hätte ich spielen sollen
Prospero
Zeigt in die Halle hinaus.
Ein Sturm kommt auf.
Dort in der Ecke
hat mir Ensor die Maske für Prospero versprochen
Ich sagte
ich hätte Zeit
In zwanzig Jahren vielleicht
sagte ich
Den Lear jetzt
den Prospero in zwanzig Jahren
Zwanzig Jahre nach dem Lear Prospero
Aber Ensor ist tot
Ich habe Prospero nie gespielt
immer nur davon geträumt
ihn zu spielen
In Dinkelsbühl habe ich immer davon geträumt
den Prospero zu spielen
in Dinkelsbühl
in der Dachkammer geträumt
mein Kind
Dreißig Jahre lang

aufgestanden
und vor den Spiegel getreten
und den Lear gespielt
Die Leute sagten
ich sei verrückt
Mädchen dreht das Transistorradio leiser.

MINETTI aber ich dachte
die Leute sind verrückt
Immer wieder Lear Lear Lear
Während ich längst für verrückt erklärt worden bin
aufundabgehend
den Lear
Der Sturm wird heftiger.
Bis ich ein Angebot bekomme
den Lear
auf einem richtigen Theater zu spielen
aufgefordert den Lear zu spielen auf dem Theater
Die Kunst verkommt leicht mein Kind
wenn der Künstler nachläßt
sich beirren läßt
auch nur einen einzigen Augenblick nachläßt
Heftig.
Nicht nachlassen mein Kind
nicht nachlassen
Die Verhöhnung ertragen
die Verspottung
Dreißig Jahre bin ich verhöhnt
und verspottet worden in Dinkelsbühl
Steht auf und stülpt zuerst die rechte, dann die linke Manteltasche um.
Ich habe es verloren
das Telegramm
das Beweismittel
Zur Zweihundertjahrfeier
den Lear spielen
in Flensburg
Schaut auf die Tür.
Plötzlich verfallen wir
einer Idee
und wir verfolgen diese Idee
und wir können gar nicht mehr anders
als diese Idee verfolgen
Horcht.
Zum Mädchen.
Hörst du den Sturm
Die ganze Küste tobt

                wie die Küste tobt
                sie tobt die Küste
                Oostende im Schneesturm mein Kind
                Eine größere Gruppe lachender und schreiender Maskierter kommt von der
                Halle herein, ein paar machen vor Minetti halt.

DER ERSTE *zeigt auf Minetti mit einer Flasche:*
                Dieser Mann wartet
                schon zwei Stunden auf den Schauspieldirektor
DER ZWEITE So sagt es der Portier
DER DRITTE Und die rotgekleidete Dame sagt es
DER ERSTE sagt es
DER ZWEITE sagt es
DER DRITTE sagt es
                Alle lachen laut auf und ziehen ab.
MINETTI *bebend vor Wut, ihnen nachrufend:*
                Unerhört
                unerhört
                Ganz leise.
                unerhört
                Mädchen dreht das Transistorradio leiser.
MINETTI Die Unverschämtheit dieser Leute
                kennt keine Grenzen
                Die klassenlose Gesellschaft
                ist verrückt geworden
                Er setzt sich erschöpft auf das Sofa.
                Mädchen stellt das Transistorradio wieder lauter.
MINETTI *zum Mädchen:*
                Nicht weg aus Oostende
                Mädchen schüttelt den Kopf.
MINETTI Nicht weg aus Oostende
                aus Oostende nicht
                Nach einer Pause.
                Ich hätte nicht nach Dinkelsbühl
                gehen sollen
                Leise.
                Ich habe mich nicht mehr weggetraut
                Dreißig Jahre
                hatte ich Angst
                fortwährend Angst
                meinen Text zu verlieren
                Daß ich den Lear
                nicht mehr spielen kann
                Setzt sich neben das Mädchen und schaut auf den Koffer.
                Wir sind dreißig Jahre
                zusammengeblieben

der Koffer und ich
Eine Verschwörung
Steht auf und geht zum Koffer und öffnet ihn und nimmt eine Zeitung heraus
und setzt sich wieder neben das Mädchen und liest dem Mädchen aus der Zei-
tung vor.
Heute hat der abgesetzte Schauspieldirektor Minetti
die Stadt Lübeck verlassen
Die Bürger atmen auf
Faltet die Zeitung zusammen und steht auf und drückt sie in den Koffer hinein
und macht den Koffer zu, indem er mit dem rechten Knie nachhilft und setzt
sich wieder neben das Mädchen und schaut auf die Uhr.
Punkt Elf

MÄDCHEN   *stellt das Transistorradio lauter und fragt:*
Magst du Musik
Minetti streckt die Beine ganz aus und nickt nach einiger Zeit.

DAME   *kommt, beinahe im Marschschritt, aber nicht völlig betrunken, aus der Halle*
und geht mit hocherhobenem Kopf an Minetti und dem Mädchen vorbei, wäh-
rend sie sagt:
Gute Nacht mein Herr
und schlafen Sie gut
Ein Kellner mit zwei Flaschen Champagner auf einem Tablett hinter ihr nach.

MINETTI   *den beiden nachschauend, dann lauschend:*
Ich mag Musik
sehr gern
Liebhaber erscheint in der Bar und das Mädchen springt auf und zu ihm hin,
die beiden küssen sich, das Mädchen entdeckt, daß es das Transistorradio auf
dem Sofa stehengelassen hat und will es mitnehmen, dreht es aber nur ein
wenig lauter auf und geht zu seinem Liebhaber zurück und schaut noch ein-
mal auf Minetti. Dann beide ab.
Minetti mit weit ausgestreckten Beinen und mit geschlossenen Augen nach-
denklich, horchend.

Nachspiel

Atlantikküste bei Oostende. Minetti auf einer Bank. Vor ihm sein Koffer.
Immer heftiger werdendes Schneetreiben. Der Verkrüppelte mit der Hunde-
maske von rechts immer schneller an Minetti vorbeihumpelnd, links ver-
schwindend.

MINETTI   *schaut dem Verkrüppelten nach, dann nach einer Pause zu sich:*
Weg
Steht auf und forscht, ob er unbeobachtet ist und öffnet den Koffer und nimmt
die Learmaske heraus und macht den Koffer wieder zu, wobei er mit dem rech-

ten Knie nachhelfen muß und forscht wieder, ob er unbeobachtet ist und setzt
sich wieder auf die Bank und legt die Learmaske neben sich auf die Bank und
holt aus seiner linken Manteltasche eine kleine silberne Dose, aus der Dose
nimmt er mehrere Tabletten, die er blitzartig schluckt. Dann setzt er ebenso
blitzartig die Learmaske von Ensor auf und stellt den Mantelkragen hoch und
steckt die Hände in die Manteltaschen und bleibt so starr geradeaus blickend
längere Zeit hocken und sagt dann

Schnell weg
Von links nähert sich die Gruppe der Maskierten, die vorher in der Bar an ihm
vorbeigezogen ist, noch betrunkener, laut lachend und schreiend und zieht an
ihm vorbei.

DER LETZTE *der Maskierten bleibt einen Augenblick stehen und erkennt Minetti und zeigt*
mit dem Zeigefinger auf ihn und ruft:

Der Künstler
Der Schauspielkünstler
Und läuft weg.
Minetti bleibt bewegungslos, bis er vollkommen zugeschneit ist.

Ende

Thomas Brasch
Lovely Rita

Fassung 1978

Lovely Rita

Personen: Rita Grabow · Frau 1 · Frau 2 · Frau 3 · Frau 4 · Frau 5 · Offizier · 1. Polizist · 2. Polizist · 3. Polizist · 4. Polizist · Gefangene 1 · Gefangene 2 · Regisseur · Direktor

Kino

Rita, Frau 1, Frau 2, Frau 3, Frau 4, Frau 5, Lautsprecher.

FRAU 1, 2, 3, 4, 5   Da sitzt sie in der sechsten Reihe und starrt auf die Leinwand. Wie ein Messer hält sie die Nagelschere in der linken Hand. Ihre Nägel graben sich tiefer ins eigene Fleisch, nach jedem Satz aus dem Kinolautsprecher.

LAUTSPRECHER   »Was willst du jetzt machen.« / »Ich gehe mit, George. Was soll ich hier noch. Ich habe die Henker gerufen, weil ich in die Kolben ihrer Gewehre beißen wollte. Aber auch das ist mir jetzt gleichgültig geworden.« / »Vielleicht ist es für dich wirklich das klügste, Europa zu verlassen.« / »Ja. Ich habe alle Bilder gesehen: Auf der Autobahn, auf der Leinwand, in meinem eigenen Kopf. Ich muß ein Mensch von heute werden. Das getrocknete Blut raucht auf meinem Gesicht. Ich habe nichts hinter mir als dieses schreckliche Gebüsch.« / »Hau ab.« //

FRAU 1, 2, 3, 4, 5   Jetzt stößt sie den Stahl durch die Haut in die Ader. Wie eine Frucht sammelt sich dunkel das Blut auf ihrem Rock und rollt an den Beinen herunter, über den Knöchel bis in den Schaft ihres schwarzen Lacklederschuhs. Wie angeschnallt sitzt sie in ihrem Stuhl, unter dem Lichtstrahl aus dem Projektor, neben dem Lautsprecher, vor der Leinwand, zwischen den Leuten und schreit.

Spiegel

Rita.

RITA   Sprechen. Die Worte in den Spiegel sprechen. Sie fremd werden lassen wie Worte, die du gehört hast. Dein Gesicht sehr nah an den Spiegel halten und jeden einzelnen Buchstaben langsam auf die glatte Fläche sprechen, bis sie beschlägt von deinem Atem und du dein Gesicht nicht mehr erkennen kannst. Jetzt sprechen: Mein Name ist Rita. Dein Name ist Rita. Unser Name ist Rita. Ich bin siebzehn Jahre alt. Du bist siebzehn Jahre alt. Wir sind siebzehn Jahre alt. Deine Eltern sind tot. Das Wort TOT buchstabieren, bis es keinen Sinn mehr ergibt.

TOTOTOTOTOTOTOTOTOTTot. Leben. LEBEN. Du lebst in einem Eisenbahnwaggon. Ich lebe in einem stillgelegten Bahnhof. Der Bahnhof ist stillgelegt. Ich bin stillgelegt. Still. Still. Jetzt ist das Glas beschlagen, aber du kannst deine Augen noch sehen. Du mußt langsamer sprechen. Du mußt langsamer denken. Ich lebe in einem Eisenbahnwaggon. Ich lebe mit fünf Frauen in einem Eisenbahnwaggon. Buchstabiere das Wort Frauen. FRAUEN. Sie sind aus einem Gefängnis. Ich will auch in ein Gefängnis. Gefängnis. Montag, Dienstag, Mittwoch, Donnerstag. Jeden Freitag gehe ich zu einem Offizier der Besatzungsarmee. Ich gehe einmal in der Woche zu einem Offizier der Besatzungstruppen. Er hat eine Narbe auf der Schulter. Er sagt mir einmal in der Woche, daß er mich liebt. Ich sage ihm einmal in der Woche, daß ich ihn liebe. Ich kann darüber nicht lachen. Noch zwei Sätze sagen. Ich kokettiere mit dem Tod. Dieser Satz ist aus einem Theaterstück. Mit welchen Sätzen soll ich sprechen. Der letzte Satz: Ich will mein Leben in diesem Stuhl sitzen, in diesen Spiegel sehen, Schweigen.

Waggon 1

Die Frauen, Rita. Sie trinken.

FRAU 1   Auf Rita. *Hebt das Glas.* Du hast Talent. Wie du den Pförtner weggelockt hast. Wie er dir in den Schuppen nachgekrochen ist. *Alle lachen.*

FRAU 2   *spielt vor:* »Ich halte es nicht mehr aus. Lauf schneller, Mädchen, oder alles spritzt mir in die Hose.« *Alle lachen, wälzen sich auf der Erde, kriechen wie 2 herum und wiederholen deren Text.*

FRAU 3   Hast du ihn wirklich rangelassen.

RITA   Ach. Der war schon fertig, bevor sein Gürtel offen war. Dann wollt er nur noch reden. Wie sie ihm das Bein amputiert haben an der Front und so weiter. Hauptsache, ihr seid an den Schnaps gekommen in der Zeit.

FRAU 4   Vorrat für drei Wochen.

FRAU 5   Auf Rita. *Alle trinken.* Bevor sie kam, wars halb so lustig. Vom Knast gar nicht zu reden.

FRAU 1   Ich träum noch immer, daß wir wieder drin sind. Ich sitze auf dem Hocker und zähl die Karos auf den Kissen. 2028 Tage hatte ich noch.

FRAU 2   *verächtlich:* Kurzzeitler. Die werden schnell hysterisch. *Lacht.* 2028 Tage. Die hätt ich abgestanden, Mensch, auf einem Bein. Fast doppelt soviel hatte ich schon hinter mir, bevor die Bombe kam, und dreimal soviel vor mir.

FRAU 3   Reiß du dein Maul nicht auf. Ich habe dich gesehn, als dein Gesuch zurück-kam, abgelehnt. Erinnerst du dich noch. Ein Montag wars, die Freistunde vorbei. Soll ichs dir noch einmal erzählen.

FRAU 2   Hör auf. Schon gut.

FRAU 3   Zwei Wochen später kam die Scheidung, auch an einem Montag und sie . . .

FRAU 4 Hör auf. Sie hat genug gelitten. Und außerdem war sies, die uns den Tunnel rausgefunden hat. Sonst lägen wir jetzt alle unter Trümmern. *Trinkt.* Darauf trink ich: Daß aus acht Wochen Diebstahl für mich sechs Tage Urlaub wurden dank einer Bombe des siegreichen Gegners.

FRAU 5 *trinkt:* Und auf die Schließer, die heute da liegen, wohin sie gehören: Unter ihre Steine. *Zu 1.* Kannst du dich noch erinnern, an den Dünnen, Station 4, der Alte, der . . .

RITA *unterbricht sie:* Hört endlich auf, euch mit dem Zuchthaus dick zu tun. Jetzt hockt ihr hier und könnt nicht hin und her in eurem Knastzivil. Was könnt denn ihr noch machen ohne mich. Was wißt denn ihr, wie in der Stadt nach euch gefahndet wird. Im Fernsehen Meldung jeden Tag. Ohne mich wärt ihr schon längst, wo ihr grad hergekommen seid. Und jetzt tut ihr euch groß mit – *Ahmt sie nach.* Kurzzeit, Langzeit, der Dünne von Station 4.

FRAU 1 Ich kann mir das nicht vorstellen. Fahndung nach uns. Die haben jetzt doch Wichtigeres zu tun. *Zu 2.* Was meinst du.

FRAU 2 Ich kanns mir auch nicht denken, aber, wenn sies sagt.

FRAU 3 Vor zweieinhalb Jahren ist mal eine ausgebrochen, da haben sie um fünf Uhr früh . . .

RITA *schreit:* Ich kann das nicht mehr hören. *Geht in den Waggon, wirft Uniformteile herunter.* Ich weiß was Besseres als eure Reden. Jetzt geht es wieder los.

FRAU 1 *stürzt sich auf die Uniformen:* So ist es richtig. Ich will auch nichts mehr hörn davon.

FRAU 4 *gelangweilt:* Wieder Kindergarten. Wir sollten uns um Pässe kümmern.

FRAU 2 Vielleicht . . .

FRAU 3 Recht hat sie. Rita, fang an. *Auf die Uniform.*

FRAU 5 *trinkt:* Das wird der Höhepunkt des Abends. *Auf die Uniform.* Rita, was ist heute dran. *Wirft 2 und 4 die Uniformen zu.*

FRAU 1 Das mit dem Zugabteil.

FRAU 3 Das mit den Seefahrern, die auf die Insel kommen.

FRAU 4 Das mit dem Offizier. Oder ich mach nicht mit.

RITA Das mit dem Offizier.

FRAU 3 Dann fängst du an. *Sie stellen sich auf.*

RITA Meinen linken Arm hältst du, du hältst den rechten. Du stellst dich hinter mich und hältst mir meinen Kopf fest wie in einer Zange. Du setzt dich jetzt auf meine Schultern. Du stellst dich vor mich hin, spuckst mir in mein Gesicht und sagst:

FRAU 1 Wo war es.

RITA Ich sage nichts. *Pause.* Du schlägst mir ins Gesicht und schreist:

FRAU 1 Wo war es.

RITA Ich sage nichts. Du auf den Schultern schlägst mir die Füße in die Seite und schreist:

FRAU 2 Wo hat er dich besprungen.
RITA Ich sage nichts. Ihr zerrt mir meine Arme
auseinander und schreit:
FRAU 3 UND 4 Wie hat er deine Beine aufgemacht.
RITA Ich sage nichts. Du reißt mir meinen Kopf
nach oben und flüsterst:
FRAU 5 Was hat er gesagt.
RITA Ihr spuckt und schlagt und schreit:
Warum hast du dich mit ihm hingelegt.
FRAU 1, 2, 3, 4, 5 Warum hast du dich mit ihm hingelegt.
FRAU 1 Jetzt sagst du:
RITA Ich saß in den Trümmern. Neben mir
die Leichen in den Säcken aus Papier. Er
stand vor mir und sprach in einer Sprache, die
ich nicht verstand. Ich zeigte auf die Leichen
und sagte: Eltern.
FRAU 2 Ich steig von deiner Schulter.
FRAU 3 UND 4 Ich nehme meine Hände von deinem Arm.
FRAU 5 Ich nehme meine Hände von deinem Kopf.
FRAU 1 Du sagst:
RITA Ich sah, wie er begann, sich seine Uniform
vom Leibe zu zerren. Ich sagte: Vater Ingenieur,
nicht Soldat. Ich sagte: Krieg vorbei. Ich sagte:
Ich noch Schule. Ich sagte: Vater tot und zeigte
auf die Leichen. Er zog sich weiter aus. Ich sagte:
Zum Friedhof. Eltern in Erde. Vater. Er schlug mir
seine Hand auf meinen Mund. Jetzt sag ich nichts mehr.
FRAU 2 Sagst du und starrst uns an.
RITA Meine Bluse reißt du von meinen Schultern. Du
ziehst mir den Rock von meinen Hüften. Du
wirfst meine Schuhe auf die Seite. Du reißt
von meinem Leib die Wäsche. Du spuckst
in mein Gesicht und sagst:
FRAU 3 Was war drei Tage später.
Jetzt schreist du:
RITA Ich habe ihn wiedergesehen. Auf dem Flugplatz.
Auch im Bunker. Später im Hotel. Er hatte
weiche Hände. Er hat gesprochen. Immer.
Ich habe nichts verstanden. *Pause.*
Ihr stellt euch vor mich hin. Du sagst:
FRAU 1 Dein Leib ist ein Dreck.
RITA Du sagst:
FRAU 2 Zwischen deinen Schenkeln wächst eine Grube aus Schlamm.
RITA Du sagst:
FRAU 4 Deine Haut ist dein Gefängnis.

RITA Du drehst dich weg und sagst:

FRAU 5 Du bist wie dieses Land: Freiwillig vergewaltigt,
unterm fremden Schenkel, den Schoß geöffnet,
fremden Zungen, Würmer gebärend, die kriechen bis sie in die Grube fallen. Und über ihnen, dir und diesem Land der Himmel zugewachsen wie dein Herz.
Du weinst. Du siehst uns an. Du drehst dich um. Du läufst. Wir stehn in deinem Weg. Du hetzt. Dein Atem geht schon schwer.
Du fällst auf deine Knie. Du kriechst. Du kannst nicht mehr. Jetzt liegst du da. Jetzt sind wir über dir.
Jetzt reißen wir uns die Verkleidung von den Leibern zum Beischlaf-Strafgericht und Frau ist Mann und Mann ist Frau. Du sagst:

RITA Du bist der erste. Zieh dich aus. Dreh dich nicht nach den andern um. Jetzt mußt du nicht mehr spielen, was ein Mann ist. Ich zeige dir, was du nicht kennst und was du bist.
Ich werde dich in meinem Bauch begraben. *Beischlaf.*
Jetzt du. Du wirst nicht besser sein als er. Kein Mann ist besser als ein anderer, wenn ich die Augen zumach und den Himmel seh. Ich zeig dir, wo du nicht mehr bist. Dann bist du wer. *Beischlaf.*
Jetzt du. Sieh mich nicht an. Du weißt soviel von dieser Lust in meinem Bauch, daß ich nur meine Lust spür, deine nicht. An welche Lüge soll ich mich noch halten. *Beischlaf.*
Jetzt du. Ich kenne deine Neugier. Zeig mir deine Haut. Du riechst nach Sterben. Mach mir den Himmel frei. Laß mich alle Fratzen schneiden. Daß alles Blut mir fällt aus dem Gesicht. *Beischlaf.*
Jetzt du. Hör mir nicht zu. Du weißt schon alles über dich. *Beischlaf.*

FRAU 1 Jetzt liegen wir. Und atmen. Du sagst:

FRAU 2 Ich hab geträumt: Ich reiß mir aus jedem von euch
sein bestes Teil: Arm, Herz, Schenkel, Augen viele
und setz mir ein neues Menschentier zusammen.

FRAU 3 Ich sprang auf seinen Leib. Es schrie und flehte
um Erbarmen. Als ich dann aufgewacht bin, wart
ihr da.

RITA Ich hab geträumt: Ich reiß aus jedem von euch
sein bestes Teil: Arm Herz Haar Schenkel Augen viele
und setz mir ein neues Menschentier zusammen.
Ich sprang auf seinen Leib. Es schrie und flehte
um Erbarmen. Als ich dann aufgewacht bin
wart ihr da.
Alle Spiele folgen der Beschreibung.

Bett

Rita, Offizier.

I

OFFIZIER Die Trümmer müssen weg, dann wird das Land von einer Grenze bis zur
anderen mit Asphalt ausgegossen: Eine flache, helle Ebene aus Stein. Statt
der Häuser, diese Rattenlöcher der Einsamkeit, werden Glaskästen gebaut,
auf Rädern, mit Motoren drin. Pro Bürger ein Wohnauto. Du kannst fahren, wohin du willst. Wo du bleiben willst, kannst du mit denen, die du
liebst, die Glaswürfel zu einem großen Haus zusammenstellen. Neue Städte
können überall zu jeder Zeit gegründet und wieder aufgelöst werden.
RITA *lacht:* Und das Benzin regnet vom Himmel, die Würste wachsen an den
Bäumen. Es war einmal, es war einmal.
OFFIZIER Benzin wird nicht gebraucht. Die Wagen speichern Sonnenenergie. Das
ist kein Problem: Woanders heizt man damit ganze Wohnblocks. Zur Frage
der Ernährung: Zwischen dem Asphalt werden große Felder sein und
Weideflächen für das Vieh. Dort kann sich jeder anbaun, was er braucht,
dort kann er ernten, was er angebaut hat, dort kann er schlachten, was er
gemästet hat.
RITA Wer kontrolliert, ob du in diesen goldenen Topf was reingeworfen hast,
wenn du was rausnimmst.
OFFIZIER Jeder kontrolliert den anderen, und jeder kontrolliert sich selbst. Eine
neue Zeit. Ein neuer Mensch.
RITA *küßt ihn:* Ich liebe dich.
OFFIZIER Die alte Welt ist kaputt. Wir lachen drüber.
RITA Ich lache jetzt. *Lacht.*

2

Musik. Rita tanzt.

OFFIZIER Warum ausgerechnet Film. Fällt dir nichts Besseres ein. Ärztin, Lehrerin.
Das hat Zukunft. Zum Studium kann ich dir verhelfen.
RITA *lacht:* Lehrerin. Vor zwanzig Schwachsinnigen das Abc herbeten. Jedes
Jahr aufs neue. Ärztin. Alten Weibern den Finger in den Hintern stecken.
Jeden Tag. Dann hätt' ich besser gleich in meiner Mutter bleiben sollen.
Arbeiten kann, wer keine Lust zum Leben hat. Für Leute mit Verstand
gibts nur zwei Möglichkeiten: Künstler oder Krimineller.
OFFIZIER *lacht:* Amen. Der neue Jesus Christus im Büstenhalter hat seine Religion
vom Teufel. Zeig doch mal was von deinen Kirchenspielen.
RITA Das kannst du haben. Ungläubiger. *Tanzend mit wechselnder Stimme.*
»Verlaß mich nicht, Jonny. Nimm mich fester in deine Arme.« »Weine

nicht. Lilly. Ich muß aufs Meer. Die Ferne ruft. Ich muß ihn fertigmachen. Ich habe es meiner Mutter versprochen.« »Aber du wolltest immer bei mir bleiben, Jonny. Hast du es schon vergessen. Tag, es wird Tag, der letzte Tag dringt herein, mein Hochzeitstag sollt es sein oder nicht sein.«

OFFIZIER *lacht:* Du kannst dich selbst nicht ernst nehmen.

RITA *schreit:* Sei still. *Pause. Sie spielt weiter.* »Tag! Ja, es wird Tag! Der letzte Tag dringt herein! Mein Hochzeitstag sollt es sein!
Sag niemand, daß du schon bei Gretchen warst.
Weh meinem Kranze!
Es ist eben geschehn!
Wir werden uns wiedersehn:
aber nicht beim Tanze.
Die Menge drängt sich, man hört sie nicht.
Der Platz, die Gassen
können sie nicht fassen.
Die Glocke ruft, das Stäbchen bricht.
Wie sie mich binden und packen!
Zum Blutstuhl bin ich schon entrückt.
Schon zuckt nach jedem Nacken
die Schärfe, die nach meinem zückt.
Stumm liegt die Welt nun wie das Grab!

OFFIZIER Du wirst schön sein, wenn du auf der Bühne stehst.

RITA Ich geh zum Film. Du hast gesagt, du sprichst mit denen. Im nächsten Monat werden die Studios wieder aufgemacht. Du mußt schon jetzt mit ihnen reden.

OFFIZIER In Ordnung. Aber verlange nicht das nächste Spielzeug, wenn du von dem genug hast.

RITA *lacht:* Zu Befehl.

3

Offizier sieht aus dem Fenster. Rita auf dem Bett.

RITA Ich habe den Wagen gefahren bei den Überfällen. Ich
habe die Wächter abgelenkt. Warum gehst du nicht
endlich weg vom Fenster. Was gibt es da zu sehen.
Wir werden von der Polizei gesucht.

OFFIZIER *nach einer Pause:* Die Straßenbeleuchtung muß in Ordnung gebracht werden.

RITA *schreit:* Ich werde von der Polizei gesucht. Hast du mich nicht verstanden. Du mußt mir helfen.

OFFIZIER *ahmt sie nach:* Du mußt mir helfen. Schon wieder. Bin ich dein Vater. Hab ich keine anderen Sorgen. *Pause.* Mit mir ist es so: Wir sind die Besatzungsmacht und keiner will uns sehen. Als hätten wir es nicht schon schwer genug: jetzt mußt du auch noch kommen. Als wenn wir nicht den ganzen Tag getreten werden von unseren Vorgesetzten, von unserem General, in seinem holzgetäfelten Dienstzimmer. Wir bringen unser Leben damit zu, dreckige Unterwäsche umzuwühlen und eurer Polizei das Laufen beizubringen. Am Abend kommen wir so müde in die Unterkunft, daß wir nicht essen und nicht schlafen können und auch nicht die Lügengeschichten lesen, die über uns geschrieben werden. Da liegen wir dann in einem dreckigen Haus, dem letzten in einer Trümmerstraße, in einer Stadt, die unsere Bomber umgepflügt haben. Wenn wir dann endlich eingeschlafen sind, klingelt das Telefon, und wir stehen auf und fangen wieder von vorn an. Was wir machen, ist nie richtig. Wir haben den Krieg gewonnen, den Frieden haben wir verloren. Unsere Hände werden nur von denen gedrückt. die wir dafür bezahlen. Wenn wir mit der falschen Frau im Bett liegen, ziehen uns die eigenen Generäle die Uniform aus und schicken uns nach Hause in den Steinbruch. Aber das reicht noch nicht zu unserem völligen Glück: Jetzt mußt du auch noch kommen und um Hilfe schreien. *Dreht sich um.*

RITA Ich wollte, ich könnte dir helfen.

4

Rita sieht aus dem Fenster. Offizier auf dem Stuhl.

RITA Wirst du dabei sein.

OFFIZIER Sie werden alles, was du sagst, mit einem Tonband aufnehmen. Dann wird es abgeschrieben und dir vorgelegt. Dann unterschreibst du und wartest, daß ich dich abhole.

RITA Jetzt bin ich alt.

5

Beide im Bett.

OFFIZIER Dein Zimmer wird in der obersten Etage sein. Mit roten Gardinen an den Fenstern. Von dort kannst du über die Stadt sehen. Über die Antennen und Schornsteine bis auf den Flugplatz. Wir werden glücklich sein.

RITA Und Kinder.

OFFIZIER Das hat noch Zeit.

RITA Und Film.

OFFIZIER Das hast du nicht mehr nötig.

6

Beide im Bett.

RITA Schläfst du. *Pause. Sie schaltet die Lampe an.* Schläfst du. *Nimmt ein Buch, liest.* »Wenn wir der Erwartung unserer Völker nachkommen wollen, müssen wir woanders als in Europa auf die Suche gehen, dann dürfen wir den Europäern kein Bild ihrer Gesellschaft und ihres Denkens zurückwerfen, für die sie von Zeit zu Zeit selbst einen ungeheuren Ekel empfinden. Für uns selbst, gegen Europa müssen wir eine neue Haut schaffen.« *Wirft das Buch weg.* Eine neue Haut. *Lacht.* Ich hab nur meine.

7

Rita vor dem Bett, einen Revolver in der Hand.

OFFIZIER Gib den Revolver her. Er ist geladen.
RITA Rote Gardinen. *Lacht.* Welches Tier soll ich anbeten.
OFFIZIER Gib den Revolver her. Wir sind nicht im Theater.
RITA Ich will uns beide nicht mehr sehen. *Schießt.*

8

Rita sieht aus dem Fenster. Offizier tot auf dem Bett. Von draußen Lautsprecher. Zuerst Musik, dann Stimme: »Hier spricht die Kommandantur. Wir geben bekannt: Die nächtliche Ausgangssperre ist mit sofortiger Wirkung aufgehoben. Ebenfalls mit sofortiger Wirkung haben Theater, Kinos, Tanzgaststätten und andere Unterhaltungseinrichtungen wieder geöffnet. Diese Maßnahme stellt das Vertrauen der Besatzungsmacht in die Bevölkerung unter Beweis.« Musik.

Waggon 2

Rita, die Frauen graben, Leiche des Offiziers.

FRAU 1 Hast du beim ersten Schuß getroffen.
RITA Ich weiß es nicht.
FRAU 2 Hast du ihn angesehen dabei.
RITA Hört endlich auf zu fragen. *Pause.*
FRAU 3 *zu Frau 4:* Ich dachte nicht, daß sie das fertigbringt. Ich könnt es nicht.
FRAU 4 Wenn ein Mann so dreckig zu dir ist wie der, könntest dus auch.
FRAU 3 *lacht:* In die Verlegenheit kommt bei mir keiner.
Alle lachen.

FRAU 5   Hat er dich nicht angefleht, ihn gehn zu lassen.
RITA   Er hat geschrien und geheult. Ich habe nur gesagt: An diese Wand da. Er
         hat sich an die Wand gestellt, nackt und konnte sein Wasser nicht mehr
         halten.
FRAU 1   So sind sie. Wenns ans Sterben geht, ein nasser Fleck. Was hat er noch ge-
         sagt.
RITA   Grabt weiter, daß er wegkommt.
FRAU 1   Erzähl. Geschlafen hast du oft mit ihm, ermordet hast du ihn nur einmal.
RITA   Mord. Eine Hinrichtung war das. Das habe ich ihm auch gesagt. Wofür,
         schreit er, was habe ich verbrochen. Welches Recht hast du, mich zu ver-
         urteilen. Ich will nicht sterben, heult er. Ich will auch nicht sterben, sage ich
         und lege an. Du wirst nicht sterben, sagt er. Dann besorg mir die Papiere.
         Wir sind sechs. Sechs Ausweise und du kannst leben bis du grün bist. Ich
         kann nicht, schreit er, sie werden mich erschießen, wenn sies merken. Und
         sie merken es. Alles ist in einem Panzerschrank. Ich habe keinen Schlüssel.
         Ich kann nicht sterben. Dann wirst dus lernen, sage ich und drücke ab. Seid
         ihr fertig.
FRAU 1   Wir sind fertig.
RITA   Kommt heraus. Tragt ihn herüber. *Sie heben die Leiche auf.*
FRAU 2   Fang an.
RITA   *hinter dem Zug zum Grab:*
         Hier wird begraben ein Mann, der mich angefaßt hat.
         Hier wird begraben ein Mund, der mich geküßt hat.
         Hier wird begraben ein Körper, der mich unter sich begraben hat.
         Hier wird ausgelöscht meine Unschuld.
         Hier wird ausgelöscht meine Ehe zwischen 20 Jahren und 70 Jahren.
         Hier wird ausgelöscht die Lüge von den Freien in den Glasautos.
         Hier wird in die Erde geworfen mein verlogenes Gestammel von Kunst und
         Ruhm und Einsamkeit.
         Werft ihn hinunter. Werft Erde auf ihn. Sprecht.
         Zu 1. Du machst den Anfang. *Sie werfen die Leiche ins Grab.*
FRAU 1   Ich werfe Dreck auf die Armee, die unser Land besetzt hat.
FRAU 2   Ich werfe Dreck auf alle Armeen.
FRAU 3   Ich werfe Dreck auf alle Parteibüros und Meldestellen.
         Ich werfe Dreck auf alle Polizisten, Wächter, Lehrer,
         Richter, Eltern, Direktoren, die uns das Rückgrat
         brechen in den Gefängnissen, Fabriken, Schulen.
FRAU 4   Ich werfe Dreck auf den Staat.
FRAU 5   Ich werfe Dreck auf die Leiche eines Mannes, der kalt und starr ist wie die
         Welt. Ich werfe Dreck auf alle Männer.
RITA   Kniet nieder. Das Gebet.
ALLE   Herr Cäsar Meier Neumann Derundder
         der du hockst im Wohnzimmer Schlafzimmer Dienstzimmer
         und Capitol und Führerhauptquartier und Daundda
         durchgestrichen sei dein Name

dein Reich verschwinde
dein Wille geschehe weder im Himmel noch in Deutschland
noch in
Rußland noch in Amerika noch im Bett noch Daundda.
Unser täglich Brot fressen wir selber
und vergeben dir keine Schuld
wie auch du nicht vergibst deinem Volk, deiner Frau, deinem Kind.
Und führe uns nicht nach Sibirien, nach Sing Sing, auf die Galeere, noch in
dein Bett
sondern erlöse uns von dir, du Übel.
Denn dein sei der Strick und der Fußtritt und der Dreckhaufen.
Im ewigen Feuer brate auf immer.
In Ewigkeit. Nieder. *Lange Pause.*

FRAU 3 *zu Rita:* Sie werden dich suchen. Angriff auf die Besatzungsmacht heißt Standgericht.

RITA *nach einer Pause:* Gebt mir einen Stein. *Lauter.* Ihr sollt mir einen Stein geben. *2 tut es.* Seht her. *Hält den Stein hoch.* Das bin ich. *Wirft ihn in die Luft, sie verfolgen Flug und Aufprall.* Mehr war nicht versprochen.

Auto

Rita, den Kopf auf der Autohupe. Geräusch der Hupe.

RITA Sprechen. Lauter sprechen als diese Hupe. Gegen den ewig gleichen Ton sprechen. Über deine Sprache sprechen. Über den Tod der Wörter sprechen. Über die Geburt der Bilder: Kleid Messer Stiefel Lippe. Der armen Sprache eine Maske aus Worten aus dem leblosen Körper reißen. Die Maske mit großer Geste vors Gesicht pressen, bis sie ins Fleisch gewachsen ist. Jetzt ist die Maske fest. Jetzt kann ich auftreten. Jetzt bin ich die Hauptperson in meinem Stück. Die Scheinwerfer gehn auf wie Mond und Sterne. Im Licht des Scheinwerfers stehen. Die Arme bewegen. Auf und ab gehen. Aufgehen. Abgehen. Den Kopf drehen. Mit den Fingern das eigene Gesicht berühren. Beobachtet werden. Sich beobachten, während sie dich beobachten. Eine Frau sein, die beobachtet wird von Männern und Frauen. Männer, Frauen. Zwischen den Beinen die Zukunft. Zwischen den Beinen die Angst. Zukunft haben. Angst haben. Kraft haben. Aufgehen. Abgehen. Wiederkommen. Die Schultern spüren bei jedem Schritt. Sie beobachten dich. Den Atem anhalten vor jedem Schritt. Sie beobachten dich. Die Feuchtigkeit zwischen den Beinen, wenn du dich auf die Bretter setzt. Die Bretter auf der Haut. Das Holz. Die Einsamkeit. Das große vierte Wort: Einsamkeit. Das erste Wort Zukunft. Das zweite Wort Kraft. Das dritte Wort Angst. Das vierte Wort die betäubende Einsamkeit auf dem Holz unter dem Licht des Scheinwerfers.
Plötzlich abbrechen. Nur noch der ewig gleiche Ton. Nicht mehr gegen ihn ansprechen. Grundlos abbrechen.

Tonband

Rita, 1. Polizist, 2. Polizist, 3. Polizist, 4. Polizist.

1

1. POLIZIST Schalte das Tonband ein.
2. POLIZIST Sie sprechen in dieses Mikrophon.
1. POLIZIST Name. Wohnort. *Pause.* Sprechen Sie. *Pause. Schreit.* Name. Wohnort.
Pause.
Schreit lauter. Abführen.

2

1. POLIZIST Wir können auch aufhören, aber das wäre für dich sehr schade.
3. POLIZIST Hast du Angst vor diesem Apparat.
2. POLIZIST Sie sprechen in dieses Mikrophon.
3. POLIZIST Erklär uns wenigstens: Warum hast du Angst vor diesem Apparat. *Pause.*
Was wir tun, liegt in deinem Interesse. Wir tun es für dich und für uns alle.
Glaubst du, wir täten nicht lieber eine andere Arbeit. *Pause.*
1. POLIZIST *schreit:* Abführen.

3

4. POLIZIST Sie sind gefährlich.
3. POLIZIST Sie sind kindisch.
1. POLIZIST *schreit:* Abführen.

4

1. POLIZIST Wie heißt dieses Spiel.
2. POLIZIST Ich könnte kotzen.
4. POLIZIST Ich könnte auch kotzen.
1. POLIZIST Es gibt eine Menge stummer Leute auf dieser Welt. Eines Tages wirst du
einen netten stummen Mann heiraten.
Alle lachen.
Schreit. Abführen.

5

3. POLIZIST Wer hat Angst, daß du redest.
4. POLIZIST Fassen Sie es als einen Besuch beim Zahnarzt auf. Je eher wir fertig sind, desto früher kannst du nach Hause gehen.
3. POLIZIST *schreit:* Wer hat Angst davor, daß du sprichst.
1. POLIZIST Schalte das Tonband aus. *Schreit.* Abführen.

Brot

Rita, Gefangene 1, Gefangene 2.

GEF 1 *schlägt gegen die Tür:* Laßt mich raus, ihr Schweine. Ich will sie sehen.
GEF 2 *zu Rita:* Sieh nicht hin. *Schiebt ihr das Brot zu.* Du mußt essen oder du hältst es nicht durch. *Rita schiebt das Brot zurück.* Ich sage dir: Hungerstreik hat keinen Sinn.
GEF 1 *flüstert:* Sie kommen. Hörst du. Sie werden mich zu ihr führen. Ich werde sie daliegen sehen, nackt und weiß mit offnen Augen. Mit ihren offenen braunen Augen.
GEF 2 Sie hat ihre Tochter erwürgt. In zehn Stunden wird sie hingerichtet. *Sie kratzt Krümel aus dem Brot, rollt zwei Bälle daraus, legt sie vor Rita.* Steck dir das in die Ohren und dreh dich um. Du darfst nicht hinsehen. *Rita wischt die Bälle vom Tisch.*
GEF 1 Hörst du. Jetzt. Das sind sie. *Pause.* Vorbei. Sie gehen vorbei. *Schreit.* Hier bin ich. Macht die Tür auf. Wohin habt ihr sie gebracht. *Weint.* Nur ein einziges Mal.
GEF 2 Du wirst sie schon noch sehen. Sei still.
GEF 1 *herum, sieht Rita:* Sophie. *Schreit.* Sophie. Was machst du hier. Was haben sie mit dir gemacht. *Zu Gef 2.* Wann haben sie sie hergebracht. Warum hast du mir nicht gesagt, daß meine Tochter hier ist. Hast du schon gegessen, Sophie. Hier ist Brot. Iß, mein Kind. *Schiebt Rita das Brot hin.*
GEF 2 Das ist nicht deine Tochter. Setz dich hin.
GEF 1 Du willst mir sagen, wer meine Tochter ist. *Lacht.* Ausgerechnet du. Mach erst mal deinen Kittel zu, wenn wir Besuch haben. *Zu Rita.* Du mußt nicht auf sie achten. Sie hat drei Jahre wegen Hehlerei. Es tut mir leid, daß du die eigne Mutter in solchem Umgang wiederfinden mußt. Verzeihst du mir.
GEF 1 *weint:* Sie hat genickt. *Zu Gef. 2.* Hast dus gesehen. Sie verzeiht mir. *Zu Rita.* Komm her. *Sie setzt sich.* Leg deinen Kopf in meinen Schoß. Ich will es dir erklären. *Rita tut es.* Als du acht Jahre warst, begann der Krieg. Ich ging durch die Fabrik und schrie herum, daß er ein Unrecht ist. Ich wurde denunziert von eigenen Kollegen bei der Polizei. Sie suchten mich, ich mußte aus dem Land. Dein Vater blieb allein mit dir zehn Jahre. Ich war allein in einem Dorf, weit weg von hier mit fremden Leuten. Dann war der

Krieg aus und ich kam zurück in diese Stadt, in unsre Straße, durch meine Tür. Ich ging durch unsre Tür und . . . *Weint.* Du lagst mit ihm im Bett. Mein eignes Kind mit meinem Mann. *Schreit.* Wußtest du nicht, daß es dein Vater ist. *Rita schweigt.* Wußtest dus nicht. Sag endlich was.

RITA   Ich habs gewußt, Mutter.

GEF 1   *springt auf, geht gegen Rita:* Sie hats gewußt, die Hure. Mit dem eignen Vater. *Würgt sie.* Weil ich nicht wieder allein sein will. Weil mir zehn Jahre Warten genug sind. Weil du jünger bist als ich. Weil du mir gehörst. Weil du mich nicht angesehen hast, als ich in der Tür stand.

GEF 2   *dazwischen, trennt sie, schreit:* Wärter. Hierher.

RITA   *hält 2 den Mund zu:* Hör auf zu schrein. *Auf 1.* Ich verzeih dir, Mutter. Ich wußte nicht, daß er mein Vater ist. Ich hab dich angesehen, als du in der Tür standst.

GEF 1   *lacht lange:* Du dreckiges Stück Mist. Hast du im Ernst geglaubt, daß ich gedacht hab, du bist meine Tochter. Willst du mit mir Theater spielen. *Zu 2.* Wer ist das Flittchen, das hier ihre Nummer mit mir abziehn will. Warum haben sie die zu uns gesperrt.

GEF 2   Sie will nicht aussagen. Wahrscheinlich glauben sie, sie redet, wenn sie eine gesehen hat, die zum Tod verurteilt ist.

GEF 2   *schreit:* Recht haben sie: Singen soll das Aas. Oder ist sie was Besseres als wir. *Zu Rita.* Glotz mich nicht so an. *Schlägt sie ins Gesicht, geht wieder gegen sie los, Rita schlägt sie nieder.*
Stille.
1 kriecht zu Rita, legt ihren Kopf in Ritas Schoß. Wie heißt du.

RITA   Rita.

GEF 1   Ich will dir eine Geschichte erzählen, Rita. Sie ist passiert vor vierzig Jahren in dem Dorf, in dem ich jetzt zehn Jahre lang gelebt hab. Damals war Bürgerkrieg. Ein junger Mann, sie nannten ihn den Reiter, war geflüchtet zu den Aufständischen und die Regierungstruppen nahmen seine Eltern fest als Geiseln und brachten sie zu Tode, als der Sohn nicht wiederkam. Den Besitz schleppten die Nachbarn weg. Später wurden die Regierungstruppen von den Aufständischen verjagt, der Reiter kehrte in sein Heimatdorf zurück. Es war frühmorgens, wird erzählt, vor Sonnenaufgang, über den Bauern hing der saure Duft von Schlaf. Der Reiter ritt durchs Dorf, um die bestickten Handtücher, den Plattenspieler und die Krüge seiner Mutter zu suchen. Er band sein Pferd fest an einem Zaun, dann ging er in schwarzem Filzmantel mit einem Messer im Gürtel durch die staubige Dorfstraße. Von einem Nachbarn zum anderen und seine Sohlen hinterließen eine blutige Spur. In jedem Haus, in dem er Sachen seiner Mutter oder Pfeifen seines Vaters fand, ließ er erstochene Greisinnen zurück, über dem Brunnen aufgehängte Hunde. Ihre Pfeifen rauchend verfolgten die Bauern seinen Weg. Die jungen Männer flohen aus dem Dorf und zählten die Opfer. Die Rechnung schwoll an und das Dorf schwieg. Als der Reiter fertig war, ging er in sein Elternhaus. Die zurückgeholten Möbel stellte er an den Platz, den sie in seiner Kindheit eingenommen hatten. Dann schickte er

ein Kind nach Schnaps. Er schloß sich in dem Haus ein, trank zwei Tage und zwei Nächte, sang, weinte und zerhackte mit seinem Messer die Tische. In der dritten Nacht sah das Dorf über seinem Haus Rauch. Versengt und zerlumpt, mit wankenden Knien, führte er die Kuh aus dem Stall, steckte ihr den Revolver ins Maul und drückte. Die Erde unter ihm rauchte, ein blauer Feuerring flog aus dem Rauchfang und zerstob. Im Stall brüllte das zurückgebliebene Bullenkalb. Der Brand leuchtete wie ein Sonntag. Der Reiter band sein Pferd los, sprang in den Sattel, riß sich ein Büschel Haare aus, warf sie ins Feuer und sprengte davon. Sie haben ihn nie wieder gesehen. *Pause.* Von da bin ich zurückgekommen, Rita, durch drei Länder bis ans Bett von meiner Tochter. Mit braunen Augen hat sie mich angesehen unter meinem Mann. Was kann ich für meine Hände.
Rita weint.
Du mußt nicht weinen. Ich weine auch nicht mehr.

RITA Ich will nicht sterben.

GEF 1 *zu 2:* Gib mir das Brot. *Sie tut es. 1 steckt Rita Brot in den Mund, Rita ißt.*

GEF 2 Warum sind wir nicht Tiere geblieben. Ich will mir das Loch zwischen meinen Beinen ausreißen.

Projektor

Rita, 1. und 2. Polizist.

1. POLIZIST Es ist gut, daß Sie zur Vernunft gekommen sind. Hätten Sie weiter geschwiegen, hätten Sie einen Mord an einem Besatzungsoffizier gedeckt und wären verurteilt worden. Um sicher zu gehen, daß es die sind, die wir seit Kriegsende suchen, zeigen wir ihnen jetzt zwanzig Fotografien. Sie antworten nur mit Ja oder Nein. Mach das Licht aus. Schalte den Projektor ein. *Fotos, darunter die von den Frauen 1, 2, 3, 4, 5.*

RITA Nein. Nein. Nein. Ja. Nein. Nein. Ja. Nein. Ja. Nein. Ja. Nein. Nein. Nein. Nein. Ja. Nein. Nein. Nein. Nein.

1. POLIZIST Sind sie bewaffnet.

RITA Nein.

1. POLIZIST Mach das Licht an.

Plattenspieler

Rita mit Nagelschere vor dem Lautsprecher. Sprung in der Platte.

Lovely Rita, meter maid, lovely Rita, meter maid usw.
Rita schneidet sich die Pulsadern auf.

RITA Wie Kirschsirup
Dickes Blut
Auslaufen wie ein durchlöcherter Eimer.
Ich bringe mein Spiel zu Ende im Herzen des toten Kontinents.
Hinterherlaufen
Fünf hingerichteten Weibern ins Paradies nachlaufen.
Fünf Weiber an den Strick bringen und den Kopf aus der Schlinge ziehen.
Weiber
Frauen
Löcher
Gruben
Gräber
Leichen
Für eine tote Generation sprechen
Ach, aber ach, vor den Vätern sterben die Töchter
Pathos. Immer wieder. Kirschsirup.
Sie schaltet die Platte ab. Rauschen aus den Lautsprechern.
Rauschen
Das Abschlaffen der Sekunden
Blut ist ein besonderer Kirschsirup. *Lacht.*
Keinen Grund haben für Nichts
Sie reißt einen Fetzen aus ihrer Bluse. Sie verbindet ihr Handgelenk.
Keine Überzeugung haben, die länger vorhält als zwei Minuten.

Filmprojektor

Regisseur, Direktor, Lautsprecher.

LAUTSPRECHER Der Film ist eingelegt. Wir können anfangen.
REGISSEUR Moment noch. *Zum Direktor.* Es ist, wie ich es Ihnen gesagt habe: Ich kann nicht auf sie verzichten. Dieser Film steht und fällt mit der Besetzung der Hauptrolle.
DIREKTOR Das habe ich inzwischen verstanden. Jetzt verstehen Sie aber, daß ich als Direktor dieses Filmstudios Verantwortung trage gegenüber den Herren an den Hebeln. Die schalten uns den Strom ab und um Ihren Film sieht es sehr dunkel aus. Und diesen Herren liegen Akten vor von Ihrer Hauptdarstellerin, darin sind große dunkle Flecken.

REGISSEUR Ich hab davon gehört. Sie war verwickelt in eine Sache mit entflohnen Häftlingen. Die haben einen umgebracht, so war das wohl.

DIREKTOR Der eine war ein Offizier der Besatzungstruppen und Rita Grabow seine Geliebte. Jetzt soll sie auf die Leinwand als Vorbild für die neue Generation. Verstehen Sie mich richtig. Das werden ihre *Er zeigt nach oben.* Worte sein.

REGISSEUR Sie ist freigesprochen worden und damit ist der Fall erledigt. Außerdem: Auch die dort oben brauchen Kino. Bevölkerung will unterhalten sein. *Pause.*
Sehn Sie sich die Probeaufnahme an. Wenn Sie nach dem Gesicht noch Nein sagen, werf ich das Handtuch.

DIREKTOR Ich verstehe nichts von Kunst. *Beide lachen.*

REGISSEUR Im Ernst. Bei dem Gesicht geht es um mehr als Kunst.

DIREKTOR Hören wir auf zu reden. Zeigen Sie den Ausschnitt.

REGISSEUR *ins Mikrofon:* Film ab.
Dunkel. Film: Rita steht auf der offenen Toilette. Sie führt eine Stricknadel zwischen ihre Beine.

RITA Ich bin mir selbst genug. Ich brauche keine Kopie von mir oder, noch schlimmer, eine Kopie von ihm. Ich will mir aus dem Fleisch stechen, was wachsen will und fressen von meinem Fleisch und saufen von meinem Blut. Was klopft da. Ist das mein Herz oder schon das zweite. Es regnet immer noch. Ich will allein sein.
Sticht zu. Kamera fährt auf ihr Gesicht. Sie sieht in die Kamera. Geräusch der Toilettenspülung. Film aus. Licht.

REGISSEUR Hab ich zuviel versprochen. Das Leid eines Geschlechts in einem Paar Augen.

DIREKTOR Ich lege Wert auf Ihre Arbeit. Wenn Sie auf diesem Mädchen bestehen, übernehm ich die Verantwortung.

REGISSEUR Dieses Gesicht. Jede Sekunde ihres Lebens hat es sich hineingefressen und es blühen lassen. Ein wildes Tier. Ein Lamm. Ein Schnee.

Gerlind Reinshagen
Himmel und Erde

Pausen im Text, die innerhalb von Sätzen diese unterbrechen, bedeuten ausnahmslos, daß die Personen nach den ihren Gefühlen entsprechenden Worten suchen.

Ausdrücke, die auf den ersten Blick als abgegriffene Clichés erscheinen, sollen im Anfang als solche gesprochen werden; später – mit wachsender Aufmerksamkeit der Personen für ihre Umgebung – so, als hätte die Figur das Wort zum ersten Mal gesagt, es eigentlich erst für sich erfunden. (Beispiel: Das Wort »traumhaft« in Verbindung mit Amalfi.)

Himmel und Erde

Personen: Sonja Wilke · Goldie · Irene · Die Nachbarin

Erste Station

*Im Krankenhaushof. Goldie, Nase, Stirn, Kinn und Hals geschient und vergipst,
sitzt im Rollstuhl unter einem Baum. Neben ihm eine leere Bank. Frau Wilke, in
einem großblumigen Morgenrock, unter dem sie ein feuerrotes Nachthemd mit
Rüschen anhat, nähert sich langsam, die Gegend betrachtend. Sie trägt ihr rotes,
lockiges Haar hochgesteckt, goldene Ringe in den Ohren und silberne Pantoffeln
mit Federnpompons an den Füßen. Großes Dekolleté. Frau Wilke bleibt stehen,
sieht zum Himmel, atmet tief, streckt die Arme aus, man sieht, daß beide Hände
verbunden und in lilafarbene Handschuhe gezwängt sind.*

WILKE   Gestatten
*Goldie sieht nach der anderen Seite, schaltet ostentativ den neben ihm stehenden
Recorder ein – Elvis Presley, Release me – sehr laut.*
*Wilke setzt sich, ordnet den Morgenrock, dekoriert die Rüschen, schaut gerade-
aus, gibt ihrem Gesicht einen sinnenden Ausdruck, wirft einen flüchtigen Blick
auf den Nachbarn. Sie nimmt jetzt erst wahr, daß er im Rollstuhl sitzt, sie also
die Bank für sich alleine hat.*
Goldie schaltet den Recorder ab.
WILKE   Ach so
*Sie sieht geradeaus, zupft an den Stirnlocken, fühlt, ob die Frisur in Ordnung ist,
wirft wieder einen flüchtigen Blick.*
Lieber Gott so jung
So jung und schon behindert was
Sozusagen an den Stuhl geschmiedet
Sie schüttelt den Kopf.
Ganz schön dummes Gefühl denk ich mir
Also für mich wär das ja nichts
Sie öffnet ein paar Knöpfe am Ausschnitt, fächelt sich Luft zu.
Aber wie das Schicksal zuschlägt
Richtig dumm
Fächeln.
Also ich brauch ja immer Bewegungsfreiheit
Fächeln.
Meine Nachbarin ja
Die liegt schon seit Wochen so
Oder seit Jahren

Immer so Tag und Nacht
An das Bett gefesselt
Ja so wie Sie ungefähr
In etwa so
Die ist ja eigentlich schon dahin
Schon halb übern Jordan
Und man fragt sich natürlich warum und wozu
Hat das noch Sinn und Zweck
Fragt man sich
Unwillkürlich natürlich
Pause.
Ich bin ein Bewegungsmensch
Schon als Kind wissen Sie
Immer so
Geste.
Wenn Sie sich vorstellen können
Pause.
Immer auf zwei Beinen
Na
Goldie schweigt.
Das ist wohl fürs erste vorbei bei Ihnen
Sie betrachtet mitfühlend Goldies Beine, Goldie schweigt.
Unfall oder was
Goldie schaltet den Recorder ein, diesmal etwas leiser als vorher, um dem Ge-schwätz von der Seite zuzuhören.
Können Sie sich eigentlich noch erinnern
Wie das war
Ich meine
Als Kind
Nämlich ich wache jetzt immer so auf
Seit ich hier bin wache ich immer
So komisch auf
Plötzlich wach ich so auf wie als Kind
Wieder wie damals
Jeden Morgen ganz
Neu
Wenn Sie sich noch erinnern können
Irgendwie frisch
Keinen Rest von
Gestern
Nichts mitgeschleppt
Als ob ich von draußen hereingeschwebt komm
Aus dem Garten durchs Fenster
Muß nicht erst durch diese
Kruste durch

Wie ein Vogel komm ich hereingerauscht
Könnt aber jederzeit wieder raus
Pause.
Das ist die Genesung
Nicht die Tabletten die Genesung
Ich werde gesund
Musik plötzlich weg.
Hat man Ihnen eigentlich mal angedeutet
Ob das jemals wieder wird mit Ihnen
Wie hoch ist denn beispielsweise Ihr Kreatinin
Oder der Reststickstoff
Nämlich wenn die Niere richtig arbeitet
Niere ist wichtig
Wie natürlich die Leber auch
Gutes Blut hängt mit der Leber zusammen
Wußten Sie daß das Herz
An einem einzigen Tag
15000 Liter Blut durchpumpt
Ein Wunder was
Ist Ihre Senkung in Ordnung
Meine ist zwölf zu zwanzig
Also
Im Bereich des Normalen
Sonja Wilke
Rundum normal
Bis auf den SGOT
Na ja
Irgendwo
Hat jeder eine minimale Abweichung
Seinen schwachen Punkt
Seinen winzigen Defekt
Und überhaupt
Wer hat früher was von SGOT gewußt
Sie holt Fotografien aus der Handtasche, hält sie Goldie eine nach der anderen
vor die Augen.
Sehn Sie das ist mein Haus
Hier der Eingang
Die Westfront
Von Süden
Der Hibiskusstrauch
Wie er grade blüht
Nur ein paar Stunden die Blumen geöffnet
So schön
Und dahin
Man bedenke mal

All dieser Aufwand
Dahin dahin
Es ist nicht eigentlich ein Siedlungshaus
Was es früher war
Wie die anderen alle
Sehen Sie der Anbau
Die Pergola
Ich hab es verändern lassen
Daß es sich abhebt von den anderen
Kein Vergleich mit den anderen
Ein Prachtsitz wie
Den Efeu rechts und links muß ich entfernen lassen
Der nagt den Putz an
Das ist ein Kreuz mit dem Efeu
Da ist eine Säure in dem Gewächs
Die frißt sich durch
Also muß ich entscheiden Putz oder Efeu
Daß es nicht abblättert
Nicht verfällt
Die neuen Häuser weiter rauf
Alle angenagt gesprungen
Abgeblättert
Rapide rapide sage ich Ihnen
Ich kann das nicht haben
Wissen Sie
Muß alles frisch sein um mich herum
Auch inwendig
Ich renoviere jedes zwote Jahr
Ich m u ß das machen
Sonst werd ich nervös
Wie ein Zwang ist das
Daß ich nicht nervös werde
Sind Sie mal in Italien gewesen
Da können Sie ganz schön die Nerven verlieren
Ich bin da schrecklich nervös geworden
Konnte nicht bleiben
Im schönen Italien
Bin weg da
Pause.
Rapide
Ich sage Ihnen
Überall Trümmer und Totes lag rum
Dabei schien erst alles so
Wunderbar
Das blaue Meer und die lauen Nächte
Mein Begleiter sehr elegant dezent

Zeigt Bilder.
Sehen Sie Leonhard
An der Friedhofsmauer
Im Boot
Auf der Promenade
Man kann schon sagen ein wirklicher Herr
Dabei immer Sonne wunderbar dieses Amalfi
Kaum aber tun Sie mal ein Schrittchen abseite
Sind Sie drin
Treten drauf
Haben Blut am Schuh
Die tote Katze den Morgen vorm Haus
Am Hafen hunderte von toten Fischen
In den Bergen Tierknochen
Kuhschädel schon ganz weiß
Wie lange muß das schon gelegen haben frag ich Sie
Bis das so ausdörrt
Pause.
Daß das so verbleicht
Pause.
Wie lange w i r d das liegen frag ich
Und dann der Vesuv
Sind Sie mal auf dem Vesuv gewesen
Das ist ja wirklich
Gigantisch sage ich Ihnen
So ein gewaltig gähnendes Loch
Und ein Echo
Aus den Felsenspalten kommt Wasserdampf
Irgendwie simmert das noch im Innern
Rumort noch
Ist noch nicht still
Das ist schon ein grandioses Erlebnis
Ein Abgrund wahrhaftig
Von jetzt an spricht Frau Wilke immer schneller. Am Ende hektisch.
Wir haben gejodelt
Und eine Gruppe auf der anderen Seite
Hat geantwortet
Und einem Herrn aus Bochum
Geht die Kamera zu Bruch
Springt krach auf den Stein
Und ab in die Tiefe
Und ich lach mich tot
Tränen hab ich gelacht
Wie das runterspringt
Wie das da an den Klamotten zerschellt

So viele Schichten graues gelbes blaues Gestein
Aber nirgends ein Hälmchen nur Totes Verbranntes
Alles tot tot
Wie eingelernt.
Weil ja das Leben auf der Erde nur
Ein kleiner Schleier
Ein kleiner Schleier an der Oberfläche ist
Und was vor tausend Jahren oder hundert
Oder kürzlich noch gelebt hat
Wird am Ende ja bekanntlich auch zu Erde
Oder Wasser oder
Pause.
Stein
Ich hab da nicht bleiben können
Ich bin runter von dem Berg im Laufschritt
Dreimal mußt ich meine Schuh ausschütten
Ich habe meine Koffer gepackt
Ich bin da weg den nächsten Tag
Mit meinen vier Koffern
Ich sage Ihnen
Napoli Roma Milano Bolzano
Bloß weg bloß raus
Ich bin Tag und Nacht gefahren
Keine Sekunde geschlafen im Zug
In dem Rapido
Ich hab mich erst langsam wieder gefaßt
Wie ich zu Hause in meiner Küche saß
Da war es friedlich in meiner kleinen Küche
Nicht dieses
Pause.
Ausmaß
Und auch daß ich mein Geschirr wieder hab
Die Tasse
Die Kanne
Mein Bekannter der Herr
Hat das nicht verstanden
Vermasselt
Alles vermasselt habe ich mir
Weil ich ihm alles vermasselt hätt
Was sagen Sie dazu
Aber so ist der Mensch
Ein Hauch
Ein Hauch weht ihn an
Und er kommt aus dem Tritt
Ihn weht was an er vermasselt sich alles

Pause.
Ist vielleicht auch kein Schade
Viel hat er sowieso nicht rausgerückt
Ich spreche von Leonhard
Die Anreise schon
Und das Hotel
Sogar erster Klasse
War ein Eins-A-Erste-Kategorie-Hotel
Mit zwei Swimmingpools
Spielbank
Frisör drei Bars
Das war irgendwie
Pause.
Traumhaft wissen Sie
Alles so warm so
Pause.
Hell
Nirgendwo ein kalter Luftzug
Durch die Glastüren scheint die Sonne durch
Wie in dem Märchen
Sie wissen doch
Wenn Sie sich erinnern können
An das Schloß im Meer
Aus Kristall glaube ich
Alles so
Märchenhaft
Wie unter Wasser
Aber niemals das Gefühl von Kälte
Alles sonnendurchflutet
Sie holt aus einem Brustbeutel einen Brillantring, wendet ihn hin und her. Goldie riskiert ein Auge.
Sehen Sie so
Das könnt ich immerfort nur anschaun
Wenn die Sonne reinfällt
Stundenlang
Wie das Licht in tausend Farben hochspritzt
Oder hundert sagen wir mal
»Marquisenschliff« wie der Fachmann sagt
Lupenrein nullkommaacht Karat
Richtig reinversenken könnte ich mich
Pause.
War noch ein Tip von diesem Makker aus Amalfi
»Kaufe Brillanten« hat er gesagt
»Bei dieser inflationären Entwicklung
Alles andere ist Humbug Sonnie

Gold zum Beispiel
Total überteuert
Geld
Entwertet
Grund und Boden kann enteignet werden
Aktien
Indiskutabel bei dieser Rendite
Und du als Alleinstehende
Ich habe aus dem letzten Krieg gelernt«
Sagt Leonhard
»Und in der Zeit danach
Da ging der Brillant in die Höhe wie nix
Die logische Folge von Krisenepochen
Sind Preisanstiege
Nur der Brillant ist wertbeständig
Und bedenke
Bestens transportabel
Pause.
Ich verrat das nicht jedem«
Hat er gesagt
So hab ich eine Hypothek aufs Haus genommen
Und mir die Brosche und den Ring gekauft
Pause.
Der Tip allein war schon den Ausflug wert
Sie holt jetzt auch die Brosche aus dem Beutel, zeigt sie Goldie.
Ein Feuer was
Daß man reinspringen möchte
Sie legt beide Schmuckstücke neben sich auf die Bank, weitab von Goldie.
Darum trag ichs auch bei mir
Immer am Leibe
Zwinkert komplizenhaft.
Sie wissen ja
Es kann der Beste nicht in Frieden leben
Und so weiter
Vielsagender Blick zum Fenster hinauf.
Normalerweise liegt sie ja flach
Die Nachbarin mein ich
So etwa zwei Meter neben mir
Ganz still liegt die da
Ganz ohne Kraft
K ö n n t gar nicht
Zugreifen
Aber wie das Leben so manchmal spielt
Ich meine manchmal geschehen ja Wunder
Und sie leistet sich die Posse

         Und bekobert sich
         Und kommt wieder hoch
         Der Fortschritt in der Wissenschaft ist ja erstaunlich
         Bald wecken sie Tote wieder auf
         Abwesend, wieder mit dem Brillantring beschäftigt.
         Ja
         Wenn Sie zum Beispiel die Augen zumachen
         Wenn Sie sich vollkommen konzentrieren
         Goldie schließt die Augen, konzentriert sich.
         Alles ausschalten ja
         Und dann ganz leicht
         Durch die Wimpern blinzeln
         Beide blinzeln.
         Gibt das nicht nur eine Lichtbahn
         Sondern viele
         Regelrechte Sterne gibt das
         Supersterne
         Also solche Sterne müßten erst erfunden werden
         Stille.

GOLDIE Ich mach noch ein Kind
         Pause.
         Sowie ich raus bin
         Da hilft kein Zittern und kein Zagen
         Und eine Pille schon gar nicht
         Kein Heulen und kein Zähneklappern
WILKE He
GOLDIE Zähneklappern
         Kichert.
WILKE Das würde ich mir überlegen Sie
         In Ihrem Zustand
GOLDIE Das schwöre ich ihnen
WILKE So ein Kind schön und gut
         Ist auch nett ein Kind
         Aber im Vertrauen
         Du brauchst eine Kraft für ein Kind
GOLDIE Ist das Ihr Kind oder meins
         Möcht ich mal wissen
WILKE Im Vertrauen: das kann dir auch
         Unheimlich werden
         Dir über den Kopf wachsen
         Wie du im Traum nicht für möglich hältst
         Könnte
         Pause.
         Gestalten annehmen
         Sie fixiert Goldie. Wieder laut: Release me. Sie greift hinüber, schaltet den Rekorder ab.

Wie alt sind wir denn eigentlich
Goldie schweigt, Frau Wilke schüttelt den Kopf.
Kind Kind
Ich kann dir nur sagen Kind
Selbst wenn dir einer was zufließen ließe
Staat oder Versicherung oder so
Du wärst schon eine Zumutung Goldie
Ein Klotz am Bein eine lange Last
Für ein armes Kind
Ich habe ja auch mal einen gehabt
Da war ich selbst noch nicht ausgewachsen
Den hab ich großgekriegt mit Luft und Liebe
Allein habe ich den durchgebracht
Aber plötzlich mit zwölf
Hat er auf einmal so seltsam geguckt
Ist rumgegeistert
Hat mir wochenlang kein Wort gesprochen
Sich immer so an der Wand langgedrückt
Nicht mehr mitten durchs Zimmer
Sondern immer nur so die Wände entlang
Da hab ich es mit der Angst bekommen
Da hab ich mich auf die Lauer gelegt
Und ihn mir gegriffen
Frau Wilke dreht Goldies Kopf mitsamt dem Gips zu sich. Er unterdrückt einen
Schmerzenslaut.
Habe ihm ins Gesicht gesehen
Da bin ich vielleicht zurückgefahren Mensch
Trotzdem daß er gutes Erbgut hatte
Vom Vater her
Der war Polizist
Beamtet und
Also immer korrekt
Immer den geraden Weg
Aber wenn du bedenkst
Wie weit das reicht
Was da durchkommen kann
An Chromosomen
Von Eltern Großeltern Ururahnen
In die Ur-Ur-Urwelt geht das zurück
Die Kette kann ja niemals unterbrochen sein
Irgendwann ist mal was dabei gewesen
Das hat Feuer gelegt
Am Galgen geschaukelt
Einen kalt gemacht
Und ich frage ihn

Sie klopft energisch gegen Goldies Gipsmanschette.
Was ist da drinnen frag ich
Was tut sich da
He
Was frag ich und frag ich
Und das kalte Grausen überkommt mich
Plötzlich
Pause.
Alle Verbrecher der Menschheit sehen mich an
Ich hätte dem den Hals umdrehen mögen
Sie kommt zu sich, wendet sich von Goldie ab.
Darauf mußt du gefaßt sein
Das mußt du meistern wie ich
Aber ich hatte ja meine sieben Sinne
Nicht so ein Handikap wie du
Sie sieht Goldie wieder prüfend an.
Keine solche Verletzung
Jedenfalls keineswegs
Pause.
Lebendbedrohend
Daß einer Angst kriegt nämlich
Den anderen Tag
Kam er mir anders vor der Ernie
Wie durchsichtig eher
Sie sieht Goldie wiederum prüfend an.
Und wieder habe ich denken müssen
Was hat er
Was ist da versammelt in ihm
Was wächst ran in dem
Kann der Krebs in ihm wachsen
Zerfällt ihm das Blut
Was ist er so weiß heut'
Und ich machtlos die leibliche Mutter
Wird er mir unter den Händen
Zergehen
Abwesend.
Unter den Händen
Untergehn
Fischer Fischer
Wie tief ist das Wasser
Sie lacht.
Na weißt du's
Weißt's nicht
Es ist dreitausendvierhundert Meter tief
Oder noch viel mehr

Wenn wir gespielt haben früher
Das Fischerspiel
Und die drüben von der anderen Straßenseite
Schreien
Wie komm' wir rüber Fischer
Und der Fischer ruft
Auf einem Bein
Und die fangen an zu humpeln und zu hüpfen
Das wäre ein Spiel für d i c h
Denn du würdest zuerst gefangen
Als Krüppel und Schwächling
Und müßtest mit dem Fischer jetzt
Die anderen fangen
Wer gefangen ist wird Fänger
Was wollt ich denn sagen
Ich hab ihm dann doch das Motorrad gekauft
Die schwere Maschine
Wie die anderen Kinder noch Roller fuhren
Und da waren Rechtsanwaltskinder dabei
Söhne von Fabriksbesitzern
Pause.
Bloß wir zwei allein
Denn sein Vater Carl Arno
Der Polizist
Hatte sich ja davongemacht
Als ers erfuhr
Daß ich ihn jahrelang verloren hatte
Das waren die Zeitläufte
Der Wiederaufbau
Jeder hat aufgebaut wo er nur konnte
Und wenns dich da mit 'nem Kind erwischt
Pause.
Mach das beste draus Mädchen
Sagte ich mir
Vernachlässige nicht deine Mutterpflicht
Und ich kaufte das Ding
Die schwere Maschine
Denn das war eine Verbundenheit er und ich
Ich und der Ernie
Und ist noch
Noch heute
Wenn er zu mir in die Küche kommt
Wenn er mir auf den Küchenstuhl fällt
Legt mir die Arme lang auf den Tisch
Legt den Kopf auf den Tisch

Stinkt noch nach seinen Weibern
Aber legt mir den Kopf auf den Küchentisch
Pause.
Das Kettchen mit dem Rubin ist von ihm
Sie holt ein dünnes Kettchen aus dem Brustbeutel, hält es Goldie vor die Augen.
Grimmig. Vom Vater Carl Arno
Wie ich ihn wieder aufgespürt hatte
Den Herrn Reviervorsteher
Mit diesem lächerlichen Rubin
Hat er versucht sich loszukaufen
Aber hats nicht geschafft
Hat doch zahlen müssen
Sie klopft zu den folgenden Worten mit der Faust auf die Bank, um ihren Forde-
rungen Nachdruck zu verleihen.
Für alles
Vergangene
Was uns entgangen ist mir und dem Ernie
Außerdem monatlich Unterhalt
Worauf ich eisern gedrungen habe
Daß er alles wieder gutmacht
Und natürlich der Ordnung halber
Pause.
Wortlos hat er mirs dann hingeblättert
Ohne Mucks
War schließlich von der alten Schule
Aber auch daß die Frau nichts erfährt
Hatt' sich ganz schön reingeritten
Mußte ächzen unter der Schuldenlast
Jahr um Jahr
Worauf wir leider keine Rücksicht nehmen konnten
Denn wo kämen wir hin
Wenn jeder ohne Rücksicht auf den Nächsten
Wie's ihm gerade kommt
Daherlebt
Pause.
So sind wir an das Eigenheim gekommen
Der Ernie wie er später zu Verstand kam
Hat mich dann auf das Schweigegeld gebracht
Das kleine Schlitzohr so ein kleiner Rubin
Sie holt nacheinander verschiedene Schmuckstücke heraus, breitet sie auf der
Bank aus, weitab von Goldie.
Nicht viel wert
Alles Geschenkte hat wenig Wert
Soll nach was aussehen
Aber nichts wert

Sie schiebt selbstvergessen die Schmuckstücke herum.
Nichts pur nichts massiv
Das Armband muß von dem Fernfahrer sein
Der Ring von Max
Zuchtperle 333 Gold
Max
Hasso
Leonhard
Zeigt eine Papierrose.
Aus Amalfi vom Jahrmarkt
Noch einmal der Fernfahrer Köln–Amsterdam
Carl Arno beinahe echt
Den deckt schon der grüne Rasen
Den weiß ich nicht mehr
Das ist eine Sammlung von vielen Jahren
Das haben sie angebracht
Der eine für dies der andere für das
Für einen schönen Tag
Für eine schöne Nacht
Für einen Kuß
Für das Kind
Auge um Auge
Schmuck um Liebe
Nichts für umsonst
Pause.
Und haben recht
Meine Devise
Liebe ist wie du mir so ich dir
Jeder muß einzahlen
Jeder trage des anderen Last
Zu gleichen Lasten
Oder das Verhältnis ist belastet
So habe ich's gehalten
Und bin gut gefahren
Obgleich
Die Brüder
Versuchens natürlich
Nicht mit mir sage ich
Habe ich zu meinem Chef gesagt
Sie hält den Ring mit der Perle hoch.
Diesem hier Max
Wo ich Kettlerin war
Und später eine Art von Direktrice
Nicht mit mir
Wie er so auf Katzenpfoten ankommt

Mit dem Handwerkskalender
Nach seiner Pleite
Mit solchen Bildern ist er gekommen
Aus dem vorigen Jahrhundert alter Kitsch
»Midinetten vor Notre Dame Sonnie«
Was haben denn die für Hüte auf
»Midinetten die tuns aus Liebe Sonja«
Was es nicht gibt
Sie schüttelt den Kopf.
Aber mir geht ein Licht auf
Liebe ist für die Katz mein Teurer
Wenn einer in den roten Zahlen ist
Midinette hin Midinette her
Aus Liebe sollt ich für ihn sticheln ohne Lohn
Im Hinterzimmer
Aus Liebe für Liebe
Weil einmal Liebe war
Gute Nacht lieber Max
Da ist er weggeschlichen
Mir aber hats fundamental gedämmert
Ich hab begriffen was aus einem wird
Den das Glück verläßt
Wie er grau wird
Alle Spannung verliert
Wie der Mensch einfach
Pause.
Verpufft
Aber die Spannung ist das A und O mein Junge
Das ist ein öffentliches Geheimnis
Wenn du die Spannung behältst
Sie fixiert Goldie.
Was machst du denn eigentlich

GOLDIE Türen
Ich setze Türen ein
Innenausbau
Ich schlage achtzehn ran pro Tag
Wenn ich hinterherhau zwanzig
Ich setze das Band
Ich schraube das Schloß ein
Das Schloß die Drückergarnitur
Ich bin der Schnellste
Ich komm mit dreifünf im Monat raus
Wenn ich will auch vier
Damit komm ich raus

WILKE *näherrückend:* Damit kommst du raus

GOLDIE Wenn ich will sage ich
        Wenn ich mich nicht mit besserem beschäftige
        In meinen vier Wänden
        Er holt ein zerlesenes Heft heraus, pocht darauf.
        Mit Forschung Wissenschaft
        Physik
        *Frau Wilke stößt einen anerkennenden Pfiff aus. Sie rückt noch näher und läßt
        wie unabsichtlich den Morgenrock verrutschen. Goldies freie Hand irrt in der
        Gegend ihres Knies herum.*
WILKE   Aber ohne Spannung ist nichts
        He
        Pause.
        Oder doch
        Sie lacht, rutscht geziert ein Stück weg.
GOLDIE Die großen Fragen heutzutage
WILKE   Na was
        Ich war ja immer in Hochspannung weißt du
GOLDIE Mir braucht man das nicht extra zu erzählen
WILKE   Du weißt was die Glocke geschlagen hat
        Sie fixiert ihn.
        Du machst Kinder wie du Türen einsetzt
GOLDIE Täglich zwanzig
WILKE   Du bist kein unbeschriebenes Blatt
        Lacht, dann wieder abwesend.
        So ist es
        Das ist es
        Das ganze
        Geheimnis
        Aber viele wissen nichts davon
        Niemand hat es ihnen aufgedeckt
        Spitz die Ohren Goldie
        Ich klär dich auf
        Geheimnisvoll. Nämlich du kannst es
        Pause.
        Veranlassen
        Mit dem Willen
        Kannst du dich oben halten
        Wenn du die Spannung in dir hältst
        Kannst du gesund bleiben
        Wenn du gesund bleibst
        Kannst du dich in der Hand behalten
        Wenn du dich in der Hand behältst
        Bleibt dir das Glück treu
        Wie mir wie mir
        Ich bin mein Lebelang gesund geblieben

Krampfhaft.
Und bleibe es solange ich will
Das ist das Geheimnis
Daß du dich programmieren kannst
Sofern du nur einen Willen hast
Mit e i s e r n e m Willen
Kannst du dich über Wasser halten
Kannst dich rausreißen aus dem Schlammassel
Ja
Ich war mein Lebtag nicht krank bis auf
Dieses letzte
Und das ist gekommen
Erwischte mich
Aus dem einzigen Grund
Weil ich nicht aufgepaßt hab
Weil ich mich habe fangen lassen
Ich könnt dir genau den Augenblick sagen
Den ich nicht aufpaßte
Als mir das
Unterlief
Plötzlich eines Montags
Diesen Bruchteil einer Sekunde
Wo mich dieser Gedanke erwischte
Kein Bazillus Goldie ein Gedanke
Das ist das Schlimmste Goldie
Wenn dich so ein Gedanke ergreift
Nur ein Gedanke ein winziger
Pause.
Zweifel
Hier
Sie zeigt auf eine Stelle oberhalb des Herzens.
Das Schlimmste ist wenn du nicht
Abkommen kannst
Von dem Gedanken
Und du mußt mit
Immer mit
Immer in eine Richtung
Mit
Abwärts
Dann geht es abwärts mit dir
Dann bist du schon auf dem absteigenden Ast
Rapide
Gehst du den Bach runter
Ich hab nicht aufgepaßt den Tag
Wenn ich aufgepaßt hätte wäre das niemals

Niemals wäre mir das zugestoßen
Sie zeigt Goldie eine Stelle an ihrer Hand.
Siehst du hier
Fing es an
Klein winzig klein
Und du mußt lediglich
Nur auf den Keim achten
Nur nichts
Einnisten lassen
Oder gleich klein mit den Wurzeln raus
Ausmerzen
Dann bist du gesund
Dann kommt alles wieder
Die Gedanken frei
Wieder überall hin
Schon morgen wenn du zur Arbeit gehst
Und es riecht so
Nach Kaffee und Wind
Ein bißchen
Brenzlig
Du gehst ganz lässig
Du kriegst Angebote die Menge
Solide seriös
Geschäftsleute auch von außerhalb
Du ahnst schon
Wie sich der Abend gestaltet
Du gehst und bist froh
Ziehst alles auf dich
Weil du an keinem Gedanken klebst
Du siehst alles auf einmal
Dich sehen alle
Alle sehen dich auf einmal
Abwesend.
Alle haben mich angesehen
Alle Augen
Zu diesem Büffet an dem ich gearbeitet habe
Pause.
Wo ich das Eisressort bearbeitete
Pause.
Wo ich geschaltet und gewaltet habe
Lange Pause.
Ich habe Eisbecher gemacht
Zwölf verschiedene Sorten
Sie zählt ohne zu stocken auf.
Ich habe Schwarzwaldbecher gemacht

Fürst Pückler spezial
Negerkuß
Coupe Marie-Antoinette
Wiener Traum
Alte Liebe
Herrenbecher
Gruß aus Hawaii
Cimbarasso
Grand Canyon
Domino
Coupe Royal
Pause.
Coupe Royal
Das war der beste
Französisch war der
Man könnte übersetzen
Königsbecher
Aber wie hört sich das an
Das ist so eine Sorte Eiskaffee gewesen
Mit einem Stäubchen Fenchel und Vanille
Kardamomgewürz nur ein Hauch
Es kommt auf die Hand an
Den habe ich am liebsten gemacht
Obgleich ich alle
Alle habe ich gern gemacht
Ich habe keinen Unterschied gemacht
Zwölf Becher zwölf Sorten
Aber genauer betrachtet
Eher hundert
Oder tausend
Denn ich habe keinen wie den anderen gemacht
Und jeden einzelnen jeden Tag anders
Und nicht einmal am gleichen Tag die gleiche Sorte
War niemals gleich
Ging keiner wie der andere raus
War zugeschnitten auf die Person
Ich habe die Bestellung angesehen
Und dann den Gast
Ich habe sie individuell gemacht
Für die Dame für das Kind
Für die beiden alten Lehrerinnen
Manchmal ein Eigelb reingehauen
Für die Girls ehe sie loslegten
So gegen 17 Uhr
Einen Framboise für den Junggesellen

Aus eigener Tasche habe ich hier und da
Und nicht nur einmal
Extrazutaten hab ich gekauft
Mandelsplitter oder Schokoladentrüffel
Weil das Haus ja mit dem Zehntelpfennig
Kalkulieren mußte
Zuckerperlen aus der eigenen Tasche reingeschmissen
Und keinen Dank erwartet
Weiß Gott
Aber sie h a b e n es mir gedankt
Wie der Konsul zum Beispiel mit seiner Gattin
An einem ganz gewöhnlichen Mittwoch
So gegen elf
Mit seiner Gattin und den Töchterchen
Läßt der Herr Konsul Sekt auffahren
Sekt für die Belegschaft
Aber: Prost Madame
So wie Sie Madame
Hat mirs noch keine gemacht
Sie lacht, wird sofort wieder ernst.
Zu der Zeit habe ich einen Draht gehabt zu allem
Ob dus glaubst oder nicht
Ich habe die Gäste
Pause.
Geliebt
Und die Spiegelscheiben
Und die kleinen Engel an den Säulen
Die habe ich wirklich
Pause.
Geliebt
Sofern das nicht idiotisch ist sowas wie Spiegel
Oder ein Café zu lieben
Vaterland hat es geheißen
Und ich bin mir nicht klar
Ob du mit deinem Tischlergehirn
Dazu noch lädiert
Ob du imstande bist so eine
Pause.
Liebe
Oder was das sonst ist
Zu kapieren
Ob du weißt oder jemals begriffen hast
In deinem Neubau
Oder wo du sonst bist
So eine

Pause.
Verbundenheit zu allem
Cherie hat Hasso zu mir gesagt
Sie hält eine Brosche hoch, anscheinend von Hasso.
Das war mein damaliger
Mein Geschäftsführer und so weiter
Du bist keine Buffetkraft Cherie
Du bist einfach
Ein Glück
Lange Pause. Sie nimmt plötzlich seine Hand.
Gib mal die Hand
Merkst du was
Überträgt sich was
Nämlich es ist
Pause.
Übertragbar
Wenn man sich konzentriert
Du mußt nur wollen
Dich nur konzentrieren
Und keine ängstlichen Gedanken haben
Goldie starrt geradeaus. Sie sieht ihn erschrocken an.
Aber was denn warum denn
Lieber Gott
Pause.
Beruhigend. Es wird ja
Wird wieder
Werden
Irgendwann eines Tages
Kommen schon wieder bessere Tage
Sogar für dich
Auch für dich du weißt doch
Stereotyp. Der Mensch hat viele Möglichkeiten
Und wenn die eine oder andere ausfällt
Sieh mich an
So sind da hundert andere heutzutage
Natürlich
Streng. Du mußt dich natürlich zusammenreißen
Und entwickeln was du hast
Was in dir schlummert
Und Vertrauen haben ja
Und nicht so zittern mein Gott
Du weißt doch
Stereotyp. Nichts wird so heiß gegessen
Und so weiter
Pause.

Die letzten werden die ersten sein
Pause.
Kein Spatz fällt vom Dach
Wie der Volksmund sagt
Abwesend. Lügen haben kurze Beine
Sie läßt plötzlich Goldies Hand los, fällt wieder ihren eigenen Erinnerungen anheim.
Ja wie ich sagte
Möglichkeiten über Möglichkeiten
Aber eine Sekunde
Eine Millisekunde nicht aufgepaßt
Und es hat dich im Griff
Du kommst nicht mehr los
Das kann ich dir aus Erfahrung sagen
Das war exakt den Tag wie die Blondine kam
Die zwote Kraft
Ich sehe sie noch heute
So immer einen Meter vom Buffet
Auf Abstand
So als möcht sie erst gebeten werden
So
Pause.
Marmorkalt
Da hat sich der Gedanke in mir eingenistet
Die will was
Hat was im Hinterkopf
Die ist drauf aus dich rauszubeißen
Was sie natürlich niemals geschafft hätt
Wenn nicht diese Schwäche
Wenn mir das nicht unterlaufen wäre
Daß ich sie immer beobachten mußte
Erst war es ja nur ein winziger Punkt
Wie ein Stecknadelkopf
Hier
Sie zeigt wieder ihre Hand.
An der Hand
Aber dann hat es angefangen zu wandern
Ist ein Fleck geworden
Dann eine Wunde die wollte nicht heilen
Dann sind die Ränder weitergewuchert
Zu neuen Wunden
Die neuen Wunden hatten wieder neue Ränder
Die wurden wieder Wunden
Wieder Gedanken
Konnt nicht mehr ohne Handschuhe gehen

Pause.
Ich sah nicht mehr hin
Habe nicht mehr gedacht
Hab mich gezwungen
Nicht mehr zu denken
Doch nachts habe ich
Von diesen Rändern geträumt
Und von der Blondine
Verena schimpfte sich die
War nicht so jung wie sie tat
Über ihre Schönheit läßt sich streiten
Aber jede Nacht ist sie blonder geworden
Ist der Film immer schneller gelaufen
Jede Nacht wieder
Das Kopfkissen naß
Pause.
Dann eines Morgens
Sie zieht einen Handschuh aus, Goldie rückt ab.
Der Schock
Rohes Fleisch überall
Eine Wucherung riesig
Kein Grund zur Besorgnis sagte der Arzt
Es ist ja fast nichts
Ist ja nur von der Kaffeemaschine
Von dem Mittel mit dem sie gereinigt wird
Exakt gesagt
Von der Schwefelsäure
Die man diesem Mittel zusetzt
Es hat ja seine Erklärung Frau Wilke
Und was durchschaubar ist das ist auch
Faßbar
Und was faßbar ist
Das ist auch heilbar
Und zu bekämpfen
Das kriegen wir in den Griff Frau Wilke
Sehn Sie das wird schon da heilt es schon
Ist schon beinahe unsichtbar
Ein nichts
Sagt dieser arme Ignorant
Und ich nahms ihm ab
Weil mir zu dieser Zeit noch dunkel war
Was einer sich antun kann
Mit Gedanken
Denn der Gedanke fraß sich unterirdisch weiter
Sie
Pause.

Sie wird es schaffen
Obgleich ich war noch die erste Kraft
Und hatte noch alles
Die Verantwortung in der Hand
Bis auf das Halbgefrorene die Eisgetränke
Den Coupe Royal
Den machte jetzt sie
Die Blondine
Aus dem einzigen Grund
Weil sie sich Hasso an den Hals geschmissen hatte
Also sagte ich mir
Es ist keine Frage der Tüchtigkeit
Bleibe ruhig Mädchen
Es hat nichts mit dir zu tun
Du bist okay und gegen üble Machenschaften
Ist kein Kraut gewachsen
Man kennt die Methoden
Wie sie's geschafft hat bei Hasso
Diesem perversen Schwein
Aus dem Effeff kannt ich ja die Methode
Also verliere nicht deine Würde mein Kind
Sie legt die Hände an die Schläfen.
Mach den Mund zu und beiß dir die Zunge ab
Vor allem höre zu grübeln auf
Denke nicht
Nicht nicht
Längere Pause.
Nicht nicht
Verzweifelt.
Da ist es schon wieder
Kam wieder
Und dachte
Gedanken
Und brach wieder auf und Hasso sagte
Solange du die Handschuh trägst mein Herz
Mit Handschuhen ist es eine Zumutung für Gäste
Was ja richtig war
Was sollen die Leute denken
Wenn da eine mit Handschuhen steht
Abgesehen davon daß sie fleckig werden beim Hantieren
Pause.
In der Spülküche unten wo ich dann aushalf
Vorübergehend
Wo ja bekanntlich nichts mehr aufzupassen ist
Nichts mehr zu denken

Höchstens
Von hier bis an die Wand
Oder leistest du dir jetzt ein neues Handtuch
Kein Kontakt mehr zu halten mit keinem
Da unten bin ich völlig auf den Hund gekommen
Bin dem wieder
Pause.
Anheimgefallen
Daß ich an die Blondine dachte
Die allerdings den Gedanken nicht wert war
Aber jetzt
Hab ich anders gedacht
Leise, mit Haß: Ich dachte
Zum Beispiel
Es ist wieder Krieg
Sie wird aufgegriffen
Man hat sie schon lange gesucht
Es ist Nacht
Na da sind alle Katzen grau
Ihr Gesicht verklärt sich.
Oder: Es ist immer noch Krieg
Die Sonne scheint
Man führt sie zum Markt mit Musik
Fanfaren
Man schert ihr den Kopf
Da steht sie mit dem kahlen blauen Schädel
Und die Menge brüllt
Das hab ich selber gehört
Als ich ein Kind war
Pause.
Aber wie sie brüllten
Oder: Der Krieg geht dem Ende zu
Die Blondine steht am Laternenpfahl
Ganz langsam
Legt man ihr die Schlinge um den Hals
Man läßt sie noch ein Weilchen zappeln
Eh man anzieht
Das habe ich auch gesehn
So klein war ich noch
Pause.
Die da hing hat nicht mehr gelächelt
Pause.
So ist es rapide fortgeschritten
Ist von außen nach innen gewandert
Ist aufgestiegen

Die Füße die Beine der Unterleib
Dann ist Wasser in der Lunge gewesen
Pause.
Der Arzt sagt
Es war von der Feuchtigkeit
In der Abwaschküche
Aber ich weiß es besser
Jetzt weiß ich was vorlag
Es lag kein Fremdverschulden vor
Keineswegs
Ich selber habe es mir zugezogen
I c h in eigener Person
Ich
Pause.
Ich lag auf den Tod
Das war vor fünf Wochen
Lange Pause. Plötzlich mit Energie.
Aber dann
Dann kleiner Goldkopf paß auf was passiert
Eines Tages auf einmal
Ich bin noch im Tal
Noch ganz unten
Ganz auf dem Hund
Nur noch eine
Maschine
Da hör ich unter dem Keuchen plötzlich
Hör ich
Wie ich plötzlich zu mir spreche
Wie ich eines schönen Tages leise zu mir sage
Sonja stehe auf und wandele
Und ich bemerke
Wie ich mich aufrichte
Ich sehe mich langsam aufstehen
Sie richtet sich auf.
Gehen
Sie geht ein paar Schritte.
Die Wand entlang und zur Tür hinaus
Ich sehe mich den Flur hinunterschleichen
Ich fasse mich
Bekomm mich wieder in die Hand
Ich zieh mich an den eigenen Haaren aus dem Sumpf
Ich und kein anderer
Ich hab mich reingeritten
Und ich zieh mich raus
Und was soll ich dir sagen

Was geschieht
Ein paar Wochen später
Nach dieser Hitzeperiode
Wie endlich wieder der Regen kam
Am ersten Regentag plötzlich
Aus der tiefsten Versenkung
Taucht
Sie hält den Ring mit der Perle hoch.
Max wieder auf
Max
Mein erster Chef der Pleitegeier
Na
Merkst du was
Ahnst du eine gewisse Logik
Max mit nassen Hosenbeinen aber wieder forsch
Braungebrannt
Schönes neues Gebiß
Ein bißchen durch die Haare gewachsen
Aber alles in allem
Wieder in der guten alten Hochform
Frisch verheiratet nicht unvermögend
Zeitgemäße Leuchten en gros
Sie soll bettlägerig sein
Muß immer Körner essen
Aber Max hat sich wieder gesundgestoßen
Schwimmt wieder oben und
Alles wieder wie eh und je
Auch das mit uns
Hätte nie geendet
Der Gedanke an mich
Hätt ihn nie verlassen
Unsere Sache die wär eben einmalig und
Turmhoch über allem
Unantastbar
Und er könnt mir auch wieder was zufließen lassen
Pause.
Merkst du nun endlich
Es geht bergauf
Goldie wird aufmerksam.
Noch ein kleiner Rückfall vor drei Wochen
Unwesentlich nicht der Rede wert
Und dann unaufhaltsam
Ich behaupte
Das kommt nicht von ungefähr
Das ist in gewisser Weise

Pause.
Gefügt
Hilf dir selbst so hilft dir Gott
Wie ich immer sage
So kann der Mensch dem Schicksal in die Speichen greifen
Ich selbst hab mich wieder ins Spiel gebracht
In die Liebe
In's Leben
Max vergöttert mich wieder
Und nicht zu Unrecht
Was meinst du
Was sagst du
Das möchtest du blindlings unterschreiben was
Während der letzten Worte ist Frau Wilke nahe an Goldie herangerutscht, er hat sie jetzt fast im Arm, macht sich an ihrem Ausschnitt zu schaffen. Unvermittelt zieht er sich jedoch zurück, stößt sie weg, daß sie von der Bank fällt.
Sich aufrappelnd: He was denn
Du kommst dir wohl witzig vor
Sie bleibt aufrecht vor ihm stehen, sieht ihn an.
Du bist vielleicht
Pause.
Mensch
Du bist am Arsch
Habe mir doch gleich gedacht
Sich so reinzureiten Mann
Für dich ists wohl vorbei hienieden
Was dir bleibt allenfalls
Ein Massagesalon
Da wirds dir elektrisch gemacht
Kann dir einen empfehlen
Daß du abspritzen kannst
Bei Doris
Kaiser Wilhelmplatz
Ich habs ja gleich gewußt
In der Beziehung bin ich hellsichtig
Was mit einem los ist
Ich sehs am Profil
Du bist schon wirklich
Ein ganz armer Hund
Stille.
GOLDIE Eins ist sonnenklar
Wenn ich jemals wieder
Nie mehr mit so nem ausgebufften Blasebalg
Wenn schon Frau dann aus erster Hand
Einwandfrei

Was noch unschuldig ist
Was noch einen Stolz hat
Wenn dann vollkommen
Pause.
Unberührt
Etwas anderes kommt nicht in Frage
Und wenn es sowas nicht mehr geben sollte
Zärtlich: Etwas Unberührtes
Pause.
Wie Schnee
Dann eben auch gut
Dann nicht
Wilke halb unter der Bank:
Und wo ist jetzt mein Brillant

GOLDIE Dann eben nicht
Es gibt andere Probleme

WILKE *unter der Bank:*
Eben war er noch da und jetzt

GOLDIE Das Energieproblem zum Beispiel
Er pocht auf sein dünnes zerlesenes Heft.

WILKE Plötzlich verschwunden

GOLDIE Es wird Zeit daß sich die Menschheit besinnt

WILKE Ziemlich plötzlich sogar

GOLDIE Das Wesentliche in Angriff nimmt
Es ist fünf vor zwölf

WILKE Als obs nicht mit rechten Dingen zugeht

GOLDIE Hier steht es schwarz auf weiß
Die Energie in der Atmosphäre nimmt zu
Das Gleichgewicht ist global gestört
Eine Erhitzung wird kommen
Frau Wilke kommt hoch, hört mit offenem Mund zu.
Zuerst wird die organische Natur verbrennen
Dann wird die anorganische Natur verbrennen
Erst werden die Menschen verbrennen
Dann werden die Pflanzen verbrennen
Dann werden die Steine verbrennen
Und eine Feuersäule wird zum Himmel steigen
Und ein Rauch wird sein
Und ein Gestank wird sein
Und ein Geschrei wird sein
Und das ist das Ende unseres Planeten
Pause.
Und mir soll es recht sein
Ich reib mir die Hände

WILKE *rüttelt wütend an Goldies Rollstuhl:*

Jawohl fünf vor zwölf
Aber gleich schlägts ein
Unschuld ausgerechnet
Da mach dich mal auf und such dir was
Da kannst du bis nach Canossa reisen
Bis du eine findest
Die alten Rentner sind oft scharf
Auf Unschuld
Weil sie die richtgen Fraun nicht mehr schaffen
Weil du was anderes nicht mehr bringst
Auf den Brillanten warst du scharf
Soll ich dir sagen wie man das nennt
Kleptomanie nennt man das
Das ist ein seelischer Defekt
Ich kenn mich im Psychologischen aus
Ersatzbefriedigung
Eine Abart
Pervers
Pause.
Das ist regelrecht krankhaft
Ich sehe klar was mit dir los ist
Du
Du Blindgänger
Rück raus oder ich kipp dir den Apparat um
Schreit. Meinen Brillanten
*Sie starrt plötzlich neben sich auf die Bank, spricht, als wäre nichts gewesen,
weiter.*
Da ist er ja
Greift den Ring.
Na also dein Glück
*Sie nimmt nun die Schmuckstücke, eins nach dem anderen, auf und behängt sich
damit; am Ende des Monologs ist sie mit Ketten, Ringen, Armbändern, Broschen
und Ohrringen förmlich gepanzert, es ist ihre Rüstung.*
Das eine Jüngelchen sage ich dir
Bei mir sind solche Manöver verfehlt
Ich habe meine sieben Sinne
Und meine Kraft Gott sei dank
Und mein Haus
Haus und Herd
Und alles was dir abgeht mein Lieber
Ich blicke auf eine Leistung zurück
Ich habe mir so einiges erworben
An Liebe Vertrauen
Fest verzinsliches Papier
Ich bin ziemlich

Pause.
Unangreifbar Mann
Mich trifft so leicht nichts
An mir prallt das ab
Die Gemeinheit der Welt
Und die Niedertracht
Fließt glatt an mir runter
Ich sage nicht
Daß das Leben ein Zuckerschlecken ist
Das nicht
Es ist ein Kampf mein Lieber
Aber ich
Ich habe am Ende schließlich
Schließlich und endlich
Immer gewonnen
Ich habe dem klar ins Auge geblickt
Und wenn ich dich sehe wie du da hängst
Wie du pfeifst auf dem letzten Loch
Da kann ich nur sagen das stärkt mich direkt
Gibt mir Auftrieb
Ganz kollosal
Ich möcht behaupten
Ich habe mich noch nie so stark gefühlt
Noch nie so
Pause.
Wie heute
Pause.
Guten Tag
Majestätischer Abgang. Goldie schaltet den Rekorder ein. Überlaut: Release me.

Zweite Station

Krankenzimmer. Es wird hell. Die Nachbarin, Schläuche in Mund und Nase,
macht Bewegungen mit den Armen, eine Art Krankengymnastik. Frau Wilke, in
ihrem roten Rüschenhemd mit Handschuhen, geschminkt und mit Schmuck be-
hängt, aber merklich verfallen, richtet sich im Bett auf, starrt sie an.

WILKE   Jeden Tag
        Hören Sie
        Müssen Sie jeden Tag früher kommen
        Pause.

Jeden lieben Tag
Pause.
Ihre Gelenke knacken
Das ist ein unangenehmes Geräusch
Pause.
Wie Kurzschlüsse
Pause.
Ziemlich unangenehm wissen Sie
Die Nachbarin hört auf, die Arme zu bewegen. Jetzt erst glaubt man, in der Stille ein leises Knacken zu vernehmen. Die Nachbarin fängt wieder an, man hört nichts.
Hören Sie
Unangenehm
Rücksichtslos
Das ist beinah
Nicht menschlich
Schreit.
Ein grausiges Geräusch ist das
Die Nachbarin bewegt jetzt hektisch die Arme. Man hört nichts.
Hören Sie
Die Nachbarin hört abrupt auf. Ganz leise Geräusche.
Oder nicht mehr
Pause.
Hören Sie
Pause.
Nichts
Pause.
Sie hört
Pause.
Nichts
Ihre eigenen Geräusche nicht
Wie eine Maschine
Sie arbeitet
Aber hört sich nicht
Die Nachbarin fängt wieder an.
Denkt nicht
Aber sie müßte doch
Sie denken doch oder
Frau Wilke steht auf, beugt sich über die Nachbarin, beobachtet sie. Die Nachbarin liegt tötenstill.
Denken Sie oder nicht
Sie machen doch diese Übungen
Sie wollen doch was
Haben noch was vor
Sie bewegen sich um sich fit zu halten

Also beabsichtigen sie noch etwas
Also ist da noch was
Rastet noch ein da oben
Leitungen irgendwo
Funktioniert noch etwas
Also lebt noch etwas
Die Nachbarin hebt plötzlich den Kopf, öffnet riesige blaue Augen. Frau Wilke erschrickt.
Oh Gott bleiben Sie
Sie weicht zurück.
Bleiben Sie wo Sie sind
Da unten
Mensch
Das ist schon
Eine Infamie ist das
Mich so zu erschrecken
Mir das einzujagen
Einen Todesschrecken hab ich gekriegt
Wie wenn der Fisch in der Pfanne noch zuckt
Seit damals
Seit meiner Kinderzeit
Hab ich nicht solchen Schrecken gehabt
Sie rennt zum Fenster, reißt den Vorhang auf. Sonne scheint ins Zimmer. Die Nachbarin wendet mühsam das Gesicht zum Licht, öffnet wieder ihre gespenstischen Augen.

WILKE *zischt:* Machen Sie doch die Augen zu
Sie reißt wieder an den Vorhängen, schließt sie, um die Augen nicht sehen zu müssen, macht das Nachtlicht an, setzt sich auf die Kante ihres Bettes, mit dem Rücken zur Nachbarin.
Für sich: Ich sitz fest
In der Falle
Die Tür ist bewacht
Tag und Nacht
Im Loch
Lebendig begraben
Aber noch Herr meiner Sinne
Noch da
Sie geht im Kreis herum, bleibt an der Türe stehen, horcht wie ein Tier, geht weiter. Spricht wieder zur Nachbarin, aber ohne sie anzusehen.
Warum werden wir hier
Gehalten
Warum sind wir nicht drüben im Saal
Was für ein Zimmer ist denn das
Dieses Zimmer
Die Nummer acht

Warum so
Pause.
Abseits
Pause.
Kurpfuscher alles
Scharlatane
Wissen nichts und erkennen nichts
Wollen nichts wissen
Verlassen sich auf ihre lächerlichen Apparate
Zentrifugen Röntgenbilder
Auf Zahlen
Rechnen aus was ihnen paßt
Verwechseln alles
Schieben dir irgendwas unter
Manipulieren
In Zehn Wochen hat sich nichts verbessert
Oder es hat sich verbessert
Und wieder verschlechtert
Verschlechtert verbessert
Verbessert verschlechtert
Als ob das alles
Irgendwie nicht von ungefähr
Nicht ohne Absicht
Als ob diese Wände berechnet sind
Das Licht
Diese Hebel an den Betten
Schlägt mit der Faust gegen das Bett.
Dieses schreckliche Weiß
Kurzer Blick auf die Nachbarin, leise.
Sie
Pause.
So dekoriert
Ist auf mich gemünzt
Gehört zum System wie alles
Wieder laut.
Die da oben kennen den Trick
Daß sie die Leute halten
In Angst
Daß sie bleiben
Damit sie verdienen
Der Chef kommt jeden Tag in einem anderen Auto
Verbrecher alles
Keine Fingerspitzen
Keine Spur von Gefühl
Was der Mensch braucht

Spricht zur Nachbarin.
Haben die jemals mit Ihnen gesprochen
Die Nachbarin bewegt mühsam die Lippen. Stille.
Sie sprechen nicht
Höchstens in Andeutungen
Säuglinge mit denen man nicht spricht
Gehen klein ein
Das wissen sie
Darum reden sie lateinisch
Wenn sie reden
Ich durchschaue alles
Ich sehe klar
Sie holt Brot aus der Nachttischschublade, ißt heißhungrig.
Es ist alles
Pause.
Berechnet
Die Kalorien kalkuliert aufs Milligramm
Daß einer gerade noch am Leben bleibt
Zum Sterben zuviel
Zum Leben zuwenig
Daß man noch vegetiert
Nicht mit mir
Sie holt einen Flachmann aus der Tasche, trinkt Schnaps.
Ich beabsichtige weiterzumachen
Hab noch was vor
Sie ißt aus einem Einmachglas Kompott.
Wenn sie wiederkommen
In ihren weißen Fräcken
Immer die eine Hand in der Tasche
Den Finger am Abzug
Das sind keine Ärzte
Das ist eine Mafia
Dann
Pause.
Gnade ihnen Gott
Ich weiß Bescheid
Alle wissen
Und ich habe mit vielen gesprochen
In den Gängen auf dem Abort
Wo ich einen zu fassen kriegte
Überall wird schon geflüstert
Allen gehen schon die Augen auf
Es wird Material gesammelt
Und eines Tages
Wird aufgedeckt

Dann
Pause.
Dann
Pause.
Das ahnen sie
Dem bauen sie vor
Sie läuft zum Nebenbett, rüttelt die Nachbarin.
Hören Sie mal
Wie lange machen Sie das schon
Wie lange macht man das mit Ihnen
Wieviele Monate he
Oder
Pause.
Jahre
Denken Sie nach
Sind Sie eventuell gesund hierhergekommen
Im Vollbesitz Ihrer Kräfte
Hat es dann nachgelassen
Sind Sie schwächer geworden von Tag zu Tag
Nach den Mahlzeiten
Nach den Medikamenten
Am Morgen
Wie hat es sich abgespielt
Reden Sie
Frau
Die Nachbarin kommt langsam hoch, Frau Wilke wendet sich mit Entsetzen ab.
Was soll ich hier
Hier so abseits
Am Ende der Station
Warum sehn mich die anderen so an
So von der Seite
Weil ich mit ihr zusammen liege
Weil Sie schon
Bricht ab.
Die Nachbarin zischt wütend.
Ich gehöre nicht hierher
Verbrecher
Verbrecher
Was denken sie
Wen sie vor sich haben
Pause.
Wenn einer käme
Wenn einer nur ein einziges Mal
Ein Wörtchen
Sie geht zum Spiegel, sieht hinein. Die Nachbarin, da sie sich nicht bewegen kann, greift einen Handspiegel, beobachtet in diesem Sonja Wilke.

Frau Wilke wolln wir mal reden zusammen
Ich bin ja ein Mensch mit dem kann man reden
Sehn Sie Frau Wilke so und so
Soweit ist es mit Ihnen soweit so gut
Ich kann was vertragen
Es könnt eventuell ein bißchen länger dauern
Kleine Komplikation liebe Frau
Ich habe schließlich was mitgemacht
Und niemals
Nie die Flinte ins Korn
Ich bin ein Mensch der muß Klarheit haben
Und wenn einer käme
Sehn Sie Frau Wilke
Es hat sich herausgestellt
Bricht schnell ab.
Aber wenn wir vernünftig sind
Bricht schnell ab.
Ich ließe mich ja ein
Auf nochmals sechs Wochen ließ ich mich ein
Auch sogar
Monate
Ich bin ja vernünftig
Pause.
Aber sie reden nicht
Das ist die Methode
Sie warten ab
Hoffen daß du dich infizierst
Gasbrand vielleicht
Oder du fängst dir die Gelbsucht ein
Das ist nicht selten
Sowas passiert
Oder
Sie setzen ihre Strahlen ein
Ganz unauffällig
Im Röntgensaal verpassen sie dir eine Überdosis
Du merkst nichts aber innerlich
Zerfällts
Ich durchschaue alles
Pause.
Allerdings
Ich hätte mich wehren können
Sie stellen können
Auskunft verlangen
Die Diagnose klipp und klar
Sie zum Eingeständnis zwingen

Man ist ja immer selber schuld
Pause.
Das ist eine fürchterliche Erkenntnis
Pause.
Aber doch auch wieder
Pause.
Tröstlich
Wenn ich etwas
Pause.
Unterlassen habe
Dann habe ich die Möglichkeit
Die Möglichkeit
Es in Ordnung zu bringen
Es noch einmal
Zu planen
Glücklich. Ja
Ich muß einen Plan machen
Wie ich immer im Leben
Wie ich
Jawohl
Wie ich mein Leben immer geplant hab
Bleibe wachsam Sonja
Verfolge deinen Plan und dann
Pause.
Schlag zu
Die Nachbarin schlägt mit dem Spiegel in die Luft, dabei fällt er herunter und zerbricht. Sie sinkt wieder in ihre Apathie zurück.
WILKE Schlag zu
Aber bis dahin
Pause.
Verrate dich nicht
Bleib auf dem Quivive
Die kleinste Schwäche
Wird umgedeutet
Wenn du nachläßt
Sie setzt sich wieder auf die Bettkante, krümmt sich zusammen.
Weil die Stunden so langsam
Bricht ab.
Wenn du müde wirst
Nur einen Moment
Die Beherrschung verlierst
Dann
Dann sind sie da setzen an
Das Messer
Die Sonde

Dann bauen sie dir den Schrittmacher ein
Man wird aufgeschnitten über dem Brustbein
Der Draht geht in die Vene ins Herz
Die Batterie wird eingenäht
In dich hinein
Und dann
Der Stromschlag
Schlag auf Schlag
Das Herz muß mit
Ob es will oder nicht
Mit Gewalt muß es mit
Was ist das für ein Gefühl immer mit
Niemals still immer mit
Rechts links mit mit
Hinaus in die Ferne mit Butterbrot und
Bricht ab.
Mit
Pause.
Noch ein Schrittchen Sonnie
Das Schwesterchen Sonnie
Ist bis auf den Mond gelaufen
Zu seinen Brüdern den sieben Raben
Mit mit kleine liebe
Plötzlich nüchtern.
Dies ist das Sterbezimmer
Kein Bild mehr
Wozu auch
Wozu hier noch ein blühender Baum
Da drüben blüht auch nichts
Sie
Pause.
Wird es noch eine Weile machen
Bei mir geht es schneller
Sie wird vielleicht
Das Ereignis verschlafen
Darum bin ich neben ihr
Jetzt ich
Wer hat vorher in diesem Bett gelegen
Wieviele
Sie untersucht das Bett.
Hab ich nicht einmal
Wie ich noch drüben war
Im Saal
War nicht ein Frauchen drin
Ein altes

Und ein dicker junger Mann hat noch mit ihr geflüstert
Hat sie geküßt
Dick mit Brille
Sein Gesicht neben ihrem Gesicht
Was hat er geflüstert
Was
Pause.
Sie
Und wo ist sie geblieben
Wo
Wie das Bett schon w i e d e r neu bezogen
Bricht ab.
Und gleich wieder weiß
Warum so schnell
Sind die Laken blutig gewesen
Schmutzig voll Kot
Schnell schnell im Geheimen
Pause.
Wie ich dann später immer wieder
Gesucht habe überall
Wo ist sie hingekommen
In den anderen Zimmern war nichts zu sehn
Nirgendwo
Nur dieses Weiß überall
Weiß weiß und kein Rest mehr
Pause.
Ein Rest
Sie stürzt zum Waschbecken, übergibt sich, nähert sich langsam der Nachbarin, kniet vor dem Bett, beobachtet sie lange, versucht den Anblick auszuhalten. Sie springt plötzlich auf, läuft zum Becken, würgt wieder.
Sie verbirgt das Gesicht in den Händen, murmelt mechanisch.
Herr erbarme dich unser
Herr erbarme dich unser
Herr erbarme dich
Bricht ab.
Mechanisch. Oh Gott du hast in dieser Nacht
So väterlich für mich gewacht
Bricht ab.
Ja
Die Geräusche nachts
Immer nachts
Erst das Trampeln Rennen
Dann Flüstern dann Rollen
Die Bombe
Dann lange nichts

Dann
Die Bahre
Ich lob und preise dich dafür
Wie weiter
Wie jetzt weiter
Mechanisch.
Brich an du schönes Morgenlicht
Das ist der alte Morgen nicht
Der täglich wiederkehret
Ängstlich.
Und jetzt
Wie weiter
Es ist ein Leuchten aus der Fern
Es ist ein Schimmer ist ein Stern
Bricht ab.
Das war ein Weihnachtslied
Und ich kann es nicht mehr
Hab es einmal gekonnt
Krieg es nicht mehr zusammen
Wenn ich es nicht mehr zusammenkriege
Wird er sich rächen
Wenn – dann
So ist es
Ist immer gewesen
Wenn – dann
Wenn du nicht lachen willst auf dem Vesuv
Dann kommst du in die Abwaschküche
O Sole mio
Wohin denn sonst
Sei dankbar Sonja
Denn was wäre ohne das
Ohne wenn – dann
Du würdest aus dem Fenster fallen ohne Grund
Aus aller Ordnung würde ich fallen
Ich falle
Es fällt
Wer andern eine Grube gräbt
So hat mich das Leben gelehrt
Das Leben hat mich gelehrt
Und
Pause.
Wer
Pause.
Jetzt
Wieder schnell und mechanisch.

Sei uns gnädig verschone uns oh Herr
Sei uns gnädig erlöse uns oh Herr
Von allem Übel erlöse uns oh Herr
*Bricht ab. Die Nachbarin, die schon vor geraumer Zeit begonnen hat zu
kichern, kann sich vor Lachen kaum mehr halten.*
Wie weiter
Von aller Sünde oder so ähnlich
Von deinem Zorne
Von einem jähen und unversehenen Tode
Von deinem Zorne
Sein ist die Rache
Aber wenn er sich rächt
Wenn er darauf aus ist
Dann
Pause.
Wenn
Dann kommts schon nicht mehr darauf an
Ist schon alles egal
Flüsternd. Hak doch ab da oben
Hak sie ab Sonja Wilke
Von deiner Liste
Dein Wille geschehe aber ich
Lache
Die Nachbarin hört auf zu lachen, horcht.
Kein Spatz fällt vom Dach
Aber ich
Hab Hunderte gesehn
Kein Senfkorn verkommt oder so ähnlich
Und wo bleiben die ins Unfruchtbare fallen
Pause.
Wenn
Wer auch immer
Pause.
Das da oben
Wenn es nur
Pause.
Einen Deut vermag
Dann
Pause.
Laß sie zurück
Wen denn
Pause.
Sonja Wilke
Es hat doch schon einmal
Als ich nicht mehr weiter
Als ich in tiefer Not

Pause.
Ich glaube ja
Viele Jahre
Habe ich immer wieder
Und in Abständen
Diese Geschichten geglaubt
Das ist alles
Pause.
Sehr wahr
Nur zu wahr
»Gebet so wird euch gegeben werden«
»Ein jeglicher Baum
Wird an seiner eigenen Frucht erkannt«
»Denn eben mit dem Maß mit dem ihr messet
Werdet ihr gemessen«
Plötzlich mit Energie.
Oh ja das ist gut
»Mit eben dem Maß«
Daran werden wir uns halten
Sonja Wilke kommt wieder
Steht vor der Tür
In den neuen Schuhen
Auf diesen phantastischen Absätzen
Lehnt am Geländer
Holt sich ihr Recht
Was sie gegeben hat
Soll ihr gegeben werden
Das will sie wieder
Und Carl-Arno erbleicht
Da stürzt das ganze windige Gebäude ein
Die Beamtenkarriere wie Spreu im Wind
Sie lacht.
Das Familienleben bricht zusammen
Und Hasso wird im Café Vaterland entlassen
Wegen Mißwirtschaft
Unzucht mit Abhängigen Zuhälterei
Hasso wird kriegen
Was er verdient hat
Erschrocken. Richtet nicht
Auf daß ihr nicht gerichtet werdet
Ihr fällt etwas ein. Sie geht langsam zum Fenster.
Gesetzt den Fall
Pause.
Ich verzichtete
Sie streckt die flache Hand zum Fenster, als ob sie etwas anzubieten hätte.

Auf die Genugtuung
Die letzten Alimente
Den Rausschmiß
Lasse sie laufen Carl-Arno Hasso
Vergebe allen meinen Schuldigern
Was täte
»Es« da oben dafür
Pause.
Neuer Ansatz. Gesetzt den Fall wenn ich
Wem auch immer
Wenn ich ihm eine Niere gäbe
Die linke sie ist nur leicht gestört
Nur ein wenig Kreatinin im Urin
Ich gäb sie freiwillig dem da oben
Und es
Nähme mir das Wasser aus der Lunge
Das ist ein sauberes Geschäft
Zahn um Zahn und jedem das Seine
Aber mir wär geholfen
Wie man sagt daß
Wenn ein Leiden übermächtig wird im Körper
Tritt das andere zurück
Also mach sie kaputt
Vernichte sie
Aber nimm mir das Wasser
Bricht ab.
Niemand wird über Gebühr beladen
Oder so ähnlich
Mit einer Niere kann man lange leben
Oder
Pause.
Existieren
Wenigstens
Pause.
Teilnehmen
Die Nachbarin richtet sich langsam auf, hört zu.
Teilnahme
Herzliche
Frau Wilke schreit.
Es kann doch nicht
Mich verlassen
Es muß
Eingreifen
Oder
Es stimmt was Ernie behauptet

Er ist sein
Gegenteil
Er hat ihn gesehn
Schwarz zottig
Damals in der Nervenklinik
In einem Anfall
Aber er sagt er war klar wie nie
Er hat die glänzende Pranke
Wie Eisen auf seiner Brust gespürt
Er schließt eine Täuschung unbedingt aus
Sagt Ernie
Ihr könnt von meinem Jungen halten was ihr wollt
Aber so oft er auch in der Anstalt war
Ist er mir klarer vorgekommen
Umsichtiger
Beinahe weise
Pause.
Verzweifelt.
Ich muß
Pause.
Zurück
Nur noch einmal
Soll das denn schon alles
Bricht ab; die Nachbarin nickt schadenfroh mit dem Kopf.
Das kann doch nicht alles gewesen sein
Schmeichelnd. Obzwar
Ich geb zu
Hab eine Menge gehabt
Nicht wenig
Ich habe das Haus gehabt
Das Kind
Ein Konto
Liebe auch
Manchmal mehr als ich schaffen konnte
Und nicht nur fleischlich
Nicht nur Sinnenlust
Wie der Volksmund sagt
»Sie hat viel geliebt«
Große Dinge hat er getan
»An mir und allen Enden«
Pause.
Aber ich
Pause.
Muß doch zurück
Was denn

Was denn noch
Beiläufig.
Nur nochmal hereinschaun
Nur mal so reden
Nur sie alle noch einmal
Sehen
Oder
Pause.
Anhalten
Daß sie stehen bleiben einen Moment
Mich ansehn fragen
Was ist mit ihr
Was will sie
Warum so anders
Verändert
Jawohl verändert
Paßt auf zusammen
Sie entledigt sich jetzt hektisch eines Schmuckstückes nach dem anderen, wirft alles aufs Bett. Die Nachbarin setzt mühsam die Brille auf, die mehrfach abrutscht, beäugt den Schmuck.
Ist sie verrückt geworden
Pause.
Ja
Bleibt stehen
Haltet an
Sonja Wilke fängt nochmal an
Aber anders
Verändert
Auf die gänzlich neue Tour
Wirft ihr Geld aus dem Fenster
Streut ihre Perlen vor die Säue
Verschenkt Haus und Hof
Hab und Gut an diese Erbschleicher
Tagediebe
Aus dem einzigen Grund
Weil sie schon lange scharf drauf sind
Sonja Wilke rechnet nicht schenkt
Hasso die Brosche
Wofür
Für nichts
Carl-Arno das Haus
Für alles was er ihr angetan hat
Max das Konto
Ernie den Ring
Damit er ihn versetzen kann

Kleine Pause.
Verwandelt verrückt
Aber etwas
Geht nicht den gewohnten Lauf
Nicht das Übliche
Schmuck für Liebe
Geld für Leistung
Bleibt stehen sperrt das Maul auf
Ich gebs für umsonst
Es muß auch keiner an mich glauben
Sie ist ja verrückt
Verändert
Den Lauf der Welt
Läuft jetzt anders herum
Greift in das Rad der Weltgeschichte ein
Schreibt sich mit goldenen Lettern
Sie erschrickt, schraubt plötzlich den Ohrring, den sie gerade aus dem Ohr genommen hatte, wieder an. Angstvoll.
Wie die Mutter gestorben war
Hat man ihr die Ohrringe herausgenommen
Goldene Sterne mit einer Perle darin
Die Schwägerin hat dann das Gold versilbert
Pause.
Drohend. Ich komme
Pause.
Zurück
Oder
Ich werde alles vergraben
Sie knotet den Schmuck in ein Tuch.
Im tiefsten Dickicht
Dann
Werde ich das Haus anzünden
An vier Ecken auf einmal
Es soll brennen
Ja
Ich möchte es brennen sehn
Sie beginnt zu schwanken.
Es ist
Himmelschreiend
Sie stürzt, schlägt mit der Hand in den Spiegel, daß er springt. Die Nachbarin, die mit Interesse alles verfolgt hat, betätigt die Klingel, die lange, wie eine Alarmglocke ertönt. Schwester Irene erscheint. Die Nachbarin spricht trotz ihrer Schläuche sehr klar und akzentuiert.

NACHBARIN Schwester Irene
Wollen Sie bitte das Fenster öffnen

Nämlich ein Anfall steht zu erwarten
Es wäre ratsam das Bett hochzustellen
Damit sich nichts staut
Ferner vorsichtshalber gleich ein Vasolyticum zu geben
Und eventuell ein Sedativum
Das wird genügen
Danach wie üblich den Tropf
Sauerstoff wird nicht nötig sein in diesem Fall
Noch nicht
Schwester Irene reißt das Fenster auf. Das Licht wird diffus, geht langsam weg.
Man hört noch für eine Weile die Geräusche, die Frau Wilke zuvor beschrieben
hat: Flüstern Rennen Rollen etc.

Dritte Station

Gleicher Raum. Das Bett der Nachbarin ist leer. Frau Wilke, jetzt ohne
Schmuck, aber noch immer geschminkt und gekämmt, liegt allein auf ihrem
Bett; sie ist an eine Tropfapparatur angeschlossen, der andere Arm sicherheits-
halber festgeschnallt. Sie kann sich kaum rühren. Schwester Irene prüft die
Tropfgeschwindigkeit, will gehen.

WILKE   Schwester Irene
IRENE   Ja
       Wilke schweigt.
       Alles in Ordnung
       Keine Veränderung
WILKE   Sind Sie doch nicht so eilig
       Irene
       Bricht ab.
IRENE   Bitte
       Wilke will etwas sagen, schweigt.
       Na gut
WILKE   Irene
       Irene will gehen.
       Wilke hebt den Kopf, direkt:
       Irene
       Wie
       Pause.
       Spielt es sich ab im allgemeinen
IRENE   Bleiben Sie liegen
WILKE   Ich meine am
       Pause.
       Ende

IRENE   Was
WILKE   Ich meine bei denen die
IRENE   Welchen
WILKE   Nur einen Augenblick eine Frage
IRENE   Bleiben Sie still
       Sie verletzen sich noch
       Von jetzt an agieren beide Frauen mit gegensätzlicher Intention. Irene versucht,
       Frau Wilke in die Kissen zurückzudrücken, während diese darum kämpft, sich
       wieder aufzurichten.
WILKE   Die letzten Tage wüßte ich gerne
       Die Zeit davor
IRENE   Sie fragen immer
WILKE   Es ist so schön heut ein schöner Morgen
       Mir kann keiner
       Pause.
       Was anhaben
       Ich fühl mich so leicht
       Frage auch nur so ganz allgemein
       Wie geht es eigentlich vor sich
       Pause.
       Zuletzt
       Irene schweigt.
       Die Stunde davor
       Pause.
       Die letzte Minute
       Irene schweigt.
       Ich wüßte gern ob die Leute wissen
       Irene schweigt.
       Keine Ahnung kein besonderes Gefühl
IRENE   Wovon
WILKE   Von etwas Besonderem
IRENE   Nein Gott sei Dank
WILKE   Ich meine von dem was kommt
       Aber irgendwie besonders
IRENE   Das ist nicht besonders
       Wilke schweigt.
       Was soll auch sein
       Pause.
WILKE   Gehen viele so
IRENE   Wie
WILKE   Mit diesem Gefühl
       Pause.
       Mit diesem
       Es ist nichts
IRENE   Wenn sie Glück haben

WILKE   Und was ist mit dem
        Was war
IRENE   Wie
WILKE   Kommen die schönen Stunden nicht wieder herauf
        Irene zuckt die Achseln.
        Oder Personen
        Wie man von der Erinnerung sagt
        Nur was gut war bleibt
        Irene lacht spöttisch.
        Sollte Hasso mir nicht erscheinen
        Das war mein
        Geschäftsführer u. s. w.
        Oder Max der Leisetreter
        Die einem wichtig waren
        Irene
        Die mit denen sich was zugetragen hat
IRENE   Machen Sie sich doch keine Gedanken
WILKE   Wie erzählt wird daß manch einer rufen hört
        Kurz vor dem Ende
IRENE   Je weniger Gedanken desto besser
WILKE   Stimmen von
        Pause.
        Vorausgegangenen
IRENE   Desto unkomplizierter
WILKE   *kommt hoch:* Wieso unkompliziert
IRENE   *legt sie zurück:* Schon gut
        Sie will gehen.
WILKE   *erregt, kommt hoch:*
        Wieso schon gut
        Was heißt unkompliziert
        Wo doch alle Welt so kompliziert ist
        Alle die ich kenne
        Carl-Arno zum Beispiel
        Mit dem war ich einmal ziemlich eng
        Wissen Sie
        Ziemlich
        Pause.
        Nah
        Was war das für ein komplizierter Mensch
        Trotzdem daß er so viel Staub geschluckt hat
        In den Revieren
        Aber wie er das Kind
        Seinen Sohn
        Zum ersten Mal sah
        Wie er den Ernie von Angesicht sah

Nachdem ich ihn wieder aufgetan hatte
Und er sollte mir für alles Verlorene zahlen
Hat er plötzlich geweint
Warum
Weil das kleine Balg die gleichen Augenbrauen hatte
Wie er selbst
Und von mir
Die weißen Monde an den Fingernägeln
Sehr erregt. Wie kommt diese Mischung zustande
Sagt er fragt er
Wohl hundert Mal
Wie ist das
Wenn man das begriffe Sonnie
Sie hält Irene am Ärmel fest.
Glauben Sie mal

IRENE *legt Frau Wilke zurück:*
Sie reißen noch alles um am Ende

WILKE Aber ich seh schon
Sie glauben n i c h t s
Weil Sie sich keine Vorstellung machen
W i e kompliziert die Leute sind
Selbst wenn sie von außen nicht so aussehen
Selbst wenn sie wie
Verstopfte Fässer sind
Vom Bier
Und von den Gulaschtöpfen ihrer Frauen
Ich begreife diese Mischung nicht
Sagt dieser komplizierte Mensch
Und sollte er plötzlich zum Sterben kommen
Plötzlich und unerwartet
Würde er mich nicht rufen hören
Mich seine erste
Und die Mutter seines Sohnes

IRENE So lassen Sie doch die alten Geschichten

WILKE Er hat keine weiteren Kinder gehabt

IRENE *streng:* Sie müssen sich jetzt zusammenreißen
Pause.

WILKE Ich rede ja nur
Ganz allgemein
Von der Menschheit im ganzen
Schwester Irene
Sie hält sie fest.
Was mich interessiert
Ist ja lediglich ob es Leute gibt
Jetzt mal vollkommen abgesehen von mir

Ob da manche ein Gefühl von einer Art
Bestimmung haben
Einer Art von
Pause.
Organisation vielleicht
Gewissermaßen eine
Gewißheit
Oder auch nur
Die Idee
Daß was passiert
Und passieren wird
Daß es nicht ganz
Pause.
Zufällig passiert
Also daß
Wenn Carl-Arno jemand rufen hört
Daß nur i c h es sein kann die er hört
Irene lächelt.
Nicht in der Form natürlich
Und nicht daß ich glaubte
Daß da oben einer sitzt
Der die Figuren hin und her schiebt
Ihn und mich
Man ist ja ein aufgeklärter Mensch
Nicht daß Sie annehmen
Daß ich dächte
Für einen aufgeklärten Menschen ist das ja
In keinem Falle haltbar
Ich habe mich auch falsch ausgedrückt
Was ich meine ist
Längere Pause.
Wenn das da oben also
Pause.
Entfällt
Und du wirst nur durch
Blinden Zufall hin und her geschoben
Von Schlesien nach Bayern nach Holstein nach Preußen
Von Max zu Hasso zu Leonhard
Was ich in diesem Falle gern wüßte
Ob Ihnen unter Umständen jemals
Einer untergekommen ist
Der gesagt hat
Ja
Ja wie es kam
War es gut für mich

Ich habe aus der Erfahrung gelernt
Und bin durch den Schaden klug geworden
Der einen S i n n in all der Schieberei entdeckt hätt
So nehmen wir mal an
Ein Mensch ein x-beliebiger
Hätt was gesehn
Ein Erlebnis gehabt
Ein schlimmes als Kind
Hätt beispielsweise
Leute an Laternenpfählen hängen sehn
Nur mal angenommen
So etwas gibt es hat es mal gegeben
Ob Sie's für möglich halten oder nicht
Hätt eine junge Frau so leise pendeln sehn
Wenn Wind ging
Was man ja wissen müßte wär
Ob dieser dadurch
Daß ers sah
Verändert worden ist eventuell
Und ist ein anderer Mensch geworden daraufhin
Und hat ein anderes Leben angefangen
Das hat Kreise gezogen zu guter Letzt
Bis daß am Ende v i e l e sich verändert haben
Ich rede von einer
Längere Pause.
Aufwärtsentwicklung
Schweigen.

IRENE Noch etwas

WILKE Nein

Sie legt sich zurück, schweigt indigniert. Irene will gehen. Sonja Wilke hält sie wieder fest.
Nein
Frau Wilke schüttelt den Kopf.
Sie werden mich nicht überzeugen können
Mit Ihrer sogenannten »Erfahrung«
Mit all Ihrer Weisheit
Werden Sie mir nicht weismachen können
Daß nicht mal einem
Etwas geschwant haben soll
Von einer Art von
Pause.
Folgerichtigkeit vielleicht
So wie Leonhard sagt ein Freund von mir
»Die logische Folge von Krisenepochen
Sind Preisanstiege«

Eine
Pause.
Logik im eigenen Leben womöglich
Daß man sich ausrechnen kann
Das und das hast du mitgekriegt
Die und die Kräfte
Damit hast du zu wuchern gehabt
Und was du reingeschmissen hast
Das hast du rausbekommen
Irene schweigt.
Ich spreche da ganz allgemein Irene
Eine hat also Kräfte gehabt
Oder auch Verstand
Oder beides zusammen
Die hat sie
Voll eingesetzt
Und einen Nutzen gehabt
Pause.
Als Direktrice oder Büffetkraft
Mit denen hat sie was weitergetrieben
Was hingestellt
Das und das bleibt
Auch
Hinterher
Man erinnert sich
Sehr aufgeregt.
Also daß ich nichts zu fürchten brauche
Daß ich gehen kann
Bricht ab.
Daß mir zumute ist wie früher manchmal
Abends
Wie in dem Lied Irene
Was Sie kennen
Wie in diesem Lied

IRENE   Welchem Lied
WILKE   Dem Lied
        Mit der Kammer
IRENE   Welcher Kammer
WILKE   Sie kennen es doch
        Sie müssen es kennen
        Jeder kennt es
IRENE   *beruhigend:* Schon gut ist ja gut sein Sie still
WILKE   Ja ja
        Still
        Das ist es so heißt es
        Stockend. Wie ist die Welt so stille

IRENE *langsam:* Und in der Dämmrung Hülle
So traulich und so hold
Lächelt.
Ach das
WILKE Ja das
Da steht es drin:
»Wie eine stille Kammer«
Alles steht drin was ich meine
Irene
IRENE *abwesend:* Kalt ist der Abendhauch
WILKE Was jeder meint:
»Bewahr uns Gott vor Strafen
Und laß uns ruhig schlafen
Und unsern kranken Nachbarn auch«
Das muß es doch geben
Wenn es da drinsteht in dem Gesang
Daß einer hingehn kann ganz ruhig
Zur rechten Zeit
Wie man zum Beispiel von den Tieren sagt
Sie wissen
Wann die Zeit ist
Exakt
Und ziehen sich zurück und legen sich
Ja
Wie die Großmutter noch
Die Mutter vom Vater
Kehrt eines Tages plötzlich grundlos
Stumm
Die Werkstatt und den Hof
Setzt Stauden in den Garten
Putzt die Stuben
Zählt die Bettwäsche nach
Stickt wo er fehlt
Ihren Namen rein
Legt sich dann still zu Bett
Am hellichten Mittag
Und bleibt liegen
Dreht eines Tages das Gesicht zur Wand
Und geht dann wie erzählt wird
Ohne einen Mucks
Ganz leise
Pause.
Geht sie rüber
Weil sie ja sieht daß alles fertig ist
Und sauber

Daß es glänzt und wächst
So wird es lange bleiben
Und die nächsten
Ihre Kinder
Werden es noch lange haben
Und es wieder weitergeben
Ja darum kann sie gehen
Ganz friedlich
Weil sie ja fertig ist mit allem
Was sie sich einmal vorgenommen
Und angefangen und erledigt hatt'
Ganz leise

IRENE Das ist nicht mehr
WILKE Nicht
IRENE Niemand ist fertig
Jedermann sagt: zu früh zu früh
Immer noch Unruhe
WILKE *sehr aufgeregt:* Wie kann dann aber einer
Einfach so
Vom grünen Tisch
In seiner Kammer sitzen
Und von Frieden schreiben
Und von Dämmerung
Von der wunderbaren Stille
Wie kann er den Leuten sowas verkaufen
Dieser
Pause.
Hochstapler
Der Hanswurst
Wenn es doch Täuschung ist
»Weißer Nebel«
Wenn es nicht stimmt
IRENE Vielleicht hat es früher einmal gestimmt
WILKE Aber jetzt nicht mehr
IRENE Er war ja von früher
WILKE Und w a r u m ist es jetzt nicht mehr
Was ist da faul
Was fehlt denn da
Daß die Leute nicht ganz selbstverständlich
Bricht ab.
Da müßten doch die Oberen
Die Professoren und die Wissenschaftler
Und die hohen Tiere
Die
Pause.

Verantwortlichen
Sich zusammensetzen und ergründen
Wie und warum
Was nicht stimmt im Staate Dänemark
Wenn kein einziger mehr in Frieden
Pause.
Wenn ich so *Bricht ab.*
Sie schweigt lange, überlegt, lacht plötzlich.
Na gut schon gut
Legt sich von selbst zurück,
Sie können sachlich mit mir reden
Ich kann was vertragen heute
Das Schlimmste waren ja immer
Die Träume
Daß man sich Vorstellungen macht
Das ist vorbei
Ich bin ja hart im Nehmen
Wissen Sie
Ziemlich hart
Eine Kampfnatur
Sie brauchen kein Blatt
Vor den Mund zu nehmen
Wie gehen sie also
Pause.
Ohne das
Schreien sie
Würgen sie
Rollen sie sich zusammen
Kommen sie immer wieder hoch
Wie die Spinne im Spülstein
Immer hoch
Wieder hoch
Fragen sie aus was der Mensch besteht
Wieviel Wasser Eiweiß Kalk
Was weiß ich
Übergeben sie sich vor Angst
Lassen sie alles von sich gehen
Irene schweigt.
Wenn Sie die Liste bedenken
Sie führen doch eine Liste oder
Irene schweigt.
Wenn Sie sich an die
Pause.
Kolonne erinnern
Haben Sie sich Notizen gemacht

Vermerke
In Klammern vielleicht
Über besondere Fälle
Irene schweigt.
Feindselig: Haben Sie wenigstens Striche gemacht
Dicke und dünne
Die
Pause.
Abgänge wenigstens
Auf irgendeine Art bezeichnet
Irene schweigt.
Oder haben Sie nur
Nummern hineingeschrieben
Einunddreißig zwounddreißig
Das säh Ihnen ähnlich Nummern
Jawohl
Aber ich möcht Sie fragen
Wenn Sie selber einmal an der Reihe sind
Und eine andere schreibt Sie als Nummer auf
Wie wär Ihnen das
Das möcht ich fragen

IRENE Ich wünsche mir ein verstopftes Gefäß
Eine geplatzte Ader einen Ruck und weg
Und kein Wort dazu

WILKE *angstvoll:* Schwester Irene
Ist wenigstens einer gewesen
Einer vielleicht
Ein einziger der
Bricht ab.
Verstehn Sie
Nicht
Wie wir als Kinder mit dem Finger
In die offene Flamme gingen von Kerzen
Schnell dann länger
Wer hält am längsten aus
So möchte man denken
Einer hätt es mal versucht
Mit vollem Willen
Der geht durchs Feuer willentlich
Ich wollte sagen durch die Schmerzen
So langsam tiefer in die
Mitte
Schritt für Schritt
Ums zu ergründen
Daß er weiß wie heiß und hell

Verstehn Sie
Nicht
Ob er da endlich was entdeckt von
Pause.
Leichterwerden
Oder Sowas
Wie soll ich das in Worte fassen
Pause.
Lodern
Ich wollte sagen
Das ist schwer zu sagen
Der Mensch ist wohl zu dumm eventuell
Ich brings nicht raus
Obgleich ichs weiß
Und denk auch andere
Oder manche
Müßten doch am Ende
Oder einer
Ein einziger vielleicht
Irene *Bricht ab.*

IRENE   Sie sind am Ende wie am Anfang
Wie ihr ganzes Leben

WILKE   Und wie sind sie im Leben
Irene schweigt.
Reden Sie doch
Setzen Sie sich hin und reden Sie
Pause; verzweifelt.
Sprechen Sie mit mir.

IRENE   *setzt sich neben das Bett:*
Ich war Lehrerin früher
Immer von diesen Gesichtern umringt
Von diesen
Angeekelt.
Kindergesichtern
Sie saßen im Kreis um mich
Oder ich hatte immer das Gefühl von einem Kreis
Und ich in der Mitte
Das hat mich bis in die Träume verfolgt
Zum Fürchten war das
Sage ich Ihnen
Ich bin zu der Überzeugung gekommen
Die Menschheit geht an ihrer eigenen
Häßlichkeit zugrunde

WILKE   Haben Sie das
Ihre Kinder gelehrt

IRENE Das haben die Kinder mich gelehrt
WILKE Ja wie haben sie das gemacht
IRENE Sie haben mich angesehn
WILKE Wie
IRENE Wie
       Pause.
       Greise
       Mit allen Wassern gewaschen
       Uralte Spekulanten
       Ewig auf der Lauer
       Mir auflauernd
WILKE Und wie haben Sie sie angesehn
IRENE *nach einer Pause:*
       Ebenso
WILKE *nach einer Pause:*
       Aber wenn Sie sie nun einmal
       Anders angesehen hätten
IRENE *gequält:* Ich habs nicht gekonnt
WILKE Wo ein Wille ist da ist ein Weg
IRENE Sie waren
       Pause.
       Zu häßlich
WILKE Und warum glauben Sie sind sie das
IRENE Sie sind nicht mit einer Absicht entstanden
       Nach keiner Vorstellung
       Keinem Gedanken
       Aus keinem Gefühl
WILKE Woraus dann
IRENE Aus einer Schnapspartie aus einer Lohnerhöhung
       Aus einer Vergewaltigung aus einer Langenweile
       Aus einer Schlamperei
       Sie werden in häßlichen Ecken gemacht
       In häßlichen Autos
       Hinter häßlichen Gardinen
       Unter häßlichen Decken
       Unter häßlichen Gedanken
       Und so geht es weiter
       So werden sie aufgezogen
       In häßlichen Zimmern in häßlichen Autos
       Mit häßlichen oder
       Pause.
       Keinen Gedanken
       Lange Stille.
WILKE *starrt Irene wütend an:*
       Da kann ich nur fragen

In was für einem Panoptikum
Sind Sie entstanden
Schwester Irene
Lange Stille.
IRENE *müde:* Hören Sie doch endlich auf
Mit Denken
Sie bleibt neben dem Bett sitzen.
WILKE *hält sie fest, versöhnlich:*
Bleiben Sie
Schwester
Sehn Sie
Da reden Sie so
Irgendwie
Haben gut reden
Weil Sie nicht die Augenblicke kennen
Wo das Leben so
Pause.
Phantastisch war
Und ich verfluche
Daß ichs gekannt hab
Weil nach Ihnen
Geringschätzig.
Wahrscheinlich wird keiner groß
Fragen nach Ihnen
Obgleich die Geschmäcker natürlich
Verschieden sind
Vielleicht kann schon sein
Daß da irgendwo
Irgendeiner
Auch nach Ihnen fragt
Am Ende
Und sich erinnert
Wie uns ja häufig die läppischsten Sachen
Vor unserem geistigen Auge erscheinen
Wohingegen die wichtigen Dinge
Die Denkwürdigkeiten
Total entschwinden
Selbst gute Freunde
Selbst sogenannte Lebensgefährten
Total
Ein Mann namens Leonhard beispielsweise
Mit dem ich einmal in Amalfi war
Kriege kaum noch seinen Namen zusammen
Ganz zu schweigen von seinem Gesicht
Auch mich wird der eine und andere vergessen

Irene verbirgt das Gesicht in den Händen, während sie weiter zuhört.
Obgleich ich möcht wetten
Der Konsul erinnert sich
An den Coupe Royal
Den er so nie wieder gemixt bekommt
Ein Stammgast wissen Sie nichts weiter
Ohne größere Bedeutsamkeit
Er kommt er geht
Er sitzt im Café und sieht mich nicht
Wird mich nicht mehr sehn
Soviel er auch schaut
Er fragt
Wo ist sie denn heute die Rote
Pause.
Und wenn sie es ihm sagen
Hasso oder auch eventuell Verena
Und dabei lässig aus dem Fenster sehen
Die Rechnung schreiben
Oder beim Kassieren
So nebenher
Ihm erzählen von mir
Dann wird er natürlich
Ganz Cool
Keine Miene verziehn
Hinter der Zeitung sich gleichgültig stellen
Dann aber länger still in seinem Sessel sitzen
Und erst gegen Abend
Wenn gerade Flaute im Betrieb ist
Den Hergang erfragen
Die näheren Umstände
Das was und wieso
Mein bewegtes Leben von A bis Z
Wird sich dann eventuell
Erst richtig interessieren
Denn außergewöhnlich war es schon
Das kann man wohl sagen
Mit Fug und Recht
Daß einer sich daran erwärmen kann
Sogar für die unwesentlichen Affären
Die Einzelheiten
Und jedes Detail
Er wird schon fragen nach mir wie
Nach keiner
Denn es sind Unterschiede zwischen den Menschen
Und zwischen den Frauen besonders

Und am Ende
Nach allem
Freud und Leid
Irene
Was anfällt in so einer Lebenszeit
Nicht wahr
Irene
Am Ende

IRENE Ist alles eins
WILKE Wenn Sie sich nur nicht irren
Irene
Es könnte ja sein
Daß es anders läuft
Als Sie sich so denken
Daß irgendeiner sichs anders denkt
Es könnt ja mal sein
Daß Sie eine Überraschung erleben
Pause.
Könnt sein an einem schönen Tag wie heute
Wacht einer auf und steigt aus dem Bett
Und sieht nach dem Himmel
Und sagt: Heute
Pause.
Ja
An so einem Morgen aus heiterem Himmel
Ganz heiter empfiehlt er sich
Nimmt er sich vor der Welt Ade zu sagen
Und macht noch einen Plan für diesen Tag
Auf daß es noch ein richtiger Tag wird
Pause.
Vielleicht sogar lustig
Daß es noch ein Bombentag wird
Oder überhaupt der allerbeste
Vielleicht hat er noch ein paar Witze parat
Wie ich das letzte Mal gelegen hab
Da hat der ganze Saal geschrien vor Lachen
Aber die beste Geschichte den schärfsten Witz
Hebt er auf bis zuletzt
Und er rennt raus auf den Flur und schreit
Hallo Leute
Und kriecht auf allen Vieren raus
Und macht
Eine Show
Daß sie sagen werden
Später

Wenn es geschehen ist
Wenn sie zusammenstehn
»Die da
Die in dem Zimmer am Ende des Ganges
Die Nummer acht
Die in dem Bett in der Ecke
Die immer gelacht hat
Die Sonja
Die war nicht kleinzukriegen
Ja wie die Sonja noch da war«
Ich sprech nicht von mir es war nur ein Beispiel
Pause.
So
Pause.
Könnt es kommen
Obgleich ich schon weiß daß es schwer sein wird
Schwer zu verwirklichen
Und wehe
Wenn es einer verwirklicht
Denn so einen Haß gibt es nicht nochmal
Als wie die Leute haben
Wenn einer seine Vorstellung wahr macht
Wenn einer scheißt auf ihre eingefahrenen Todesarten
Mühsam. Aber ich sage Ihnen
Es könnte mal sein
Daß
Wenn ihr in euren Kitteln kommt
Wenn ihr mit euren Schläuchen kommt
Mit der Sauerstoffbombe
Wenn ihr von hinterrücks kommt
Daß einer die Augen offen hält
Daß er sich nicht
Pause.
Ersticken läßt
Daß er alles umreißt
Daß er so ablebt
Wie er sichs gedacht hat
IRENE Das hat keiner selber zu denken
Jeder wird gehalten solange es geht
Ob er will oder nicht
WILKE Nach s e i n e m Ermessen
IRENE Das ist die Vorschrift
WILKE Nach seinem e i g e n e n Ermessen
Und niemandes sonst
So wie der Mensch sein Leben zu entscheiden hat

So wie i c h immer im Leben
Pause.
So auch
So jetzt
Das sage ich Ihnen
Das schwöre ich Ihnen
Aggressiv.
Rühren Sie mich nicht an

Vierte Station

Gleicher Raum. Halbdunkel. Nur das Nachtlicht brennt. Sonja Wilke jetzt sichtbar verändert, mit aufgelöstem, streifig rot und silberfarbenem Haar, in einem blauen Seidenmantel, erscheint schöner als vorher, in ihrem Gesicht keine Spuren von Angst. Sie sitzt in ihrem Bett, betrachtet durch das Fenster den Nachthimmel; Mond und Sterne. Nach einiger Zeit kommt Goldie, jetzt auf Krücken, ohne Gips, Schnapsflasche und Zeitungen unter dem Arm, hereingeschlichen. Auch er hat jetzt langes Haar, blond und lockig. Das linke Bein und der rechte Arm fehlen tatsächlich.

GOLDIE Gestatten
Wilke schweigt abwesend. Sieht hinaus.
Die Nachtwache schläft
Bin leise vorbei
Wilke schweigt.
Alle schlafen
Wilke schweigt.
Sie haben gesagt Sie schlafen nicht mehr
Wilke schweigt.
Sie sind immer wach
Wilke schweigt.
Sie trinken immer
Wilke schweigt.
Sie haben gesagt man sollt' nicht mehr schlafen
Nicht mehr
In der Nacht
Lange Pause. Goldie sucht nach weiterem Gesprächsstoff, schlägt die Zeitung auf, deutet auf ein Bild.
Die Astronauten
Die Astronauten sind auch nicht gerade
In der glücklichsten Verfassung
Gleichgewichtsstörungen

Übelkeit
Hoher Puls
Die Montage des Sonnensegels verschoben
Sowas darf nicht passieren
Wilke schweigt.
Da basteln sie ein Programm zusammen
Da werden die Leute trainiert
Im Simulationsraum
In der Isolierkammer
Und was weiß ich wo
Und dann passiert sowas
Wilke schweigt.
Sowas darf nicht passieren
Ich
Wenn ich mich da raufschießen ließe
Ich würde mir mein eigenes Programm erstellen
Speziell für mich
Für meine ganz speziellen Eigenschaften
Nicht für eine ausgerechnete statistische Figur
So penibel können die Computer gar nicht rechnen
So wie ich gebaut bin
Ich der ganz gewöhnliche Supermann
Wilke schweigt.
Sie sollen mal sehen
Wird unsicher, sieht Sonja Wilke an. Hält ihr die Flasche hin.
Trinken Sie mal
Sonja Wilke schüttelt den Kopf.
Es kommen auch wieder andere Zeiten
Auch für Sie kommen wieder bessere Zeiten
Sie sollen mal sehn
Mit dem Willen
Wenn einer will
Und sich einen Plan macht
Ein Programm für seine ganz speziellen Möglichkeiten
Der Mensch hat viele Möglichkeiten
Wissen Sie sehen Sie
Ich zum Beispiel ich sehe mich
Glasklar
Beurteile mich
Das und das kann ich dies und jenes
Steht mir zu Gebote
Und wenn mir ein idiotischer Zufall
Ein Schnippchen schlägt
Daß mir die Tischlerei verbaut ist
Daß ich keine vier Tausender

Daß ich keine vier Braunen mehr bringen kann
Dann eben nicht
Dann suche ich Auswege
Geistiger Art
Arbeite mit dem Kopf
Mit Gedanken
So liegt es doch heute
Wenn jemandem durch sein persönliches Pech
Der eine oder andere Weg
Versperrt ist
So sind da hundert
Möglichkeiten über Möglichkeiten
Heutzutage für jeden
Durch die Entwicklung der Wissenschaft
Medizin und Technik
Die ganze Kultur
Für Sie für mich
Alles für alle
Zugänglich einsichtig
Nutzbar für uns
Er holt ein Foto aus der Schlafanzugtasche:
Sehen Sie hier

WILKE *auf das Bild deutend:* Wer ist das
GOLDIE Welcher
WILKE Der in der Mitte
GOLDIE Ein gewisser Albert Einstein
Pause.
Ja
Pause.
Der zum Beispiel
Ich habe ihn durch Zufall entdeckt
Durch die Beschäftigung mit der Physik
Man könnte sagen
Wie sitzt denn der da
Unter den anderen
Unter all diesen Geistesgrößen
Richtig unwissenschaftlich sitzt der da
Aber ich
Ich halte ihn für sehr bedeutend
Das sage ich allen
Und jedem der es hören will
Und ich denke immer
Immer wenn ich mir das Bild ansehe
Denk ich
Abwesend. Möchtest einmal mit ihm reden

Ich denke immer ich könnte ihn treffen
Ich fahre rüber nach England
Ich suche mir den Namen aus dem Telefonbuch
Ich mache das Haus ausfindig
Klingele an der Gartenpforte
Er kommt heraus in Hausschuhen
Öffnet mir
Wir sitzen in seinem Arbeitszimmer
Zwischen Kolben Kugeln Kegeln
Zwischen lauter geometrischen Figuren
Trinken da in seinem Zimmer Tee
Ganz still
Und er gibt mir Tips wie und wohin
Was und wozu
In welche Richtung ich zu denken habe
Für meine wissenschaftliche Entwicklung

WILKE Warum fährst du nicht

GOLDIE Er ist tot
Glaube ich
Pause.
Schnell. Aber das hat nichts zu sagen
Nicht eigentlich
Denn in der Wissenschaft
Hört einer ja nicht so einfach auf
Nicht ohne weiteres
Angstvoll. Jedenfalls nicht so
Endgültig wie jedermann
Die Ideen leben weiter
Ich kann sie aufnehmen
Kann was dazutun oder abstreichen
Weiterentwickeln
Und was ich entwickelt habe
Nehmen wieder andere auf
Und entwickeln weiter
Und so geht es
Pause.
Endlos

WILKE Er ist tot

GOLDIE Nichts vergessen nichts verloren
Was ein Jammer wäre
Weil was in der Wissenschaft gedacht wird
Immer sozusagen folgenschwer
Und von Bedeutung ist
Immer
Pause.
Wesentlich verstehen Sie

WILKE Ja
Was war das heiß heut den ganzen Tag
GOLDIE Man kriegt ein anderes Weltbild sozusagen
Wer einmal in die Wissenschaft hineingerochen hat
WILKE Hitze die ganze Woche schon
GOLDIE Wie ein Wanderer wird man
Kaum hat man einen Gipfel bewältigt
Schon tut sich die nächste Bergkette auf
Sehn Sie und das ist der Grund
Warum
Ich nur noch
Wesentliches denken oder sprechen möchte
WILKE Ja
Genau zu dem Ergebnis bin ich auch gekommen
Eigenartig
Ich sag dir ich habe geschwitzt
GOLDIE Das ist der Grund
Daß ich mich nicht mehr beteilige
An diesen Gesprächen
WILKE Kannst du dir vorstellen
Daß ich gedacht hab
Ich bin ein Fluß
Alles fließt aus mir
Raus und ab
Blut und Wasser
Ich werd noch versanden
GOLDIE *aggressiv:* Kein Gerede mehr über das Wetter
Keine Unterhaltung um der Unterhaltung willen
WILKE Dachte ich
Ja
Wenn das so weitergeht
Ich werde Gras vielleicht
Fange an zu knistern
War das nicht
Pause.
Schrecklich
GOLDIE *böse:* Wenn Sie das begreifen möchten
Endlich
WILKE Voll und ganz
Voll und ganz
Denn ich habe ja auch
Pause.
Gelitten
Leiden müssen unter der Hitze
Und die Sonne immer

Unabänderlich
So machtlos
Habe ich immer gedacht
Pause.
Dachtest du auch du müßtest ersticken

GOLDIE Ich schweige

WILKE Dachtest du nicht du müßtest ersticken
Goldie schweigt starrsinnig.
Ich habe gedacht
Jetzt trocknet die Erde aus
Und es geht zuende
Hab mich nicht mehr bewegt
Hattest du noch Kraft dich zu bewegen
Goldie schweigt.
Wie angenagelt
Das war schon schrecklich
Aber dann
Sag ich dir
Kurz vor dem Ende
Wie ich gedacht hab
Jetzt fällt es zusammen
Häuser und Bäume
Alles zu Staub
Und was lebt
Wird ein
Pause.
Ding
Da plötzlich
Am Abend
Sind Wolken gekommen
Dann ganz leise Wind
Dann Sturm
Dann Donner
Blitz und Gewitter
Und endlich
Pause.
Wasser
Endlich
Regen
Da bin ich raus wie ich war
Ohne Schirm ohne Mantel
Raus in den Hof
Da hab ich mich in den Hof gestellt
So
Breitet die Arme aus.

Und habe
Geatmet
Das war unbeschreiblich
Wie
Zum ersten Mal
Wenn du mir folgen kannst
Wenn du verstehst

GOLDIE *nach längerer Pause:* Ja
WILKE Wie der Regen kam
GOLDIE So gegen fünf
WILKE Ja
GOLDIE Ich war am Fenster
WILKE Und schon wieder Sterne
Pause.
Du mußt keine Angst haben
Sie öffnet das Fenster.
Was ich sagen wollte
Sie sieht Goldie an, legt den Arm um seine Schultern.
Ist es jetzt besser
Geht es dir besser
GOLDIE Jetzt ja jetzt etwas
WILKE *gibt ihm die Schnapsflasche:*
Dann komm dann trink
Goldie nimmt einen langen Schluck. Sie trinkt ebenfalls. Zieht ihn ans Fenster.
Was ich sagen wollte
Beiläufig.
Ich muß sterben
Das ist ein eigenartiges Gefühl ganz komisch
Ganz anders
So habe ich es nie gedacht
Ich fürchte es kaum weißt du
Hab keine Angst
Ich denk nicht mehr vorwärts und nicht zurück
Obgleich
Ich denke jede Sekunde
Ich lebe diesen Moment und den nächsten Moment
Und den nächsten
Und den nächsten
Eine Zeit und noch eine Zeit
Legt den Finger auf den Mund, legt die Hand auf Goldies Schulter. Sehr langes Schweigen.
Hörst du
So viel Zeit oder
Keine Zeit
Eine Ewigkeit
Beide horchen. Trinken. Sie geht zum Schrank.

WILKE   Willst du essen
GOLDIE Wozu
WILKE   Zu nichts
GOLDIE Was ist das
WILKE   Brot
        Speck und Brot
        Ich esse jede Nacht
        Sie schneidet Brot und Speck ab.
        Beide fangen heißhungrig an zu essen.
        Immer nachts dieser Hunger
        Wie schmeckt es
GOLDIE Wie Brot schmeckt wie Speck
        Wie immer
WILKE   Mir kommt es jetzt manchmal
        Anders vor
        Anders als vorher
        Und nachts wieder anders als am Tag
        Und manchmal wie früher
        Wie Essen früher war
        In der Küche
        Wenn du von draußen reinkommst
        Von irgendwo weit
        Wie immer damals
        Und du denkst nichts
        Und du riechst nichts
        Und du fühlst nichts
        Außer Essen Essen
GOLDIE Ja Essen
WILKE   Nur dieses
        Rauhe
GOLDIE Im Mund
        Dann den Hals runter
WILKE   Und keiner stört
        Alles still
GOLDIE Keiner quatscht dich voll
WILKE   Du weißt nicht wo du bist
GOLDIE Schön still
WILKE   Wo du vorher warst
        Wo du nachher hingehst
GOLDIE Nichts nichts
WILKE   Du hast Zeit
GOLDIE Bloß Essen Essen
WILKE   Aber das ist nur der Anfang
        Das hab ich herausgefunden
        Nach einer Weile verändert es sich

GOLDIE *ißt jetzt langsamer:* Das könnte sein
WILKE   Es kommt das Einzelne raus
GOLDIE Oder Mehreres
WILKE   Wenn man drauf achtet
GOLDIE Man schaltet Gedanken ein
WILKE   Ja
        Denkt drüber nach
GOLDIE Über das Einzelne
        Und was zusammengehört
WILKE   Linsen mit Backpflaumen
GOLDIE Geräucherter Schweinebauch mit Kraut
WILKE   Himmel und Erde
        Kennst du das
GOLDIE Das sind Kartoffeln und Äpfel
WILKE   Zusammengekocht
GOLDIE Sozusagen Akkorde
WILKE   Brot Speck und Schnaps
        Essen und trinken.
GOLDIE Ich möcht mir einmal den Bauch vollschlagen
        Nur einmal
        Nur noch ein einziges Mal
        Wieder so wie damals
        Daß ich Seitenstiche krieg
WILKE   Mit der Zeit wird die Luft knapp
GOLDIE Aber ich geb nicht auf
        Essen und Trinken.
WILKE   Du mußt gerade sitzen
        Dich nicht bewegen
GOLDIE Ich halte die Stellung
WILKE   Keine Kraft vergeuden
        Mit Abschweifungen
        Was nicht dazugehört
GOLDIE Diese Stellung halt ich bis ich umfall
WILKE   Auch das Denken
        Langsam
        Wieder verlangsamen
GOLDIE Nur das Nötigste
WILKE   Wie die Säufer
GOLDIE Ganz still
WILKE   Konzentriert
GOLDIE Bis ich einen Rausch vom Fressen krieg
WILKE   Der Speck ist gut
GOLDIE Mit diesem Brot zusammen
        Ist es auf jeden Fall
        Der beste Speck den ich jemals hatte

Im ganzen Leben hatt ich glaub ich niemals
Nie so ein Gefühl
WILKE Dann war es richtig
Lange Pause. Kauen.
Jedesmal wenn es richtig war
Hab ich gedacht
Dies ist das erste und das letzte und das einzige Mal
Das hab ich gedacht
Manchmal
GOLDIE Hätte öfter sein können
WILKE Kümmere dich nicht mehr
Um diese Sachen
Was einmal
Verpaßt ist
Sei nicht bekümmert
Pause.
Vergiß es
Pause.
Iß jetzt
GOLDIE *streckt das Bein lang auf dem Bett aus, stöhnt:*
Ja
Beide trinken.
WILKE *schon leicht im Rausch:* Es wäre schön
Wenn die Erde verbrennt
GOLDIE *abwesend:* Was heißt hier verbrennt
WILKE Was du gesagt hast
Zuerst werden die Menschen und Tiere verbrennen
Dann werden die Pflanzen verbrennen
Dann werden vielleicht die Metalle schmelzen
Die Autos und Schiffe
Dann werden die Steine verbrennen
Und auch der Zement
GOLDIE Ich bin noch nicht sicher
WILKE Was
GOLDIE Vielleicht wird es doch nicht brennen
WILKE *hoffnungsvoll:* Mein Haus
Nicht
Verbrennen
GOLDIE Nein
Pause.
Vielleicht wird es kälter
WILKE Ja könnte auch sein
GOLDIE *zieht wieder ein Heft aus der Tasche:*
Das Phänomen der Entropie
Verstehen Sie

          Die Dissipation der Energie
          Die Energie verwandelt sich in Wärme
          Die Wärme geht von uns auf kältere Gebiete über
          Nämlich jedes System ist auf Ausgleich bedacht
          So wird es kälter und immer kälter

WILKE   Das ist mir auch schon so vorgekommen

GOLDIE Sie hören nicht zu
          Sonja Wilke lacht.
          Sie lachen bloß
          Sie glauben mir nicht
          Aber Sie werden mir glauben müssen müssen
          Wohl oder übel eines Tages
          Wenn ich es genau
          Wenn ich es bewiesen habe

WILKE   Und ob ich dir glaube

GOLDIE Einmal habe ich ein Bild gesehn
          Ganz alt von annodazumal
          Da ist ein Mensch
          Ein winziger Mensch
          Stößt mit dem Kopf durch die Weltschale durch
          Aus seiner Welt mit seiner Sonne seinem Mond
          Und seinen Sternen in die nächste
          Und was sieht er

WILKE   Ich habe einmal Engel gesehen

GOLDIE Noch einmal eine Welt mit wieder einer Sonne
          Mond und Sternen
          Und hinter dieser Welt noch einmal eine
          Und so weiter und so fort

WILKE   Richtige Engel
          Groß
          Goldene Gesichter

GOLDIE Was war das für ein Mensch
          Möcht ich mal wissen
          Der sowas schon gesehen hat
          Schon damals
          Was hätte der gesehen und herausgefunden
          Wenn er heute leben würde
          Jetzt mit unseren Mitteln Instrumenten
          Möglichkeiten
          Pause.
          Ihre Engel sind bloß Hirngespinste

WILKE   Ich hab sie gesehn

GOLDIE Das waren keine richtigen Engel
          Höchstens
          Projektionen von Figuren

Die Sie früher mal gesehen haben
Von Engeln aus dem Lesebuch
Die es ja bekanntlich gar nicht gibt
Die bloß ausgedacht sind
Sinn- und nutzlos
Ohne Bezug zur Wirklichkeit
Eine überflüssige Erfindung
Nichts Bahnbrechendes
WILKE Aber einmal
Einer muß doch einmal neu gewesen sein
Ganz neu der erste
Bahnbrechende Engel und dann
Nach diesem sind die
Heerscharen gekommen
Und haben eine Wirkung
Auf die Wirklichkeit gehabt
Indem
Daß sich die Leute
Anständig verhalten haben
Im Angesicht der Engel
Von Angesicht zu Angesicht
Denn sie hatten doch Angesichter
Jahrtausendelang
Bis sie dann schließlich wieder ausgestorben sind
In den Köpfen der Leute
Und jetzt wär die Zeit
Wo man sich etwas anderes überlegen müßt
Aber wenn das wahr ist
Was du erzählst
Daß alles nur eine Erfindung ist
Dann möcht ich fast die Geschichten glauben
Diese Sachen von den Engeln und den Sternen
Die ich nie geglaubt hab
Pause.
Wenn Leute dazu fähig sind
Lacht.
Paß auf
Ich werd dir auch noch was erfinden
Etwas was du nicht für möglich hältst
Sie wird plötzlich ernst. Pause. Sie trinkt.
GOLDIE Hören Sie doch mit dem Trinken auf
WILKE Hab ich dir mal vom Vesuv erzählt
Wo ich gewesen bin
Wie ich einmal in Amalfi war
Mit einem sehr netten Herrn

Wie hieß er doch gleich
So elegant und dezent
Und ich krieg den Namen nicht mehr zusammen
Eine Schande das
Wo es so
Wunderbar war in Amalfi
Und auf dem Vesuv
Wir haben gejodelt
Und eine Gruppe von der anderen Seite hat geantwortet
Und dann
Plötzlich sehr konzentriert.
Dann
Wie ich einmal einen Augenblick allein steh
Und runterseh in das Loch den Abgrund
So viele Schichten blaues graues gelbes Gestein
Da denk ich muß ich plötzlich denken
Wie ich mir die toten Steine anseh
Die schönen Steine
Daß es eventuell schön sein muß
Vollkommen
Tot zu sein
Eventuell das Schönste überhaupt
Und ich denke mir
Springst du da rein denke ich
Richtig voll rein
Und aus dem Vollen ja
Pause.
Aber wie ich noch stehe
Wie ich mein Leben überblicke
Von da oben vom Berg
Kommts mir schon wieder vor
Als wär der Augenblick noch nicht der rechte
Daß ich sage »jetzt«
Noch nicht ganz
Denk ich mir
Und »schade« denk ich
's hat nicht sollen sein
Vielleicht nächstes Jahr
Wenn du wiederkommst
Pause.
Ich bin dann nicht wieder hingekommen
Pause.
Nie mehr
Danach hat mich einer angerufen
Und dann

Hats mich plötzlich
So angefallen
Plötzlich erwischt
Eine Angst sag ich dir
Sie beginnt unruhig herumzulaufen.
Wir müssen die Kinder wecken

GOLDIE Geben Sie die Flasche her
Er hält sie fest.

WILKE *sich losreißend:* Die Kinder wecken
Und die Chronischen
Die vom Strahlenhaus
Alle zusammenholen
Hier
Alle in einem einzigen Raum
Ohne Wände und Trennungen
Daß man reden kann über diese Sachen
Die wichtig sind
Daß die Kinder lernen was wichtig ist
Bei den Sterbenden
Aus der ersten
Aus der zweiten aus der dritten Klasse
Daß sie sich besprechen können
Alle
Die nicht schlafen in der Nacht
Die wach sind
Warten
Die warten doch
Alle
Ich höre sie
Horchen

GOLDIE *schüttelt sie:* Reißen Sie sich doch zusammen

WILKE *trinkt, lacht:*
Warum
Ich will
Auseinander

GOLDIE Sie haben sich nicht mehr in der Gewalt

WILKE Nein

GOLDIE Sie sind nicht mehr bei sich

WILKE Wo bin ich dann he
Trink doch Junge
Kommt nicht mehr drauf an

GOLDIE *zögert, trinkt dann sehr viel, murmelt:*
Vollkommen unzurechnungsfähig

WILKE Ja
Keiner darf mehr mit uns rechnen

           Trink mein Junge
           Nämlich wir gehn zugrunde Kind
GOLDIE Unsinn Unsinn
 WILKE *lächelt:* Zugrunde
GOLDIE Was reden Sie denn
 WILKE Im Grunde
           Zur Stunde
GOLDIE Was ist da zu lachen
 WILKE In einem kühlen Grunde
           Lacht.
GOLDIE Sind Sie doch still
 WILKE Grunde
           Stunde
           Wunde
           Pause.
           Mund
GOLDIE Blödsinn
 WILKE Alle diese runden Worte
GOLDIE Was
 WILKE Klingen rund
           Wer macht das
           Ich
GOLDIE Nein
           Das war vorher da
 WILKE Aber alles klingt so
           Richtig
           Daß ich es vielleicht genauso
           Bricht ab.
           Aber es war vor mir da
           Pause.
           Sowas müßtest du beweisen können
           Warum das
           Pause.
           Vernünftig klingt
           Den Grund ergründen
           Lacht.
GOLDIE Das kann keiner
 WILKE War nur ein Gedanke
GOLDIE Sonst hätte es längst schon einer erfunden
           Pause.
 WILKE Wenn einer es erfinden könnte
           Dann wärst du es
GOLDIE *geschmeichelt:*
           Das wahrscheinlich
           Wenn

WILKE *betrunken:* Du bist ein Subjekt
GOLDIE Kein Objekt
WILKE Ein total verkommenes Subjekt
GOLDIE *ernsthaft:*
Ja
Einmal habe ich einen Traum gehabt
Ich ging über den Flugplatz
Eine Concorde ging hoch
Stieß an den Himmel
Der wurde weiß
Riß in Stücke
Wie ich über mich seh ist es Stein
Gesprungener Marmor
Ich denke jetzt fallen die Blöcke herunter
Und fang an zu rennen
Angst
Das war die schlimmste Angst
Die ich je gehabt hab
Später sah ich daß die gleichen Risse
In der Blume in der Vase
In der Rose auf dem Fensterbrett waren
Aber die war kein Traum
Die war wirklich
Da vergaß ich die Angst
Ganz allmählich
Er schaltet den Rekorder ein, erst leise, dann sich steigernd. Beide hören lange zu.
WILKE *hält ihm spontan den Brillantring hin:*
Willst du ihn
GOLDIE Ich nehm nichts von Frauen
WILKE Ich brauch ihn nicht mehr
GOLDIE Wenn schon Frau
Wenn ich mich schon einlaß
Bin ich der Spendierer
WILKE Du würdest mir einen Gefallen tun
Insofern
Als der Ernie ihn nicht
Durch die Gurgel jagen kann
GOLDIE Das war seinerzeit so
Und das bleibt
Trotz allem
Pause.
Ich nehme nichts
Oder höchstens
Er zögert.

       Zu wissenschaftlichen Zwecken
       Geben Sie her
       Er nimmt den Ring, setzt ihn auf.
WILKE Ja
       Wir müssen uns fertig machen
GOLDIE Wofür
WILKE Für nichts
Während sie weiterspricht, legt sie ihren Schmuck Stück für Stück wieder an, später bindet sie auch Goldie noch eine Kette um und ein kleines Armband.
       Er steht dir gut
       Und das ist der Zweck
       Normalerweise
       Hätte ihn ja Max bekommen müssen
       Max wäre momentan meinem Herzen der nächste
       Mit seiner neu erwachten Leidenschaft
       Aber irgendwas ist
       Dazwischengekommen
       Hat sich verändert neuerdings
       Oder es ist was
       In meinem Kopf passiert
       Daß ich es nicht mehr vertragen kann
       Aus irgendeinem Grund
       Kann ich seit kurzem
       Solche
       Erscheinungen nicht mehr ertragen
       Ich kann solche
       Hinterköpfe nicht ertragen
       Nicht mehr solche Zeigefinger
       Solche kurzgeschnittenen Fingernägel
       Solche Rillen in den Fingernägeln
       Bin gegen vieles empfindlich geworden
       Gegen diese Nacken beispielsweise
       Diese Säbelbeine
       Diese Hosenträger
       Was denken sich die Leute eigentlich
       Wir gehen hier doch auch nicht so
       Weißt du
       Was ich gefunden habe
       Wenn ich herumgehe hier
       Hier sieht keiner so aus
       Die meisten sehn schön aus
       Und gerade die mit der kleinsten Hoffnung
       Haben so ein Gefühl dafür
       Zum Beispiel du

Sie ordnet ihm jetzt liebevoll das lange Haar, bindet ihm Armband und Kette um.

Bist einer der Schönsten

Weil du weißt

Was die Glocke geschlagen hat

Hast das Gefühl

Kurz und gut

Ich habe ihn nicht empfangen können

Max

Wie er wieder und wieder aufkreuzt

Bin untergetaucht

Wie die Schwester kommt

»Ein Herr Bornemann möchte Frau Wilke sprechen«

Ich sage

Die gibt es nicht

GOLDIE Und die Schwester

WILKE Stellt sich dumm

Wilke

Ja wissen Sie

Davon gibts mehr

Da müßt ich mal nachsehn

Wie sieht sie denn aus

GOLDIE *spielt jetzt Max Bornemann, sieht Sonja Wilke prüfend an.*

Ja wie sieht sie aus

Sie sieht aus

Sie ist eine Dame

WILKE *spielt jetzt Irene:*

Ach ach eine Dame

Ja welche denn

GOLDIE Die Dame mit dem roten aufgesteckten Haar

WILKE Ja aber welche von den roten

GOLDIE Was heißt welche

Ich meine diese

Diese eine

Die ist unverwechselbar

Die gibts nicht zwomal

Die

Mit solchen goldnen Ringen in den Ohren

WILKE *überlegt:* Gold

Echtes Gold

Da scheint mir

Hab ich einige gesehn

GOLDIE Aber diese

Schwester

Geht so aufrecht

WILKE   Nein tatsächlich
            Wirklich aufrecht
GOLDIE   Kettenraucherin
WILKE   Was Sie nicht sagen
GOLDIE   Von Beruf
            Im Hotelfach tätig
            Gaststättengewerbe oder so ähnlich
            Jedenfalls angestellt
WILKE   Lieber Mann
GOLDIE   Aus dem Stadtteil Lichterfelde
WILKE   Verehrtester
GOLDIE   Versichert
            In der Ortskrankenkasse
WILKE   *explodiert:* Aber bester Herr
            Soll ich etwa hier die Kippen zählen
            Unter allen Betten
            Von den Kettenrauchern
            Allen Angestellten
            Aus dem Stadtteil Lichterfelde
            Mit Gold in den Ohren
            Die aufrecht gehen
            Alle roten
            AOK-Versicherten
            Aus den Betten holen
GOLDIE   Aber Schwester hören Sie
            Was soll ich sagen
            Sie ist eine Frau
WILKE   Daß ich nicht lache
            Eine Frau
            Die haben wir zu Haufen lieber Mann
GOLDIE   Wie soll ich sie denn noch weiter beschreiben
            Sie ist eine
            Diese ist eine richtige
            Frau
WILKE   Die sind hier alle
            Richtig bei uns
            Richtige Fraun wenn nichts Schlimmeres
            Aber ich werde mein Möglichstes tun
            Ich gehe such Ihnen die richtigste raus
            Rufen Sie doch übermorgen nochmal an
            Jetzt wieder mit ihrer eigenen Stimme.
            Da geht er
            Ist er abgetrottet wie ein alter Hund
            Aber gerade in dem Moment
            Hätt ich mir einen gewünscht

Der wie ein junger Löwe geht auf
Pause.
Tatzen
Du hörst ihn nicht wenn er kommt
Oder höchstens
Daß die Treppe leise knackt
So wie Hasso immer geschlichen kam
Damals
Sie wirft Hassos Brosche hoch in die Luft.
Der Leuteschinder
Als das noch lief mit uns
Oder wie du gehen würdest
Wenn du noch könntest
Das ist alles lange her
Ich hab einen Schlußstrich gemacht hinter Max
Also auch hinter Max
Obgleich
Wie er sich dann umgedreht hat
Im Tor noch einmal umgeschaut
Kam er mir wieder anders vor
Max
Sie dreht den Ring von Max an ihrem Finger.
Schon wieder anders
Da hat er mir schon wieder leid getan
Sah anders aus
Wie der traurige Kommissar sah er aus
Aus diesem Film

GOLDIE Ach der

WILKE   Max
Wie der traurige Kommissar

GOLDIE Aber ist keiner
Ist Max

WILKE   Und mehr mehr
Ich seh das
Wenn ich die Leute ansehe jetzt
Wie ein Hellseher bin ich
Wie der liebe Gott persönlich
Sehe alles von allen Seiten
Sogar mich selber
Wahrhaftig erstaunlich
Ich bin nicht nur das
Wofür jeder mich hält
Ich bin noch schlimmer
Aber andererseits bin ich auch wieder mehr
Jeder ist mehr

Sogar die Blondine
Kommt mir kürzlich auf der Chirurgie entgegen
Verena
Alles zerschnitten da unten
Alles ausgebaut
So kriegt der Mensch die Rechnung präsentiert
Denk ich
Und denk
Was hat sie jetzt in ihrem Leib stattdessen
Ist sie ausgestopft
Denk ich
Aber wie ich das noch hin und her
In meinem Kopf bewege
Bemerke ich
Wie sie aufrecht geht
Immer noch aufrecht
Stolz wie ein Spanier
Und ich denke
Ich muß plötzlich denken
Was der Mensch doch stolz ist
»Wie s c h ö n ist der Mensch«
Denk ich unwillkürlich
Weil alles auf einmal wie
Doppelt ist
Was einer ist seh ich
Was er war
Was d u bist
Goldie verbirgt das Gesicht in den Händen, beginnt krampfhaft zu lachen.

GOLDIE Was ich w ä r e

WILKE *lacht jetzt auch, beide beginnen, sich die Worte zuzuwerfen, spielen ein Spiel:*
Was du warst

GOLDIE Und was ich gewesen sein könnte

WILKE Was du sein wirst

GOLDIE Und was ich noch werden kann

WILKE Was w i r sind

GOLDIE Und was wir geworden wären

WILKE Der Mensch hat viele Möglichkeiten
Lacht.
Pause.

GOLDIE *will sich totlachen:* Und w e r
Wir hätten
Gewesen sein können
Sonja Wilke steht jetzt mitten im Raum, hört auf zu lachen, ist plötzlich ver-
ändert.

WILKE Ja ja paß auf

Ich weiß es ja schon
Den ganzen Tag
Ja heute
Jetzt ja
Pause.
Jetzt gleich
Goldie starrt sie an, hört abrupt auf zu lachen, hastet zur Tür, ruft.

GOLDIE Schwester Schwester
Kommen Sie
Schnell
*Er läuft hinaus. Sonja Wilke steht noch eine Weile hochaufgerichtet, als über-
legte sie etwas, dann fällt sie – wie willentlich – um und bleibt leblos liegen. Nach
einer Weile erscheint Goldie, der in der Türe stehen bleibt, später Irene. Sie
schleppt die Ohnmächtige auf das Bett. Sonja Wilke kommt noch einmal zu sich,
spricht jetzt in Todesangst mit kaum noch erkennbarer Stimme.*

WILKE Helft doch
Mach doch was
Luft
Die Bombe
Man kann doch
Ihr könnt doch
Ich will doch
Nur
Irgendwie
Ich will doch
Nur
Irgendwie
Hierbleiben
Hilf
Hilf
*Mehrere weißgekleidete Personen erscheinen mit dem Sauerstoffapparat, wollen
Sonja Wilke darunter bringen. Sie weicht plötzlich wieder zurück, versucht zu
fliehen, wird aber sofort ergriffen, man legt ihr Manschetten um die Hand-
gelenke, es ist wie eine Gefangennahme. Eine weißgekleidete Person schaltet die
Apparatur ein; einige Sekunden später wieder aus. Die Apparatur wird entfernt.
Sonja Wilke ist tot.*

WEISSGEKLEIDETE PERSON *kopfschüttelnd:* Unglaublich
Pause.
Solch ein
Eigensinn

Stefan Schütz

Die Amazonen

Die Amazonen

Personen: Antiope · Theseus · Herakles · Rufinus · Iope · Oreithyia · Späherin · Pythia · Kupplerin · 1. Eupatrid · 2. Eupatrid · Androkus · Der Bauer · Der Fischer · Der Hirt · Deukalion · Phaidra · Amazonen, Bürger, Soldaten, Frauen

1. Bild

Am Flusse Thermodon nahe der Stadt Themiskyra, Lager des Herakles.

HERAKLES   Kein Zeichen, kein Ast der bricht, das Warten scheuert die Lenden wund. Doch nicht vergebens aufgepeitscht, werd ich Weib und Schwerter schmelzen. Zeig dich, einbrüstige Antiope, wirf dein Volk in die Schlacht, daß ich euch besiege nur mit der linken Hand, der schwächeren, und mir nehme, was mein Befehl ist, deine Rüstung, Königin, von Mars geschmiedet! *Lacht.* Feigheit hat ein Weib gebracht, und Feigheit ist euch eigen.

RUFINUS   *hinzu:* Geflecht und Stein, Themiskyra sträubt sich einem Angriff, ihr Rücken ist Gebirge und die Scheide Wasser. Ersaufen oder zerschellen, das ist unsere Wahl.

HERAKLES   Heraus müssen die Weiber, sich zum Kampf stellen!

RUFINUS   Weder Gebet noch Delphi werden sie dazu bringen.

HERAKLES   Ruf mir Theseus.
     Rufinus ab.
     Zwölf Taten, und ich bin ein Gott, will jemand mein Orakel sprengen? (Gestank, würgender Schleim von hundert Köpfen, mit diesen Armen gegen Gebiß und Krallen! Muskeln, die im Flug und Krampf alles besiegten, werden auch Amazonen schlachten.)
     Hier die Pranken, dort ihr Opfer, pack ich zu, ists ein Röcheln, ob Untier oder Weib, im Sterben sind sie alle gleich. An der Göttertafel will ich speisen und unsterblich sein.
     Nicht nach mir soll es geben einen solchen Helden. Gemacht ist der Mann für die Tat, und siegreich, liegt er für immer auf den Zungen der Geschichte. *Lacht.* Mein Mut ist der Griechen Zeitung und soll nicht verwässert werden durch ein kratzendes Amazonenheer. In die Zange nehm ichs und richte gründlich hin, damit es Ruhm mir bringt! Weibernester, Hornissenschar, weg damit!

THESEUS   *hinzu:* Dreimal leckten Berg und Mensch die Sonne, doch die Hündin verkrallt sich in ihrem Bau.

HERAKLES   Zum Kampf sich wendet die Erniedrigung, das ists!

THESEUS   Doch Selbstmord wärs, würde uns ein Wutsturm zur Stadt hintreiben. Hier ist List der einzge Flügel!

HERAKLES   Jedes Auge, das wir schickten, kam blind zurück.

THESEUS   Es muß ein Weichteil geben, das Blut spuckt.

HERAKLES   Weib und Panzer sind nicht zu trennen bei Gefahr. Der Schildkröte gleich sind verwachsen Schutz und Haut. Der Krieg ist meine Lust!

THESEUS   Der Mantel mag uns uneinnehmbar scheinen, vom Fleisch darunter müssen wirs erzwingen!

HERAKLES   Sag, was du im Kopfe hast!

THESEUS   Befiehl einen Rückzug, doch nur zum Schein! Der Feind aber, im Glauben, daß wirs aufgeben, wird Späher schicken, um Maß zu nehmen an unserer Niederlage. – Verborgen unter Farn, wir, greifen uns die Ahnungslosen und verhören sie. Bei Zeus, ich schwöre, sie werden reden.

HERAKLES   Der Plan ist die Schlinge! *Ruft.* Rufinus!

RUFINUS   *hinzu:* Die Mannschaft schreit nach Beute!

HERAKLES   Wird sie haben! Doch zuvor mein Befehl! Mit Lärm, Flüchen, dem Schlagen von Metallen, gebrannte Wut, die alles erfaßt, daß die Erde Wellen schlägt, geben wir dem Feind unseren Rückzug kund. In den Wäldern ungesehen, schert ihr aus, und wie Bodentiere bewegt ihr euch dann zurück zu den alten Stellungen. Mit den Händen fangt mir und lebendig alles, was Weib ist und in eurer Nähe!

RUFINUS   Unser Geheul wird Bäume fällen, eh wir den Feind packen. *Ab.*

HERAKLES   Komm, mein Vetter, zum Tische hin und Wein genossen. Auf deine List laß uns saufen, wie der Löwe von Nemea und Kleonä das Blut. Ich hab eine Wunde für dich, mein Freund, und die Öffnung speit Bewunderung. Wärst du jung, ich nähme dich in meinen Schoß, daß Griechenland welkt vor Lust. *Sie trinken.*

THESEUS   Wenns zwei Helden treiben, wird ein Dritter sie erschlagen in der Schwäche!

HERAKLES   *lacht:* Dein Trieb ist das Weib, und durch keinen Ratschlag wirst dus verschweigen.

THESEUS   Das sind Krüge voll Wein, und der Geschmack ist geformt in jeder Landschaft anders. Welcher Pfad auch immer, die Gärung ist verschieden und will gekostet sein.

HERAKLES   *lacht:* Kranker Theseus, ob Lende oder Brust, mir hauchst du keinen Unterschied ein.

THESEUS   Geh ans Meer, die Haut ist fest, schlag dich durch Ebenen, ihr Geruch ist Wiese und Schweiß, und kommst du in die Stadt, ists weißes Fleisch und Weichheit. Die Geburt selbst dann bietet dir Formen, die du wählst, und kein Gott wird sie, je, alle besitzen.

HERAKLES   Hündisch! Und ein Sklave!

THESEUS   Besoffen sein und Streit ist deine Eigenheit, ich scher mich nicht darum.

HERAKLES   Willst mich ruhen lassen im Suff, und gebrauchst den Kopf, du rissiger Nachahmer. Ich bin Herakles, der Göttersohn. Und alle Hälse drehen sich zu meiner Sonne. Du bist ein Mensch, Theseus, Ackersprung und Hurenbock. König von Athen, welch billiges Amt. Volkslecker und götterhörig.
Nimmermüdes Stöhnen von Weibern ist deine Tat. Keule und Fell, dich macht es zum Hasen, nicht Helden. Sauf, ich will dich schreien sehen! Wehr dich!

THESEUS   Ich bin frei und such mir aus die Winde, mit denen ich segle!

HERAKLES   Das wär ein Schlag meiner Fäuste wert; doch sag, was du damit meinst.

THESEUS   Ich begleite euch, so ist mein Wille, und nicht Befehl!

HERAKLES   Ich sei ein Knecht, du Hund!

THESEUS   Eurystheus Wort erst bringt euch Arbeit.

HERAKLES   Ihr denkt sehr klein, Erdgeborene, drum wird euch nie die Götterhand streifen. Ob diese Taten oder andere, ich beweis der Hera meine Unsterblichkeit. Orakelspruch ist Zeusmund.

THESEUS   Laß uns trinken, denn ich kam her der Weiber wegen!

HERAKLES   *lacht:* Athen hat dich hierher getrieben, du müder Recke, und nicht die Lust auf Amazonen. Ich weiß, wie schmal deine Macht ist, in Athen. *Lacht.* Auf einem Messer sitzt der, und muß sich die Hornhaut erhärten, sonst schlitzts ihm Bauch auf und Penis! *Lacht.* Willst Ruhm, was? Hast begleitet den Göttersohn und Gold erbeutet? Einem solchen Helden wird man den Thron nicht streitig machen. Und sprichst du gar von der Rache Herakles, ist die Stadt auf ewig dein. Das ist der Menschenzwang und mir abscheulich. Euer Leben ist zu kurz für eine Freiheit, denn jeder Tag nimmt euch alle Stunden für den miesen Kampf um Macht. Und bleibt ein Rest, ists Weiberspiel. Ich aber kämpf um ein Leben ohne Tod.
Wer also ist in Ketten, und ohne Rettung?

THESEUS   Eisen lieber als in Götterkampf gewickelt, ohne Schlaf zu finden und erbrochnem Magen, dem Flehen nach Ende.

HERAKLES   Ich muß saufen, du bist dumpf, ein Schiffer ohne Land! *Geht zum Zeltrand und pißt.* Es pißt sich gut in die Natur, piß mit, Theseus!
Theseus pißt mit.
Langer Strahl, das Kraut dort, wir nehmens ins Visier.

THESEUS   Mein Bogen ist besser.

HERAKLES   Die Pflanze ertrinkt, hast einen geschickten Winkel.

THESEUS   Aller Teig ist sauer, und jede Hand knetet ihn anders. Mache nach deinem Können, und der nächste änderts nach seinem Wissen, nur gebacken wird er nie.
Schlag ich diesen tot, bin ich Feind des andern. Lanzen saugen uns an und schleudern uns davon, ich bins müde. Diese Schlacht noch, Herakles.

HERAKLES   Hast mich besiegt!

THESEUS   Im Pinkeln, Herakles, im Pinkeln.

HERAKLES   Heb dich hoch, das ist bei dir Wein ohne Weiber!

THESEUS   Ich hätt den Landweg nicht nehmen sollen nach Athen. Was ich erschlug, war billiges Menschenzeug, Krüppel, die töten, um zu essen, geblähte Bauern zwischen den Kriegen, Sinis zerfetzt von den eigenen Tannen, man hatte seine Familie gelyncht. Skiron, Fürst der Megarer, ich hab ihn vom Felsen gestürzt, damit niemand belästigt den Zugang nach Athen. Die Stadt jubelte dem Ausrotter, dem, der die Ebenen wie ein Brand durchschritt und wieder sicher gemacht hatte die Geschäfte. Das Blut mir waschend vertrieben sie Medea, damit ich rechtmäßig bleibe als Herrscher ihrer Stadt. König nun, will man Gold sehen für Athen und neues Land, Unzufriedenheit schreit auf den Plätzen, und meine Gesetze bleiben Narrenspiel! Ich hätt den Landweg nicht nehmen sollen nach Athen! Gemacht zum Helden, erstickt man dran. Da ist keine Tür zur Flucht mehr möglich. *Er trinkt.*

HERAKLES Nimm Amazonen dir zur Kräftigung, und scheiß auf Athen.

Rufinus herein mit Iope.

RUFINUS Die haben wir gegriffen, den Sporen gleich berührte sie unseren Krieg. Den Soldaten, schwer zu halten, war ich ihr Beschützer. *Wirft sie in das Zelt.*

HERAKLES Steh auf und öffne deinen Beruf.

Iope steht auf.

Das hat zwei Brüste, Theseus!

THESEUS *fühlt sie:* Bei den Göttern, eine Zeitungslüge.

HERAKLES *geht zu ihr:* Beiß nicht auf die Lippen, das ist ohne Nutzen. Füll dein Maul mit Wörtern, wir wollen Vieles wissen.

THESEUS Magst du unseren Wein? *Hält ihr einen Becher hin.*

Iope schweigt.

HERAKLES Ich hol die Keule und erschlag dich, Amazone!

THESEUS Es sagt die Weisheit in unserem Land, ihr nehmt geschmolzenes Feuer und brennt euch weg die eine Brust, um Schwert und Bogen sicherer zu führen?

Iope lacht.

HERAKLES Sie lacht, das Aas, ich werde sie bearbeiten.

THESEUS Ihr seid ein Volk in guten Mauern; wir schenken dir das Leben, verrätst du uns die Löcher.

Iope schweigt.

HERAKLES Beiseite, Theseus, das Weib wird reden, unter Schmerzen! *Faßt sie an den Arm und drückt zu. Iope wehrt sich, und mit einem Judogriff wirft sie Herakles zu Boden.*

Die anderen gehen sofort in Kampfstellung.

HERAKLES *am Boden:* Haltet sie fest! *Steht auf.*

Sie tun es.

HERAKLES *schlägt sie:* Ich blende dir die Brust, du Hure! Rufinus, Flammen!

THESEUS Leichen sind müde und sprechen nicht.

HERAKLES Ihr Blut ist mir! Doch nimm sie nur in deine schlappen Arme, und bring ans Licht den Tod der Amazonen.

THESEUS Ihre Kleider sind feucht, laßt uns ihren Weg verfolgen. Geschickt von Antiope, überwindet sie Festung und Landzunge, steigt in den Fluß und schwimmt, ihrem Befehle folgend, ans besetzte Ufer, ihr scheinbar frei, wird sie ein Opfer unserer List. Im Schleichpfad ihres Spaherdienstes verbirgt sich das Geheimnis!

Der Biber hat einen verschlagenen Bau, der Biber wird ersaufen!

IOPE Nein!

HERAKLES *ersticht Iope:* Du hast den Plan, sie ist wertlos. Schaff raus den Geruch, Rufinus!

Rufinus mit der Leiche ab.

THESEUS Abgeschnitten vom Land, die Stadt, in drei Richtungen Wasser, der vierten, Stein zum Himmel, unerklimmbar, werden wir das Flußbett lähmen, und das nasse Volk an unserem Ufer erwarten. Die Ertrinkende greift nach den Ringen der Rettung, die unsere Schwerter sind.

HERAKLES   Athen ist nur eine Laus, begleite mich, und ich verschaff dir einen Götterplatz.

THESEUS   Den Sieg erst, Herakles!

2. Bild

Palast der Antiope.

ANTIOPE   Ihr Beutehunger ist die Zunge eines Chamäleons.

OREITHYIA   Und doch wars ein Rückzug, das Fluchen von Waffen.

ANTIOPE   Der Sohn des Zeus, gestachelt hat ihn der Orakelspruch, und meine Rüstung ist sein Auftrag.

OREITHYIA   Soll er krepieren, unsere Stadt trotzt den Griechen.

ANTIOPE   Leicht ist der Wind, vor dem Orkan. Sacht bläht er die Segel. Uns scheint die Erde sicher, hinter Wasser und Stein.

OREITHYIA   Dem Feinde auch vergebens riß er seinen Rachen auf, und schluckte nur wütend Luft beim Anblick dieser Festung.

ANTIOPE   Du kennst den Kopf nicht von Männern, sie haben einen Hort von Hinterlist. All zu gern nur stoßen sie in den Rücken und wagen nicht den Kampf. Ihre Siege sind Verbrechen.

OREITHYIA   Als hätten wir das Handwerk nicht gelernt, um es anzuwenden.

ANTIOPE   Sie täuschen nicht nur mit dem Schwert. Alle Handlung ist Gier um Macht, und beherrschen wollen sie auch uns. Ihre Züge sind Grimassen, kocht das Blut ihnen im Unterleib. Der Trieb ist tierisch. Hüte dich davor!

OREITHYIA   Es kommen Männer her, die uns Kinder machen, an Wuchs und Hirn sind es eher Schafe.

ANTIOPE   Ohne Waffen, gekaufte Fortpflanzer, das ist ein jämmerliches Fleisch.

OREITHYIA   So fangen wir uns einen und untersuchen ihn. Vielleicht ist sein Teil nicht Wachs und voller Lust.

ANTIOPE   Du Verfluchte, diese Worte nicht. Krieg ists, und sie werden dich mit der Lanze paaren.

OREITHYIA   So wollt ich gern, daß Frieden sei. Ach mach mir keine Furcht, Liebste, kein Hund bellt mehr am anderen Ufer.

ANTIOPE   Bei der Göttin des Mondes, daß dies die Wahrheit ist.

SPÄHERIN   *stürzt herein:* Königin, Lüge wars, und Iope in ihren Händen.

ANTIOPE   Sammle dich und sprich Vernunft!

SPÄHERIN   Gemeinsam noch teilten wir die Haut des Flusses, Iope und ich. Als Sand unsere Füße spürten, am Ufer des Feindes, da gebot uns die Vorsicht Trennung. Ich flußauf, sie aber flußab, beide beobachteten wir den Vorhang des nahen Waldes. Als uns kein Zeichen des Mißtrauens entgegenschlug, schlichen wir an verschiedenen Stellen vom Wasser ins Unterholz. Das Gestrüpp eine Nacht, und Iope war aus meinen Augen. Mit dem Boden beinah Beischlaf haltend, stieß ich auf Spuren der Besetzung, Reste von Feuer, Lachen von Suppe und bitterer Geruch von Männerkleidung, den der Wind hatte stehen lassen. Schon war ich im Glauben, der Feind sei abgerückt, als Iope in der Ferne aufschrie. Einer Wurzel gleich verbiß ich mich in die warme Erde.

Soldatenstimmen packten den Wald, und wie in der Brunst die Tiere, an mir vorbei, aus den Mäulern geiler Speichel tropfend, blind, rannten sie dem Schrei der Amazone nach. Die Meute war die Hölle.

Als nach einer Weile die Zeit gealtert, entschied ich mich zu einem Wagnis und folgte den Sprüngen der Böcke. Und ich fand ihr Lager, dort wo der Wald nur noch Wald atmet. Fetzen aus der Luft konnte ich verstehen. Näher schien mir tödlich. Meine Ohren umschlangen den Körper. Doch nur eine Woge von Wahnsinn fing ich auf, Männerlust auf die Gefangene Iope. Kein Plan, nicht den Hauch eines Kampfweges konnt ich entziffern. Erbrechen vom Gestank ihrer Wünsche. Trauer um Iope, würgte die Scheide mir und den Magen. So überwand ich ein zweitesmal den Fluß und kehre leer zurück.

ANTIOPE Dein Bericht bedeutet Krieg, und meine Ahnungen schwärzen die Himmelsgruft. Doch was mir nicht in den Sinn will, ist ihr Angriff! Aus der Luft nicht, nicht über die vier Seiten, von der Tiefe ganz zu schweigen. Auch ein Feuerwurf erlischt im Bauch des Flusses. Keine Waffe, die uns treffen kann. Und doch fühl ich die Nähe ritzender Metalle.

OREITHYIA Du sprichst als würden sich die Heere treffen, unausweichlich, auf engem Gebirgspfad.

ANTIOPE Geh Arka, stell dich zu den Posten der anderen, und ruf Wachsamkeit allen in den Kopf.

SPÄHERIN Ich eile, Königin! *Ab.*

ANTIOPE Schwester, bring mir die Rüstung.

Oreithyia ab.

So folgt der Blüte ein Wirbelsturm, doch der feuchte Finger ahnt nicht die Richtung. Oh, Göttin der Gestirne, zu mir herab, und weis mich ein in diesen Kampf. Ich fordere deine Hilfe, Tigerin. Du schweigst? Willst uns vernichtet sehen? Letzte Töchter deiner Unschuld, wir schreien nach dir!

Hör den Wolf heulen, gefletschte Männerzähne, schwangerer Vulkan der Unzucht, lad den Tod nicht auf uns, erschlag die Männer. Mach uns siegend.

Hat dir Zeus, der Hund, die Stimme aus dem Hals geschnitten? *Schreit.*

Wirf herab nur einen Wink deiner Arme!

Oh, ich will mit Haß verzehren diese Männerseuche, und aufspießen ihre Unfruchtbarkeit, einen Weg mir schlagen zu Herakles, um ihn vierzuteilen. Die Stücke dann, gespießt auf Lanzen, und in Feuer, rächere ich aus bei Göttern und auf Erden den Wahnsinn auf Eroberung.

Diese Penisbrut, Muskeln nur und After, und der Kopf ist eine Kläranlage. Wagt den Schrei nach Vorherrschaft, und ist doch nur ein Samengeber, lustloser Wind, der eitel und faul aus dem Maule riecht. Euer Frauenglück ist ihr Leichnam, den ihr nach eurem Geschmacke euch legt, und der verwittert dann und ausgekaut auf dem Misthaufen vergeht. Ihr Geier sucht nur Leichenfrauen. Doch lieber den Tod als ein Leben in den wäßrigen Armen eines Mannes.

OREITHYIA *herein, mit der Rüstung:* Die Stadt ist gespannt wie die Sehne eines Katzendarms und erwartet deine Befehle!

ANTIOPE Wir können nicht erschlagen das Verborgene und müssen warten, bis der Wolf sich zeigt.
Die Rüstungszeremonie beginnt.

OREITHYIA Nur die Rüstung wollen sie, und es käme nicht zum Kampf, gäben wir ihrem Wunsche nach.

ANTIOPE So lad sie an unsere Tafel, und nach dem Essen und dem Wein, mit Gewalt, werden die Frauen ihre Sklaven sein.

OREITHYIA Einen Vertrag erst schließen wir, eh es zur Übergabe kommt. Glaub mir, Schwester, das Schwert zu führen und den Bogen gegen solchen Feind, übersteigt die Kraft der Frauen.

ANTIOPE Du bist ein wankelmütiges Ding, und dein Licht ist ungewollt verräterisch. Welch hohe Meinung du nur hast von diesen Männern, doch verzeih ich dir deine Sucht nach Fremdheit.

Kein Pakt, und keine Blöße. Vertrag ist Männerkompromiß und am Ende immer tödlich für den Schwächeren. Jeder Arm, der sich dir entgegenstreckt, haarig, trägt die Keule in der anderen Faust, und ohne Erbarmen ist sein Schlag, wenn er den lahmen Gaul Zeit genug geschunden, um Kraft zu schöpfen.

Der Götterpartei sind sie Sklaven, und bezahlt werden sie zu Menschenfressern an allem, was sich ihrem Willen sträubt. Herakles ist Mann, auch die Götter sinds, und männliche Macht tötet Weiber aus Prinzip. Die Mannschaft aber, streunende Befriedigung, wird sich mit Gewalt nehmen den Verrat für ihren Egoismus. Zweimal sterben wir, wenn in Ohnmacht sich hüllen unsere Waffen.

Verschling deine Neugier, abgestorben kehrst du heim, taucht das Fleisch ins Fleisch dir, jemals.

ARKA *stürzt herein:* Königin, rettet euch! Der Fluß springt über die Ufer, und es ist nicht Frühling. Bereits leckt er die Häuser, und auf den Dächern Frauen und Kinder! Wie ist das möglich. Was soll geschehen.

ANTIOPE Das war Männerlist: Uns zu ersäufen. Nun denn, sie wollen den Kampf! Auf die Flöße alle, die Kinder in Sicherheit. Tod dem Feind!
Alle ab.

3. Bild

Schlachtfeld am Ufer. Mit Leichen und Verwundeten übersät.

1. SOLDAT *sterbend:* Scheiße, die Brust ist aufgebrochen, der Atem zerhackt mich. Das war eine beschissene Schlacht. Und sie schlagen sich noch immer.
Ich hätt lieber zur Beute gehabt ein Weib als Lungen, die bluten. Doch sie haben ihre Schwerter geführt wie wir die unseren, nur verbissener noch. Ein Blutrausch in den Betten mit tödlichem Wurf.
Da liegen sie, unberührbar alle Brüste, Verwesung auch ihnen. *Hustet.* Wer ahnt schon, daß es ein Schlachten wird, im Sprung vor dem Kampf. Ich zeig mein Teil, und sie knien, du nimmst dir eine, und schiebst den Stein der Lust auf den höchsten Gipfel, so dachtens alle.
Von einem Weib erschlagen, ich faß es nicht, Mann gegen Frau, und das Blut fließt aus dir! Das sind nicht Weiber, die man zu kennen glaubt, ein mörderisches Vieh. *Hustet.* Ich krauch zu einer, will sehen ihren Tod! Meiner lebt noch. *Auf allen vieren schleppt er sich zu einer Amazone.* Alles dran, am Rükken muß die Stelle sein. Hats erwischt deinen Leib, und deine Seele schnappt nach faulen Blättern vergebens, der Regen war ein Geschoß! Bist jung, wärst in meinen Armen besser davongekommen. Zu spät! Wars dein Pfeil, der mich traf? Mord wird bestraft, du Amazone. Ich wünscht, du hättest einen Mund für meine letzten Minuten!

1. AMAZONE Armer Fisch, an der Angel des Hades.

1. SOLDAT Im grauen Wind des Flusses stirbst auch du.

1. AMAZONE Das Ewige zerrt an uns beiden, Durst!

1. SOLDAT Wein hab ich im Schlauch, trink!

1. Amazone trinkt.

Laß ab. *Nimmt ihr den Wein und trinkt selber.*

Pause, sie liegen nebeneinander.

ARKA *flüchtend, zusammenbrechend, betet zu den Göttern:*
Wie Tiere, die sich zerfleischen, Mann gegen Frau,
Waffe gegen Waffe, Blut aus jeder Lippe,
·Leiber, die sich winden, im Schoß das Schwert,
und Männer, wimmernd, ihrer Leere,
der ganze Wald ist todestoll. Antiope und
Herakles, noch ist kein Ende abzusehen,
ihre Kampfesgier wälzt sich durch den Wald,
und macht aus den Getroffenen neue Kämpfer,
Unmenschliche Kraft, o ihr Götter haltet ein.
Oreithyia, zu Boden gezwungen, von der Hand
des Theseus, gibt nicht auf. Immer aufs neu
schwillt der Kampf, wie Wellen sich schlagen
an der Brandung, ohne Unterlaß. Ihr Götter
Noch ist kein Sieger in dieser fürchterlichen
Schlacht, der das Überleben kennt. Näher

kommt der Lärm der beiden Helden, herab Götter,
und beendet unsre Qual. Ich will nicht sterben! *Ab.*

1. AMAZONE *lacht:* Komisch ist der Haß von Kämpfern. Herakles mit der Schnauze eines Schoßhundes, in der Verzerrung eines Idioten. Die aufgerissenen Augen sind ja blöd.

1. SOLDAT So ist deine Königin nicht anders. Verbissene Lippen, und die Stirn sind Gräben der Häßlichkeit. Beim Hades, welch ein Weib, keine Hydra brächte mich zu ihr ins Bett.

1. AMAZONE Stich, Königin, in sein dummes Maul.

1. SOLDAT Schleif die Rüstung, Herakles, dem Unweib!

1. AMAZONE Du beleidigst meine Königin, stinkender Mann!

1. SOLDAT Hast du nicht beschrieben den Herakles als einen Irren!

1. AMAZONE Noch zu wenig, für euch.

1. SOLDAT Du Blasebalg, ihr habt euch zu fügen unserer Macht!

1. AMAZONE Daß ich nicht lache, du Getroffener, von einer Frau.

1. SOLDAT Du Aas spuckst Hohn!

1. AMAZONE Zu wenig noch.

1. SOLDAT Ein Leichtes wärs, dich vor mir in den Hades zu drücken.

1. AMAZONE *lacht:* Unterschätz die Kräfte nicht, ohne deine Waffe.

1. SOLDAT Ich überlebs, du Natter, ausgerottet steht auf eurem Stein!

1. AMAZONE Herakles fällt!

1. Soldat dreht sich weg.
1. Amazone sticht mit einem Messer in seine Brust.
1. Soldat schreit auf und stirbt.
Die sind nicht zu bessern, selbst im Tode noch schreien sie nach Vorherrschaft. O Antiope, erschlag den Herakles! Räch den Mord an uns! *Stirbt.*
Antiope und Herakles kommen weiter vor, beide sind ermüdet und schlagen nur noch selten zu.

ANTIOPE Dieser Schlag, und Zeus verstößt dich!

HERAKLES Pariert! Deine Rüstung und dein Leben!

ANTIOPE Stein von einem Körper, ich tropf dich zu Sand.

HERAKLES Maßloses Weib, dir trenn ich die Rüstung mit dem Messer von der Haut.

ANTIOPE Ich töte dich!
Herakles schlägt ihr das Schwert aus der Hand, Antiope fällt.

ANTIOPE *am Boden:* Gib mir Ruhe, du Tier!

HERAKLES Ausschlürfen wirst du den letzten Tropfen deiner Schale Hochmut. *Nimmt ihr die Rüstung ab.* Dich zu töten wär ein nur allzu kurzer Augenblick meines Siegesrausches, dich aber feil zu halten für den Pflug der Mannschaften, wird mir den höchsten Genuß über deine Niederlage bringen. Zurück zum Ursprung wird man dich reiten, und dir austreiben die Vermessenheit, Waffen zu führen gegen den Mann! *Schleift Antiope in der einen Hand, und in der anderen die Rüstung. Ab.*

4. Bild

Im Zelt des Lagers.

ANTIOPE   Kein Messer, das sich in meine Brust bohrt. Im Lager des Feindes, ein zweites-
mal den Feind erwartend, waffenlos diesmal, welche Schmach. Oh, könnt ich
dieser Schmach entrinnen, alles gäb ich drum.
Mein Volk ist aufgerieben oder vergewaltigt; was übrig blieb, ist Schwäche,
nicht meine Befreiung. Wohin ich mich auch wende, jede Hoffnung ist ein
Riegel!
Theseus herein.
Dem ersten zeig ich meine Zähne und beiß in sein Fleisch aus Schwamm.

THESEUS   Ich kam nicht her, euch Gewalt anzutun.

ANTIOPE   Verbergt eure Absicht nicht hinter einem Schild von Worten, die Augen stinken bis zu mir.

THESEUS   Die Angst macht blind.

ANTIOPE   *lacht:* Der König von Athen ist bekannt für seine niedrige Lust nach den
Kriegen.

THESEUS   Herakles im Rausch befahl mir, euch zu holen.

ANTIOPE   Daß ich versteigert werde an die Soldaten. Nein!

THESEUS   Die Beschreibung, die er von euch machte, schien dem zu gleichen, was ich an
Bruchstücken von euch sah im Kampf. Allein, ich bin verwundert euch zu
sehen nach der Schlacht.

ANTIOPE   Und dem Theseus wird geschmeidig die Zunge. – Wie erging es meiner
Schwester!

THESEUS   Im Zweikampf unterlag sie mir und floh mit dem Rest der Amazonen.

ANTIOPE   Oh, sie lebt und wird sich rächen.

THESEUS   Ich kanns nicht lassen, euch zu entdecken.

ANTIOPE   So leiht mir euer Schwert, daß ich dem entgehe, was der Göttersohn euch befahl! Ich fleh nicht drum, ich fordere.

THESEUS   Euch den Tod, ich führte das Eisen lieber gegen mich.

ANTIOPE   Ihr seid doch nur feig und ein Vetter des Herakles.

THESEUS   Sprecht nicht so von einem Mann, der beglückt ist, eure Stirn zu lieben.

ANTIOPE   Welcher Hohn für ein Weib, das nicht des Gesichtes wegen der Meute vorge-
worfen wird. Sagt mir den Preis eurer Unschuld. Habt ihr das Recht bekommen, vor dem tierischen Genuß mich mit edler Lüge zu besitzen, daß ich mich
freiwillig euch ergebe, der schmachvollen Stauung. Nur mein Tod kann euch
das bringen. Zögert nicht, König der Huren.

THESEUS   Ich weiß nicht, welcher Sturm mich treibt, ohne Steuer. Ich zerschelle in der
Brandung eurer Augen. Und die Bögen eurer Lippen sind mein Grab! Nie
fand ich solch ein Wagnis, und mein Körper springt aus dem Fleisch. In diesem Augenblick, da Gestirn und Meer sich treffen, welken die Spuren der
Vergangenheit wie Herbstlaub. Und ich zertrete alles, den Staub im Wind
spüre ich nicht. Eurem Antlitz weiß ich nichts Schöneres. Es sei, daß Blick und

Blick sich tausendfach erheben und das Maß der Dinge sind. Nicht vorher und nicht nachher werd ich solch ein Weib erblicken.

Laßt euch erweichen von den Gedanken meiner Sehnsucht.

ANTIOPE Daß ich schwieg, macht mich ängstlich.

THESEUS Vergeßt die Greuel der Schlacht, ich will nicht Sieger sein, bin auf Knien vor euch, Königin!

ANTIOPE Bin ich denn geschaffen für einen Mann?

THESEUS Zweifelt nicht, trügerisch ist nur Gewalt!

ANTIOPE Theseus, ich kenn euch nicht, in der einen Hand zuckt der Befehl, und aus der anderen fliehen Liebessprüche. Die eine gesättigt, folgt die andere. Ihr habt mit List unsere Stadt verschlungen, den Rücken durchbohrt ihr auch mir.

THESEUS Herakles Worte hab ich nie gehört, in Athen ist unser Leben.

ANTIOPE Wie kann ich diese Reise unternehmen, da ich doch nur eine Beute bin. Verrat wärs gegen mein Volk.

THESEUS Spürt ihr meine Wunde? Sind eure Kleider Dornen nur gegen mich? Es kann nicht sein, daß solche Liebe einseitig ist. Was ich sprach, würde meine Zunge nicht erklimmen, fühlte ich Haß statt Neigung aus eurer Nähe.

ANTIOPE Ihr seht den Platz nicht, der meine Fessel ist.

THESEUS Liebste, ihr seid ohne Ketten, ich stehe dafür.

ANTIOPE Doch nur durch euch!

THESEUS Das maßlose Verlangen befreit uns beide. Ich frag nicht das Volk und seine Fresser, ob ich lieben darf.

ANTIOPE Du nimmst dir, was du brauchst!

THESEUS So begreifs auch du!

ANTIOPE Nein, deine Gnade erst macht mich zum Weib.

THESEUS Kein Riff seh ich, wenn solch hohes Glück sich eint.

ANTIOPE Gib mir Schwert oder Messer, daß ich meinen Tod erfülle. Ist in meinem Bauch der Stahl, kann ich euren Worten glauben, und die Bahn des Lichts trägt mich glücklich davon.

THESEUS Werft nicht mit leichtfertiger Bewegung zu den Würmern, was mir so teuer ist.

ANTIOPE *schreit:* Quäl mich nicht; das Messer, du Mann! Ich muß sterben, um zu leben; in einem Käfig kleb ich an den Gittern und verfaule. Der Wolf wird das Lamm nicht hüten. Im Wasser ersäuft das Feuer. Kein Glück, das nicht bereits den Leichnam trägt. Mach mich frei von diesem Krieg.

THESEUS Die Eile dreht den Strick, und verzweifelt faß ich nach euch, die Hoffnung versinkt in einem trüben Tümpel. Gibt es denn keine Macht, die euch befehlen kann, mir zu folgen? Schon höre ich Schritte und bin keiner Entscheidung fähig. *Dreht sich weg.*

HERAKLES *herein und Soldaten:* Hat die Vettel dir den Schwanz zu einem Würfel geschlagen, daß du so abseits stehst? Frauenverzehrer, die Mannschaft wird dich rächen, und aus ihr das Weib treiben als wäre geblasen zu einer Schlacht. Häng dich in meinen Blick, Theseus, und ergötz dich an dem Spiel der Gezeiten. Nun, Antiope, Königin, gepflanzt für meine Soldaten, deinen Sumpf legen sie trocken und schaufeln dir dein Grab!

Soldaten, Liebhaber und Tiere, in einer Reihe, marsch!

THESEUS *zieht das Schwert:* Zurück. Sie ist meine Beute, und kein Aas für eure Klauen. *Stille.*

HERAKLES Aus dem Weg, Theseus, das ist mein Befehl!

THESEUS Soldaten, alles Gold und Schmuck, Tafelwerk und Inventar, das in meinem Zelt sich befindet, gehört euch, laßt ihr die Finger von dem Weib!

HERAKLES Du Narr!

THESEUS Mein Wort, rennt und schlagt euch drum! Genug ists für jeden zum Kauf der Weiber Griechenlands! *Alle rennen weg.*

HERAKLES *spuckt aus:* Ein Ekel sind mir die nicht Gottgeborenen! Sie unterliegen ihrer Schwäche und vergehen wie der Mist von Kühen. Nimm die Schlampe, und führ sie nach Athen, doch wag dich nie wieder in meine Nähe; solches Unkraut reiß ich aus. *Ab.*

THESEUS Willst du noch immer den Tod?

ANTIOPE Meine Schenkel sind matt, und Gras wiegt sich in den Achseln. Führ mich ans Ufer, Theseus!

5. Bild

Athen, vor einem Hurenhaus

Der erste Bürger wird von zwei Soldaten aus der Tür geschmissen.

1. SOLDAT Wegen Überfüllung geschlossen! *Sie lachen.*

2. SOLDAT Wir zahlen besser!

1. SOLDAT Der Damen Wunsch ist weniger Fett.

2. SOLDAT Und bessere Lenden! *Ab ins Haus.*

1. Bürger Die Ordnung ist aus den Fugen, seit wann ist dem Pöbel der Vorrang gegeben? Mistsau, das Haus! *Trommelt gegen das Haus.* Laßt mich herein! Freier Zugang dem Freien Bürger! Das ist eine Verschwörung im Hurenhaus! Die zeig ich an! So behandelt man nicht den einflußreichen Ilgar Klorantus. Pythia, mein Schoßkäfer, nimm den Ilgar auf!

PYTHIA *aus dem Fenster:* Hau ab, hier liebt, wer zahlen kann!

1. BÜRGER Du Hexe, welcher Ton, war ich doch vor Tagen noch ein gerngesehener Gast.

PYTHIA Die Zeiten ändern sich!

1. BÜRGER Keinen Schritt mehr über eure Schwelle.

PYTHIA Welche Wohltat für die Frauen, es war immer schon mit euch ein Kreuz, Geiz und ohne Saft, was für eine Schinderei. Eine Stunde euch im Bett ist vergebliche Arbeit an einem Kadaver.

1. BÜRGER Puffmutter, du aasige, ich räuchere dir dein faules Fleischnest aus. Schlampen, die stinken. Alles in den Hades.

PYTHIA *lacht:* Brüll nur, Frosch, und ich ruf meinen Soldaten, der dich zertritt. *Ab.*

1. Bürger	Wag das nicht, du Weib.
2. Bürger	*hinzu:* Ein Gesicht, das ich kenne?
1. Bürger	Sei mir gegrüßt; geboren in derselben Straße, treffen wir uns selten.
2. Bürger	Nah der Nachbar, ist er doch ferner als das Meer.
1. Bürger	Wie laufen die Geschäfte?
2. Bürger	Ich klage nicht!
1. Bürger	Dann sitzt ein goldenes Huhn auf deinem Dach!
2. Bürger	Ein dürrer Hahn ziert die Pforte!
1. Bürger	So wundert mich dein heiteres Gesicht.
2. Bürger	Geh ich meinem Herzen nach, bringts nur Unheil.
1. Bürger	Kein Geld, kein Lohn, der König bringt sich eine Hure mit.
2. Bürger	Schweig! Das kostet Verbannung, oder den Kopf.
1. Bürger	Steine haben keine Ohren, sprichs doch offen aus, geschuftet für den Krieg, hat er uns beschissen. Tausend Meter Leder, und die Beute ist ein Weib. Athen ist in Sorge, mein Freund, und hat seine Rechnung mit dem König Theseus.
2. Bürger	Ich bin taub, Nachbar, und die gezackte Axt der Unzufriedenheit kenn ich nicht.
1. Bürger	Erbärmlicher Feigling, Gold wollte ich sehen und erblicke die hohe Stirn einer Fremden. Sie maßt sich Rechte an, die nie eine Frau besitzen kann. Uns regiert ne Amazone; Athen, dein Blut ist weibisch. *Spuckt aus.*
2. Bürger	Du kennst Euneus! In sein Schwert warf er sich nach solchen Reden. Man hatte ihn denunziert!
1. Bürger	Drohst du mir?
2. Bürger	Das Geschwätz auf dem Markte zu führen. Auch Solon ging zehn Jahre in Verbannung, und bei seinem Alter kehrt nur noch die Leiche heim.
1. Bürger	Athen ist verwelkt, eh es aufgeblüht.
2. Bürger	Laß erst die Räte sich erhitzen; hat die Gärung Fuß gefaßt dort oben, wird sie auch Athens Bürger von der Fessel lösen. Bis dahin gehen wir schweigsam aus den Häusern!
1. Bürger	Ich faß es nicht; ein Herrscher wie er, beschenkt die Soldaten aus Schwäche für ein Weib. Der Held ist krank und muß weg.
2. Bürger	Kein Wort mehr.
1. Bürger	Die Hurenhäuser sind überfüllt, keines nimmt den anständigen Bürger mehr, die Krieger haben die Preise verdorben. Scheiße, hier zu leben.
2. Bürger	Nimm dir derweil deine Magd doch vor, das hält nicht ewig. Das Gold fließt so schnell wie der Samen; verronnen in Wochen, ist alles ausgestanden. *Ab.*
1. Bürger	Welche Weisheit unter den Leuten.
Kupplerin	Platz da, du Wanst!
1. Bürger	Witwe Zerota, Glucke der Nutten, dein Haus ist schlecht.
Kupplerin	Leder-Ilgar, auf den Stufen und nicht bei Pythia?
1. Bürger	Verdammte Heuchlerin, ich hab die Preise nicht gemacht!
Kupplerin	Das Lustgeld stieg kräftig an, doch ohne meine Schuld. Die Soldaten sinds mit ihren goldnen Quellen. In Scharen kamen sie, vom Hafen direkt in mein Haus. Ich verschloß ihnen die Tür, doch beim Anblick ihrer Beute liefen meinen Mädchen die Töpfe über. Kräftige Burschen, die den Beischlaf mit Gold

aufwiegen, wer kann da widerstehen. Nie zuvor hatt ich ein solches Geschrei im Haus; was noch in den Betten war an Kunden, befriedigt oder lüstern, die Krieger schafftens auf die Straße. Dieser Aufruhr, fürchterlich. Nun ist Stille, und die Mauern stöhnen. Lang wird das nicht gehen, und meine Arbeit ists, die ehrlichen Bürger von Athen wieder zu versöhnen. Ich will nicht Dürre nach solcher Ernte.

1. BÜRGER Und doch kommen Beleidigungen vor, die ein Mann nur schwer ertragen kann. Das sind Exzesse verdorbener Sitten. Und ich bin daran, das anzuzeigen!

KUPPLERIN Oh, lieber Freund, wir Weiber sind spontan und nicht gewachsen eurem Verstand. Ich werde dafür sorgen, daß man euch zu Füßen kniet und um Vergebung bittet.

1. BÜRGER Nun gut, Frau Zerota; allein es ist sehr mißlich, auf Regelmäßigkeit zu verzichten.

KUPPLERIN Ich denke nach, doch alle meine Fäden sind bereits besetzt. Wollt ihrs nicht mal mit der Frau versuchen? Nehmt das Öl hin, und salbt sie kräftig, in solcher Not verdoppeln sich Empfindung und Geschlecht, ihr werdets überstehen.

1. BÜRGER *greift nach dem Öl:* Gebt mir Bescheid, wenn die Horde pleite ist. *Ab.*

KUPPLERIN Nur zu gern, Leder-Ilgar! Ein Arsch von einem Mann! Geht wie ein schwanzbeschissenes Tier davon, alte geile Böcke haben was Dreckiges an sich. Ich gönn den Mädchen den Sonnenflug aus Fleisch! *Ab.*

6. Bild

Palast des Theseus

ANTIOPE *allein:* Ich winde mich in Wahnsinn und Wollust. Entrissen dem Mutterboden, besitzt ein Mann meinen Leib. Nie Ersehntes ist geschehen: Beute, die wie ein Hund treu dem Theseus folgte. Verrat schreit mein Volk, Hure flüstert Athen. Eingeschlossen in Dolchmauern aus Verachtung, quält mich unsagbar das Lichtloch der Freiheit. Gefesselt, und doch nicht in Fesseln, erfüllt der Mann mir alle Liebe, oh, ich Zerrissene. Ist das der Lauf der Welt, die Häute zu wechseln wie Mäntel? Nein, erwacht, will ich leben wies mich die Erfahrung lehrte. Doch den Geliebten zu erwarten, sehnsüchtig, und mit gleichem Willen seinen Hinterhalt ergründen, dessen bin ich nicht fähig. Waffenlos steh ich vor Athens Füßen und bin frei für jeden Tritt.
Es bliebe noch der Weg zur Flucht. Sichere Pläne sind schnell gezeichnet; zu Pferde, in dieser Nacht noch, verlaß ich Athen. Die Dunkelheit schafft mir Vorsprung. Schon seh ich die Frauen von Themiskyra, meine Schwester, Jubel der Heimkehr. Hastiger Atem meiner Stadt. Körbe mit Früchten. Das ist die Rettung. Kein Zweifel, daß ichs tu. Soll ich leben in Ängsten, verschütten den Gang meiner Hoffnung?

Was bleibt zurück? Eine Männerstadt, Roheit des Marktes und Gewalt von Geld. Ekel, der mich erbrechen läßt. Ich vermied der Gefühle wegen diesen Sumpf wahrzunehmen. Welch einen Gestank entfacht dieses Meer aus Häusern; keine Sekunde will ich bleiben. Flieh, Antiope! Überwinde deine Feigheit! Warum zögerst du? *Schreit.*

Nein, nicht diese Gedanken mehr! Feuer, brenn sie mir aus.

Verwachsen ist bereits die eine Hälfte mit Theseus, blutiger Riß des Fleisches. Kehr ich heim, so bin ich gebrochen durch Liebe, bleib ich, ist zerschunden das Hirn der Verräterin. Nie zuvor war Solches zu entscheiden. Die Linie des Kreises trifft den Punkt der Vereinigung, und die Zukunft ohne Sinn treibt mich in Erstarrung.

THESEUS *herein:* Zu wenige Stunden sind ein Tag.

ANTIOPE Der Zweifel dörrt, in deinem Augenblick.

THESEUS Zu berühren dich, kaum verlassen, es schaudert mich, welches Glück.

ANTIOPE Mein Verlangen zerstückelt alle Grenzen.

THESEUS Ich eile zu dir, und die Gedanken des Weges sind Qualen der Unruhe, des Nichtblickenkönnens auf deinen Mund. Und ich verfluche alle Bilder, die ich mir von dir machen muß. Deine Nähe erst befreit mich.

ANTIOPE *umarmt ihn:* Dein Körper umschließt mich wie ein heißes Fell. Laß uns liegen beieinander, jetzt.
Sie legen sich auf den Boden.

THESEUS Athens Gassen sind die Linien in einer Hand, die meine Faust erbarmungslos drücken kann. Dir ist der Palast, die Stadt, unsere Macht ist ein Gebirge. Deine Reise zu mir war der weiche Griff einer Frau, die den tierischen Kriechgang des Mannes unterbricht, und ihn aufhebt zu neuem Leben. Im Flug ergreif ich Gefiedertes, Gedanken quellen aus Blut und Hirn, wach bin ich, geweckt aus Schleimschlaf und Hordenschrei. Im Rat saß ich, Geschrei von Wanzen, Senatoren und Priester, deren Sprache ein wutgebündelter Strauß aus Lumpen war; allein ich lachte über solches Geschwätz. Mich kitzelte an den Sohlen ihre Flut. Welch ein Spaß. Ihre Gesichter waren Grimassen, als ich auszog, in Stein gehauene Idiotie. Übersät ist die Erde mit Löchern; darin haust das Menschsein, und vom Rand fließt der Sand in ihre Köpfe, und die Gier ist noch mehr, daran sie dann ersticken. Wir beide aber, unbefleckt vom Staub der Erniedrigung, Körper an Körper, im maßlosen Fluß der Liebe, kehren niemals wieder hierher zurück.

ANTIOPE Jubel deinem Schiff, Haß da du den Boden betrittst, denn leer sind die erwarteten Beutetaschen. Gift der Menge gegen mich, und Neid auf das Lustgebrüll der Soldaten.

THESEUS Ich hab Befehle ausgegeben, deren Wirkung Ruhe ist. Verschwende nichts darauf.

ANTIOPE O Theseus, ich hab vergessen meine Herkunft. Eingenäht in meinen Kopf, spülst du sie weg. Dieser Strudel von Liebe macht mich krank.

THESEUS Auch mein Blick: Nichts ist außer uns.

ANTIOPE Als lägen wir in riesigen Körpern allein auf dieser Welt. Baum und Fels sind Gräser und Kiesel, Wolkenschaum bedeckt uns. Ich wag nicht, mich zu erheben; Angst, die ich nie kannte, berührt meine Haut. Einem Wahn gleich hetzt sie von Stelle zu Stelle! Verfolge sie, Geliebter!

THESEUS Erschreck dich nicht; das Blut ists, das den Körper tastet und entdeckt.

ANTIOPE Nein, ertrunken in Wollust, bedeckt die Flut meinen Kopf nicht mehr. Ich atme Athen.

THESEUS Diese Stadt hat es nie gegeben.

ANTIOPE Ich höre die Schreie des Aufruhrs. Des Königs Beute ist ein Weib, wo ist unser Gold.

THESEUS *lacht:* Das Bauchgeschwür Athens schnitt ich heraus mit meinem Lachen! – Deine Lippen sind heiß.

ANTIOPE Die Sinne treiben mich zum Fluß. Die mir fremde Stadt, mein Themiskyra, ertrunken, wirft mit Wasser aus Dornen. Der Regen, nicht geschmeidig, reißt die Haut mir auf. Sieh meine Hand, winzige Quellen von Blut. Würd ich verlangen, daß wir beide fliehen, ich müßte bangen um dein Leben, wär ich Königin wieder in Themiskyra. Der Frauen Haß auf dich entblößte ihre Waffen zum Gebrauch. Und nach dem Gesetz wärs ihr Recht, dich zu töten: Sterben muß ein Mann, der länger als zwei Monde bei uns weilt. Nur so gelangen wir zu Sicherheit gegen die Wälle aus Männern, die uns belagern.

THESEUS Themiskyra ist versunken, wie Athen; da ist kein Band, das uns würgt.

ANTIOPE Ich weiß, daß meine Stadt wieder lebt, und die Schwester auf Rückkehr hofft, doch bin ich entwurzelt. Nicht Gewalt fesselt mich, schlimmeres: Liebe!

THESEUS So wirf, wie ich, alles in die Schlucht des Vergessens.

ANTIOPE Meine Herrschaft war nicht Macht, sondern das Überleben für alle.

THESEUS Willst du fliehen, so flieh, ich geb den Weg dir frei.

ANTIOPE Ich löste mir von den Knochen die Hälfte meines Fleisches. Meine Entscheidung fiel, eh du kamst.
Sie umarmen sich.

THESEUS Aus den Spitzen meiner Finger brechen Funken, berühr ich dich. Welch ein Genuß von Empfindung. Immer wiederkehrender Rausch der Erfüllung.

ANTIOPE Der Schnee meiner Berge schmilzt. Das Tal, süchtig der Lawine, schreit vor Glück. Nie war Nähe solch ein Wunder.

THESEUS Mein Heer kocht.
Hinter einem Vorhang tauchen die Schatten der beiden Eupatriden auf.

1. EUPATRID Theseus, König der Athener, der Rat beschloß, uns zu senden.

2. EUPATRID In dringender Staatsangelegenheit.

1. EUPATRID Wir erbitten, König, gehört zu werden.

THESEUS Da ist wieder diese Fratze aus Stein und verbreitet Ekel. Soll ich sie töten lassen, Antiope?

ANTIOPE So müßtest du Athen enthaupten.

THESEUS Wie könnt ihr es wagen, mich in dieser Stunde aufzusuchen? Ist nicht genug Jauche im Rat geflossen, daß ihr mit euren Reden meinen Palast beschmutzen müßt?

2. EUPATRID Einstimmig, Theseus, befahl uns die Versammlung, Beschwerde zu führen.

THESEUS Das will mich reizen, das Ungeziefer! So werd ich ihre Herzen ritzen!

ANTIOPE Nimm nicht das Messer, wenn solche Übermacht hinter ihnen steht, laß sie vor.

THESEUS *lacht:* Übermacht? Ein Streich, und ich pflanz ihre Köpfe auf die Wiese des Verbrechens.

ANTIOPE Daß ich kennenlerne deine Stadt, hör sie an.

THESEUS Es gäb anderes als diese Vogelspinnen, doch deinem Wunsch will ich mich beugen.
Klatscht in die Hände, die beiden Eupatriden treten auf, verbeugen sich.
Kurz das Maul geöffnet, und dann wieder unter Wasser, ihr Frösche!

1. EUPATRID Held der Athener, König Theseus, wir danken für die Ehre!

THESEUS So küßt den Rock der Königin!
Sie tun es.
Noch einmal und in Ehrfurcht, auf dem Bauche!
Sie tun es.
Euer Anliegen werdet ihr Antiope vortragen, der Herrscherin von Athen!? Ich lieg nur daneben, sie wird entscheiden!

2. EUPATRID Herr, wir kamen nicht her, einem Weib zu gefallen.

THESEUS Kopf oder Zunge!

1. EUPATRID Im Rat versammelt, auch Theseus, rechtmäßiger König, wurden zwingende Fragen gestellt; Ausfluß der Sorge um Athen. Wir, die Eupatriden, die, denen das Vaterland zu Dank verpflichtet ist, erhoben unsre Stimme, und nur ein Lachen bekamen wir zur Antwort. Nie zuvor füllte solcher Hohn·die Ratshallen.

THESEUS Ists euch nicht genug, so will ich lachen wie eine Schweineblase, unaufhörlich!

ANTIOPE Taucht zum Grund, nennt den Knoten der Versammlung.

1. EUPATRID Der König selbst bat uns vor einem Jahr um Geld und Schiffe. Dem Herakles Beistand zu leisten, als dieser in das Land der Amazonen aufbrach. Als wir zögerten, versprach er reiche Beute, das besiegte uns.

THESEUS *lacht:* Sind sie nicht köstlich, diese Aasgeier, und verlogen. Auf den Knien drängten sie mich, den Herakles, meinen Vetter, zu begleiten, und erhofften sich zum Fleisch noch das Gold. Unsere Rückkehr stach sie in den Arsch, daß sie anfingen zu beten!

ANTIOPE Es ist vollzogen, was nicht geändert werden kann!

2. EUPATRID Den Sieg tauscht er gegen ein Weib!

THESEUS *lacht:* Schau seine Augen, tierisch wie ein Wolf! Und doch nur zahnlos.

1. EUPATRID Das meiste Gold fraßen des Herakles Soldaten, unsre mit dem Rest verschleuderns in Häusern!

THESEUS *wirft ihm ein Stück Gold zu Füßen:* Da nimm, wenn ihr deshalb schreit, und vergnügt euch für eine Stunde! Ihre Genüsse sind noch weniger als der Drang des unermüdlichen Mistkäfers.

ANTIOPE Liegt nicht mehr auf eurer Zunge als das Flennen nach Vergangenem?

1. EUPATRID Wir haben gegeben Gold, wir verlangen Gold! Ganz Athen fordert einen neuen Tempel, die Athener brauchen ein noch mächtigeres Zeichen für ihre Götterverbindung . . .

ANTIOPE Ich sah vom Palast über die Zinnen eurer Stadt, und die Überzahl von Tempeln erschreckte mich; wer soviel bauen muß, verehrt die Götter nicht.

2. EUPATRID Ihr seid unserem Wesen fremd!

THESEUS Und doch trifft sie in das Wespennest! Euer Tempelbau ist faul und riecht nach noch mehr Fraß für euch!

1. EUPATRID Mächtig ist der Staat der Griechen und soll es bleiben! Ohne Gegenstimme hat der Rat beschlossen, daß wir ein Bündnis eingehen mit dem König der Kreter, Deukalion! Ihr, König Theseus, solltet unserem Vorschlag folgen und seine Tochter Phaidra heiraten. Der Verbindung dann entspränge reichlich Mitgift, die unserer Stadt zugute käme, und ein sicherer Partner auf dem Meer.

THESEUS Der Sand in euren Köpfen nimmt zu! Das Gekläff ist Tollwut. Seid ihr von Sinnen, solches zu äußern? Denkt ihr, eure Verwesung sei ein Grund für mich, euch zu gehorchen! Nicht Barbarei beherrscht Athen, Ordnung hab ich hier geschaffen: Entrissen die zwölf Gemeinden dem Würgegriff von Familienclans, hab ich aus Häusern eine Stadt gemacht. Gebaut wurde Ratshalle und Gericht, und in Klassen geteilt das Volk. Meine Verdienste machen mich unantastbar! Die Verfassung meine Rüstung! Daß ich euch nicht erschlag auf der Stelle, verdankt ihr eurem Botendienst, diesmal ungestochen werdet ihr zu den euren laufen und meine Wut verteilen, ob solcher Dreistigkeit. Und höre ich aus welchem Mund auch immer jenen mir unwürdigen Vorschlag, köpf ich mit der eigenen Hand den vertrockneten Hals!

Und sagt, daß ich König bin und die Macht des letzten Wortes hab, wird sich nicht ändern, doch ungetrübt von eurem Urinregen will ich künftig leben. Daß keiner mehr den Wahnsinn besitzt, sich uns zu nähern! Geht jetzt, das Lachen ist mir vergangen, ihr stinkt!

Die beiden Eupatriden beugen sich und ab.

ANTIOPE Dein Rudel zerreißt dich, spürt es Schwäche!

THESEUS Es regiert sich selbst Athen, und man wirds verschmerzen, wozu sonst hätt ich Gericht und Spezialisten! Laß sie zu Wegelagerern werden, wir schweben dem maulriechenden Alltag davon. Deine Lippen!

Pause

7. Bild

Lager der Amazonen und Skyther vor Athen, auf dem Hügel Areiopagos.

OREITHYIA Vor uns liegt Athen, der Schwester Kerker.

ANDROKUS Umzingelt von unseren Heeren, jammert die Stadt der Zange. Wann beginnt die Schlacht?

OREITHYIA Ich hab dem Männergott Ares geopfert und erwart ein Zeichen; Ruhe werden wir halten bis ein Pfeil vom Himmel bricht.

ANDROKUS Doch unser Pakt ist beschlossen?

OREITHYIA Besiegelt durch die Mühsal des Weges. Gemeinsames Eis des Cimmerischen Bosporus, Überquerung der Ister, heimtückischer Fluß, und zu Land von Thrakien bis Boiotien, ihr habt Treue gehalten.

ANDROKUS Feldherrin, ein Vertrag ist gezeichnet aus Ehre!

OREITHYIA So schätzt das Papier auch nach dem Sieg.

ANDROKUS Wünscht ihr einen Soldaten, Herrin?

OREITHYIA Nicht vor dem Krieg, jetzt geht und versetzt in Alarm eure Truppen, und züchtigt sie für den Kampf!

ANDROKUS So euer Befehl, ich folge! *Ab.*

OREITHYIA Ein kurzer Ritt zu Pferde, und ich schließ sie in die Arme. Welche Nähe und doch fern, Antiope. Eine Schlacht erst vereint uns. Lös dein Haar, wink mir zu! Dein Herz springt, Sehnsucht auf Befreiung; entrissen dem Mannesgriff wirst du heimkehren. Überschäumend schlüg ich los, sofort. Doch bin ich für den Moment noch gelähmt, nicht vor Schwäche, der Klugheit wegen auf den sicheren Sieg. Man opfert hier zu Lande dem Penisgott. Und der verdammte Ares läßt sich Zeit. Höre, die Skyther sind ein Volk von Freunden, und unsre Macht, Übermacht. Wir knicken den athenischen Löwen und holen dich aus seinem Rachen. Weine nicht um uns, wir siegen. Themiskyras Leib ist nicht mehr schlaff, die Mißhandlung geheilt. Es wird sein wie es war. *Kniet nieder.* Ares, Zeussohn, ich fleh dich an, wirf ein günstiges Omen mir herab. Laß Gerechtigkeit mir widerfahren, daß die Schwester wieder zur Schwester komme. Hilf den Frauen in dieser Stunde. Kein Windhauch? Nichts? Bist du taub? Sind deine Ohren verschmutzt von Männerdreck? Ich schlag zu, auch ohne dich. *Wirft – einen Stein in die Luft, schreit.* Du armselige Götterfalte, ich werd mit Steinen dir das Maul bändigen, ist dir zu niedrig ein Weib. Zum Olymp will ich aufsteigen und dich zum Zweikampf fordern, daß du getroffen um Gnade flehst! Schrei herunter, Ares, und stehst du auch mit Fäusten hinter den Athenern, das Gewicht deiner Waage ändere ich im Kampf zu meinen Gunsten. *Lacht.* Was bin ich töricht, vor einem Göttersohn zu betteln. Ich besitz nicht die dumpfe Stirn höriger Männer. Höre, Ares, deine Feigheit stärkt mich. Nun denn, der Entschluß ist getan, zu den Waffen will ich greifen, dir zum Trotz!

1. AMAZONE *hinzu:* Herrin, eben erschien ein Bote aus Athen, diesen Brief zu übergeben.

OREITHYIA Die Schrift ist Antiope. *Bricht ihn auf, liest.*

Liebste!

Eil zu mir, eh das Blut ein zweitesmal vergossen wird, diesmal sinnlos. Fürchte nicht Verrat, dein Leben ist sicher in Athen. Überleg nicht, folg dem Boten dieses Briefes! Ich erwarte dich voller Sehnsucht.

Antiope

Hinzu Androkus und sein Offizier.

OREITHYIA O Schwester, wie ergründ ich den Schatten deines Briefes! Lest, Androkus, und gebt mir einen Rat.

ANDROKUS *liest:* Und es ist kein Zweifel, daß dies Antiope schrieb?

OREITHYIA Ich kenn ihre Bögen nur zu genau. Sie führte die Hand.

ANDROKUS Ich erkenn hier keine Falle, und bin bereit zu glauben, Athen wünscht Verhandlungen.

OREITHYIA Wofür entscheide ich mich, Androkus! Geh ich dem Brief nach, in die Höhle des Wolfes, oder ist unsere Antwort das Schwert?

ANDROKUS Feldherrin, nur ihr allein besitzt das Maß für die Entscheidung, doch wünscht ihr aus meinem Mund ein Wort, würd ich der Vernunft nachgeben und eurer Schwester gehorchen, denn in eurem Rücken ist ein Heer, das mächtig, auch euch zu befreien, wäre es athenscher Hinterhalt, wogegen sich mein Kopf jedoch sträubt. Verhandelt, Oreithyia, und sucht nach einer List, Athen zu strecken mit wenig Blut für unsere Truppen. Die Schlacht kann warten.

OREITHYIA Ihr macht mirs leicht, mich zu entscheiden. Alle Vollmacht übertrag ich euch, bin ich nicht vor morgen zurück, zum Sturm auf Athen. Lebt wohl, ich eile zu meiner Schwester!

Oreithyia mit der 1. Amazone ab.

ANDROKUS *zu seinem Offizier:* Uns bleibt das Lachen des Dritten. Besser konnte es nicht kommen. Wie Athen sie auch aufnimmt, gefangen oder in Ehren, mein Befehl ist, daß du ihre Rückkehr verhinderst. Folge ihrer Spur, nimm dir schweigsame Soldaten und lagere zwischen Athen und unseren Zelten. Töte und verscharre, sollte sie die Stadt lebend verlassen.
Nimmt uns jedoch der Theseus diese Arbeit ab, von welchen Händen das Weib auch fällt, der Angriff ist im Morgengrauen mit zwei Heeren, die Zange erwürgt Athen.

OFFIZIER Mein Leben eurer List! *Ab.*

ANDROKUS Eingeläutet ist die Herrschaft der Skyther. Ganz Griechenland mir gebeugt. Welch hohes Lied erklingt, Athen veredelt, wächst von nun an auf dem Leib Scythae, und durch List genommen auch das Land der Amazonen. *Lacht.* Ich fresse gern Mensch und Erde, denn es ist so zuträglich meiner Verdauung, und förderlich der Macht! *Lachend ab.*

8. Bild

Palast des Theseus und Antiope

1. EUPATRID Noch nie forderte solch Feind Athen heraus, und der König hurt.

2. EUPATRID Wär er nicht Theseus, sollte man ihn gewaltsam trennen von dem Weib! Hochverrat ists, eine Amazone im Bett zu halten.

1. EUPATRID Seine Lust ist hörig der Frau, krankhaft muß man das nennen!

2. EUPATRID Verbände ihn das Blut nicht mit Herakles, bei den Göttern, nicht mehr lange hielt er seinen Hochmut durch.

1. EUPATRID In die Wände sind Ohren genäht!

2. EUPATRID Skyther und Amazonen hecheln vor den Toren, wie lange noch sollen wir warten. Weiß ist die Wut des Rates. Unsere Truppen kampfbereit, und der König berät sich mit seiner Hure. Sind wir nicht der Kopf des Staates, Träger allem! Doch Theseus saugt aus ihren Brüsten die Erkenntnis, uns übergehend, wie

Würmer. Diese Amazone muß weg! Verderberin der Stadt! Welche Beleidigung, dem Hirn von Weibern mehr vertrauend als der Erfahrung der Eupatriden.

Und sie wird ihm eine Reaktion einflößen, die Schwester zu retten; der Untergang Athens. Wir müssen handeln!

1. EUPATRID Schweig, was ich dir nun sage: Im Rat der Drei, nicht geladen der König, war uns bekannt durch Späher der Vormarsch des Feindes. Seit Skyther und Amazonen Boiotien nahmen und ihre Absicht Klarheit wurde, ist ein Plan gefaßt, der einen Krieg nur wünschen läßt.

2. EUPATRID Entdeckt mir das Messer eurer Ruhe?

1. EUPATRID Boten schickten wir zum Kreter König Deukalion, und erbaten Hilfe im Namen Theseus. Dieser, immer noch bereit für ein Bündnis, sammelte seine Truppe, und wie ich erfuhr, ist er gelandet vor Athen. Auf unser Zeichen hin stößt Waffe und Waffe in Rücken und Leib des Feindes! Zwei Siege erringen wir: in der Schlacht, und gezwungen durch des Deukalion Beistand, heiratet Theseus die Tochter Phaidra.

So schließt sich der Kreis und verschafft Athen eine sichere Zukunft.

2. EUPATRID Welch göttlicher Plan, ich bin erschlagen.

1. EUPATRID Der Vulkan sammelt sich, eh er speit.

2. EUPATRID Was ist, wenn Theseus seine Beute nicht verstößt? Und sich verkrallt in den Amazonenleib? Beischlaftoll und ungehörig. Die Truppen bereit, wird der Kreterkönig sein Recht verlangen.

1. EUPATRID *lacht:* Phaidra ist ein Weib und Theseus Mann, zu lüstern für die Liebe. Neues Fleisch regt ihn an, und die Tochter des Deukalion erblickend, wird sehr schnell die Neigung zum Amazonentier erschlaffen. Ein Held wie er erobert gern. Aus dieser Schlinge befreit sich kein Mann, überdies wird bereits die Langeweile in seinen Körper kriechen, zu lange schon ist die Amazone sein. Auch liefern wir ihm einen Grund, sein Gesicht zu wahren. Die Sonnenuhr läuft, und der Schatten wird auch Athen ernähren.

2. EUPATRID Die Jahresringe gebären wieder uns.

1. EUPATRID Still, man nähert sich!

Theseus und Antiope erscheinen.

Tiefe Verbeugung der beiden Eupatriden.

ANTIOPE Der Krieg findet nicht statt.

THESEUS Teilt mit eurem Rat, Athen ist außer Gefahr.

1. EUPATRID Wir werden nicht kampflos weichen, die Stadt verteidigt sich, so beschloß die Versammlung!

2. EUPATRID Unterm Joch der Skyther, nie! Athen ist frei!

ANTIOPE Ich erwart die Ankunft meiner Schwester, Feldherrin eures Feindes, meinetwegen steht sie vor Athen, und ihr Glaube ist, ich sei in Not. Ein Wiedersehen wird genügen, um Blut und Tod zu verhindern. Mehr ist nicht zu sagen.

THESEUS Geht und rühmt die weise Antiope!

Die beiden Eupatriden ab.

ANTIOPE In ihren Augenschalen tropft die Gier nach Kampf. Theseus, was verbirgt die Kanaille!

THESEUS   Nichts als Dummheit, Holz, das sie wund reibt.

ANTIOPE   Eh die Schwester nicht kommt, bin ich ohne Ruhe, und sehe Geierpläne, die
           Athen gegen uns schmiedet.

THESEUS   Du neigst dein Haupt wie eine Verdurstende.

ANTIOPE   Zu lang hielt das Glück. Unser Boot trug das Meer. Im Spiegel jeder Welle, die
           Liebe. Im Kreis des Horizonts, Stille. Schon setzten wir an zum Flug, doch
           die Schlinge aus Wasser und Himmel zog sich enger, spannt sich um unsere
           Segel und schneidet mit Feuer das Leinen.
           Retten wir auch den Mast, das Leck im Schiff ist nicht zu stopfen.

THESEUS   Dein Mund splittert.

ANTIOPE   Mach mich zu deinem Weib, gesetzlich.

THESEUS   Du bist Herrin von Athen und meine Frau. Das Gesetz der Würmer ist nicht
           für uns geschaffen. Sollen wir kriechend ihre Gnade empfangen? Nie vorher
           war solches in dir.

ANTIOPE   Ich will, daß wir verbunden sind vor Feind und Feind! Wollen sie uns tren-
           nen, müssen sie zerschlagen erst ihre Verfassung. Und kommt es zur Schlacht,
           will ich nicht über dem Kampffeld kleben. Dein, kämpf ich an deiner Seite.

THESEUS   O Liebste, schätzt du so dürftig unsere Liebe, daß sie nicht standhält jedem
           Sturm? Wir sind nicht gleich denen, die in dieser Stadt hausen. Verbinden
           Mann und Frau sich nicht aus freiem Wollen, und ohne Zwang vor dem Ge-
           setz? Antiope, einzig der Tod kann Liebe trennen. Die Sprache der anderen ist
           immer boshaft, und beklatscht wird, was gescheitert ist. Geliebte, in tausend
           Bächen sprudelt unser Glück, und nochmal soviel sind zu entdecken, wir
           wollen unser Spiel nicht der Gemeinheit vor die Füße legen. Vorüber ist in
           Tagen jegliche Gefahr, und Friede herrscht wie vordem, laß uns nicht aus
           Furcht solche Torheit begehen.

ANTIOPE   *umarmt ihn:* Verzieh mir mein Mißtrauen, doch ich ahn der Schwester Nähe,
           lang vermißt, such ich ihr Verständnis für meine Liebe.

BOTE   *herein:* Die Feldherrin der Skyther und Amazonen!
           Oreithyia tritt herein.

OREITHYIA Ich bin verwundert, meine Schwester in solchem Glanz zu sehen.
           Antiope geht auf sie zu und umarmt sie.
           Du gleichst noch meinem Fleische.

ANTIOPE   Themiskyra lebt.

OREITHYIA Vor den Toren, dein Volk, das dich erwartet.

ANTIOPE   Fessel mich nicht, Schwester, ich bin glücklich, da du den Palast betrittst.

OREITHYIA Macht der Mann dich mir fremd, oder ists Athens Folter.

ANTIOPE   Dies ist Theseus, mein Gemahl.

OREITHYIA Sein Schwert suchte meinen Leib.

THESEUS   Der Krieg ist vergessen, ihr seid uns willkommen.

OREITHYIA König Theseus, mein Heer, gewebt aus Skythern und Amazonen, lagert vor
           Athen. Den Angriff schon befohlen, verschob ich ihn auf morgen früh, der
           Schwester Bitte folgend. Was ist der Preis für Antiope?

THESEUS   Ich handle nicht, eure Königin ist frei!

OREITHYIA Für diesen Spott wird Athen bezahlen. Nehmt mich nur fest, und werft uns

beide in eure Kettengruft, nach Mittag ist diese Stadt nicht mehr. Hab\
Schwester mit Tünche übergossen und in Seide genäht, mich zu täuschen. (
ich müßte weinen, säh ich ihre geschundene Haut. Eure Wände schrei\
Falschheit.

THESEUS *lacht:* Zu lang hat dich die Sonne begleitet!

OREITHYIA Ich sah, was ich sehen sollte, eure List ist mir zu mager.

ANTIOPE Geliebte Schwester, nimm Vernunft an. Unser Gast, wirst du alle Ehre empfangen. Setz dich und erwürg deine Rache.

OREITHYIA Nein! Doch sprich, was man dir befahl.

ANTIOPE *schreit:* Reiß dir den blinden Zorn aus! Ich bin nicht gefangen noch in Schmerzen. Athen läg hinter mir, hätt ich nur gewollt, doch fand ich Liebe hier, zwischen Mann und Frau. An unserem Berg, ich weiß, schreit das Echo anders, und mit meiner Stimme erhob ich es zum Gesetz, das Volk der Frauen zu retten vor Männerwahnsinn. Vergänglich aber ist die Menschenzeit. Und als ich gebunden im Bauch des Herakles lag, kein Messer bereit war, mich zu schonen vor der Verdauung seiner Soldaten, schnitt mich Theseus heraus und gab sein Gold der Meute.

OREITHYIA Ist das Liebe, dich zu tauschen gegen Blutgold?

ANTIOPE Still! Nicht sein Besitz noch Beute bin ich. Göttlich ists in seinen Armen. Haut an Haut liegen, die Poren küssen sich. Verzeih, Oreithyia, keine Waffe bringt mich fort und kein Flehen. Ich hab gewählt, und werde nicht sterben in Themiskyra. Umspannt ist die Erde mit einem Tuch aus Wüste, Sand wohin du schaust, Hügel, in denen Menschen versinken, und Ebenen, wo sie verdorren. Die Sonnenmacht, im Grün der Wolken, brennt alles nieder. Und die Sonnenmacht ist der Mensch. Sieh dich um, erinnere dich unseres Staates, faß auch Athen an, die Augen Metall, der Mund aus Wachs, Blick und Schrei töten. Entrinn dieser kalten Wüste – vergeblich. Auch ist der Mensch gemacht, sich zu gewöhnen, und am Ende siegt das Vergessen. Vertrocknet wie ein Frosch, lebt weiter das, was man Mensch nennt, frißt und schläft und arbeitet und stirbt.

Ich aber, Schwester, bin dem entflohen, und will lieber den Tod ertragen als noch einmal die Flut aus Sand.

OREITHYIA Antiope, welches Leid hast du erfahren. Wo sind die Schwerter, die auf dich gerichtet sind. Wer preßte dich in solche Rede! *Reißt Stoff von den Wänden.* Heraus, ihr Mörder. Ansehen will ich euch, ihr Männerviecher! Was habt ihr meiner Schwester gespritzt, daß sie so von Sinnen ist! Verdammte Götter! *Bricht zusammen. Weinend. Lacht.* Ich verstehe nichts. Unser Band ist doch nicht zerrissen. Du bist verwachsen mit deinem Volk. Wir schwuren Rache, als man dich fortschleppte. All unsere Hoffnung war, dich zu befreien. Der Pfad zu deinem Kerker ist eine Amazonenbrücke aus Leichen. Das Land der Griechen ist verschieden und oft band sich das Weiterkommen an Kampf. Wir haben Qualen auf uns genommen und einen Pakt mit den Skytern geschlossen. Wir bewegten den Fels vor der Quelle, und ich verzweifle, das sehnsüchtige Naß hat die Männererde aufgesogen. Nein, ich glaube das nicht. Viele Skyther waren in meinem Bett. Auch fand ich Wollust und ergötzte mich auf der beschwerlichen Reise. Ein Feldzug atmet anders. Doch nie hatte ich Trauer, wenn einer fiel, mit dem ich schlief. Gebraucht wurden sie, nicht geliebt. Zu feucht sind Männer und roh, sie löschen die Glut in mir. Es muß Narrheit sein oder Erpressung, sich mit einem zu verketten. Komm, Schwester, nun ists genug, laß uns heimkehren ohne Krieg!

ANTIOPE Sei du Königin der Amazonen, und führ die Frauen an den Fluß. Mein Kleid bleibt in Athen.

THESEUS Streicht diese Schlacht aus eurem Kalender. Ruft zur Ordnung euer Heer und schlachtet anderswo. Wir wollen keinen Krieg aus Eifersucht. Seid endlich ein Weib und begreift, daß die Schwester geliebt wird am anderen Ufer.

OREITHYIA Schweigt und führt eure giftige Zunge nicht in meine Richtung. Wär ich durch euch nur gefallen, im offenen Kampf, ich müßte mich hier nicht in Nacktheit winden. Schlief, in warmer Erde und ohne Herzqual. Oh wenn Brunst besteht zwischen Mann und Weib, ists höllisch, das mit anzusehen. *Reißt sich die Kleidung von der Brust, dann leise.* Ich verlang den Tod, als Gast, in diese Brust. Stich zu, Theseus, das Messer im Leib zählt nicht. Vergewaltigt bin ich bereits durch eure Reden. Die Liebe verlangt Opfer, zögert nicht. Ich bitt euch, werft mich Athens Schakalen vor, ich will das Mahl ihrer tierschen Liebe sein. Schaudert nicht, ritzt beide mir das Fleisch auf. *Schreit.* Es liegt kein Sinn in meiner Rückkehr. Ein Lanzenbündel empfing mich, schlüg ich nieder die Ideologie der Rache. Ich selbst pflanzte sie ins Volk, als höchstes Gebot. Und dem Skyther bräch ich das Bündnis, welcher Fluch auf dieser Brücke. Über kochendem Felsengrund, geblieben zwei Wege, sind beide der Tod. Eure Bewirtung hat mich alt gemacht. Ich werd einen Stock gebrauchen, geh ich zu den meinen. Begleite mich, Antiope, ich find das Tor nicht, aus eurem Labyrinth. Mein Kauz ruft mich. Hört ihn nur, sein Schrei gräbt sich in die Sandlöcher deiner Unvernunft. Jetzt kreist er über eurem Palast, nehmt nicht den Bogen, der will doch leben. Setzt nicht nach mit dem Pfeil, sei mild. Ich seh ihn nicht mehr. Schwester, hol einen neuen, und setz ihn an den Himmel. Komm.

THESEUS Ist sie irre? Oder List?

ANTIOPE *umarmt Oreithyia:* Versammel dein Volk, damit ich zu ihm spreche, morgen. Schick sie zu den Mauern Athens. Und dem Skyther sag, Athen sei Freund dir, mit Soldaten und Waffen. Er wird weichen wie eine Hyäne, der Aasfresser!

THESEUS Nimm an, Oreithyia, eh Athen zum Löwen wird.

ANTIOPE Geliebte Schwester, richte dein Herz auf, und laß die Vernunft nicht knittern. Unsere Neigung muß nicht enden. Durch Besuche wird sie ewig halten. Nicht Feind bist du, die Freundin mir.

OREITHYIA Ich will jetzt gehen. In meinen Beinen rauscht ein Wald von Stimmen, die mich fortziehn. *Küßt die Schwester.* Leb wohl.

ANTIOPE Führ unseren Plan aus!

OREITHYIA Eure Mauer ist Granit. Ich folge der Bitte nach Frieden. Im Schlangenbauch. Nie vergeß ich diese Stunde. *Lacht.* Ich verlor die Schwester.

ANTIOPE Ich befehle dir zu gehorchen. Bei unserem Blute!

OREITHYIA Im Tanze schäumt der Saft. *Ernst.* Ich beschütz das Nest vor brutalem Griff! Auf bald, Antiope! *Ab.*

THESEUS Wird sie deinen Befehl halten?

ANTIOPE Nie entfernter war sie mir. Als sie kam und wie sie ging, ich hab nichts in ihr gefunden, was ich kenne.

THESEUS Krieg!

ANTIOPE Ich suchte vergeblich im Kopf der Schwester.

THESEUS Nur ein Wunder kann uns hier noch retten, und Athen!

ANTIOPE Soll ich ihr folgen, deine Stadt zu bewahren vor dem Untergang?

THESEUS Wir wollen zusammenliegen diese Nacht, wach! Allein der Tod trennt uns.

9. Bild

Landschaft.

DER BAUER *schreit:* Es ist Zeit! Die Sonne brennt! *Setzt sich unter einen Baum.*
    Pause.

DER HIRT *hinzu:* Bauer, man sollte dir die Zunge herausreißen. *Setzt sich zu ihm.*
    Pause.

FISCHER *hinzu:* Die Faulheit ruht immer zuerst am Baum. Wie ich mich auch mühe, nie schaff ichs! *Setzt sich.*

DER BAUER Dein Weg ist länger.

DER HIRT Und gerecht uns der Schweiß, ihn kühlt das Meer.

FISCHER Kommt zum Wasser und zieht das Netz, ich würde mit dem Pflug auch noch die Herde besorgen.

DER BAUER Dumm wie ein Fisch, Fischer!

FISCHER Und bei dir gräbt sich die Furche vom Arsch bis in den Kopf.

DER HIRT Streitet mit den Schafen, ihr Böcke.

DER BAUER Der rollt doch seinen Sack mit Flüchen auf, ist er im Schatten später als wir!

FISCHER Muß ich den Hang hinauf oder du?

DER HIRT Trefft euch bei mir, das ist die Mitte.
    Pause.

DER BAUER Wir wollen dort gemeinsam sein, wo der Wirt am meisten gibt.

FISCHER Pack aus, Bauer!

DER BAUER Vom Acker Brot und Fleisch! Wer bietet mehr?

FISCHER Aus den Netzen Fisch und Wasser!

DER BAUER Deinen Teil, Hirte, leg ihn aus!

DER HIRT Schätzt ihr das Fressen höher als meine Rede, so will ich schweigen.

FISCHER Dein Tuch, auf dem wir speisen, das ist kein Fett!

DER HIRT Eßt im Gras, laßt mich in Ruh!

BAUER So scheidet aus, wer zu wenig hat.

FISCHER Zwischen uns beiden, Bauer, fällt das Los!

BAUER Dann bleibt es wie es ist.

FISCHER O nein, vom Wasser lebt man, und der Fisch macht satt! Du aber stillst nur den Hunger.

BAUER   Reichlicher ist wohl Korn und Fleisch! Wiegt es doch tausendmal deine Gräten
         auf! Jedem ist das Wasser, ich hols mir aus dem Brunnen!

FISCHER So schlepp es her aus deinem Dorf. Sei nicht listig, Bauer, nur was hier ist,
         entscheidet!

BAUER   Du bist grob, Fischer, und voller Hinterlist.

FISCHER Gewonnen hab ich und erwart euch beide, unten am Ufer.

BAUER   Das zählt nicht, du Hund. Mit dem Pflug schlag ich dir über den Schädel,
         spuckst du das Wasser nicht ins Meer.

FISCHER Der Mensch schreit nach Blut, wenn er im Unrecht ist!

BAUER   Ich laß mich nicht reinlegen!

FISCHER Mir ists lästig, mich mit dir zu schlagen, der Hirte soll den Apfel werfen.

BAUER   Schaftreiber, sei unser Richter.

HIRTE   Das Gericht langt zu, eh es Urteile verkündet. Den Streit muß ich essen, eh ich
         richte.

FISCHER Von meinem nimm reichlich!

BAUER   Auch von mir, und ohne Zwang!
         Der Hirt beginnt zu essen.

HIRTE   Zwei Fresser sind im Streit um ihren Platz. Das zerschneidet der Wahrheit
         die Locken und mir den Bart. Schmackhaft ist das Mahl, ohne Zweifel.

BAUER   Genug gekostet. Sag deinen Spruch!

HIRTE   O nein, Bauer. Das Gericht braucht einen langen Weg, will es gerecht sein.
         Aus drei Happen reift noch kein Urteil.

FISCHER Schling, wir warten ungern, die Arbeit ruft.

HIRTE   Ach ihr armen Köpfe, in euch weht nicht einmal das Verlangen nach Genuß.
         Und ich bezweifle, daß ihr je erfuhrt, was Liebe ist.

BAUER   *lacht:* Ich hab Weib und Magd, die Magd beschlaf ich.

HIRTE   Wie niedrig, Bauer, du doch denkst! Athen ging in eine Schlacht aus Liebe.

FISCHER *lacht:* Eines Weibes wegen?

HIRTE   Du stinkst nach Tran, Fischer.

BAUER   Was geht uns Athen an, und die Hure Theseus. Ich verkauf nicht in der
         Stadt. Ich scheiß auf Kriege, die mir keinen Acker einbringen.

FISCHER Ja, gegen alle Fremden trägt die Stadt ihre Nase in den Wolken.

HIRTE   Nur was euch der eigene Herd reicht, das eßt ihr. Trockenes Flußbett . . .

BAUER   Uns beugt die Arbeit, Hirte! Du aber stehst, und deine Gedanken spielen
         mit dem Wind.

FISCHER Fische sind stumm.

BAUER   Und das Maul des Ackers.

HIRTE   Die Felsen dort, das sind die Zungen Athens ins Meer. Von Zeit zu Zeit werfen
         sie Speichel ab, und daraus lese ich, die Winde bringen nur Geschwätz. Man
         muß Stein hauen, um Wahrheit zu finden.

BAUER   *lachend:* Nimm die Kiesel hier und laß sie schreien!

HIRTE   Ihr mögt sagen, Athen sei reich: Bogen und Säulen zeugen davon und die
         Bäuche. Geht in die Stadt, sie lachen euch aus, denn ihr Besitz scheint ihnen
         Armut. Ihr Leben ist eine gierige Tonne, die mit Krakenarmen alles aufsaugt,
         Dreck und Gold ohne Unterschied. Für den Magen genug, wächst auf dem
         Hals ein Wasserkopf, auch König Theseus.

BAUER So wars kein Krieg aus Liebe!

HIRTE Vor Jahren nun, als alles verteilt war, gefressen Sand und Rinde, Tempelbau und Bordell, bereits geleckt die Grenzen, zog Herakles vorbei mit seinen Truppen, die Unsterblichkeit sich zu verschaffen durch Beute im Amazonen-land. Die Wasserköpfe witterten Abfall, und den König rüsteten sie aus mit Schiffen und Mannschaft, sich zu beteiligen am Feldzug nach Gold. Mit doppelt Macht schlug man das Weiberheer und belud die Schiffe. Doch in dieser Sekunde nahm das Unheil seinen Lauf. Das Fest des Siegers und der Höhepunkt endeten wie ein Schnitt. Der König erblickt Antiope, die gefangene Amazonen-Königin, und wirft sein Gold zum Tausch für sie den bereiten Soldatenpflügen zu. Athen ist erbost.

BAUER Die Geschichte ist abscheulich. Gold verschenken für ein Weib. Der König ist ein Wasserkopf.

HIRTE Im Palast Theseus und Antiope, die Stadt geprellt um neuen Reichtum, entfliehen sie aller Gier und liegen in heißem Bett. Niemand kann sie zwingen, die Liebe ist ungeheuerlich. Athen murrt. Doch ungerührt steigt das Paar höher und höher und entschwindet den glasigen Blicken.

FISCHER Mit meinen Netzen hol ich sie herunter und schnitt ihnen die Geschlechter heraus.

HIRTE Selbst die Athener waren machtlos!

BAUER *lacht:* Ich sperr meinen Bullen ein, will ich es.

HIRTE Zu dieser Zeit nun war das Racheheer der Schwester auf halbem Wege, unwissend, die Königin zu befreien. Durch Späher erfuhrs der Rat von Athen! Ihrem König verschwiegen sie die Bedrohung und schliffen sich einen eigenen Plan. Näher kam die Wut der Amazonen, die sich verbunden hatten mit dem starken Volk der Skyther, um in Übermacht den Sieg zu erringen. Fleisch an Fleisch, Theseus und Antiope.

Die Athener aber baten um Beistand den Kreterkönig und versprachen ihm, wenn der Feind vernichtet ist, als Lohn die Verheiratung Phaidras mit dem König Theseus. Das Bündnis begrüßt er und schickt seine Truppen.

Als der Morgen kam, an dem der Feind vor Athen lag und in dessen Rücken die Kreter lauerten, erhoben sich die Liebenden, den Krieg zu verhindern. Die Schwester bestellt Antiope zu sich, und in Gegenwart ihres Gemahls beschwört sie die Sinnlosigkeit einer Schlacht. Dem Wahnsinn nah, erfährt die Feldherrin des Feindes und Schwester der Antiope von der innigen Liebe beider. Gebrochen verläßt sie den Palast und keiner wird je messen ihre Gedanken, denn als sie durchs athensche Tor geht, stirbt sie zweimal. Ein Messer im Rücken, gekauft vom Rat der Athener, die den Krieg brauchen, taumelt sie nach vorn und empfängt das zweite in die Brust! Die Skyther teilen ungern ihre Macht.

Gemordet bricht ihr das Blut aus zwei Quellen. Unausweichlich beginnt am Morgen die Schlacht. Eingekreist die Stadt vom Haß der Amazonen und der List der Skyther, entzündet sich ein Feuer aus Blut und Waffen, wie es Griechenland noch nie sah. Die Luft schien geflochten aus Pfeilen, und der Boden häufte sich mit Leibern. Schon fast erklommen die Mauern der Feind, stürmte in seinen Rücken der Kreterkönig, und es hub ein Schlachten an. Wie in eine blinde Herde, wahllos, schlugen die Schwerter des Verbündeten um sich. Arme und Beine wurden getrennt als wären es Sandalen, die man verschenkt. Allein die Herzen sprangen noch, doch zu schwach zum Flehen, hatte nur die Erde Mitleid, und bebte im Takt ihrer letzten Zuckungen. Ein wimmernder Ring schloß sich um Athen, die siegreiche Stadt. *Ißt und trinkt.*

BAUER   He, das ist kein Ende, und du frißt!

HIRTE   *mit vollem Mund:* Und ob mein Freund, der Rest geschieht in diesem Augenblick.

FISCHER   Das ist niederträchtig. Spinn sie fertig, die Geschichte.

HIRTE   Ich kann nicht wissen, was noch nicht geschah. Später!

FISCHER   Theseus heiratet die Kretertochter Phaidra! Der Krieg war die Schlinge, da ist kein Auskommen.

BAUER   Das ist Sud von deinen Fischen, solche Liebe trennt sich nicht.

FISCHER   Hats dich beschlagen? Genug Gefühle sind geflossen, kein Mann trägt den letzten Felsen, um auf ewig ein Weib zu behalten . . .

BAUER   Der verstößt sie nicht, ich schwörs, die Last auf den Schultern ist zu süß und zu schwer erkämpft.

FISCHER   Was solls, schau lieber auf den Hirten.

BAUER   Er frißt, und ich will auch fressen.

HIRTE   Das Hohe Gericht kaut die Krümel schon und ist dem Urteil nah.

FISCHER   Das war nicht ausgemacht, Hirte, alles zu verschlingen.

BAUER   Mich hungert, der hat uns reingelegt.

HIRTE   Ihr habt mich zum Richter gemacht, wie konntet ihr etwas anderes erwarten? Doch will ich gnädig sein und meinen Spruch erlassen.

FISCHER   *erhebt sich:* Hast umsonst gedacht, ich scheiß drauf! Soll es bleiben wie es ist. *Ab.*

BAUER   *geht dem Hirten an den Kragen:* Ich bin feinfühlig, aber das nächste Mal hungerst du, und wir fressen, und das Ende deiner List will ich erfahren; horch an deinen Felsen, oder ich brech dir die Knochen. *Ab.*

HIRTE   Wer den Stachel der Wahrheit sät, der sollte nicht barfuß gehn und rülpsen. *Ab.*

10. Bild

Palast des Theseus
Leise Musik

1. EUPATRID   Dieser Hochzeitstag macht mich jung: Athen bleibt in den Fugen. Ein göttliches Paar.

2. EUPATRID   Keine Gasse, die nicht jubelt.

1. EUPATRID   Man möchte Wein saufen, daß einem die Gedärme platzen.

2. EUPATRID	Einmeißeln in die Tempel den Sieg, daß jedes Jahr zum Fest werde dieser Tag.
1. EUPATRID	Athen ist zum Mann geworden. Dem Herakles gleich. Bisher in einer Wiege, kümmerlich, erfaßte jeder Blick über den Rand die Stadt mit Schwindel. Sorgsam gehütet von Zeus, war sie ein Bettnässer, der alle Torheiten beging, die ein Kind grausam machen. Das Spiel der eigenen Brut zertrat sie mit Füßen, die Nichtwissende. Da schickt das eifersüchtige Weib zwei Schlangen, Athen zu erwürgen. Doch die Stadt, des Gottes Beistand sicher, wehrt sich mit ihren zarten Händen und erdrückt die Bestien. Der Hochmut nun ist wie der Liter Milch aus Junos Brüsten, der Athen unsterblich macht.
2. EUPATRID	Dort kommt Deukalion, der Kreterkönig.
1. EUPATRID	Gegrüßt sei der Retter Athens.

Beide verbeugen sich.

DEUKALION	Der Rat ist schlau wie ein Fuchs, und seine Karten sind gezinkt. Doch bleibt es unser Geheimnis.
1. EUPATRID	Manche Wege schneiden sich.
DEUKALION	Doch mir ist der Griff der Schere, liebe Freunde.
1. EUPATRID	Knauf oder geschliffner Stahl, was macht das schon, das Schwert ist eins, glücklich eure Tochter mit dem König Theseus.
DEUKALION	Ich ließ sie zurück, ein solches Paar braucht Zeit, um sich zu entdecken.
2. EUPATRID	Ist verschoben die Hochzeit?
DEUKALION	*lacht:* Wie ausgemacht, beginnt sie noch heut. Aber mager bleibt die Liebe, stört ein Dritter!
1. EUPATRID	So gedeiht denn alles, und die Nacht wird ihr Vollender sein.
DEUKALION	Begleitet mich, daß wir die Tafel besehen und unsere Geschäfte. Der Liebe Bahnen sind gemauert, nicht aber Kretas Bündnis mit Athen.
1. EUPATRID	Nur der Rat der Drei kann entscheiden.
DEUKALION	Seid das Ohr, wenn schon nicht das Hirn!

Alle ab.

Drei Freudenmädchen treten auf.

PYTHIA	Kommt nur und scheut euch nicht, hier ist der Platz zum Üben.
1. MÄDCHEN	Welche Pracht, die Bögen sind wie unsere Brüste. Ich vergeß mein Lied.
PYTHIA	Lustbarkeiten erwarten sie von uns und keine Scham.
2. MÄDCHEN	Stellt euch auf, wie wirs beginnen, nach dem Mahl.
PYTHIA	Den Gang erst müssen wir machen in das Rund der Tische.
1. MÄDCHEN	Die Brüste frei, tanzen wir hinein.
PYTHIA	Dann den Gruß ans Hochzeitspaar! Die Musik beginnt und unsere Hüften.

Sie tanzen.

Nicht wie wirs gewohnt, langsam müssen wir die Wollust schüren. Der König zahlt recht viel.

1. MÄDCHEN	Ists denn nun für Theseus oder seine Gäste!
2. MÄDCHEN	*lacht:* Dann müßte er ja viermal in den Himmel greifen. Schwache Männer!
PYTHIA	Und jetzt das Spiel, kommt, daß ich euchs erkläre. Unsere Bewegungen werden sein von derselben Glut wie sie auch das Paar empfindet. Ich lieg zu ebener Erde, schlummernd, ausgebreitet wie ein Tuch, das sich wellt vor dem Wind. Ihr beide aber, Tanz der Kraniche, nähert euch, und die Flügel eurer Kleider schwingen in Liebe.

2. MÄDCHEN Sind wir Männer!

PYTHIA Der Rat hats so bestellt! *Legt sich auf den Boden.* Beginnt den ersten Teil, ich geb euch dann ein Zeichen, wie es weitergeht.
Der Tanz beginnt.

KUPPLERIN Seid ihr töricht? Ich hab einen Ort, der abgelegen ist. Folgt mir Mädchen, daß ich euch zeige, was ihr zeigt. Wie ein Pfau werdet ihr eure Räder schlagen, eilt, bald beginnt das Fest der Feste.
Alle ab.

THESEUS *allein:* Antiope, unsere Gestirne sind geplant, der Schutz der Planeten trennt uns nicht. Daß ich dich suchte, ist meine Schwäche, denn dein Verständnis les ich jetzt in allen Zeilen meines Hirns. Da ich die Wunde nicht zu ertragen schien, beinah irre werd von dieser Erpressung, schicktest du mir die Ruhe, alles zu überstehen. Ich seh dein Lächeln, das sich anschmiegt wie Fleisch und höre deine Worte; nicht das brüchige Band der Ehe, getrennte Betten, die Liebe ist das Maß der Dinge. Verzeih, des Mannes Verstand hinkt wie ein Rüde hinterher, und erst spät begreift er die Weisheit der Frau. *Ab.*

ANTIOPE *allein:* Dieser Traum ist bösartig. Und mit allem Willen, ich kann nicht erwachen. Der Leib dieses Weibes krallt sich vergebens an glattem Felsen. Die Schlucht reißt bereits ihr Maul auf, und weiße Milch aus Blumen tropft ins Genick. Vorbei ziehen Menschen, doch nicht ein Blick verirrt sich zu diesem Körper. Das Lachen auf Pferden galoppiert vorüber und zerschneidet das Ohr der Hilflosen! Das Blut gerinnt auf dem Stein. Kein Schrei dringt aus diesem Mund. Schon müßte der Rachen der Tiefe sie verschluckt haben, da spürt das Fleisch, kraftlos inzwischen, daß es vor dem Felsen schwebt. Nicht stürzend und doch ohne Halt. – Was da die Luft festhält, das bin nicht ich. Längst geschmückt in meinem Gemach, erwarte ich die Ehe. Das Fest ist mir. Dieses Weib, an die Säulen gelehnt, ist nicht vorhanden, es ist nur ein Bild, mit Häuten gespannt aus Tau, das durchsichtig ist. Unwissend, wo sie sich befindet. Ob an den Hängen, die ihr Volk bewohnt, oder die Stadt Athen, keine Stimme erschließt es ihr. Die andere aber, im Zimmer ihrer Liebe, feinste Leinen, umschließt den Gemahl.
Und doch möchte auch was nicht ist, Gewißheit. Diese Finger sind die Birken meiner Geburt. Verwachsen mit der Erde meiner Hand, kann ich sie bewegen. Aus den Fäusten spür ich die Arme meiner Vergangenheit. Und die Schultern tragen eine tote Last. Das ist der Kummer des Nichts.
Wenn ich je eine Schwester hatte, so gab ich sie der, die sich vorbereitet für ihr Fest. O wär mir geschehen, was dieser, ich säß nicht hier. Aus dem Staub befreiten sich beide, Mann und Frau, und feiern Hochzeit in den Tempeln. Brust und Schoß, gehören sie mir? Der Kopf verneint, und ich folge ihm. Nie berührte dies ein Mann, Theseus schuf einen anderen Leib, der meine ist nur ein Tropfen. *Erhebt sich.* Ich muß sehen, wo ich bin? Die Wände tanzen. Aus dem Holz springen Töne. Licht und Stein mischen sich. Dies ist nicht Themiskyra. Athens Mauern begrüßen mich. Bin ich zu spät! Man erwartet die Braut, und ich in solchem Kleide. Ich muß eilen, mein Hochzeitsgewand mir umzulegen.

Das Hochzeitsfest beginnt, Auftritt von Theseus und Phaidra, Deukalion, Gefolge.

DEUKALION Nun ist geeint, was sich anzog schon seit langem. Vergessen, was vor dem war, nur das Heute gilt. So soll, da sich Kreta und Athen verbunden, auch in Liebe, die Lustbarkeit nie verrinnen. Dieser Tag ist ein Pakt, der stark macht, beide Völker.

Die Tochter geb ich her und gewinn einen Freund. Das mir Liebste bekommt Athen. Das Herz ist schwer dem Vater. Doch machtlos und auch zufrieden, wenn er weiß, in wessen Händen sein Kleinod sich befindet. Nicht zu klagen sprech ich hier, denn langersehnt hab auch ich dieses Bündnis, jedoch zerschnitten sind die Vaterbanden, und seltener werd ich in die Augen meiner Tochter blicken. Laßt uns den Wein erheben und dieses Fest mit allen Fasern genießen.

Man trinkt.

1. EUPATRID Auch wir, König Theseus, folgen an diesem Tage der Freude. Gestrichen sind aus unserm Hirn alle Unebenheiten, die einst vorhanden und so niedrig waren. Ganz Athen trägt auf Händen eure Hochzeit. Und euch zu Ehre beschloß der Rat einen Tempelbau, diesen Tag einzumeißeln ins Volk, damit es jedes Jahr begehe dieses Fest. Ein langes Leben wünscht die Stadt Athen dem Hochzeitspaar. Und noch einmal die Becher!

Man trinkt.

THESEUS *erhebt sich:* Zum Siegesmahl der Hochzeitsschmaus, Athen trinkt aus einer goldenen Schale. Ich dank euch für die Rede, König Deukalion, und auch euch, Vertreter von Athen. Aus mörderischer Schlacht entsprang unser Bündnis, und ich zweifel nicht, es wird uns ewig binden.

So schickt denn Boten in die Stadt, daß sie Geld verteilen, und auffordern jung und alt zu Lustbarkeit. Drei Monde lang möge Athen in Rausch und Pomp sich sielen, Eintracht halten mit jedermann, und feiern die Soldaten Kretas. Ich will das Volk lachend sehen . . .

Wir derweil schenken diesem Abend höchste Vollkommenheit und leeren die Becher der Versöhnung, in Hochachtung vor der Braut.

Man trinkt.

Musik und tragt auf, was Athen zu bieten hat!

Musik setzt ein. Das große Fressen.

DEUKALION *betrunken:* Prometheus brachte das Feuer, ich bring die Liebe unters Menschengeschlecht! Lächle Phaidra, lächle!

1. EUPATRID Dem Feuerspeier wächst und stirbt das Fleisch im Kaukasus.

DEUKALION Recht so, was mit ihm geschah! Allen Menschentrotz muß man brechen. Ich aber schenke Versöhnung, das ist nicht wider die Götter.

2. EUPATRID Prometheus ist längst zu Ende und ein Würmerfraß, nie hält ein Mensch solche Qualen aus.

DEUKALION *lacht:* Der ist zäh, weiche Jugend! Und kein Gott wird ihn je befreien. Eine Lüge wärs, käm einer, und hätt ihn losgemacht. Wir sterben, andere leben, doch sein Vergehen bleibt eine Todsünde.

1. EUPATRID Mit den eigenen Händen und dem letzten Atem verpaßte ich ihm neue Ketten, würden brüchig die gottgeschmiedeten.

N Mich langweilts, und wir wollen Spaß. Ist Athen ein Leichentuch? Schafft ran
Frauen und Narren, ich möchte meinen Geist mästen. Trink, Theseus. Mein
Sohn, wir werden saufen, bis wir unter den Tischen liegen. *Stößt mit Theseus
an.*
Antiope tritt auf mit einem Schwert.

ANTIOPE Athen, gib mir zurück den Mann! Ich fordere nicht, ich kämpfe drum.
Pause.

DEUKALION *lacht:* Nur weiter, das Narrenspiel!

THESEUS Bist du von Sinnen!

ANTIOPE Wie kann ich irre sein, da dus doch bist, mein Gemahl.

THESEUS Sei nicht töricht, verlaß uns!

ANTIOPE Eh ich die Braut nicht bin, will ich keinen Schritt weichen.

THESEUS Du wirst nichts ändern, Weib!

ANTIOPE Man näht in meinem Haus eine Hochzeit. Nicht mehr sah ich den Gemahl,
und die Schwester ist tot. Der Geschmack in meinem Mund ist Pest. Was für
eine Schlacht, mein Volk: Ausgeblutet, an einem Tag vernichtet. Wie man
Ameisen ausräuchert, und Theseus heiratet des Kreten Tochter, Phaidra, nicht
mich! Welche Fessel legten sie dir an?
Welcher Schrei erstarb in dir!
Ists die Gewalt des Deukalion, mit der sie dich erpreßten?
Erlagst du der Staatsräson, oder dem Blick der Königstochter?
Bin ich kein Weib? Ich will Antwort!
Meine Haut verlangt nach deiner Nähe. Ohne Worte riß man dich mir fort.
Es wagt Athen sich einzumischen. Ich sollte lachen über solche Dreistigkeit:
Das Volk mir mordend und die Schwester, greifen sie nach meinem Mann.
Gibt es denn keinen Mund, der dieses Verbrechen zu nennen wagt, an diesem
Ort! Nicht Schmerz empfind ich, Haß auf diese Stadt.
Ich schreie nach dir, Theseus, mein Leib ist dein. Umfaß mich! Du zögerst?
Sie schlägt mit dem Schwert zu, Theseus weicht aus, sie schlägt wieder zu.
Wehr dich!
Theseus bekommt eine Waffe.

THESEUS Willst du den Tod? So komm!
Sie stellen sich zum Kampf.

ANTIOPE Die Spitze meines Schwertes ist auf deinen Leib gerichtet!

THESEUS So führ deinen Stoß, ich parier. *Er wehrt ab.*

ANTIOPE Der Tod schreckt mich nicht.

THESEUS Nimm dies!
Antiope wehrt ab.

ANTIOPE Parier, mein Gemahl!

THESEUS Tropft nicht aus deinen Augen heißes Metall?

ANTIOPE Tränen sind kraftlos, wie soll ich weinen.

THESEUS Noch einmal, es schreit mein Stahl nach dir!

ANTIOPE *wehrt ab:* Mach eine Pause, du zerschneidest nur die Luft, mit deinen Hieben!

THESEUS Wie kann ich ruhen, da du Feuer speist, mich zu verbrennen.

ANTIOPE Diesen Stoß in deine Schwäche! *Sie verletzt ihn.*
Der Fleck ist Blut! Getroffen!

THESEUS Berührt, ich geb es zu.

DEUKALION Genug! Dieser Kampf ward nicht gewünscht! Unnormal ist er, und bestialisch! Ich bitt euch, Theseus, kehrt zurück zur Tafel.

THESEUS Der zweite Gang geht an mich, ich schwörs, Geliebte!

ANTIOPE Verbindet ihn, sein Blut ist mir zu teuer!

THESEUS Der Schnitt heilt eh es vollbracht, sorg dich nicht!

ANTIOPE *reißt sich ein Stück Leinen vom Kleid:* Leg es um!

THESEUS *verbindet sich:* Die Mulde deiner Wut ist schön wie das erstarrte Wasser in der Schlucht. Eisrosen! Mach es weich! Ich will die Schmelze sehen!

ANTIOPE So ists gut, mein Körper bebt.

THESEUS Um dich zu trinken kämpf ich.

ANTIOPE Dir nicht zu widerstehen bin ich hier.

THESEUS Die zweite Runde, ich bin bereit.
Sie stellen sich erneut auf.

DEUKALION Hält denn niemand dieses Grausen ein!

1. EUPATRID Nicht in unserer Macht ist dieser Trieb!

DEUKALION So muß man sich die Ohren herausreißen und die Augen blenden, um diesem Schauspiel zu entrinnen.

ANTIOPE Nun, Liebster, wieder bei Kräften, sei nicht feig, und folge deiner Männerspur.

THESEUS *stößt zu:* Diesen Stoß hast du nicht erwartet!

ANTIOPE Er kam sehr schnell, doch bin ich unverletzt.

THESEUS Ich sehs, verwundert!

ANTIOPE So nah bei mir, und Athen in eurem Rücken, dein Atem wird kürzer.

THESEUS Deine Brüste spielen auf den meinen!

ANTIOPE Ich werf sie nach vorn!

THESEUS Diese Täuschung hatte ich erwartet, und stoß zurück! *Sie läuft in sein Schwert.*

ANTIOPE Getroffen!
Sie sinkt zusammen, Theseus hält sie in den Armen.
Dieser Stich ging zu tief, ich sterbe ... Theseus. Durch dich und nicht gemordet, in deinen Armen. Der Tod ist leicht. Er schwebt wie eine Feder zu Boden, nur das Spiel des Windes läßt ihm noch Zeit. Sprich nicht, wie vordem spür ich dich, und alle Gezeiten der Liebe vereinen sich, die Schmerzen zu lindern. Welcher Trost! *Sie stirbt.*

THESEUS *lacht, dann ernst:* So haltet das Blut auf! Trink Antiope, damit es bei dir bleibe. Schließ die Wunde. *Er preßt seine Hand gegen den Einstich.* Ists dir wohl? Noch warm. Du spürst mich.
Durch meine Finger rinnt das Blut, Antiope, wehr dich doch! *Läßt seine Hand sinken, schaut auf das Blut in seiner Hand.*
Rote Kanäle des Todes in meiner Hand. *Er legt sich neben Antiope.*
Du schläfst? Wir lagen immer so. Im Schlaf waren die Lippen unsere Augen und der Atem die Berührung. Kein Hauch blendet meine Haut! Sie – ist tot, umlagert von einem Wall aus Stein, gekühlte Nacht. *Er steht auf, geht schweigend zur Tafel zurück.* Musik, spielt auf, wir haben Hochzeit.
Musik setzt ein.
Ende

Botho Strauß
Trilogie des Wiedersehens

Trilogie des Wiedersehens

Personen: Susanne, 42 · Moritz, 37, *Direktor des Kunstvereins* · Franz, 68, *Schauspieler* · Answald, 30, *sein Sohn, Schauspieler* · Elfriede, 35, *Kieperts geschiedene Frau* · Kläuschen, 11, *ihr Sohn* · Lothar, 40, *Arzt* · Ruth, 31, *seine Frau* · Marlies, 29, *Malerin* · Felix, 35, *ihr Freund, Verkaufsleiter* · Johanna, 29 · Richard, 29, *Drucker* · Martin, 64, *Drogist* · Viviane, 61, *seine Frau* · Peter, 26, *Schriftsteller* · Wärter · Kiepert

Sommer 1975.
Mitglieder und Freunde des Kunstvereins auf der Vorbesichtigung einer Ausstellung.

Ein Ausstellungsraum im Kunstverein. Mittagslicht fällt von oben durch eine Glasüberdachung. Zwei Durchgänge rechts und links hinten zu angrenzenden Sälen. Im Vordergrund Mitte eine Rundbank mit dunklem Lederbezug. Auf der Rückwand ein großes Tafelgemälde im Stile des fotografischen Realismus. Eine flache norddeutsche Landschaft mit einer darin laufenden und sich verlaufenden Landstraße. An den Wänden rechts und links verschiedene kleinere Bilder, die man nicht genau erkennt.
In der Nähe des linken Durchgangs ein Wärter auf einem Stuhl.
Bevor noch die Handlung beginnt, erscheinen die Schauspieler in diesem Raum wie Besucher einer Ausstellung. Einzeln oder zu mehreren halten sie sich dort auf, kommen und gehen ohne Eile. Wenn sich jemand allein weiß, so wird er sich dementsprechend verhalten. Er wird sich kratzen, Notizen machen, ausruhen usw. Ebenso wird ein anderer sich die Schuhe schnüren oder wieder ein anderer wird sich neben eine Dame stellen und sie, während sie ein Bild betrachtet, beobachten.
Hin und wieder läuft ein etwa elfjähriger Junge herein und fotografiert mit seiner Polaroidkamera.
Oft ist niemand im Raum, nur der auf seinem Stuhl schlummernde Wärter. Das Kind kommt und fotografiert ihn. Das entwickelte Bild steckt es dem Wärter in die immer griffbereite Hand seiner rechten Armprothese. Unterdessen läuft eine Frau durch den Raum und ruft nach ihrem Mann. Das Kind hinterher. Dunkel. (Schwarze Blende für wenige Sekunden.) Wenn das Licht wieder anspringt, wird sich der Wärter sein Bild ansehen. Zwei Herren passieren, man sieht sie eben noch, kurz vor dem rechten Durchgang, während der eine zum anderen, nach einem kurzen Seufzer, sagt: »Ja . . . Zwangsläufig.« Dann wieder ist niemand da. Nur das Gemurmel aus den anderen Räumen. Der Wärter steckt das Foto in seine Jackentasche und geht nach links ab. Von rechts kommt jemand, sieht auf die Uhr und kehrt schleunigst wieder um. Und so weiter, bis schließlich der Vorhang fällt.

Erster Teil
Kleine Gesellschaft

Mittags

1

Wenn der Vorhang aufgeht, fällt starkes Licht von rechts und links aus den Durchgängen. Im Raum selber, nach vorne zu, ist es halbdunkel. Der Wärter hat seinen Stuhl auf die andere Seite, in die Nähe des rechten Durchgangs, gestellt.
Von links kommt Susanne und lehnt sich sofort mit dem Rücken an die Wand, wie nach überstandener Flucht. Nach kurzer Zeit erscheint Moritz. Susanne löst sich von der Wand und geht nach vorne. Moritz hinterher.

MORITZ   Entschuldigen Sie – ich glaube, Sie haben sich weiß gemacht . . .
SUSANNE   Fassen Sie mich nicht an! Kscht! Finger weg! Mein Gott – kann man mich denn nicht in Ruhe lassen?! Was wollen Sie? Was?!
Moritz wendet sich langsam um. Susanne geht zur Sitzbank und läßt sich niederfallen. Moritz geht nach links ab.

Dunkel/Hell. Blende

Susanne sitzt auf der Bank. Zu ihren Füßen ein umgestürztes Weinglas, auf dem hellgrauen Spannteppich eine Lache. Moritz steht im linken Durchgang, an die Wand gelehnt.

SUSANNE   Hören Sie mich? Sind Sie stolz? Ja?
Wieder haben Sie mich eingeladen zu Ihrer großen Sommerausstellung. Wieder haben Sie in diesen Hundstagen die breiten und die hohen Bilder aufgeschlagen. Unter günstigen klimatischen Bedingungen, so daß wir von hier oft schöner ins Weite blicken als draußen irgendwo in der Hitze der Natur. Neben den großen die unzähligen mittelgroßen, die kleinen, die niedlichen, die winzigen und die nichtigen Kunstwerke. Verstreut über alle Wände. In unvergleichlicher Fülle. In Grabeshülle und -fülle, möchte ich fast sagen. Zuviel für den lebenden Kunstfreund. Zuviel für den Zeitgenossen! Zuviel für mich!
Moritz geht nach links ab.
Eine bewunderungswürdige Ausstellung, vielleicht eine für die Kunst des Realismus, vielleicht eine Jahrhundertausstellung – falls sich nichts Umwerfendes mehr ereignet in diesem Jahrhundert. Oh, Moritz, wären Sie selbst ein Künstler, so unter allen Umständen ein furchtloser Künstler, ein furchtloses Temperament . . . Es ist, als sähe ich nichts . . .
Liebster?

Das Gesicht ist mir schwer. Als wär es Stein. Es möchte fallen, fallen. Dorthin, wo Sie gegangen sind.

Die Reste Ihrer Schritte . . . eine Perle aus Erde im zerschlissenen Gewebe des Teppichs, ein Streifen Schuhwichse an der Bodenleiste, da unten, wo alles schwer zu sehen ist, schwer zu erkennen, schwer zu verstehen, da unten.

Das wissen Sie doch, Moritz, das machen wir mühsam und da beugen wir tagelang den Nacken über dieselbe Erinnerung. Zu Tränen betäubt, wenn wir den Fußstapfen finden, nicht die ganze Erinnerung, beileibe nicht, vielleicht eine Haarschuppe, ein Zündholzstielchen, ein Speichelfleck, ein Faden Gewand. Hören Sie mich? Ja?

Kläuschen kommt von links und hört Susanne eine Weile zu.

Was wir nicht schwerfällig tun, das haben wir ganz so wie nicht getan. Ich erinnere Sie, Moritz, an Ihre eigenen Worte. Sie haben die Mühe gelobt und immer wieder die Mühe. Und nun dürfen wir nicht so tun, als verstünden wir nicht schwer. Als müßten nicht erst Wochen vergehen, bis ich den seltsamen Einwand von heute, Ihr schnellgeflüstertes Versprechen plötzlich richtig begreife . . . Hinter den hastigen Faxen und Sprüchen, hinter den blendenden Geistesgeschäften trifft langsam, langsam ein stures Gedächtnis die Wahl . . . Wir wissen nicht, was wir uns merken können, voneinander . . . Wir kommen nur langsam voran . . . Doch in der Ferne, Moritz, dort, wo wir nicht sind, gehen laut die schweren Tore auf – hören Sie? – es poltert, es rasselt, es quietscht –

KLÄUSCHEN Bist du betrunken?

SUSANNE Wäre ich betrunken, mein Junge, dann solltest du mir helfen und nicht über mich lachen. Hilfe brauchen Betrunkene.

KLÄUSCHEN Ich will dich schießen. Gibst du mir Geld?

SUSANNE Nein. Geh weg.

KLÄUSCHEN Wenn du kein Foto willst, zeig ich dir was. Gibst du mir dann Geld?

SUSANNE Kommt drauf an, was du mir zeigst.

KLÄUSCHEN Meine Wunden. Auf der Stirn habe ich eine Narbe. Alex hat mit der Schleuder hingeschossen. Hier ist mein Mittelfinger. Den habe ich gequetscht, als mein Vater die Tür zuschlug.

SUSANNE Nichts zu sehen.

KLÄUSCHEN Doch. Gib mir Geld.

Susanne nimmt eine Münze aus ihrem Handbeutel und gibt sie Kläuschen.

Sieh mal unter meinen Kopf. Da ist ein roter Riß. Ich bin in ein Drahtseil gelaufen, als meine Mutter mich zum Essen gerufen hat. Gib mir Geld.

SUSANNE Geh jetzt.

KLÄUSCHEN Gib mir Geld.

SUSANNE Nein.

KLÄUSCHEN Gib mir Geld! Gib mir Geld!

Susanne nimmt eine Handvoll Münzen aus dem Beutel und wirft sie nach dem Kind. Kläuschen läuft heulend weg. Susanne wirft weiter Münzen hinter ihm her . . .

SUSANNE Da hast du Geld! . . . Geld! . . . Pinkelkind!

Moritz kommt von links und nimmt den Jungen, der sich an ihn schmiegt.

SUSANNE Moritz? Hören Sie mich?

Blende

Susanne allein. Der Wärter auf seinem Stuhl.

SUSANNE Sagen Sie mir: woran erkennen Sie mich eigentlich? Wie kommt es, daß Sie mich, mich Ununterscheidbare, von Mal zu Mal wiederfinden, ohne sich zu irren? Was sagt Ihnen: da ist sie ja, . . . meine Susanne? Wenn ich in den Spiegel sehe, so finde ich nichts, was nicht auch in tausend anderen Gesichtern zu finden ist. Kann mir nicht vorstellen, daß Sie mich sehen! Unter all Ihren Freunden, den Freundesfreunden und den Freunden der Freundesfreunde; zwischen uns beiden wimmelt es immer von Menschen und menschenleeren Menschen –. Hören Sie, falls Sie mich einmal nicht gleich erkennen: ich bin diese große, etwas zu lang geratene Frau, auf deren Wangen die roten Flecken glühen, sobald Sie in der Nähe sind . . .
Viviane und Martin gehen im Hintergrund vorbei. Eingehakt, im Gleichschritt. Sie bleiben vor dem großen Gemälde an der Rückwand stehen.
VIVIANE O nein –! Dort bin ich niemals gewesen . . . Wie schön!
MARTIN Ja. Wie aus einem Fenster.
Sie gehen nach einer Weile nach links ab. Unterdessen hat Susanne weitergesprochen.
SUSANNE Nein. Lassen wir die kleinen koketten Bemerkungen. Sparen wir uns das Verliebttun. Vermeiden wir bei Gott jene Zärtlichkeiten, in denen die großen Gefühle allzu leicht Zerstreuung finden. Gar Entkräftung. Halten wir auch die Tränen zurück, damit sie später, wenn wir uns freuen, nicht zu dürftig fließen. Nur – sehen Sie –, so wie ich alles sammle, hüte, pflege und erziehe, was ich für Sie verschwenden will, wenn's nur erst soweit ist – so bin ich doch schon auch ein wenig krumm geworden unter diesem harten Aufschub. Aufrechtgehen, in Erwartung, tut mir weh. Ich möchte hocken, liegen, schleichen, fallen, bis sie kommen und mich heben. Der gerade Rücken ist ein schweres Erbe der Natur, wenn der Kopf dich ewig niederzieht . . .
Hören Sie mich? *Sie sieht sich zum ersten Mal um und bemerkt, daß Moritz nicht anwesend ist.* Hörst du mich?
Nun will ich dir auch sagen: du bist mir nicht nur lieb, du bist mir auch verhaßt in meiner Liebe.
Du gibst mir kein Gefühl für mich. Du hast mich weit entfernt von mir. Vor dir stehen heißt, im Rücken gegen eine leere rohe Wand gestoßen. Dahinter verfällt das eigene Schicksal wie ein nie bewohntes Haus. Du achtest nicht, nein, ahnst nicht einmal, woher ich komme, wer mich geführt und wer mich umgestoßen hat, wer mich verlassen, wer mich aufgenommen hat. Wie ich erzogen worden bin, ein Kind, und wie es sich die Grundausstattung seiner Furcht erwarb. Wie ich viel zu früh den Mann fürs Leben fand, ein halbes Dutzend Mädchenjahre Ehe, die zweite Wiege meiner Schrecken.

Davon weißt du nichts und willst davon nichts wissen. Ich sag es nur, damit ich's selber nicht vergesse. Es ist mir schon passiert, daß ich zusammenzucke und meinen Mädchennamen plötzlich nicht mehr weiß . . . Du hast mich nie gefragt, wie ich mit meinem richtigen Namen heiße . . . Nein, Moritz, du gibst mir kein Gefühl für mich –

Blende

Alle Besucher der Ausstellung, also alle Freunde von Moritz, außer ihm selbst, stehen, wie ein Chor, im Hintergrund und hören Susanne zu. Helles Licht.

SUSANNE Kein Gefühl für mein Alter. Für die Geschichte meines Gesichts. Für die Laufbahn meiner guten, meiner schlechten Seiten. Alles an mir, Moritz, ist einmal geworden, wie es ist und viele, viele haben das aus mir gemacht, was ich dir heute scheine ganz allein durch dich zu sein. Warum also, warum stehe ich vor dir und bin auf einmal nicht mehr als nur ein Durchblick, nur eine bessere Aussicht auf dich selbst, als vielleicht der Spiegel sie gewährt? Eine Frau mit Durchzug im Kopf, offene Augen, offener Mund. Ein Maskottchen von euch Kunstgängern, Anhängsel, bezahlt fürs regelmäßige Dabeisein. Müde und einfühlsam. Wißbegierig gleichgültig, erstaunt erschöpft, nachdenklich dumm . . .
Moritz kommt, ohne vom Boden aufzusehen, von links. Alle, außer Susanne, sehen ihm zu. Er bleibt stehen, sieht die anderen und dann Susanne an.
Warum sagst du mir nicht, was ich tun soll, um aus dieser trägen Qual herauszukommen? Aus dieser ewig unentschiedenen Gegenwart mit dir?
MORITZ Wir von Augenblick zu Augenblick, und sonst gar nichts. Wir Geschiedene. Wir Rücken an Rücken Vereinte. Wir Wiederkehrende –
Ja. So ist es.

Blende

Susanne und Moritz sitzen nebeneinander auf der Bank. Alle anderen sind verschwunden.

SUSANNE Kann man denn verachten, was ein Mensch träumt? . . . Nein. Kann man nicht.
MORITZ Wollen Sie gewisse Dinge offen aussprechen – oder?
SUSANNE Bleiben Sie, bleiben Sie . . . Was haben die anderen in der Zwischenzeit gemacht?
MORITZ Die anderen . . . Sie haben nun nach und nach alle Bilder gesehen. Manch einer beginnt sein Lieblingslied zu wählen. Ruth steht unruhig wartend vor einem Bild von Midgette, wie vor einem Bankschalter, der noch nicht geöffnet hat. Answald hat sich abgewendet, als er Schäfers »Schlachthof« sah. Es ist ihm technisch nicht solide genug. Behauptet er. Aber sein Vater, den wir ja alle noch nicht kennen, ist stehengeblieben. Es schien ihm zu gefallen. Er ist übrigens

Schauspieler wie sein Sohn. Noch bevor man ihn recht kennengelernt hat, erzählt er aus seinem Leben. Erzählt jedem, daß er eine ähnliche Biographie habe wie der französische Dichter Jean Genet. Diebstahl und Prostitution. Bis zu einem gewissen Zeitpunkt, fügt er lächelnd hinzu. Elfriede probiert wieder einmal, wie sie am besten in die beiden Spiegelbilder von Pistoletto hineinpaßt. Richard überströmt den stillen Hofkunst mit ungeeigneter Phantasie. Martin, selber Drogist, schüttelt natürlich den Kopf vor Tripps Gemälde »Drogisten ziehen niemals um«. Alles in allem scheinen sie zufrieden zu sein. Wenn auch niemand bis jetzt ein demütiges oder originelles Verhältnis zu einem der Werke gefunden hat. Trotzdem, ich glaube, wir hängen alle, auch wenn wir einmal nur im Vorübergehen hinschielen, mit ganzem Herzen an unseren Bildern. Oft sehen wir ja, ohne zu sehen, nur um zu fühlen. Oft sind uns ja jene Werke die liebsten, die nicht angestarrt werden wollen und uns erlauben, an ganz etwas anderes zu denken. Elfriede hat zu ihrem Sohn gesagt, einem Kind, wohlverstanden, es möge sich jetzt schon an den Genoves erinnern. Sie wissen, die großen dunklen Bilder mit den geschlagenen, niederpurzelnden Demonstranten. Erinnere dich so früh wie möglich daran, hat sie zu Kläuschen gesagt. So früh wie möglich sich zu erinnern lernen. Sich zu erinnern so früh wie möglich im Leben beginnen. Das war, selbstverständlich, über den Kopf des Kindes hinweggesprochen, zu Peter, wie Sie sich denken können. Peter hat es, ebenfalls über den Kopf des Kindes hinweg, bestätigt und etwas sehr Schönes hinzugefügt: man müsse das Gedächtnis einer Begierde besitzen, einer behinderten Begierde – so wie wir zum Beispiel, meint er, jedes Wort erinnern, das wir mit einer weit entfernten Geliebten am Telefon gewechselt haben – ein solches Gedächtnis für die Bilder, für eine gewisse Literatur. Ja, das leuchtet mir ein. Lothar, der nicht bei bester Laune zu sein scheint, hat später erzählt, im Beisein von Richard, daß er Richard wegen einer Gürtelrose zu einem Neurologen geschickt habe. Die andern fanden seine Bemerkung taktlos. So als habe sich Lothar, der Arzt, in aller Öffentlichkeit über seinen Patienten lustig gemacht. Nun ja, was heißt da »Öffentlichkeit«? Wir sind ja doch unter uns, eine so kleine Gesellschaft . . . Rede ich zuviel, zu dumm, zu laut?

SUSANNE Nein. Reden Sie nur.

MORITZ Ja, sehen Sie, seltsam. Mit Ihnen ist es seltsam, Susanne. Alles, was mir in den Sinn kommt, ist so gut wie ausgesprochen. Ich meine: es gibt eigentlich nichts, was in einem Gespräch zwischen uns nicht gesagt werden könnte. Ich wollte fragen, ob wir miteinander schlafen –

SUSANNE Wie?! . . . Moritz! . . . Sind Sie verrückt?

MORITZ Nicht. Lassen Sie nur. Schon vorbei. Manchmal, wenn ich getrunken habe, überschlägt sich mein Herz. Hoppla. Ohne daß es eine wirkliche Freude aufgestachelt hätte. Answald hat nun ausgerechnet heute Geburtstag. Gestern ist ihm seine Freundin davongelaufen. Elfa oder Elfi – sie ist angeblich auch schon mal hier gewesen. Felix hat erzählt, daß sie zu Hause in der Badewanne unter Wasser taucht, um durch die Leitungsrohre die Gespräche in anderen Wohnungen zu belauschen. Jetzt hat Answald extra seinen alten Vater herkommen lassen, aus Bamberg, wo er schon seit zwanzig Jahren Theater spielt. Er wollte ihm natürlich seine Freundin vorstellen, und ausgerechnet heute, an seinem Ehrentag, steht er mit leeren Händen da.

Johanna erscheint im linken Durchgang.

JOHANNA Kommt ihr? Es gibt Kaffee und Brötchen. Marlies läßt fragen, wo denn der Pflaumenschnaps ist, den sie dir mitgebracht hat.

MORITZ In meinem Büro. Ich komme gleich.

Johanna geht wieder. Moritz ruft hinter ihr her.

Johanna! . . . Mit Felix und Marlies geht es gar nicht gut. Sie wollen sich wieder einmal trennen. Das heißt: er will, sie wohl nicht. Fast vor jedem Bild haben sie sich gezankt. Eine Malerin und ein Kaufhofverkäufer, da gibt es eben doch eine Art Klassenunterschied in der ganzen Mentalität. Obwohl Felix ein durchaus eigenwilliges Geschmacksurteil besitzt. Ich will nicht sagen, er versteht etwas von Bildern, aber er hat seinen Dickschädel. Stilleben zum Beispiel sieht er sich prinzipiell nicht an. Egal aus welcher Epoche, von welchem Meister. Er ist gegen das ganze Genre. Ich will Menschen sehen, sagt er, und über Menschen hinweg ins Weite. Ein Gemälde mit leblosen Dingen im Vordergrund ist nicht mythisch. Mythisch ist leider seit neuestem sein Lieblingswort.

Susanne steht gerade neben Moritz auf und sieht verwundert zu ihm hinunter.

Häßliche Angewohnheit. Es kommt noch so weit, daß er sagt: Danke, das ist mythisch nett von Ihnen, wenn man ihm eine Tasse Tee einschenkt. Soweit kommt es noch.

Susanne setzt sich wieder neben ihn und nimmt seine rechte Hand.

Tja, was soll ich sagen –? Es gab noch dies und das. Das meiste unscheinbar und im Vorübergehen, so daß es sich gut ertragen läßt. Im Grunde wird sich nichts geändert haben . . . Kommen Sie, Susanne. Gehen wir.

SUSANNE Ja. *Sie stehen auf. Nach wenigen Schritten bleibt Susanne stehen und blickt zurück auf ihren Sitzplatz.*

War da nicht noch irgend etwas Beunruhigendes?

MORITZ Kommen Sie.

Susanne folgt ihm. Im linken Durchgang begegnen sie Elfriede und Kläuschen. Elfriede dreht sich um, wenn Susanne bereits verschwunden ist.

ELFRIEDE Ein Kind mit Geld bewerfen. Das sieht dir ähnlich. Ich möchte nicht wissen, wie du dein Geld verdienst. *Zu Kläuschen, der die Münzen vom Boden aufhebt.* Laß das liegen. Du sollst dieses Drecksgeld liegenlassen, verstehst du?! Hast du denn überhaupt nichts anderes im Kopf?

Dunkel.

2

Elfriede und Kläuschen. Franz kommt vorbei.

FRANZ Guten Tag. Ich bin der Vater von Answald. Wir haben uns noch nicht begrüßt.

ELFRIEDE Guten Tag. Ich heiße Elfriede.

FRANZ   Na, und du? Kleiner Mann – ganz groß?

KLÄUSCHEN   Kläuschen. *Er fotografiert Franz.*

FRANZ   Ach, lieber Klaus, in unserm Haus, da lebt die Maus, in Saus und Braus . . . Na bitte . . . *Zu Elfriede.* Ich höre, es gibt Brötchen mit Kaffee. Tja. Gerade gestern hat mir mein Arzt erlaubt, endlich wieder nach Herzenslust zu essen und zu trinken. Ich hatte eine kleine Auseinandersetzung mit meiner Galle . . . Na, und nun wollte ich heute üppig tafeln gehen, in großem Stil, mit meinem Sohn, zu seinem dreißigsten Geburtstag. Aber so furchtbar deprimiert wie er ist – hat er leider überhaupt keinen Appetit, der Ärmste. Also, belegte Brötchen. Das wird wohl kein Festtag mehr . . . Haben Sie sein Mädchen gekannt, ja? War wohl kein sehr wertvoller Mensch, nein?

ELFRIEDE   Elfriede? Ja. Sie hieß auch Elfriede. War aber nicht so der Typ Elfriede wie ich.

FRANZ   Ach, das würde ich nicht sagen.

ELFRIEDE   Sie kannten sie doch nicht.

FRANZ   Nein –

ELFRIEDE   Eben.

FRANZ   An sich, natürlich, es ist kein Beinbruch, in seinem Alter, wenn ihm heute die Freundin ade sagt. Soll sie! Morgen kommt bestimmt die nächste um die Ecke.

ELFRIEDE   Das sagen Sie so.

FRANZ   Stimmt's nicht, nein? . . . Tja, also dann, ich werde wohl mal ein bißchen an den Brötchen schnuppern . . . *Er betrachtet das Bild im Hintergrund.* Seltsames Gemälde. Naturgetreu. Perfekt nach der Natur. Und doch hat es etwas Geheimnisvolles. Beseeltes. Finden Sie nicht?

ELFRIEDE   Nein.

FRANZ   Nein? Na, vielleicht täusche ich mich. Vielleicht ist es nur mein höchstpersönlicher Eindruck . . .
Kläuschen tritt ihm in den Weg und hält ihm das entwickelte Foto hin.

ELFRIEDE   Kläuschen! Ich bitte dich: laß es sein!

FRANZ   *zückt seine Börse:* Aha. Der Herr Foto-Graf haben sich einen Schnappschuß gestattet, was? Und das Bild schon fertig? Ganz famos. Jetzt mußt du mir altem Greenhorn aber erklären, wie dieser Teufelskasten funktioniert, mein Junge.

KLÄUSCHEN   Ist kein Teufelskasten. Polaroid SX-70. Land Camera Model Two.

Blende

Außer dem Wärter ist niemand im Raum. Ruth läuft von rechts nach links.

RUTH   Viviane ist schlecht geworden . . . Martin! . . . Martin! Viviane ist schlecht –
Sie verschwindet links. Der Wärter steht auf und geht durch den rechten Durchgang ab. Answald kommt von rechts, sieht, daß niemand da ist und geht wieder ab. Nach einer Weile kommt Lothar von links, nimmt den Stuhl des Wärters und verschwindet wieder. Geräusche aus dem links angrenzenden Raum, wo gegessen, getrunken und geredet wird.
Johanna kommt von links und geht auf die Rundbank zu. Sie hebt seitlich ihren Rock und holt einen Brief hervor, den sie sich auf die Hüfte gesteckt hat. Es ist

ein langer, dicker, viele, viele handgeschriebene Seiten umfassender Brief, den sie nun zu lesen beginnt.

JOHANNA Johanna – meine liebste Liebste . . .
Nun liest sie stumm mit allen inneren und äußeren Bewegungen, die das Lesen eines Liebesbriefes begleiten. Sie nickt, lächelt, kichert, sinnt nach, streift die Schuhe von den Füßen, kratzt die Fußsohle, wirft Haare aus dem Gesicht, flucht, schüttelt den Kopf, bohrt in der Nase, ruckt auf dem Sitz, ruft »Oh!« oder »Scheißkerl!« usw. Die gelesenen Seiten läßt sie an sich hinunter auf den Boden fallen.
Nach einer Weile kommt der Wärter und bemerkt, daß sein Stuhl verschwunden ist.

WÄRTER Entschuldigen Sie – mein Stuhl – ich meine, Sie wissen nicht zufällig – Sie kennen ihn vielleicht – der kleine braune Stuhl für den Aufseher – es ist lächerlich, ich will Sie nicht stören – aber er ist nicht mehr da . . .

JOHANNA Der Stuhl?

WÄRTER Ja. Genau. Sie haben gewiß bemerkt, daß ich dort, aber manchmal auch dort sitze oder daß jedenfalls, auch wenn ich gerade einmal nicht sitze, trotzdem die ganze Zeit über ein Stühlchen oder kleiner Stuhl für mich bereitsteht.

JOHANNA *beim Lesen:* Ihr Stühlchen ist weg?

WÄRTER Ja . . . Na ja, Gott, was heißt »Stühlchen« . . .! In erster Linie ein ganz normaler Stuhl. Für einen normal gewachsenen Menschen, praktisch nichts Besonderes. Wenn Sie sich überzeugen wollen . . . *Er zeigt das Foto, das Kläuschen gemacht hat.* Praktisch kann jeder darauf sitzen, sollte es aber nicht. Sehen Sie, runde Lehne, runder Sitz. Angenehm.

JOHANNA *gibt das Foto zurück:* Ich weiß. Ich kenne ihn.

WÄRTER Alles was recht ist: man kann mir doch nicht einfach meinen Stuhl fortschleppen!

JOHANNA Fragen Sie die andern. Die sitzen dahinten und trinken Kaffee.

WÄRTER Man nimmt doch keinem Menschen den Stuhl weg, der hier seinen Platz hat. Das gibt's doch gar nicht! Ich hänge doch auch niemandem ein Bild vor der Nase ab, wenn er sich gerade diese Bilder da anschaut. *Er setzt sich auf die hintere Fläche der Rundbank, so daß er Einblick in den linken Durchgang hat.* Ich bin heute eigens herbestellt, damit nicht geraucht wird. Weiter ist auf nichts zu achten. Die Herrschaften sind alle persönlich befreundet mit dem Herrn Direktor. Ich möchte wissen, warum ausgerechnet die sich so schlecht gegen mich benehmen. Ach, es ist nur Nonchalance. Sonst gar nichts. Die pure Nonchalance. Schlimm . . . Lesen Sie noch, Fräulein?

JOHANNA } *gleichzeitig:* Ja.
WÄRTER }   Keine Antwort.

WÄRTER Tja . . . ich werde mal schaun, was ich sage, damit ich ihn wiederkriege . . . *Er bleibt noch eine Weile sitzen.*

Dunkel

3

*Johanna sitzt allein auf der Bank und liest an ihrem Brief. Felix kommt von links.
Er ißt ein halbes Brötchen – Roastbeef mit Remouladensauce. Die Sauce tropft
herunter und befleckt sein hellblaues Hemd. Er wischt mit dem Handrücken
und vergrößert den Flecken. Dabei fällt die Scheibe Roastbeef zu Boden. Er
hebt sie auf, sie ist schmutzverklebt. Er weiß nicht, wohin damit, behält den
Essensrest unruhig die ganze Zeit über in der Hand ... Richard folgt ihm von
links.*

RICHARD   Felix?
FELIX   Ja ...
RICHARD   Oh, darf ich Ihnen jetzt erzählen, wie es in dem Roman zuging, den ich heute
nacht gelesen habe? Es wird Sie interessieren. Der Roman handelt nämlich von
Massenarbeitslosigkeit. Obwohl es dem ganzen Charakter nach ein Kriminalroman ist, aber eben ein Kriminalroman im Milieu der kolossalen Arbeits-
losigkeit in den zwanziger Jahren – oder sagt man: dreißiger Jahren? Jedenfalls
kurz vor Hitler, kurz vor den Nazis. Sechs Millionen Arbeitslose, das ist bekannt. Genauso wie sechs Millionen Juden hinterher. Das kann man sich leicht
merken. Aber damit ist nichts gesagt. Das Faktum selber können wir uns gar
nicht vorstellen. Das schleppt das Menschenhirn als unvorstellbar mit durch
die Geschichte. Soweit, so schlimm. Was aber fängt nun der einzelne Stellungs-
lose mit seiner vielfältigen Untätigkeit an? Diese Frage steht am Anfang der
spannenden Geschichte vom entlassenen Kürschnergesellen Josef Alias, dem
Helden unseres Romans. Verstehen Sie? »Alias« ... so hat er sich später genannt. Das ist ja üblicherweise ein Name zwischen zwei Namen, wie etwa in der
Verbrecherkartei steht: Adolf Eichmann alias Ricardo Klement. Nicht wahr?
Aber der Josef hat sich Alias genannt, nicht weil er Verbrecher werden wollte –
er hat durchaus kein Verbrecher werden wollen und hieß außerdem im Roman
ursprünglich anders ... wie hieß er noch? ... ist mir momentan entfallen. Nun,
er nennt sich also später, das heißt eigentlich schon recht bald nach Beginn des
Romans, nach gewissen Voraussetzungen, die ich noch schildern werde, nennt
er sich Alias, ja. Weil er nämlich herausgefunden hat, daß er jemand ist, der
erst noch jemand werden könnte, also, der nicht mehr er selbst, aber auch noch
kein anderer ist. Na, das ist nicht leicht zu verstehen, wie? Ich will es mal so
sagen: jemand, der auf dem Sprung ist, aus seiner Haut hinaus und in eine andere
hinein zu fahren. Jemand dazwischen, eben. Passen Sie auf, das führt uns sofort
zum Brandherd des Verbrechens. Einen Augenblick Geduld. Alias in seinen ver-
bohrten Gedankengängen stößt auf die Frage, was ihn eigentlich am Leben
hält, wo es das Geld nicht mehr ist oder kaum noch. Und er kommt zu dem
Schluß, zu dem für sein Leben revolutionären Schluß: ich bin ein Vorfahre
Gottes. Ja. Er sagt sich: Gott, der Herr, hat nie geherrscht und er herrscht auch
jetzt nicht, ganz offensichtlich nicht, sondern er muß vielmehr erst gezeugt
werden. Wir sind Gottes Ahnen, Gott seinerseits wird unser Erbe sein. Punkt-
um. Aha ... das ist interessant! Jetzt gerade, wo ich es Ihnen erzähle, fällt mir

auf, daß diese Überzeugungen, Josefs Bekenntnisse, daß die in einer gewissen Beziehung zur Ideenwelt des Dritten Reichs – die glaubten ja auch . . . na, das ist ja –! Ich habe es beim direkten Lesen überhaupt nicht bemerkt! Es handelt sich zweifellos um eine politische Anspielung in verschlüsselter Form . . . Donnerwetter! Das bringt mich jetzt ganz durcheinander . . . Entschuldigen Sie – ich werde unverzüglich auf den spannenden Kern der Handlung zu sprechen kommen. Indem ich nun den Mord schildere, der ziemlich früh, ziemlich zu Anfang des Buches geschieht. Und zwar – ja, es ist zu diesem Zeitpunkt nicht ganz sicher, ob Josef Alias der Mörder ist. Das bleibt bewußt im Zwielicht. Zunächst, ja . . . warten Sie mal – sicher ist: eine Prostituierte wird erdrosselt aufgefunden . . . Aber wo? . . . Ach, gottverdammter Mist, wie kommt es denn zu diesem allesentscheidenden Mord?! . . . Moment, Moment . . . Also, ich erinnere mich: Josef Alias lernt in einer Kneipe einen groben, verkommenen Menschen kennen. Marke Zuhälter. Josef spricht natürlich über sein Lieblingsthema: wir sind Gottes Vorfahren, Gott kommt, wenn wir nicht mehr sind. Und so weiter. Ich brauche das jetzt nicht im einzelnen zu wiederholen . . . Selbstverständlich wirken solche religiösen oder, wenn Sie wollen, geradezu antireligiösen Schwärmereien auf einen realistisch denkenden und betrunkenen Menschen nervtötend und provozierend. Noch dazu kommt – und da erlaubt sich der Autor einen kleinen Witz, also, ohne auf die Pointe zu drücken, nichts Großartiges verstehen Sie, – also der Zuhälter mißversteht das Wort »prophetisch«, das Josef hin und wieder im Munde führt, er hält es für das Eigenschaftswort von »Profit«. Nun ja. Das nur am Rande. Es kommt zu weiteren hartnäckigen Mißverständnissen, und Josef wird schließlich von dem Kerl zusammengeschlagen . . . *Felix niest drei-, viermal konvulsivisch.*
Der moralische Trick – der moralische Trick – der moralische Trick ist doch, jedenfalls am Anfang des Buches, daß der Autor unser Interesse vor allem auf die Frage lenkt: Wie verhält sich ein Mensch, ein an sich gläubiger Mensch, der plötzlich von der Idee durchdrungen wird: Gott ist nach uns. Was macht der nun aus seinem Leben? . . . Eine Kleinigkeit ist Ihnen im Schnurrbart hängengeblieben –

FELIX Entschuldigen Sie. Ich gehe rasch auf die Toilette.

RICHARD Nein. Bleiben Sie. Nicht der Rede wert. Ich glaube, es sind nur ein paar Krümel von Ihrem Papiertaschentuch.

FELIX Zum ersten Mal in diesem Sommer. Ich fahre schon seit Wochen nicht mehr ins Grüne. Noch nie gehört, daß jemand Heuschnupfen im Museum kriegt. Ich brauche nur Getreide auf einem Bild zu sehen, schon geht's los.

RICHARD Nein, nein. Das bilden Sie sich ein.

FELIX Einbildung, mag sein. Aber der Effekt ist derselbe. Ich muß niesen.

RICHARD Na gut. Doch zurück zum Roman. Es geht weiter. *Er zieht seine braune Wildlederjacke aus.* Der Mord an Regine. Tja. Führt nichts dran vorbei. Es ist unumgänglich, daß ich Ihnen jetzt die Umstände schildere, die zu dem Mord führen – Sie müssen das wissen, verstehen Sie! Sonst kapieren Sie später, wenn sich die Verbrechen häufen, überhaupt nichts mehr. Deshalb . . . ja . . . nun . . . was geht voraus? Herrgott – *Ein Anfall von Jähzorn. Er schmeißt die Jacke auf den*

Boden. Nein! . . . Schluß! . . . Aus! . . . Ich weiß es nicht mehr . . . Ich weiß es nicht! Gottverdammte Scheiße! . . . Und an wem liegt es?! An dieser Maschine. An dieser Mördermaschine. Ich bin jetzt neununddreißig Jahre alt, das sage ich Ihnen, ich arbeite bei Helferich Hagen seit nunmehr fünfzehn Jahren, kleiner Betrieb. Seit zwei Jahren hat der Chef diese neue Offsetmaschine aufgestellt, seither bin ich ein Krüppel. Diese Maschine ist ein erstklassiges Werkzeug, das können Sie mir glauben. Aber. Diese Maschine macht ein Geräusch – nicht das Hauptgeräusch, das meine ich nicht. Sondern irgendein geheimer, in der Luft drohender Nebenton, den ich nicht aushalte, ein spezieller gemeiner Oberton, Satellitenton, sage ich. Der alles in mir ausmerzt, alles ausmerzt, was mir zu bewahren lieb und teuer ist, zerstört, zerfräst, zerfetzt, durchlöchert. Ich leide an Schlaflosigkeit. Schlaflosigkeit, gut. Lese ich eben nachts. Ich lese in der Nacht – aber wozu? Ich lese das Zeug umsonst, es fällt ins Leere. Sie sehen es ja, ich kann Ihnen nicht einmal erzählen, was mir auf den Nägeln brennt. Aber, warten Sie, kurz vor dem Mord, da gibt es einen grandiosen Augenblick – als nämlich dem Mörder eine Maske aus Gelatine, die er sich notdürftig angefertigt hat, in der Hitze eines Scheinwerfers auf dem Gesicht schmilzt . . . Ja, das kommt mir gerade noch in den Sinn. Momentan das letzte, woran ich mich deutlich erinnere . . . Ich geh da nicht mehr hin! Ich gehe einfach nicht mehr hin! Die Maschine werden sie nicht wieder abschaffen können, aber auf mich müssen sie verzichten. Ich kann nicht mehr . . . ein Mensch mit ausgemerztem Gedächtnis, ein Psychopath . . . lebendig begraben in diesem Loch im Kopf!
Johanna steht von der Bank auf und geht nach rechts.

RICHARD Wo kommen Sie denn her? Waren Sie etwa die ganze Zeit anwesend? Sie haben auf der Bank gesessen und in aller Ruhe zugehört, wie?! Na, das ist stark! Nun können Sie Ihrer Freundin aber erzählen, was ich für ein verrücktes Licht bin . . . Viele Grüße von Haile Selassie! . . . Oh, mein Gott, mein Gott!
Johanna geht nach rechts ab.

FELIX Richard, es hat doch keinen Zweck, daß Sie sich so furchtbar aufregen. Sagen Sie mir, wie der kleine Roman heißt, und ich werde ihn bei Gelegenheit selber lesen.

RICHARD Es hat doch keinen Zweck, daß ich Ihnen erzähle, worauf es ankommt in diesem Buch, solange Sie keinen Überblick über die elementaren Schachzüge der Handlung gewonnen haben.

FELIX Ich sage Ihnen ja, ich werde das Buch selber lesen.

RICHARD Ach, lesen, lesen . . . dann lesen Sie's doch, in Dreiteufelsnamen! . . . Sie hätten mir ruhig mal eine Zwischenfrage stellen können . . . ein flüchtiger Einwurf, der ein wenig Interesse bezeugt . . . ein kleines »Aha« oder »Wieso« oder »Sieh an« . . . ein Fünkchen Beteiligung! Sie wissen doch, wie gut das tut. Wie hilfreich das sein kann. *Er setzt sich auf die Bank und vergräbt sein Gesicht in den Händen.* Was für ein Reinfall! Was für eine Blamage!

FELIX Tja. So unglücklich wie Sie bin ich nicht. Was soll man da machen? *Er geht nach links ab.*

4

Richard sitzt auf der Bank und hebt die Briefblätter auf, die Johanna, ringsum verstreut, liegen gelassen hat. Von rechts kommen Elfriede und Answald. Answald mit einer gelben Rose im Knopfloch seiner Jacke. Sie gehen auf die Bank zu.

ELFRIEDE Hat dir nicht gefallen, was mein Mann dir geschenkt hat, nein?

ANSWALD Doch, schon. Ein Wandlämpchen. Warum schenkt er mir sowas? Ich weiß nicht, ist das ein Scherzgeschenk oder nicht?

ELFRIEDE Gott, man muß Fatalist sein. Schenken geht ja meistens daneben. Und Kiepert, das muß ich sagen, er schenkt furchtbar ungeschickt. Er geniert sich nicht für seine Gabe, im Gegenteil, er lobt sie noch und gafft ihr gierig nach, ob sie auch ja gefällt. Ich sage dir –
Richard steht auf, nimmt seine Jacke vom Boden und geht nach links ab.

ANSWALD Alle möglichen Leute schenken mir neuerdings diese Zierlämpchen. Ist das in Mode oder liegt es an mir?

ELFRIEDE Ich sage dir: wen ich nicht lieben kann, den werde ich beschenken. So ist es doch. Und deshalb kommt er auch mit dem Kind nicht zurecht . . . Erzähl es bitte nicht weiter – Kiepert wird heute nachmittag die Ausstellung verbieten . . .
In dem Augenblick, da sie sich setzen wollen: Dunkel.

Blende

Elfriede ist verschwunden. Franz und Answald sitzen nebeneinander auf der Bank.

ANSWALD Eine Gestalt, Vater, die du nicht fassen kannst, die sich biegt und dehnt wie Wasser, und geradeso lockend träge bereit, da zur Berührung wie Wasser. Eine Gestalt, die dich nicht fassen kann, Arme, Hände, die nicht greifen und nicht klammern, nur aufliegen, streifen, fallen, dulden. Das Handinnere aufgeschlagen, ihre unerschöpflich tiefe Geduld, in der dein eigener Wille sich löst und sinkt und sinkt. Ihr aufhorchendes Lächeln, einmal, nach einem langen Kuß, den sie abbrach, weil er keine neue Wendung nahm. Jetzt erst, Vater, da ich in Fiebereile hinter ihr herdenke, weiß ich, ich hätte sie halten können, ich hätte es versuchen müssen mit allen Mitteln –
Lothar kommt und trägt dem Wärter seinen Stuhl in die Nähe des rechten Durchgangs. Der Wärter dankt und setzt sich. Lothar rechts ab.

FRANZ Ach, das glaube ich nicht. Man kann die Liebe nicht erzwingen, Answald. Nur in besonderen Fällen, wo es sich aber letztlich dann wiederum auch als nicht lohnend erweist. Ich meine, wo dann von der großen Liebe zu guter Letzt nicht mehr viel übrig bleibt. Oder – genau genommen – es geht überhaupt nicht, wenn auf beiden Seiten nicht mindestens ein ausgewogenes Interesse füreinander vorhanden ist. Und Vergnügen natürlich auch. Aber wahrscheinlich ist sogar ein solches Interesse letztlich nicht ausschlaggebend . . . Ja, schwer zu beschreiben, Liebe, Nicht-Liebe. Da spielt oft eins ins andere.

Na, ich sage dir nichts Neues. Vielleicht bin ich selbst innerlich schon ein bißchen zu ausgeglichen, um der Sache noch einmal ganz auf den Grund zu kommen ... Deine Mutter und ich sprechen übrigens häufig darüber, daß du so
leicht unglücklich wirst, mein Junge.

ANSWALD Es tut mir leid, daß du die weite Reise nun eigentlich umsonst gemacht hast –

FRANZ Aber was sagst du da! Ich bin doch so froh, daß ich dich einmal wiedersehe.
Wie lange haben wir unsere beiden Dickköpfe nicht mehr zusammengesteckt,
was! Und deine Freunde hier, durchweg interessant, sehr aufgeschlossen –

ANSWALD Ich wollte dir Elfi vorstellen heute. Richtig nach altem Brauch. Früher hätte
man Verlobung gefeiert an einem solchen Tag.

FRANZ Ah, so weit ging es immerhin, ja? Hm. Dann war es allerdings ein sehr kurzer
Entschluß von ihr ... Weißt du, wo sie sich gegenwärtig aufhält, Elfi?

ANSWALD Sie ist gestern abend abgereist. Zu Freunden nach Südfrankreich. Sie will versuchen, mich heute nacht nach der Vorstellung anzurufen.

FRANZ So? Ihr bleibt in Verbindung? Das letzte Wort ist noch nicht gefallen, nein?

ANSWALD Ich weiß es nicht. Sie will mich nicht haben, sie will mich nicht lassen. Es ist
alles so unendlich undeutlich ...

FRANZ Vielleicht –

ANSWALD Sie ist abgereist. Das ist eine Tatsache. Ich bin ganz auf mich zurückgeschüttet!
Jetzt werde ich morgens lange aus dem Fenster starren und mittags im Schutz
der fremden Leute durch die Straßen gehen und so ein bißchen weiterleben,
ohne es zu merken.

FRANZ Wie schön du dich ausdrücken kannst, Answald. Wie frei, wie selbständig ...
Ich habe schon immer gesagt, daß du in dieser Hinsicht mehr aus dir machen
sollst. Selten ein junger Schauspieler, der so tief empfindet wie du, so ausgeprägt.
Ich kenne nicht einen einzigen. Es ist möglicherweise sogar ein gewisses Handi-
cap in unserem Beruf, wenn jemand so kraftvoll seine eigene Sprache spricht.
Ja – und in diesem Sinne, ganz in diesem Sinne, habe ich mir erlaubt, ein kleines
Geschenk für dich auszusuchen, mein Junge. *Er holt ein flaches, in Seidenpapier
gewickeltes Büchlein aus seiner Anzugtasche.* Es ist eine kleine Kostbarkeit –
und kommt von Herzen. Ich geb's sogar ein wenig blutenden Herzens von
mir ... da! *Er gibt ihm das Geschenk.*

ANSWALD *öffnet es:* Richard Dehmel »Schöne wilde Welt« ...

FRANZ Ja. Erstausgabe, mein Lieber, 1913. Mit persönlicher Widmung des Autors. Eine
Tante von mir war eine Jugendgeliebte des Dichters. Wir beide haben ihn, ich
war damals acht oder neun, hin und wieder in seinem Haus in Blankenese besucht.

ANSWALD Ich danke dir. Das ist gewiß etwas sehr Wertvolles.

FRANZ Ja, es hat seinen Wert. Vorausgesetzt – du weißt überhaupt, wer Richard Dehmel war! Was? Na –: »Leih mir noch einmal die leichte Sandale; / Sage, wer bist
du, holde Gestalt? / Reich mir die volle, die funkelnde Schale, / Die du mir füll-
test so viele Male! / Bist du die Jugend? Werde ich alt?« ... Das ist Dehmel. Ein
Schwärmgeist, ein guter Poet und ein feuriger Rezitator. Du hättest das Bänd-
chen natürlich sowieso bekommen, früh oder später. Hättest es ja geerbt. Aber
ich wollte es dir jetzt schon geben, damit es dich ermuntert zu eigenen Herzens-

ergießungen. Ich wünsche dir, mein Sohn, zu deinem dreißigsten Geburtstag – ach, ich wünsche dir Glück, recht viel Glück . . . *Er küßt ihn auf die Schläfe.* Sag mal, hättest du sie auch geheiratet, obwohl du doch wußtest – angenommen, sie hätte dich gewollt –, daß sie, wenn ich dich richtig verstanden habe, frigide war?

ANSWALD Vater, frigide . . .! Was heißt das? Weißt du, was es bedeutet, eine Unberührbare zu berühren? Gibt es etwas Verlockenderes als den verbotenen Zutritt? Ist es nicht die innerste Verweigerung, die uns nicht wieder losläßt? Ich habe ihren nachgiebigen Mund geküßt und dahinter ein Kind gespürt, das dastand, steif, mit geballten Fäusten, erstarrt in einem frühen Schmerz, einmal geschlagen, niemals wieder zu bewegen . . . Ich liebe sie, ich liebe sie . . .

FRANZ Komm, es ist ja gut. Komm her und laß dich trösten. Du lieber Gott, du schnaufst ja richtig vor Kummer . . . In der menschlichen Gefühlsküche wird eben so mancher Brei gekocht, den man besser nicht anrührt. Das ist schon wahr. Wenn man bedenkt, worüber ich insgesamt so hinweggekommen bin . . . und ich sage dir, von dem ursprünglichen Tohuwabohu, dem Kesseltreiben und dem aufgespritzten Dreck, es ist nichts geblieben, absolut nichts. Meine Diebstähle, meine Prostitution, meine Gefängnisse: alles mein – und doch wie von fremder Feder hinterlassen. Zu Hause zwischen Versicherungspolicen, Wertpapieren und Ehrenurkunden heb ich einen vergilbten Steckbrief auf von mir. Das soll ich gewesen sein? Der Kerl, der betrog und stahl, verraten und sich verkauft hat? Kann mich nicht erinnern. Schöne Bekehrung, wie? Nein, im Grunde nur das sture gottergebene Älterwerden, innere Verjährung, ausgewachsen. Manchmal, muß ich sagen, erschrecke ich ein wenig bei dem Gedanken, daß diese Ausgeglichenheit jetzt sozusagen mein letztes beherrschendes Lebensgefühl ist. Sie wird mich ja vermutlich nicht wieder verlassen – bis zu meinem Tod. Wie lange dauert denn die Vorstellung heute abend?

ANSWALD Bis kurz nach elf.

FRANZ Bis elf! Oh! . . . Ich bin doch ein bißchen mitgenommen von der Nachtfahrt . . . Was spielt ihr eigentlich?

ANSWALD Ionesco. Nashörner. Das fehlt mir gerade heute. Dieser schäbige Krampf.

FRANZ Die Nashörner?! Ist das möglich? Aber nein, das ist doch kein Krampf. Ich habe das sehr, sehr gerne gespielt. Ich war der Behringer vor vierzehn Jahren in Marburg, als Gast. Daß sie die Nashörner wieder ausgraben . . . Spielst du den Behringer?

ANSWALD Nein. Den Dudard.

FRANZ Wer ist das gleich?

ANSWALD Eine Nebenfigur. Der Bürovorsteher.

FRANZ Ich dachte, sie würden den Behringer heutzutage jung besetzen.

ANSWALD Das tun sie auch. Aber nicht mit mir.

FRANZ Ach so . . . Schade, daß du dich nicht richtig durchsetzen kannst –

ANSWALD Vater, bitte . . . ich komme schon zurecht.

FRANZ In Bamberg lief übrigens vor kurzem der Film, in dem du diesen Eisenbahner – oder was war der von Beruf?

ANSWALD Ja.

FRANZ Mutter sagt, du hättest so leberkrank ausgesehen in einer Großaufnahme. Sie hat sich Sorgen gemacht . . . *Er sieht auf seine Taschenuhr.* Viertel nach zwei . . . Was ich dich fragen wollte, Answald – ob du's mir sehr übel nimmst, wenn ich heute abend unter Umständen die Vorstellung schwänze . . .? Ich weiß, es ist nicht recht, wenn ich nicht hingehe, heute an deinem Geburtstag –

ANSWALD Darauf kommt es jetzt auch nicht mehr an.

FRANZ Nein, dann gehe ich selbstverständlich hin. Ich will deinen Kummer ja nicht noch größer machen.

ANSWALD Nein?

FRANZ Nein . . . Wieso? Was meinst du?

ANSWALD Du tust mir einen großen Gefallen, wenn du nicht ins Theater kommst.

FRANZ Ach was. Natürlich gehe ich hin.

ANSWALD Nein. Ich verbiete es dir.

FRANZ Ist das dein Ernst?

ANSWALD Ja.

FRANZ Also gut . . . wie du willst . . . *Er steht auf.* Dann werde ich jetzt Elfi Bescheid sagen –

ANSWALD Wie?

FRANZ Nein, entschuldige. Die andere. Elfriede mit dem Kind. Die Frau des Bankkaufmanns meine ich. Ich würde gern mit ihr zu Abend essen.

ANSWALD Ja, mach das Vater.

FRANZ Gut. Dann werde ich schnell eine Verabredung treffen. Hoffentlich hat sie noch nichts anderes vor –
       Er geht eilig nach links ab. Kurze Zeit später kommt Susanne von rechts.

SUSANNE *mit Entzücken:* »Wenn mir das einer erzählen würde, daß hier richtige Soldaten vorbeikommen, richtig grüne Soldaten . . .!«

ANSWALD Susanne, was haben Sie?

SUSANNE Was haben S i e ? Erinnern Sie sich nicht? Ihr erster Auftritt in Peters Stück . . . Sie haben in die Hände geklatscht und schwupp! waren Sie wieder weg von der Bühne. –
       Answald steht auf. Sie gehen sich entgegen.

ANSWALD Susanne . . . Ich möchte, daß wir du sagen –

SUSANNE Ob das noch geht, nach so vielen Sies?

ANSWALD Ich habe heute Geburtstag. Ich wünsch's mir.
       Sie stehen einen Augenblick leicht aneinandergeschmiegt.

Blende

Answald sitzt wieder allein auf der Bank. Von links kommt Franz zurück.

FRANZ So. Geht in Ordnung. Elfriede möchte gern ins »Augenlicht« gehen. Kennst du das? »Augenlicht«, origineller Name für ein Restaurant.

ANSWALD Ja. Da bekommst du eine erstklassige Seezunge in Wacholdercreme.

FRANZ Ich mache mir so gut wie nichts aus Fisch.

ANSWALD Im »Augenlicht« gibt es nur Fisch.

FRANZ   Tatsächlich? Das hatte ich mir nun gerade nicht vorgestellt. Aber sie scheint ganz spitz darauf zu sein . . . Da kann ich schlecht protestieren. Mist.
Moritz kommt von links.

MORITZ   Entschuldigen Sie – ich suche unsere Susanne überall. Sie haben sie nicht gesehen?

FRANZ   Nein.

ANSWALD   Doch. Sie ist gerade eben noch hier gewesen.

FRANZ   Susanne? Wann denn? Hätte ich doch gesehen –!

Dunkel

5

Außer Susanne und Kläuschen haben sich alle im Raum versammelt. Zunächst in folgender Gruppierung: Peter, Richard und Ruth; Answald und Moritz; Johanna, Marlies, Viviane und Martin; Felix und Elfriede; Franz und Lothar. Alle Gespräche werden mehr oder weniger gleichzeitig geführt. Der Wärter sitzt auf seinem Stuhl, in der Nähe des linken Durchgangs.

Richard. Peter. Ruth

RICHARD   Wenn Sie, wie Sie selbst sagen, als Schriftsteller das Gefühl haben, unablässig ins Leere zu schreiben, wie bringen Sie es dann fertig, überhaupt noch zu schreiben?

PETER   Sehen Sie, ich schreibe, weil ich festgestellt habe, daß ich, indem ich schreibe, auf hervorragende Weise mein Gedächtnis, meine Kombinationsgabe und meine Menschenkenntnis trainieren kann.

RICHARD   Nun, nun – was Sie da trainieren, das gebrauchen Sie schließlich für nichts anderes, als wiederum weiter – und möglicherweise gar besser schreiben zu können. Darin liegt vermutlich gerade die ganze Leere.

PETER   Iwo. Was ich da trainiere, das gebrauche ich im täglichen Leben. Damit mich niemand so schnell aufs Kreuz legt . . . Im übrigen, merke: Der beste Autor wird der sein, welcher sich schämt, Schriftsteller zu werden. Nietzsche. *Er geht zu Moritz und Answald.*

Blende

Richard. Ruth

RICHARD   Ich allein bin gewiß nicht der Grund, weshalb Peter so kühl zu mir ist. Wahrscheinlich wundert er sich, daß Sie immer dabeistehn . . .

RUTH   Mein Gott – ich wollte Sie kennenlernen. Mein Mann hat so oft von Ihnen erzählt.

RICHARD   Immer wenn Sie glücklich jemandes Nähe gefunden haben, sagen Sie denselben Spruch auf. Spüren Sie nicht, wie beleidigend das für den einzelnen ist?

RUTH Was soll ich denn tun? Wie kann ich's richtig machen? Beschweren Sie sich bei meinem Mann – warum hat er mich überhaupt hierher gebracht? Ich komme nicht mehr zurecht mit fremden Leuten . . .

Answald. Moritz

MORITZ *sieht sich öfter nach beiden Durchgängen um:* Es scheint, als habe sich Susanne in Luft aufgelöst. Ihre Neigung, die Verlorengegangene zu spielen . . . weißt du, oft ist da jetzt ein bekanntes Geräusch, wo sie gegangen ist, und man hat sie nicht gesehen. Eines schönen Tages wird sie spurlos verschwunden sein, ohne freilich abzureisen, ohne sich wirklich von uns zu entfernen. Es wird so ähnlich sein, wenn du dich erinnerst, wie auf dem Bild von Oelze, so ähnlich stehen wir da in Erwartung und irgend jemand in unserem Rücken, hinter uns, da wird es immer jemanden geben, der uns warten sieht. Und dann ist es vielleicht sie, auf die wir warten, sie steht in unserem Rücken und sieht uns still beim Warten zu . . .

ANSWALD Ich verstehe dich. Oh ja, ich würde es gern sehen jetzt, das Gemälde, von dem du sprichst. Hättest du nur eine Oelze-Ausstellung gemacht!

MORITZ Dir gefällt's nicht, was ich hier gemacht habe, nein? . . . Warum lachst du? *Peter kommt hinzu.*

Blende

ANSWALD Irgend jemand hat mich heute schon einmal so verdreht gefragt. Was soll ich sagen? Doch, schon. Viele Bilder gefallen mir sehr gut. Was mich stört sind die fetten Begriffe Superrealismus, fotografischer Realismus, sensibler und kapitalistischer, Blow up- und Post Pop-Realismus . . .

PETER Wo ist Susanne?

ANSWALD Die guten Bilder kommen mir alle gleichermaßen unwirklich vor.

MORITZ Lieber – sag mir keine Binsenwahrheit.

PETER Wo ein Bild ist, hat die Wirklichkeit ein Loch. Wo ein Zeichen herrscht, hat das bezeichnete Ding nicht auch noch Platz.

MORITZ Aber das weiß er doch selber, Peter.

PETER Und wo ist Susanne?

ANSWALD Nein, was ich sagen wollte, ist . . . jedes große Bild schafft sich sozusagen seinen eigenen Realismus-Begriff . . .
Sie gehen zum rechten Durchgang.

Felix. Elfriede

FELIX Welche Verpflichtungen? Ich habe Marlies gegenüber aber auch nicht die geringsten Verpflichtungen . . . Sie ist ein ebenso selbständiger Mensch wie ich. Alle Welt verläßt sich, wenn es nun mal nicht anders geht.

ELFRIEDE Dein brutales, selbstgerechtes Geschwätz . . .

FELIX Elfriede! . . . Marlies und ich, wir stehen uns gegenseitig im Weg. Mein Beruf ist kein Steckenpferd, wie ihre Malerei. Was sie tut, damit füllen andere Leute ihre Freizeit aus. Ich habe einen großen, mythischen Respekt vor den schönen Dingen, Kunst, ja, Kunst, die mich motiviert, Kunst im Sinne einer dynamischen Tiefenausdehnung der eigenen Person –

ELFRIEDE Plantagen! Plantagen! Oh, Plantagen, landauf, landab – Felix' einsame Ausdehnung!

FELIX Hör doch auf! Unsinn. Kreativität, darauf kommt es an. Kreativ, in jedem Beruf, in jedem Lebensbereich, auf jeder Ebene der Produktion. Die Beziehung zu Marlies ist für mich das Musterbeispiel einer antischöpferischen Beziehung.

ELFRIEDE Antischöpferisch! . . . Mach dich bloß nicht naß! . . . Antischöpferisch . . . Du bist doch der stupide Teil –

FELIX Du stellst dich an – also mir scheint, du tust gerade so, als wollte ich dich verlassen?

ELFRIEDE Ja. Geh doch. Hau ab. Ich will nichts mehr hören. Ihr seid alle dieselben Affen!

Blende

Elfriede geht nach links ab. Franz folgt ihr später. Felix geht zu Marlies und Martin.

Martin. Viviane. Marlies. Johanna

MARTIN Glauben Sie mir – in meinen Drogerien habe ich früher, na, ich möchte meinen, rund ein Dutzend verschiedene Mittelchen gegen Haarausfall verkauft. Nützt alles nichts. Gerade die Vielzahl der Präparate auf einem bestimmten Markt beweist, daß keines von ihnen Erfolg verspricht. Die Hersteller konkurrieren sozusagen auf der Basis eines garantierten Null-Effekts – keines darf wirksamer sein als das andere, sonst würde es ja alle übrigen vom Markt vertreiben.

VIVIANE Und mir fallen inzwischen auch die Haare aus, ganze Büschel lösen sich beim Kämmen. Wenn man schon zusammen alt wird, sollte man darauf achten, daß man immer dieselben Wehwehchen hat.

MARLIES *sieht sich hin und wieder nach Felix um:* Ich habe gehört, Kiepert droht mit seinem Austritt aus dem Kunstverein, falls Moritz diese Ausstellung herausbringt –?

MARTIN Ach, mein Freund Ernst Kiepert ist ein alter Stänker . . .
Während Martin weiterspricht, wendet sich Viviane an Johanna –

VIVIANE Johanna, kommen Sie, ich zeige Ihnen, wo wir uns ein Sommerhäuschen bauen wollen –

JOHANNA Oh ja. Sehen Sie, genau dort, in diesem herrlichen norddeutschen Tiefland, wie es dahinten auf dem Bild gemalt ist . . .
Sie gehen beide zu dem großen Bild im Hintergrund.

MARTIN *hat inzwischen weitergesprochen:* . . . Er ist es gewöhnt – ein Mann, der in der Hochfinanz verkehrt, daß man seinen Rat sucht, seine Vorschläge hört. Aber Moritz ist ja in dieser Beziehung leider etwas ungeschickt –
Felix kommt hinzu.

Blende

Felix. Marlies

FELIX Kommst du, Marlies?

MARLIES Ja, mein Liebster. *Sie läßt Martin stehen.*

FELIX Du hast mich vorhin offenbar nicht richtig verstanden: es ist ein klares Ende zu machen!

MARLIES Ich kann dich nicht verstehen . . . Ich liebe dich . . . Ich versteh nix.

Franz. Lothar

FRANZ Als Arzt kommen Sie bekanntlich zu einem dicken Geldbeutel, aber zu sonst kommen Sie nicht viel, hab ich recht? Ich meine, man hat nicht die Freizeit –

LOTHAR Kennen Sie Ärzte?

FRANZ Wie? Ja, und ob! Ich bin gerade in den letzten Wochen wieder in fester Behandlung gewesen.

LOTHAR Und Ärzte sind Ihrer Meinung nach: was für Menschen?

FRANZ Na, also zunächst ist mir häufig etwas mulmig – warum fragen Sie?

LOTHAR Aber dann finden Sie schnell Vertrauen zu Ihrem Arzt?

FRANZ Ja, immer. Ich besonders. Ich lasse mich buchstäblich gehen in meinem Vertrauen. Ich würde mich selbst sogar als zu vertrauensselig bezeichnen . . . Fragen Sie aus persönlichem Interesse?

LOTHAR Nein. Ich frage nur so.

FRANZ Ach so.
Es entsteht eine Pause zwischen ihnen.

LOTHAR Entschuldigen Sie mich – *Er geht zu Martin.*

Blende

Martin. Lothar

LOTHAR Was war denn vorhin mit Viviane?

MARTIN Nichts, gar nichts, Lieber. Wenn sie unter Leute geht, bekommt sie's immer ein wenig mit der Schilddrüse zu tun. Ich wollte dir noch sagen: der Scherz mit Richards Gürtelrose, das war nicht fein. Das mußt du nicht machen.

LOTHAR Entschuldige. Es geht mir nicht besonders gut in den letzten Tagen . . .
Während des Streits zwischen Felix und Marlies gehen alle anderen nach und nach durch beide Durchgänge in die Nebenräume.

Felix. Marlies

FELIX Es macht mir keinen Spaß, dich hier vor dem versammelten Verein zu demütigen –

MARLIES Plötzlicher Tod durch Demütigung. Trifft jetzt häufig die oberen Führungskräfte der Wirtschaft. Schon davon gehört?

FELIX Ich lege Wert auf eine partnerschaftliche Trennung.

MARLIES Felix und Marlies. Lebensgemeinschaft mit beschränkter Haftung.

FELIX Entschuldige, ich weiß, warum ich das sage. Ich verlange, daß du mit an Eid grenzender Verbindlichkeit in meine Abschiedsworte einwilligst –

MARLIES Ja, mein Liebster ... Hast du gehört? Ich habe Ja gesagt zu deinem Nein.

FELIX Ich will, zum Teufel, nicht mehr mitten in der Nacht ans Telefon rennen und am anderen Ende nur Schluchzen und Zähneklappern, weil im Finstern, wieder einmal, wie du es nennst, die Kehrseite des Übermuts zugeschlagen hat.

MARLIES »Kehrseite des Übermuts« ... Nein, du bist lieb. Nein – bist du lieb! Ich habe doch gesagt: ich hätt' im Übermut verkehrte Saiten angeschlagen ... Ich wollte mich entschuldigen –

FELIX Egal. Worte hin, Worte her –

MARLIES Rundherum, das ist nicht schwer.

FELIX Worte hin, Worte her –

MARLIES Ach, ist doch alles vor den Kuckuck gehustet.

FELIX Weil zwischen uns nie etwas so gemeint ist, wie es gesagt wird. Und die Meinungen selber wechseln im Galopp. Heute Beschuldigung, morgen Entschuldigung. Heute Zusage, morgen Absage. Heute Trennungsstrich, morgen Bindestrich. Fazit:

MARLIES Liebe.

FELIX Fazit: –; ich dachte einmal, bei dir, bei einer Kunstschaffenden würde mich das mythische Interesse an schönen Dingen, das ich verspüre, auch an einen Menschen fesseln können.

MARLIES Samt und sonders vor den Kuckuck gehustet.

FELIX Das war aber letztlich ein Irrtum. Letzlich kam man durch dich mit den schönen Dingen im strengen Sinn gar nicht in nähere Berührung. Die Objekte, die du machst, die finde ich – und auch ewig diese Bilder mit den aufgeklebten Haaren ... schwer zu verstehen für mich, geht mir nicht so richtig an den Puls. Ich habe mich infolgedessen mehr und mehr zu einem kritischen Beobachter entwickelt. Und meine eigentlichen Träume konnten sich nicht emanzipieren ...

MARLIES Du sollst nicht über meine Sachen sprechen! ... Du! ... Du, der kurze Inbegriff der großen Null! ... »Meine eigentlichen Träume«, ha! ... Dämlack! ... Im Reich der Träume, scheint mir, habt ihr Ignoranten und Mitläufer euer neues Asyl gefunden, Fettsäcke, Menschenfeinde, Hinkefuße der Phantasie, Parkwächter und Kritiker, die dürfen nun alle träumen ... Du und dein unbelesener Kopf, ein Ding wie ein Schrund, wo's schallt und echoruft vom Hörensagen, ein Loch, aus dem die Lügen schlüpfen und die Seufzer anderer Leute ...

Johanna ist zurückgekommen, um Marlies etwas zu sagen. Sie steht neben ihr und versucht sie anzusprechen, findet jedoch keine Lücke. Obwohl Marlies in ihrer Aufregung nach Johannas Arm greift und sich einen Augenblick festhält. Johanna geht wieder nach links ab.

Du bist bei Gott eine große Seele, Felix, und darin findet jede Meinung ihren Ehrenplatz. So stehst du glänzend da in dieser Pracht und Fülle reifer Urteilsfrüchte und drehst dich doch am Ende ohne jede eigene Ansicht täglich einmal mit der Erde um dich selbst. Und was du zu sagen hast, geplappert und verkündet, wenn nur der liebe Tag lang wird, das ist so überflüssig und schnellvergänglich wie die Sonderangebote in deinem Kaufhof, die spendablen Ausschüt-

tungen nicht ganz fehlerfreier Ware, Woche für Woche, hundert unsinnige Ge-
legenheiten, deine beliebten Füllhörner mit dem gelben Alarmpfeil, jawohl –
fünftausend Pappteller zum Nikolaustag, das Stück im Einkauf für Null-
kommaacht-Pfennig, weil die Falzmaschine zwei Rillen ungleichmäßig prägte
. . . oh, wie ich mich freue, wenn die berauschte Meute, Frauen und Rentner,
über deine Stände herfallen, mit einer Lüsternheit, die so enthemmt in ihrer
Welt sonst nicht gestattet ist . . . wie ich jubeln möchte, im Mitgefühl für deinen
Stolz, über die Preise, die du gemacht hast, das Warenmeer, das du auf- und
abwogen läßt. Ja, du veränderst über Nacht das Wertempfinden für ein Ding,
machst übersehene, nicht benötigte, nicht zu gebrauchende und nie verlangte
Güter zum Bedarf und populär . . . Der Käufer kauft die Preise, nicht die Waren
. . . Du errichtest Tempel für den Überschuß und schaffst Symbole der Ver-
schwendung und alles dies, mein Heißgeliebter, geschieht durch dich, indem
du nichts schaffst, nichts bist, nichts sagst, ein Nichts und Abernichts in
meinen Armen . . .

Dunkel

FELIX *während der Dunkelphase:* Eine schöne Auffassung, zeigt sich, hast du von
    meiner Tätigkeit. Eine mehr als verschwommene Vorstellung. Sonderangebote
    sind durchaus nicht mein Stolz . . . Laß mich! . . . Preisschleuderei ist ein Kunst-
    stück, das ein Kaufmann schnell verachten lernt . . . Du sollst mich bitte nicht
    anfassen! . . . Zwischen Kopf und Beinen braucht es einen fairen menschlichen
    Zwischenbereich, in dem man sich verständigen kann . . . Ich möchte gehn.
    Bitte! . . . So. Jetzt schlage ich zu –
MARLIES Felix!

6

*Felix geht gerade im linken Durchgang ab. Marlies kniet am Boden, ihr Slip
hängt an ihren Waden. Johanna sitzt auf der Rundbank, hält sich eine Hand vor
die Augen und schielt unter der Hand manchmal zu Marlies hin.*
MARLIES Pfui! Pfui! . . . Großraumseele! . . . Tortenschieber! . . . Manichäer! . . . Kamil-
    lenbeutel! *Sie steht auf und zieht ihr Höschen hoch.*
JOHANNA *leise:* Schrumpfhode.
MARLIES Sandalenarsch! . . . Hering!
JOHANNA *lauter:* Fußpilz! Lockenwickler! Indonesier! Ladenschwengel!
MARLIES *setzt sich neben Johanna auf die Bank:* Ach, weißt du, so was, puh . . . ! Idiot!
JOHANNA Pittsbourgh ist wieder sauber. Triumph für Pittsbourgh!
MARLIES Vom Giftgaskessel zum Luftkurort.
JOHANNA Los! Schönes ausdenken!
MARLIES Bibel lesen.
JOHANNA Seepferdchen trockenpressen zwischen zwei Seiten der Schöpfungsgeschichte.
MARLIES Ich habe alle Bücher wieder zugeschlagen –

JOHANNA Nach kürzester Zeit die Bücher zugeschlagen –

MARLIES Unter dem Schock des Nachsinnens alle Bücher wieder zugeschlagen.

JOHANNA Nach kürzester Zeit geschlossen und so feste zugeschlagen, daß die Blätter aufstieben und durch die Luft segeln. Wie ein Mensch zerflattert in eines anderen Auge.

MARLIES Denn alles dies können wir nicht wissen.

JOHANNA Nein, dies alles können wir beim besten Willen nicht wissen.

MARLIES Ich glaube, ich kann mir das Ausmaß meiner Verzweiflung noch gar nicht vorstellen.

JOHANNA Gut so.

MARLIES Mein Gott, Frauen sind wir –! Frauen –, mein Gott!

JOHANNA Wie – dein Gott! Haben wir etwa Sorge, sorgen wir uns? Nein. Nicht?

MARLIES Nein. Gott bewahre.

JOHANNA Schön sind wir nicht, klug sind wir nicht, aber gute Freundinnen, das sind wir.

MARLIES Klug sind wir nicht, letztlich nicht klug. Wenn auch wiederum nicht allzu weit entfernt von jener Intelligenz, die so glücklich macht –

JOHANNA Sagt das Köpfchen zu dem Bauch / Tu was du willst, ich will es auch.
Franz geht im Hintergrund vorbei.

MARLIES *ruft:* He! Hallo! He, Sie! . . . Haben Sie eine Frau?

FRANZ Ja. Ich –

JOHANNA Na, die möcht' ich sehn!
Die beiden Mädchen lachen.

FRANZ Ich kam gerade hier vorbei und dachte daran, was ich meiner Frau erzählen soll, wegen des Sohnes, wegen Answald – nun, das wird Sie nicht interessieren. *Er geht ab, wo er hergekommen ist.*

MARLIES Übertreiben wir nicht?

JOHANNA Nein.

MARLIES Leiden wir denn wenigstens ein bißchen?

JOHANNA Und ob. Glückstraurig sind wir, glückstraurig.

MARLIES Denn wenn wir nicht litten, so erführen wir nicht, was die Sehnsucht will –

JOHANNA Und wenn wir die Sehnsucht nicht litten –

MARLIES So würden wir überhaupt gar nichts mehr tun.

JOHANNA Den ganzen Sommer nichts als sitzen, gemütlich und lustlos, wie vorm selig bollernden Ölofen.

MARLIES Aber in früheren Zeiten, als die Mittagsruhe noch geachtet wurde –

JOHANNA Ja. Auf der Veranda, angesichts von Pfirsichbäumen –

MARLIES In der Mittagshitze

JOHANNA Dampfende Müdigkeit

MARLIES Hitze, in der wir quellen

JOHANNA So daß die Magd von ihrem Stühlchen glitschte –

MARLIES Neben dem Vertiko, worauf eine Schale mit goldenen Früchten

JOHANNA Woran glitzernde Wasserperlen

MARLIES Worüber zarte Fliegen säuseln

JOHANNA Neben alle diesem eine kleine dicke alte Magd

MARLIES Die knorrigen Hände gottergeben geöffnet im Schoß

JOHANNA Sitzt da und –
MARLIES Sitzt da und –?
   Der Wärter steht auf und geht nach links ab.
JOHANNA Sitzt da und –
MARLIES Übertreiben wir nicht?
JOHANNA Nein.
MARLIES Sitzt da und murmelt ihr tausendjähriges Murmeln.
JOHANNA Später kommt Helmut vorbei.
MARLIES Hm. Aber der geht bald wieder.
JOHANNA Ja. Leider.

Blende

JOHANNA So wie du in mein Leben eingedrungen bist –!

Blende

Wo Marlies und Johanna saßen, sitzt nun Susanne allein. Sie ist vollständig neu gekleidet, hat ihre Frisur geändert, das Make-up usw.
Moritz geht im Hintergrund eilig von rechts nach links.

SUSANNE *ohne sich nach ihm umzudrehen:* Moritz!
MORITZ Ja . . . Ach, sieh an: da sind Sie ja wieder . . .
SUSANNE Bemerken Sie gar nichts?
MORITZ Nein . . . doch, natürlich . . . gleich, einen winzigen Augenblick, bitte: ich muß
   geschwind eine Wette gewinnen.
   Er läuft nach links ab. Susanne zündet sich eine Zigarette an. Von rechts kommt
   der Wärter. Er bemerkt, daß Susanne raucht und gerät in Erregung.
WÄRTER Jesus . . . Sie . . . Sie rauchen! Rauchen ist hier völlig verboten. Ich kann Sie hier
   nicht rauchen lassen. Ich bin doch heute überhaupt nur hier, damit nicht aus
   Versehen geraucht wird. Machen Sie die Zigarette aus, ich bitte sehr.
SUSANNE Haben Sie Kinder?
WÄRTER Ja doch, ja . . .
SUSANNE Sie können aber nicht richtig zuschlagen.
WÄRTER Nein.
SUSANNE Wie wollen Sie da im Ernstfall etwas verbieten?
WÄRTER *läuft umher:* Frau Susanne! . . . Machen Sie doch keinen Hokuspokus! . . .
   Frau Susanne . . . was sind Sie denn auf einmal für ein Mensch?! . . . Herr
   Himmel, das gibt's auf keinem Schiff! Ich muß den Herrn Direktor holen . . .
   Der Wärter läuft nach links ab. Susanne sitzt und raucht. Moritz kommt, hinter
   ihm der Wärter.
MORITZ Lassen Sie bitte das Rauchen, Susanne. In Räumen, wo Bilder hängen, darf wirk-
   lich nicht geraucht werden. Gehn Sie in mein Büro, wenn Sie rauchen möch-
   ten.
   Susanne wirft die brennende Zigarette nach hinten, Moritz vor die Füße. Der

Wärter hebt sie auf. Susanne zündet sich eine neue Zigarette an, inhaliert tief und stößt eine dicke Rauchwolke aus. Moritz setzt sich neben sie.

SUSANNE Schlechte Luft, hm?

MORITZ Ja. Leider.

SUSANNE Könnte aber noch schlechter sein. Hören Sie, Herr Direktor – wenn Sie mich nicht in Ruhe rauchen lassen, wo ich rauchen will, dann dreh ich Ihnen hier den Thermostat auf hundertachtzig und setze Ihre Bilder unter Treibhausluft!

WÄRTER Na, das ist Unsinn. Das geht gar nicht. Keine Sorge.

SUSANNE Dann sollen Sie sehen, wie sich Ihr kapitalistischer Realismus von den Wänden schält, schmilzt und fault und dampft oder weiß der Teufel was . . .

MORITZ Ich glaube, so richtig verzweifelt, so richtig schmerzergeben kann im Grunde nur ein nicht rauchender Mensch aussehen. Finden Sie nicht? Der rauchende macht doch in seiner tiefsten Not lauter Faxen. Fingert an der Zigarettenschachtel herum, saugt gierig am Mundstück, schlingt den Rauch hinunter und genießt sein triumphierendes Ausströmen durch Nase und Mund. Wie lächerlich! Wie gewandt! Wie lebenstüchtig! Dabei wollten wir doch aller Mitwelt zeigen, wie elend und wie gliederschwer uns zumute ist . . .

Susanne hat den Kopf an seine Schulter gelehnt, die rechte Hand mit der Zigarette liegt locker über seinem Knie.

SUSANNE Ja.

Moritz nimmt ihr die Zigarette aus der Hand, reicht sie dem Wärter, der sie nimmt und nun beide brennenden Zigaretten hinausträgt. Moritz hebt Susannes Hand und küßt sie.

Wenn Sie möchten . . . bitte – küssen Sie auch das Innere der Hand –

Blende

Wo Susanne und Moritz saßen, sitzen nun wieder Marlies und Johanna. Der Stuhl des Wärters steht leer.

JOHANNA Was wirst du heute abend tun?

MARLIES Nichts. Ich male ein bißchen. Ich rufe den Kerl an, der mir eben durch die Lappen gegangen ist.

JOHANNA Die Lappen, herrjemineh . . . die Lippenlappen.

MARLIES Und du?

JOHANNA Ich? Och, weiß nicht. Telefoniere auch mal ein bißchen, vielleicht.

MARLIES Na gut.

JOHANNA Gut, gut, gut . . . Ich glaube fast, unsere brave Zeit hat schlapp gemacht. Der Sommer dauert und dauert, nichts rührt sich. Helmut schreibt mir ewiglange Briefe, und ich beiße mir auf den Lippen herum, weil ich nichts zum Küssen habe. Die brennen vielleicht! . . . Ich bekomme Pickel auf der Brust!

MARLIES Kopfgrint, Körpergeruch.

JOHANNA Die Haut bricht und spaltet sich, fühl mal: wie 'ne Muschelkruste am Bootssteg.

MARLIES Einfach weil niemand da ist.

JOHANNA Die Leere im Rücken, dieses Biest . . . Mein Schatten juckt, mein Schatten sticht . . . Ich wache nachts mit blutigen Fingernägeln auf.

MARLIES Einfach weil niemand da ist.

JOHANNA Am ganzen Körper bin ich nur noch Rücken, Rücken, kein Gesicht.

MARLIES Rundherum Rücken, Abschied, kein Gesicht.

JOHANNA Der leere Sitz, sieh nur, hinter uns, der Stuhl, der gefährliche Stuhl, der leere, der uns an den fehlenden Judas erinnert –

MARLIES Und an Banquos Geist.

JOHANNA Und an Helmut.

MARLIES Wo niemand sitzt, da ist es unheimlich . . . Übertreiben wir nicht?

JOHANNA Nein.

MARLIES Als erstes müssen wir nun nicht mehr soviele Süßigkeiten essen, Johanna.

JOHANNA Ja. Das müssen wir. Muß ist eine harte Nuß.

MARLIES Das kannst du laut sagen.
Richard kommt von rechts mit einem Stoß Kataloge.
Nun erzählen Sie mir endlich, was Sie auf dem Herzen haben, Richard! Seit Wochen schleichen Sie geduckt um mich herum und werfen mir unklare Blicke zu. Sie reden häufig mit Felix über mich. Warum nie mit mir?

RICHARD Ich will nichts –

MARLIES Ich möchte es von Ihnen hören, von Ihnen höchstpersönlich . . . Ich kann Ihnen schließlich diese Worte nicht selber in den Mund legen.

RICHARD Ich will nichts, als gerade für einen Augenblick meine Kataloge hier abstellen . . . Frisch aus der Druckerei. *Er stellt den Stapel auf die Bank.*

MARLIES Haben Sie nicht andeutungsweise von Ihrem Unglück gesprochen?
Richard setzt sich, halb mit dem Rücken zu den anderen.

RICHARD Unglück . . . Unglück ist vielleicht ein – zu hochgegriffenes Wort.

MARLIES Sie haben es aber selber benutzt.

JOHANNA Und ich finde, daß Ihr Unglück Sie sehr zu Ihrem Vorteil verändert hat.

RICHARD Offenbar hat Ihnen Ihre Freundin erzählt, daß ich nicht ganz zurechnungsfähig bin –

MARLIES *zu Johanna:* Was hast du?

JOHANNA Nichts, Liebe, aber gar nichts –

Blende

Alle außer Richard stehen im Raum verteilt und beobachten den rechten Durchgang. Einige stehen abgewandt zu dieser Richtung und sehen also über die Schulter zurück. Der Wärter auf seinem Stuhl links.

Dunkel

Dasselbe Bild der Erwartung. Richard kommt mit einem neuen großen Stoß Kataloge von rechts. Er setzt ihn auf der Bank ab. Er gibt Kataloge unter den Umstehenden aus. Alle, zuletzt auch Richard, blättern und lesen in ihren Katalogen. Nach einer Weile beginnt Peter aus seinem Aufsatz vorzulesen. Darüber verschwindet sehr allmählich das Licht.

PETER Vielleicht kennen Sie den sowjetischen Spielfilm über den georgischen Maler
Pirosmanaschwili. Einen sogenannten Naiven. Vielleicht kennen Sie ihn nicht.
Egal. Ich werde Ihnen jedenfalls, ungeachtet ob sie sich dafür interessieren oder
nicht, von diesem Film erzählen. Stellen Sie sich vor: ein kleines blitzblankes
Lebensmittelgeschäft, vollkommen alleinstehend, fern oben in den Bergen, dort
tauscht Pirosmani seine Bilder gegen Brot und Milch. Die Leute lachen über
seine Bilder und hängen sie an den Außenwänden ihrer Häuser auf. Eines Tages
erfahren alle seine Freunde, bei denen er Bilder tauschte, daß sie Kunstwerke
besitzen und wie sie sie verkaufen können. Agenten und Sachverständige kamen
ins Dorf und nannten hohe Preise. Nun zwingen die Nachbarn Pirosmani wei-
terzumalen. Aber er hat keine Lust mehr, er ist alt und entkräftet. Noch ein
Bild, los! Noch ein letztes. Sie sperren ihn ein, sie setzen ihn gefangen. Im Gast-
haus, oben in der Tenne. Ganz leer ist es dort. Nur ein Eimer steht in der Ecke.
Das Malzeug haben sie ihm hingeschleppt.
*Alle, da sie mitlesen, blättern eine Seite im Katalog um. Peter spricht nun mehr
und mehr auswendig.*
Bis Ostern muß ein Bild fertig sein. Drei Tage hat er Zeit. Obwohl, wie er sagt:
er ist zu Ende, es ist aus mit dem Malen. Ostersonntag. Die Dörfler feiern im
Wirtshausgarten. Vereinzelt, in kleinen Gruppen, stur, Tische unter den Bäumen. Eine fette bunte Frau, ganz allein, an einem winzigen Tischchen, abseits.
Auf einmal sagt einer: Du, wir haben Pirosmani vergessen. Sie gehen hinauf zur
Tenne und öffnen den Raum. Pirosmani wartet schon seit langem, mit der
Tasche in der Hand. Er wartet, daß aufgeschlossen wird. Weit hinter ihm, am
anderen Ende der Tenne, steht das Bild auf dem Boden. Das Bild. Es ist darauf
nichts anderes zu sehen, als was unten im Wirtshausgarten tatsächlich vor sich
geht: Osterfeiertag. Der Maler steht weder stolz noch erschöpft neben seinem
Werk. Er steht überhaupt nicht neben ihm. Sondern soweit wie möglich von
ihm entfernt. Das Meisterwerk erscheint als etwas Liegengebliebenes, Verlore-
nes, Ausgeschiedenes. Gleichgültige Hinterlassenschaft, Kot. Etwas, das man
selbst nicht mehr wegräumen kann. Pirosmani ist wieder frei und geht müde
davon. Er schüttelt den Kopf, da man ihn auffordert, nun am Fest teilzunehmen.
Er verzieht sich in seinen Verschlag, sein Zuhause. Er legt sich auf den Boden,
Bett und Tisch besitzt er nicht. Da kommt ein Offizieller in einer Kutsche aus
der Stadt herbeigefahren. Er öffnet den Verschlag und fragt den Maler: Was
machst du da auf dem Boden? Der Maler sagt: Ich sterbe. Der Offizielle sagt:
Heute ist Ostern. Christus ist auferstanden. Komm mit. Wir wollen feiern.
Der Maler muß fürs erste das Sterben verschieben. Er muß wieder aufstehen, in
die Kutsche steigen und mit dem Offiziellen davonfahren. Zum Osterfest . . .

Dunkel. Vorhang

Zweiter Teil
Niemand Bestimmtes

Nachmittags

Derselbe Raum. Lichteinfall von rechts und links aus den Nebensälen. Im rech-
ten Durchgang sieht man einen Männerrücken, angelehnt. Der Stuhl des Wär-
ters steht leer. Im linken Nebenraum klingelt laut ein Telefon. Von rechts stür-
zen alle (außer dem Wärter) in einem dichtgedrängten, stolpernden Pulk nach
links. Aus dem Pulk fällt Kläuschen heraus mitsamt seiner Kamera. Er wird
liegengelassen. Er steht auf, sucht seinen Apparat, prüft ihn.

Blende

Susanne sitzt auf der Bank. Die Hände zwischen die Knie gepreßt, den Kopf ge-
beugt und ihn langsam schüttelnd. Von links schleicht sich Kläuschen mit seiner
Kamera an. Er knipst mit Blitzlicht.

SUSANNE   *krampfhaft:* Freust dich wohl, daß Ferien sind, wie?
KLÄUSCHEN   Ja. Skiferien.
SUSANNE   Skiferien, na?! Mitten im Sommer. Fährst du mit der Mami oder mit deinem
    Vater?
KLÄUSCHEN   Mit meinem Vater.
SUSANNE   Ist dein bester Freund, der Vati?
KLÄUSCHEN   Ja. Geschäftsfreund.
    Er dreht sich um und geht pfeifend nach links ab. Felix erscheint im linken
    Durchgang, mit einer Flasche Wein und einem Wasserglas.
FELIX   Trinken Sie nicht? Nein? Hm. Samstagnachmittag –!
SUSANNE   Kscht!
FELIX   Was heißt »kscht«? Soll ich gehen? . . . Ich hätte mit 'ner Unterhaltung gerech-
    net. Kommt nicht alle Tage vor, daß Sie so zugänglich sind . . . Waren Sie nicht
    mal die Winzerkönigin von Traben Trarbach? Ich meine doch, ich kenne Sie als
    preisgekrönte Jungfrau vom Flaschenetikett . . . Nein? Täusch ich mich? . . .
    Na dann: Prost und Adieu!
    Felix verschwindet nach links. Von rechts kommt Kläuschen mit der Kamera
    wieder.
SUSANNE   Verschwinde. Mach, daß du wegkommst. Hau ab!
KLÄUSCHEN   *geht nach links ab:* Tiefkühlrapunzel!

Blende

Noch immer ein dämmeriges Licht. Susanne sitzt nun auf der rechten Rundung
der Bank, im Profil. In der Nähe des rechten Durchgangs lehnt Answald an der
Wand. Auf der linken Seite steht Marlies und drückt die Stirn gegen die Wand.

*Sie schluchzt leise. Nicht weit von ihr entfernt sitzt Felix auf dem Boden (ohne
Flasche und Glas). Im Hintergrund Kläuschen. Aus dem Nebenraum hört man
Elfriede rufen. Zur gleichen Zeit beginnen Marlies und Felix . . .*

ELFRIEDE Kläuschen . . . Kläuschen! *Sie kommt von links.* Los, los, mach dich fertig.
Kiepert kommt gleich und holt dich ab. Wisch dir den Mund sauber . . . Nein,
nicht mit dem Ärmel . . . *Sie nimmt ein Taschentuch und befeuchtet es mit
Speichel.* Halt still, Liebling!

KLÄUSCHEN Äääh . . .!

ELFRIEDE Mach's selbst . . . Nachher heißt es wieder, ich lasse dich rumlaufen wie ein
Proletenkind . . .
*Sie nimmt ihn bei der Hand und sie gehen nach links ab. Der Wärter kommt von
links und setzt sich auf seinen Stuhl.*

FELIX Es muß nur einer kommen, der dich lobt . . .

MARLIES *schlägt die Stirn gegen die Wand:* Nein, nein, nein, nein.

FELIX Und einmal wird einer kommen, der dich lobt.

MARLIES Versteh ja nicht, wie mir geschieht. In meinem Kopf ist nicht das Richtige. Ich
höre immerzu »Marlies, liebe, liebe Marlies« . . .

FELIX Nun quäl dich doch nicht so.

SUSANNE Answald, ich –; haben Sie bemerkt, daß es mir schwerfällt, Sie bei Ihrem Namen
zu nennen?

ANSWALD Ja. Macht ja nichts. Du könntest –, ich meine, ich höre gern auch auf einen
anderen Namen, der besser klingt . . .
Susanne dreht sich um.
Marlies! . . . Wenn du weiter so kindserbärmlich heulen willst –, kannst du nicht
woanders hingehen?

FELIX Ruhe! Halten Sie den Mund!

SUSANNE *zu Answald:* Vielleicht kennen Sie das alte Spiel, wie man Liebe prüft oder
Treue, Freundschaft, je nachdem –? Ja? Sehen Sie, ich gebe Ihnen, wenn Sie
wollen, für heute nacht diesen elfenbeinernen Ring, den ich da am linken kleinen
Finger trage. Sie müssen ihn, bevor Sie einschlafen, auf Ihre Zunge legen und die
ganze Nacht über im Mund behalten. Wehe, Sie verschlucken ihn im Schlaf, den
Ring, wehe! Wir wollen lieber gar nicht daran denken. Wenn Sie aber morgen
früh mit dem Ringlein auf der Zunge aufwachen, dann steht es gut mit uns. Wir
werden uns für immer Du sagen . . . Wollen Sie? Wollen Sie?

ANSWALD *kommt zu ihr und nimmt den Ring entgegen:* Das also ist das Nördlichste auf
der Welt.

SUSANNE Wie?

ANSWALD Ihr Herz, Madame, und Ihre Kälte.

FELIX Answald, Menschenskind, laß dich bloß nicht vergackeiern! Schweineromanze!
Alle Welt duzt sich, kreuz und quer, ohne jeden Schißlaweng –

ANSWALD Vielleicht hältst du dich besser da raus, Felix.

SUSANNE Das meine ich auch. Bringen Sie erstmal Ihre traurige Casinoballade zu Ende.
Das kann man ja nicht mehr mit anhören! Und dann – ab nach Kanada mit
Ihnen, ab nach Kanada, nichts wie weg!

MARLIES   Bist du verrückt?! Wie kannst du so etwas sagen?! Er soll nicht nach Kanada, er soll hier bleiben ... Oh Gott, mir ist schlecht ... Verschwindet endlich, los!

SUSANNE   Wieso wir? Mir geht es auch schlecht, sehr schlecht geht es mir. Warum verschwindet ihr nicht? ... Dir kann man ja sowieso nicht helfen, Marlies, du kommst ja nicht los von diesem Sonderangebot –.

FELIX   Jetzt ist aber Schluß ... Sie unproduktive Ratte! ...... Bitte sehr, eine Ratte nenne ich Sie. Eine Ratte, die im untersten Gebälk der Kultur herumnagt, herumstibitzt, an gewissen Bettgestellen nagt, an gewissen Herren nagt, total unproduktiv, ohne jede eigene Schöpfungskraft –

SUSANNE   Wissen Sie was?! Wissen Sie was?! Wie Sie mit Frauen umgehen – sehen Sie das nicht?! Ein Häufchen Elend haben Sie aus ihr gemacht, und da wundern Sie sich noch, daß Ihnen der Appetit vergangen ist auf so ein Häufchen Elend!

MARLIES   Das geht dich doch gar nichts an!

SUSANNE   Wissen Sie was?! Ihnen gehört schon lange einmal kräftig vor den Latz gehauen!

FELIX   *nach einer Pause, leise:* Bravo. Das hat gesessen. Eigentor.

SUSANNE   *zu Answald:* Entschuldigen Sie ...

ANSWALD   Aber, – macht doch nichts.

SUSANNE   War ein typisches Männerwort, wie?

ANSWALD   Na klar. Macht doch aber nichts.

SUSANNE   Selten so geschrien, puh ...

FELIX   Komm, Marlies, das wird mir hier zu unmenschlich. Laß uns ein Glas Wein zusammen trinken.

MARLIES   Ja.

FELIX   Wir trinken ein Gläschen und setzen uns vor das Bild von Hopper, die »Nachtvögel«.

MARLIES   Ja.

FELIX   Schließlich, wenn du alles bedenkst, ist und bleibt es unser Bild. Unsere Einsamkeit –

MARLIES   Ja.

    Sie gehen nach links ab.

SUSANNE   So. Nun geben Sie mir bitte den Ring zurück.

ANSWALD   Warum?

SUSANNE   Ja, ja ... Geben Sie her. Es ist mir alles schiefgegangen. Ich bin zu ungeschickt für die kleinen Affären.

    Sie hält die Hand auf, er gibt den Ring zurück. Sie stehen zögernd, ein wenig zur Seite gewandt, voreinander.

    Im übrigen, wenn Sie mögen, ein kleiner Kuß täte es wohl auch.

ANSWALD   Ja. Erfüllt denselben Zweck.

SUSANNE   Die Sache wäre abgemacht.

ANSWALD   Es ginge ohne Federlesen.

SUSANNE   Bequemer als der Ring im Mund.

ANSWALD   Bedeutend leichter, sehr viel angenehmer.

SUSANNE   Aber –: wozu?

ANSWALD   Ja. Wozu?

SUSANNE   Oh! Sie wollen gar nicht?
Answald schüttelt den Kopf.
Kein Du? . . . Kein – *Sie deutet auf ihre Lippen.*
ANSWALD   Sehen Sie, ich bin auch nicht sehr geschickt für die kleinen Affären.
SUSANNE   Aha. Beleidigt bist du. Na, Gott sei dank. Ich dachte schon, jetzt hat er dich aber auf's Glatteis geführt . . .
ANSWALD   Hab ich auch!
Sie lachen und küssen sich.

Dunkel

2

Answald und Susanne gehen auseinander. Susanne setzt sich auf den Rücksitz der Bank, so daß sie von vorne nicht gesehen wird. Answald geht links ab. Moritz und Johanna kommen von rechts. Der Stuhl des Wärters steht leer.

MORITZ   Nein, damals ging ich nicht mehr ins Seminar. Damals habe ich Anzeigen akquiriert für die Rundschau. Und übrigens – der Juwelierladen deines Vaters gehörte zu meinen erfreulichsten Adressen. Jeden Monat hat er für einen anderen Edelstein geworben, nicht mit Abbildungen, nur mit Worten. Sehr exklusiv. Nach der Arbeit bin ich regelmäßig in diese kleine Galerie gegangen, in einer der Nebenstraßen am Domplatz . . .
JOHANNA   Galerie Sander?
MORITZ   Ja. Galerie Sander. Dort saß ich nachmittags beim Tee und blätterte in den Katalogen.
Von links kommen Peter, Martin und Answald, in einer Unterhaltung begriffen.
JOHANNA   Wie lange hast du dort immer gesessen?
MORITZ   Ich weiß nicht. Ganz verschieden. Man konnte sich sehr gut ausruhen dort. Zumal draußen keine Ruhe herrschte und die Passanten vorbeieilten. Sie eilten alle vorbei, hineingekommen ist nie jemand. Gegen Abend klingelte das Telefon und die Freundin des Galeristen, des Herrn Sander, rief an . . . Nun, was erzähle ich da.
JOHANNA   Ja. Seltsam.
MORITZ   Seltsam ist es eigentlich nicht –
JOHANNA   Doch. Das war nämlich immer ich, wenn das Telefon klingelte, abends in der Galerie.
MORITZ   Ach. Das wußte ich nicht.
JOHANNA   Ja. Helmut lebt seit zwei Jahren in London.
Das Licht im Raum wird hell. Sie stehen vor Susanne und trennen sich. Johanna geht zu Martin und den übrigen, Moritz links ab.
MARTIN   Wir würden uns freuen, mein Lieber, von Herzen freuen, wenn Sie einmal den Weg zu uns fänden. Ich habe oft gedacht, was uns fehlt, ist ein geselliger literarischer Abend. Sie wissen, meine Frau und ich sind außerordentliche Leseratten.

Das datiert noch aus der Zeit kurz nach dem Krieg, als uns die Amerikaner – weiß der Teufel, wie sie ausgerechnet auf mich gekommen sind – nun ja, wir waren nicht in der Partei, beide stramme Antinazis – und mir nichts, dir nichts hatten wir die Lizenz für eine Leihbücherei in der Tasche. I guess, you are a big reader, Mister, sagte der Stadtkommandant zu mir. Sie sehen so aus, als seien Sie ein gewaltiger Leser . . . Na, keine Rede davon. Ich hatte mich kurz vor dem Zusammenbruch selbständig gemacht, das Geschäft wurde ausgebombt, und ich kam beim besten Willen nicht zum Lesen. Alle Jahre mal ein Buch von Albert Schweitzer. Kurz und gut, meine Frau und ich, wir haben dann zwei Jahre lang in Offenbach eine kleine Leihbibliothek geführt. Ja. Dabei haben wir zwangsläufig selbst das Lesen gelernt, es war ja nun vorübergehend unsere ganze Existenz. Damals sind wir zum ersten Mal auf die Werke von Ortega y Gasset gestoßen – ein großer Stilist, ein unbestechlicher Menschenkenner, den wir auch heute noch gerne lesen. Inzwischen haben wir uns selbstverständlich viele der Bücher, die damals durch unsere Hände gingen, nach und nach selbst angeschafft. Vielleicht haben Sie Lust und werfen mal einen Blick in meine Bibliothek.

PETER Danke. Ich lese nur wenig.

MARTIN Ist das Ihr Ernst?

PETER Ich fürchte, ich bin kein Schriftsteller, der Ihnen Eindruck machen könnte, mein Herr. Obgleich ich unablässig schreibe oder zumindest mir unablässig vorstelle, ich schriebe, bin ich, zu meinem Bedauern, weit entfernt von dem, was Sie einen Stilisten und Menschenkenner nennen.

Elfriede kommt von links und stellt sich zu der Gruppe.

Answald nutzt die Gelegenheit, um nach links zu verschwinden.

Peter reagiert im folgenden nervös, doch ohne sich zu unterbrechen, auf die Störungen um ihn herum.

Er spricht unter Mühen.

Um die Wahrheit zu sagen: ich hasse das Schriftstellerische. Es ekelt mich. Wer so tut, als gebiete er über Sprache, ist ein alberner Suppenkasper. Er verkennt seine Lage. Ich lege Feuer, sofort, an jedes Blatt, auf dem eine literarische Kostbarkeit zu entstehen droht. Das einzige, was mir Sorgen macht: vielleicht bin ich meinen Figuren nicht immer so sterbensnah verbunden gewesen, wie sie es verdient hätten. Ich hoffe, ich kann mich bessern.

MARTIN Sie sind aber trotz alledem zufrieden mit Ihrem Beruf?

Martin hat Lothar und Viviane bemerkt, die von rechts gekommen sind.

LOTHAR Ich muß Sie bitten, mir zuzuhören – als Ihr Arzt!

VIVIANE *bleibt stehen:* Das sind Sie nicht, Lothar. Sie sind, für mich, nur noch der Freund meines Mannes. Ein guter Freund sind Sie gewiß immer geblieben.

LOTHAR Ist es wieder soweit, daß Sie nicht vergessen können –?

Martin geht, während Peter weiterspricht, zu Viviane. Beide links ab. Lothar zu Johanna, Elfriede und Peter.

PETER Beruf? Ich starre monatelang auf denselben Fleck. Kein Finger rührt sich. Stille Dünung schöner Tage. Die Unruhe habe ich in die Uhr gesperrt. Flöhehüpfen der Sekunden. Amüsiert mich, geht mich nichts an. Ich brauche botanische Geduld. In jenem Reich, in dem die Freiheit nur als versehentliche Abschweifung des Gedankens existiert, muß man stillhalten können. Und doch sind es einzig die Augenblicke der Schwäche, der Nachlässigkeit, der Geistestrübung, in denen wir hoffen dürfen, die Rufe einer neuen, großen Lockung zu vernehmen. Nur dort, wo der Gedanke abirren kann, wird die Idee entdeckt.

MARLIES *kommt von links, ruft:* Johanna! Hannaliebste! Hännchen! Komm bitte, bitte ganz schnell! Felix will mir ein Versprechen geben. Ich brauche einen Zeugen, schnell! *Sie verschwindet wieder.*

JOHANNA Oh! *Sie küßt Peter auf die Wange.* Bis gleich . . .!
Sie läuft nach links ab. Lothar verschwindet ebenfalls.

PETER In einer Gesellschaft wie der unseren scheinen die Genuß- und Leidensfähigkeiten des Menschen mehr und mehr zu verkümmern. Das Wagnis der großen Erregungen bleibt weitgehend ungewagt. Unsere Gesichter stoßen kaum je einmal im Leben an die Grenze ihrer Ausdruckskraft. Die Erscheinung des Geistes, der uns mahnt, zeigt das erloschene Antlitz eines aufgeklärten Fernsehmoderators.
Franz kommt, Elfriede geht.
Wir aber, die wir schreiben, im Schutze der Entlegenheit,
Ruth kommt von rechts, bleibt einen Augenblick zögernd zuhörend stehen, geht dann nach links ab.
. . . wir müssen hart arbeiten für die Wiedergewinnung der Tränen, des verschollenen Lachens, der Schmelzflüsse von Lust und Trauer, die dem menschlichen Leben auch dem sozialen Leben neue Kräfte, neuen Reichtum verschaffen, die gewaltsame Erregung, die Verausgabung der Gefühle, der Trost –

FRANZ Warum ist sie denn weggelaufen? Entschuldigen Sie – ich komme wieder.
Er geht nach links ab. Peter ist verstummt.

SUSANNE *hinter der Bank verborgen:* Warum sprechen Sie nicht weiter? Ich höre Ihnen gern zu.

PETER *leise:* Wir werden zuverlässig sein, wenn Sie uns brauchen. Wir wollen mit Ihnen schreien, wenn Sie niederkommen und gebären. Wir wollen mit Ihnen schwärmen, wenn Sie genießen und flüstern mit Ihnen, wenn Sie sich fürchten in einem fremden Haus –

Dunkel

3

Ruth sitzt auf dem Stuhl des Wärters. Lothar geht neben ihr auf und ab.

LOTHAR Was wird bloß aus dem Kind? Ich frage dich . . . Wenn du – wenn du weiter so dahindämmerst. Whisky schon am frühen Morgen und den ganzen Tag über Puzzlespiele legen im verdunkelten Eßzimmer. Ruth – du wirst schwachsinnig! Entschuldige. Ich mache mir Sorgen. Was soll aus dem Kind werden?

RUTH Das Kind bleibt das Kind.

LOTHAR Hör auf. Eben nicht. Ein Junge wie Fritz, ein Bübchen von sechs Jahren, braucht einen lebendigen Partner. Ich kann es nicht ertragen, wenn er dauernd gähnt. Er gähnt und gähnt, nicht weil er gähnen muß, sondern weil er sich das so angewöhnt hat von dir . . . Ich will ihn heute abend sehen. Ich muß mit ihm über die Ferien sprechen.

RUTH Er ist aber schon in die Ferien gefahren.

LOTHAR Was ist er? Wohin?!

RUTH Nach Dreierlenheim. Ein sozialistisches Kinderlager. Oder wie sich das nennt. Alle seine Freunde sind dort.

LOTHAR Du bist wohl übergeschnappt!? Sozialistisches Kinderlager! So etwas gibt es doch überhaupt nicht –!

RUTH Natürlich. Dreierlenheim. Gibt es.

LOTHAR Ohne mich zu fragen?

RUTH Es mußte ja schnell gehen. Fritz wollte unbedingt. Du bist seit vierzehn Tagen nicht bei uns gewesen. In der Praxis darf man dich nicht anrufen . . .

LOTHAR Sozialistisches Arbeitslager, mein Gott!

RUTH Ferienlager.

LOTHAR Wie lange ist er weg? Seit wann?

RUTH Zwei, drei Tage.

LOTHAR Und wie geht es ihm?

RUTH Ich weiß nicht.

LOTHAR Wieso? Hast du ihn nicht angerufen?

RUTH Kann man ihn denn dort anrufen?

LOTHAR Oh nein! Nein, nein, so geht das nicht weiter . . .

RUTH Es ist eigentlich fast, daß man sagen könnte: so ein Kind verträgt letzten Endes besser als wir die Fremde. Es ist frisch am Leben. Es ist widerstandsfähiger gegenüber den Zumutungen, innerlich entschlossener zu leben als wir. Als wir, sein Schutz.

Blende

Ruth und Lothar sind verschwunden. Susanne und Peter stehen sich gegenüber.

PETER Man sieht Ihnen an: Sie haben gerade mit einem Mann geschlafen.

SUSANNE Ha!

PETER Sie haben ja Ihren ganzen Typ verändert. Kleidung, Frisur, Make up. Schmuck. Jawohl, so gefällt es mir. Für Sie ist das noch ein richtiges Ereignis. Ein kultureller Einschnitt, möchte ich sagen. Sie sind weit zurückgegangen in der Sittengeschichte, tief hinab zu den primitiven Epochen des Glücks, bis Sie möglichst viele, möglichst kostbare Zeichen, Gebräuche und Gaben fanden, um Ihre Erfahrung damit zu schmücken, zu überströmen –

SUSANNE Ich glaube fast, ich kann es nachvollziehen.

PETER Irre ich mich?

SUSANNE Ärger irrt man selten.

PETER Sie können nicht verbergen –

SUSANNE Nein. Ich verberge nichts. Da haben Sie recht.

PETER Aber?

SUSANNE Aber – . . . Hören Sie, lieber Peter, die Erfahrung ist es nicht; das bißchen Hoffnung ist es, das sich so herausgeputzt hat. Die Erfahrung, leider, ist es nicht . . .
Sie werden immer mehr vereinsamen, in Ihren jungen Jahren!

Blende

Ruth und Lothar. Beide im Vordergrund, wo eben Peter und Susanne waren.
Der Wärter sitzt auf seinem Stuhl neben dem linken Durchgang. Rechts und
links gehen Answald, Johanna, Franz, Moritz und Elfriede gerade ab.

RUTH Warum hast du mich hierher geschleppt? Was soll ich hier? Die Leute sind nicht
nett zu mir. Die meisten schneiden mich. Weil ich eben ein abgeschnittenes
Stück Mensch bin. Eine Frau, die von ihrem Mann verlassen wurde, wird hier
immer noch als ein Wesen zweiter Klasse behandelt. Das ist mir vielleicht eine
Mischpoke!

LOTHAR Ruhig. Bitte!

RUTH Die teilen inzwischen alle deine Verachtung für mich. Wie? Das muß dich aber
sehr stolz machen –

LOTHAR Weißt du, deine Art, dich ständig selbst zu erniedrigen, bietet andern Leuten
kaum eine Chance, etwas Nettes zu dir zu sagen.

RUTH Nett, nett! Ich pfeife auf eure Nettigkeit. Ihr nehmt euch alle selber viel zu wichtig. Was für ein Wind, was für ein Getue um eure popeligen Affären.

LOTHAR Ich weiß nicht, wovon du sprichst.

RUTH Mit Marlies habe ich doch im letzten Jahr den Italienisch-Kurs in der Volks-
hochschule besucht. Meinst du, die findet heute ein einziges vernünftiges Wort
für mich? Völlig hysterisch, kaputt! Nur wegen diesem Supermann vom Kaufhof. Ach, das ist mir alles viel zu niedrig, viel zu lächerlich. Und euer Dichter-
fratz, der aussieht wie mein Untermieter, der dürre Fernmeldetechniker, spricht
von grausamer Erregung und dabei hört man, wie ihm im ganzen Leib die Knochen klappern . . .

LOTHAR Hast du auch gelegentlich ein paar Bilder angesehen?

RUTH Ja. Natürlich. Hab ich.

LOTHAR Und?

RUTH Nichts.

LOTHAR Ach ja.

RUTH Interessiert mich nicht.

LOTHAR Vor ein paar Jahren hast du dich doch so begeistert geäußert über diesen Neuen
Realismus –

RUTH Ja. Das ist vorbei. Ich verspüre keine Begeisterung mehr.

LOTHAR Glaubst du, Moritz ist die Ausstellung geglückt oder gelungen oder nicht?

RUTH Weiß nicht. Geglückt? Hm. Schwer zu sagen. Weiß ich nicht.

LOTHAR Ich selbst fange nicht gerade viel damit an. Ich bin allerdings auch nicht in der
Stimmung –

RUTH Findest du auch, daß ich mich völlig unmöglich anziehe?

LOTHAR Nein. Wer sagt das?

RUTH Ich habe in letzter Zeit so oft das Gefühl, daß ich mich unbewußt, ohne es selbst recht zu merken, besonders unvorteilhaft – *Sie lächelt.*

LOTHAR Ich kann es vielleicht kaum beurteilen –

RUTH Laß nur, schon gut. Mit der Bluse habe ich bestimmt keinen glücklichen Griff getan. Soviel sehe ich selber. Der Röschenbesatz macht mich älter als ich bin. Macht mich so knuffelig.

LOTHAR Viviane stirbt.

RUTH Ja.

LOTHAR Was heißt »ja«?

RUTH Ich habe auch das Gefühl.

LOTHAR Ich w e i ß es, Ruth. Ich weiß es.

RUTH Oh!

LOTHAR Die Klinik in Essen, wo sie zur Untersuchung war, hat mich heute morgen angerufen.

RUTH Was werden sie tun?

LOTHAR Beten. Es ist zu spät.

RUTH Keine Bestrahlungen?

LOTHAR Nicht für die Leber.

RUTH Du mußt dir keine Vorwürfe machen, Lothar. Du hast dafür gesorgt, daß sie rechtzeitig operiert wurde.

LOTHAR Rechtzeitig? Jetzt wissen wir wohl, daß es nicht mehr rechtzeitig war. Meine Fehldiagnose anfangs und Vivianes Sorglosigkeit –

MARTIN *kommt von rechts:* Ah, da ist er ja – *Er geht in den Durchgang zurück, ruft nach hinten.* Viviane! Hier ist er! Kommst du? *Zu Lothar.* Sie will es dir selbst sagen . . .
Lothar steht erschrocken. Ruth geht einen Schritt auf ihn zu, legt ihre Hand auf seinen Arm. Viviane kommt von rechts.

VIVIANE *geht zu Lothar, nimmt ihn ein wenig beiseite:* Ich möchte Sie etwas fragen, Lothar . . . Haben Sie nicht Lust, wollen Sie beide nicht mit uns für ein paar Tage in die Berge fahren. In der kommenden Woche. Ich habe einen mörderischen Durst nach Höhenluft –

MARTIN Falls es Ihnen nicht zu langweilig ist, mit uns alten Wackelköpfen –

LOTHAR Herzlich gern. Ich würde Sie herzlich gern begleiten. Es ist nur –, ich habe meine Urlaubsvertretung noch nicht regeln können. Darum muß ich mich in der nächsten Woche wohl kümmern . . . Aber Ruth, vielleicht möchtest du mitfahren?

RUTH O ja, sehr gern. Wohin geht die Fahrt? Also, ich bin frisch und frei wie der Fisch im Wasser – mein kleiner Herzensbrecher ist schon in seinem Ferienlager, da bin ich also zu allen Untaten bereit –

VIVIANE So? Na, Sie Glückliche . . . Ich weiß nicht recht, Martin, nicht wahr, – wir dachten im Grunde mehr an Sie beide. Von Paar zu Paar, dachten wir, das ist so sehr viel amüsanter. Tja. Dann wird es wohl unter Umständen diesmal nichts werden . . . Martin!

MARTIN Nein, wohl nicht. Aber bestimmt das nächste Mal.

Viviane hängt sich bei ihm ein.
Sie wissen ja: Die Jahre sind kurz, die Stunden verrinnen,
Woll'n wir noch reisen, so laßt uns beginnen!
Sie gehen im Gleichschritt nach links ab.

RUTH »Von Paar zu Paar« . . . Warte nur, bald hat's sich ausgepaart!

LOTHAR Ruth!

RUTH Herrje, ist das peinlich! Die mit ihrem senilen Glück, Arm in Arm im gleichen Trippelschritt.

LOTHAR Mach dich nicht lächerlich.

RUTH Na, weißt du . . .! Dauernd krieg ich mit der verkehrten Hand ins Gesicht geschlagen. Einer nach dem anderen. Und du stehst daneben und machst eine höfliche Verbeugung. Mein Vater, wenn ich mir vorstelle, mein Vater hätte überhaupt je mit einem Drogisten, einem Saure-Drops-Krämer, überhaupt nur ein einziges persönliches Wort gewechselt . . .

RICHARD *kommt eilig von links:* Kiepert ist gekommen . . . Jetzt heißt es dastehn wie ein Mann und eine Burg!

RUTH Wer ist Kiepert?

LOTHAR Kläuschens Vater. Der geschiedene Mann von Elfriede.

RICHARD Kiepert ist jener Herr, der unseren Vorstand gegen Moritz aufgehetzt hat. Jetzt wollen die alle die Ausstellung platzen lassen.

RUTH Warum?

RICHARD Weil . . . ja, warum? Sehr richtig: warum? Genau weiß ich es noch nicht. Ich vermute aber – haben Sie das Bild von Rainer Bracke gesehen? So ein großer Schinken »Karneval der Direktoren« . . . Sehen Sie sich's mal genauer an. Da erkennen Sie ganz deutlich Kiepert, Kiepert und seinen Chef, die sind haargenau porträtiert, gewissermaßen in einer sehr verfänglichen Lage.

Blende

Vor dem großen Tafelbild auf der Rückwand des Raums steht ein untersetzter rundlicher Mann mit dem Rücken zum Zuschauer. Man sieht seinen fast kahlen Hinterkopf. Er hält Kläuschen an der Hand. Außer Elfriede, die allein links neben dem Durchgang steht, haben sich alle anderen auf der rechten Seite versammelt. Der Wärter steht neben seinem Stuhl in der Nähe des rechten Durchgangs.

JOHANNA *nach einer Weile:* Schön, nicht?
Pause.
Aber das ist doch nun wirklich ganz einfach –: Schön!
Herr Kiepert wendet sich nach links und geht mit Kläuschen langsam ab.

MORITZ Kiepert! . . . Kiepert!

Dunkel

4

Alle sitzen oder stehen im ganzen Raum verteilt. Moritz liest aus einem Schrei-
ben des Kunstvereinvorstands. Der Wärter sitzt auf seinem Stuhl in der Nähe des
rechten Durchgangs.

MORITZ »Nach einer gründlichen Auswertung der Vorbesichtigung vom 23. Juli dieses
Jahres ist der Vorstand einstimmig zu der Auffassung gelangt, daß die Ausstellung ›Kapitalistischer Realismus‹ in der jetzt dargebotenen Form dem kritischen Kunstverständnis unserer Mitbürger in keiner Weise gerecht wird.« . . .
Na ja.

MARTIN Kritische Mitbürger? Die möchte ich sehen.

MORITZ *liest in Bruchstücken:* Weder im didaktisch-thematischen noch im stilistischen
Bereich eine ordnende Hand . . . keine Richtung, kein Profil, keine Akzente . . .
Sammelsurium diffuser Einzeleindrücke.

JOHANNA Was für ein Quatsch! Die haben sich –, die haben sich ja einen Kritiker gemietet,
der ihnen so einen Quatsch schreibt!

RICHARD Nein, das schreibt er schon selber, der Kiepert. Solche Floskeln hat er sich
fleißig angelesen.

ELFRIEDE Übertreiben Sie nicht, er ist schließlich kein Hornochse.

MORITZ *liest weiter:* »Kapitalistischer Realismus als Titel ebenso großspurig wie inhaltlich nichtssagend . . . planlos gehängtes Bildergut . . . gesichtslose Vielfalt.«

FRANZ Ich finde den Titel sehr gut, wenn ich das einmal sagen darf. Er spricht ein brei-
tes Publikum an.

MORITZ Schließlich hat der Vorstand mit höchster Verwunderung zur Kenntnis genommen, daß in der Ausstellung rund ein Dutzend Exponate wiederkehren, die
unseren Mitbürgern inzwischen mehr als vertraut sein dürften. Wir erinnern
hier an Stephen Thomas »Erdbildnis«, das erst kürzlich in der Ausstellung »Ort,
Land, Auge« zu sehen war, während es kaum ein halbes Jahr zuvor in der
Sammlung »Junge Englische Malerei« ebenfalls gezeigt wurde. Ähnlich verhält
es sich mit den Werken Gerhard Richters . . . Und so weiter. Er nennt noch ein
paar Beispiele . . . »Der Verdacht drängt sich auf, daß der Direktor des Kunstvereins jene Bilder, die seine Lieblingsbilder zu sein scheinen, gern und häufig
um sich versammelt und stets aufs neue Gelegenheit findet, sie wieder – und
wieder zu sehen . . .« Ja. Das sagt er so. Spaßvogel. Also, zum Schluß heißt es:
»Der Vorstand sieht sich, bis auf weiteres, gezwungen, dem Direktor sein Mißtrauen auszusprechen. Gezeichnet: Boehme, Cisuleit, Eschenbach, Kiepert,
Dr. Meinicke, Osswalt, Salzinger, Wachtimwald.«

RUTH Lauter Männer, wie?

MARLIES Es ist geradeso wie auf der Richterbank –

JOHANNA Die wahren Fanatiker sind die an sich haltenden Beisitzer.

VIVIANE Osswalt, ausgerechnet, der hat es nötig. Seine Frau hat bei uns in der Rhein-
straße gekauft. Als es noch Rabattmarken gab, mußte die Kassiererin alle Streifen für sie aufheben, die andere Kunden liegengelassen hatten. Wir haben es
nämlich hier mit ganz kleinen Leuten zu tun.

MARTIN Liebes –, ruhig Blut.

RICHARD Kein Wort, kein Sterbenswörtchen über das Bild von Bracke. Der eigentliche Stein des Anstoßes wird mit keiner Silbe erwähnt.

FELIX Sie glauben doch nicht im Ernst –

RICHARD Aber ja. Der »Karneval der Direktoren«, Kiepert und sein Vorgesetzter, na, man muß schon sagen, in fast unzweideutiger Position –

ELFRIEDE Reden Sie doch nicht diesen Humbug!

RICHARD Das einzelne Bild können sie praktisch nicht ausdrücklich verbieten. Ganz klar, ganz klar. Da müssen sie schon auf dem Schleichweg kommen und die ganze Ausstellung zumachen.

ELFRIEDE Meiner Meinung nach ist jeder der Vorwürfe, die der Vorstand erhoben hat, in jedem einzelnen Punkt absolut zutreffend.

FRANZ Wie? Was hat sie gesagt?

MARLIES Hui!

JOHANNA Hussa!

ELFRIEDE Jawohl. Absolut.

VIVIANE Ich muß auch sagen, daß ein bißchen ein Wirrwarr entstehen könnte, wenn man nicht mit ganz sicherem Instinkt durch die Ausstellung geht.

ELFRIEDE Und was den Titel betrifft, er i s t eine beispiellose Angeberei.

RICHARD Langsam, langsam. Sie stellen sich hier vor uns hin und ergreifen blindlings die Partei Ihres Mannes.

ELFRIEDE Das tue ich nicht. Es ist meine Überzeugung, daß er recht hat.

FRANZ Also, was mich allenfalls ein klein wenig stört, der alte Kokoschka –

MARLIES Nein. Die Zumutung beginnt genau dort, wo ein Kokoschka geradewegs neben einem Klapheck hängt. Wie soll ein normaler Mensch das begreifen? Zwei bunte Bilder, eines naturgetreuer gemalt als das andere? Ja. Aber sonst gibt es nichts aber auch gar nichts Vergleichbares zwischen diesen Bildern.

SUSANNE *geht entschlossen auf Moritz zu, der oben auf der Lehne der Bank sitzt:* Nie habe ich Sie mehr geliebt als jetzt, in diesem, eben in diesem Augenblick . . . Ich muß es rasch sagen . . . Ich weiß nicht – erkennen Sie mich? Ich bin so glücklich . . . *Zu den anderen.* Ja, ich habe mich tief verloren in diesen undeutlichen Menschen. Daß Ihr es alle hört: ich liebe ihn . . . *Sie setzt sich auf die Bank und lehnt sich an seine Knie.*

FELIX Also dieses Argument, daß hier einige Bilder mehr oder weniger häufig, zu verschiedenen Anlässen, also, in einigen Fällen schon verdammt häufig zu sehen waren, – daß das mal jemandem auffallen mußte, darüber sollten wir uns nicht wundern.

RICHARD Ich möchte etwas zur Diskussion stellen: Wollen wir nicht gemeinsam noch einmal die ganze Anordnung und die eigentliche Absicht der Ausstellung überdenken und eventuell doch gewisse Orientierungshilfen, eine gewisse Plausibilität . . .

ELFRIEDE Vor allem sollten wir uns überlegen, ob wir im ganzen nicht etwas bescheidener auftreten.

PETER *wie für sich redend:* Gäbe es nicht ein paar wenige Bilder, die wir von Zeit zu Zeit wiedersehen, vor denen wir stillhalten und warten können; gäbe es nicht ein paar wenige Bücher, die wir von Zeit zu Zeit wiederlesen, gäbe es nicht die Wiederkehr der Werke, ihr verzeihendes Lächeln, dann zählte unsere kurze Zeit noch mehr Abschiede, noch mehr Trennungen, noch mehr Verwehung, Vergessen. Es gibt nicht eben viel, an Wichtigem, das wir im Leben mehr als ein Mal tun dürfen.

RICHARD   Heißt das nun: ja oder nein? Sind Sie für oder gegen meinen Vorschlag?

FRANZ   Es würde mich interessieren, Moritz, was Sie selber zu den Vorwürfen des Vorstands zu sagen haben . . .

MORITZ   Ich? . . . ja . . . Was soll ich groß sagen? . . . Ich glaube eigentlich, ich habe mir einige Mühe gemacht . . . Meine Ausstellung – es fehlen die Zusammenhänge, heißt es. Mag sein. Wo gibt es schon Zusammenhänge, mein Gott . . .? Diese Künstler sind doch alle, wie sie da sind, ohne Ausnahme, jeder gegen alle, sind sie verbissene Einzelkämpfer, ein heroisches Ich neben dem anderen. Die haben jeder sein eigenes Weltbild im Kopf und das malen sie dann auch. Ich sehe überhaupt keine Zusammenhänge. Gibt es auch nicht. Ich dachte, das zeige ich jetzt den Leuten in krasser Form, daß keiner irgend etwas mit dem anderen zu tun hat, und damit schaffe ich eine bestimmte Bewußtseins- . . . Bewußtseins- . . . Auf der anderen Seite, das ist ganz klar, es sind wieder einige Werke dabei, die mir im Laufe der Jahre besonders lieb geworden sind, und die werde ich auch immer wieder zeigen. Es sind strenge Werke, einem demütigen Überdauern gewidmet. Und ich möchte, daß sie von ihrer großen Dauer eine kleine erste Weile bei mir verbringen. Das ist meine persönliche Antwort auf das Varieté der Kinkerlitzchen, die Marotten und Effekte, die Zwergleidenschaften, die tristen fixen Ideen . . .

SUSANNE   Ja.

MARLIES   Oh, oh, oh. Ich fürchte, mit solchen Geständnissen können wir den Vorstand nicht beeindrucken.

MORITZ   Nein? Können wir nicht? Wollen wir auch gar nicht! Du, Marlies, das will ich doch einmal sagen, du bist mir gerade das beste Beispiel. Die Sachen, die du machst, – da kramt jemand verzweifelt in seiner engen Natur und sucht irgendeinen kleinen unverwechselbaren Tick, mit dem er sich eben noch auf den dichtgedrängten Markt quetschen kann. Und dann, wenn man genau hinsieht, stellt sich heraus, die Meret Oppenheim hat dasselbe Zeug vor dreißig Jahren schon einmal gemacht, und zwar bedeutend besser!

MARLIES   Ich – *Sie rennt nach rechts ab.*

JOHANNA   *zu Moritz:* Verrückt! . . . Übergeschnappt! . . . Kaputt! Da oben – kaputt! *Sie läuft hinter Marlies her.*

FELIX   Was fällt dir ein! Wieso gehst du auf das arme Mädchen los? Nimm dich bloß in acht, du! . . . Einen Riesen Bockmist hast du hier veranstaltet, und wir versuchen alle, dir aus der Patsche zu helfen –

RICHARD   Keine Hysterie, bitte, keine Hysterie! Wir bringen alles wieder in Ordnung, eins nach dem andern.

SUSANNE   Sie haben mir einmal von einem Taubblinden erzählt. Der Taubblinde, dem es eine gewisse Mühe bereitet, morgens beim Frühstück den eigenen Vater wiederzuerkennen. Sie haben vom Transvestiten erzählt, dem es eine gewisse Mühe bereitet, auch bei völliger Nacktheit noch derselbe Transvestit zu sein. Vom Mongoloiden, dem es eine gewisse Mühe bereitet, den Fahrscheinautomaten zu bedienen. Diese Menschen nannten Sie damals Ihre Vorbilder. Ihr Alltag erfordere eine nicht nachlassende Mühe um Alltäglichkeit. Statt der Fülle achtloser Gewohnheiten, eine kleine Auswahl präziser Errungenschaften, Tag für Tag. Ich will damit sagen, so schlossen Sie damals, erst, wenn unsere Gewohnheiten uns schwer zu werden beginnen, erst unter Bedingungen also der erhöhten Lebensmühe wird es sich vielleicht noch einmal lohnen, die Bilder zu sehen und Freunde zu treffen –

MORITZ Ja. Das habe ich einmal gesagt. Oder sogar zweimal. Aber dann eigentlich nie wieder. Wie ich jetzt darüber denke, weiß ich nicht.

SUSANNE Ich wollte es nur – erwähnen.

RICHARD Also! . . . Wie gehen wir jetzt vor? . . . Moritz!

MORITZ Ich weiß es nicht.

FRANZ *zu Answald:* Warum sagst d u nicht mal was, mein Junge? Keine zündende Idee, nein? Na, ich sehe schon, du bist wieder in Gedanken . . . Apropos – Elfriede! *Er geht zu ihr.* Ich wollte Sie fragen: es bleibt doch bei unserem Essen heute abend, ich meine: trotz allem –?

Dunkel

5

Ruth und Moritz allein. Moritz sitzt auf der Lehne der Rundbank. Ruth neben ihm auf dem Polster. Der Stuhl des Wärters steht leer. Der Wärter sieht hier und da durch den linken Durchgang, verschwindet wieder.

MORITZ Sie haben alle ihre Meinung geändert. Einer nach dem anderen. Zuerst hat es ihnen gefallen, was ich hier gemacht habe. Jetzt finden sie es schlecht.

RUTH Ich nicht.

MORITZ Sie nicht? Sie haben nichts gesagt.

RUTH Der erste Anblick, wenn man Bilder sieht, wissen Sie, aufgrund eines leichten Herzklopfens, manchmal trügerisch –, ist manchmal trügerisch.

MORITZ Herzklopfen? Bei diesen abgebrühten –?

RUTH Warum haben Sie Ihre Ausstellung »Kapitalistischer Realismus« genannt? Ich finde, es klingt sehr ironisch –

MORITZ Ja, fragen Sie nur. Ja, ja. Es steckt bestimmt eine gewisse Ironie dahinter. Richtig. Der Begriff stammt übrigens nicht etwa von mir. Erinnern Sie sich, in den frühen sechziger Jahren, damals, als wir in Europa die amerikanische Popmalerei, erinnern Sie sich? Diese knatterbunte Haushaltswelt –

RUTH Wie?

MORITZ Gottverflucht. Habe ich euch nicht den Calderara herbeigeschafft? Wieder einmal! Habe ich euch nicht »La Sposa« sehen lassen! Pack! »La Sposa« – die Braut, eben noch gegenständlich, eben noch. Ein Werk, vor dem man den Blick senkt, weil man nicht wagt, es unverhohlen anzugaffen ... Das Inbild der Unsichtbaren, wie es Peter einmal genannt hat ... Stellen Sie sich vor, so etwas gäbe es in Wirklichkeit: würden Sie nicht gerne Ihre Gestalt, Ihren Körper dafür geben, um nur noch Licht zu sein, ein unsäglich zarter physischer Schimmer. Alle Zeit wären Sie hell, unauslöschlich und niemand Bestimmtes.

RUTH   Das brauchen Sie mir nicht zu sagen. Ich wäre die erste –

MORITZ   Kaum noch Etwas, doch längst nicht Nichts. Vor diesem Fall kopfüber, vor dem ins Nichts, schützt Sie ja, daß Sie Licht sind und leuchten, flirren, verführen – nicht Nichts, kaum Etwas. *Er rutscht runter aufs Polster.* Hören Sie – wollen wir nicht gemeinsam die Stadt für immer verlassen, Ruth? *Er redet geschwind weiter.* Alle diese individuellen Ansichten, Standpunkte, Rechthabereien, tausend verschiedene Meinungen laufen wie quellfrische Wildbäche aus allen Richtungen zusammen und münden am Ende doch in der stinkenden Kloake einer gigantischen, idiotischen, durch nichts mehr zu erschütternden, mit unzähligen Widersprüchen vollgestopften Meinungslosigkeit ...

RUTH   Tut es Ihnen weh, daß ich Sie mitunter nicht ganz richtig verstehe?

MORITZ   Nein. Es tut mir nicht besonders weh. Sie drücken ja auch viel mit Ihrem Gesicht aus.

RUTH   Es gibt immer irgend etwas in mir, das mich daran hindert, richtig zu verstehen. Ja? ... Gerade wenn ich Ihnen besonders gut zuhören möchte, werden plötzlich alte Erinnerungen wach, ich verliere den Faden. Ich hoffe nur, daß Sie trotzdem, wenn Sie, wie Sie sagen, an meinem Gesicht nicht vorbeisehen ...
Moritz sieht auf die Armbanduhr.
Wie spät haben wir's denn?
Lothar erscheint hinten im rechten Durchgang und geht wieder.

MORITZ   Dafür, daß wir zum ersten Mal miteinander reden, ist es noch sehr früh. Die Zeit läßt angenehm nach.

RUTH   Die Uhren stehen aber nicht still. Wenn Sie das meinen ...

MORITZ   Nein. Wir könnten den Zug nach Brüssel noch erwischen. Oder etwas später den nach München. Wenn ich mich einmal fragen würde: Was hat denn nun am meisten in dir Geschichte gemacht? Waren es Bilder, die Kunstwerke, die du liebst, oder war es noch mehr die Liebe selbst –

RUTH   Ich habe das Gefühl, Sie wollen mich mit Haut und Haaren in Ihr Vertrauen ziehen. Ich weiß gar nicht, wie ich mich verhalten soll. Für mich sind Sie doch in erster Linie ein Mann von Karriere ... Ich frage mich ein bißchen, was Sie wohl an mir finden? Oder ist das schon zuviel gefragt? Ich muß immer daran denken, daß Sie mich heute den ganzen Tag lang quasi gar nicht zur Kenntnis genommen haben ...

MORITZ   Das ist nicht wahr. Sie täuschen sich. Ich habe Sie oft genug beobachtet, ohne daß Sie es bemerkt hätten.

RUTH   Das kann man freilich immer sagen.

MORITZ   Merkwürdig. Ich habe mir vorgestellt, wie Sie wohl aussehen, – entschuldigen Sie –, wenn Ihnen etwas zustößt. Nein, nein, nichts richtig Entsetzliches. Nur etwas, worüber Sie die Fassung verlieren und anfangen zu schreien. Ich habe mir das noch nie von einer Frau vorgestellt.

RUTH Es ist ja auch keine schöne Vorstellung.

MORITZ Nein. Es ist die Vorstellung, daß man leichter Zugang findet, sich stärker hinge-
zogen fühlt –

RUTH *steht auf, streift ihren Rock glatt:* Ach so.

MORITZ Zu einem Menschen, der außer sich ist, schreit oder trauert. Ich gebe dann
meinerseits Hemmungen auf – gehen Sie nicht, Ruth!

RUTH Wie? Oh, ich bin nicht unbedingt aufgestanden, um Sie zu verlassen. Kommen
Sie doch mit . . .!
Moritz steht auf.
Mein Mann nennt mich oft die Frau der ansteckenden Irrtümer. Verstehen Sie?
Ich bekomme erstmals alles in die falsche Kehle . . . und dann ist das Gegenüber
natürlich meistens auch perplex . . . Aber eines muß ich Sie trotzdem noch fra-
gen: . . . ich werde mich vielleicht unsterblich blamieren – bestimmt habe ich
mich verhört . . . es war aber, als hätten Sie vorhin ganz rasch zu mir gesagt:
»Wollen wir diese Stadt nicht verlassen, Ruth?« . . . Stimmt's?

MORITZ Ich glaube ja . . . Warum nicht?

RUTH Und . . . und –? . . . So etwas dürfen Sie mir nicht zweimal sagen!

MORITZ Nein . . . ja . . . warum nicht?

Dunkel

6

*Außer Ruth, Moritz und Susanne sind alle im Raum und warten. Martin und
Viviane sitzen auf der Bank. Neben ihnen Richard, der unablässig auf einen
Papierblock schreibt. Im Hintergrund stehen Marlies und Felix beieinander und
küssen sich. Johanna hält Marlies Hand und kehrt dem Paar den Rücken. Answald lehnt ihr gegenüber an der rechten Wand. Franz sieht sich auf der linken
Seite kleinere Bilder an. Elfriede geht in seiner Nähe auf und ab. Peter lehnt
an der hinteren Wand. Lothar läuft unruhig hin und her. Der Wärter sitzt in
der Nähe des linken Durchgangs auf seinem Stuhl. Nach einer Weile kommt
Susanne von links.*

LOTHAR Und?

SUSANNE »Und« . . . Nichts »und«. Zu Hause ist er nicht und in seinen Kneipen ist er
auch nicht.

LOTHAR Und bei Ruth?

SUSANNE Meldet sich niemand. Ich weiß nicht, ich kenne ja die Gewohnheiten Ihrer
Frau nicht – wahrscheinlich nimmt sie den Hörer nicht ab, wenn sie gerade mit
jemandem im Bett liegt.

LOTHAR Lassen Sie die Frechheiten, Susanne! . . . Ich mache mir Sorgen. Ich interessiere
mich für niemandes Affären, das können Sie mir glauben. Es ist hier allgemein
bekannt, daß meine Frau und ich getrennt leben und daß jeder von uns tut, was
ihm schmeckt. Wenn aber Ruth und Moritz plötzlich verschwinden, beides

Menschen, nach meinem Dafürhalten, labil, in einem äußerst angegriffenen Nervenzustand –

SUSANNE Ach je! Machen Sie Ihre Frau bloß nicht interessanter als sie ist! Wir haben doch alle gesehen, wie quietschfidel sie hier herumgeflattert ist, von einem zum anderen, vergnügungssüchtig, bei jedem hat sie's probiert –
Einwände von verschiedenen Seiten.
Jawohl! Sie ist überhaupt nur hierher gekommen, um sich einen abzuschnappen! Ja! Ja! Ja! Und Sie haben sie dazu ermuntert, das glaube ich wohl . . . Bilden Sie sich nur nicht ein, es sei etwas Besonderes an ihr dran – pah!

LOTHAR *geht zu ihr:* Kommen Sie. Beruhigen Sie sich. Setzen wir uns.
Er führt sie zur Bank. Susanne setzt sich. Links ertönt das Telefon. Susanne springt auf, stößt Lothar zur Seite, läuft, stolpert, fällt hin, steht wieder auf, rennt nach links ab.

VIVIANE Hat die einen Vogel!

ELFRIEDE So geht das nun schon seit Jahren mit ihr und Moritz. Es kommt einfach nichts Reelles zustande zwischen den beiden.
Peter kommt nach vorne. Richard gibt ihm seinen Block zu lesen. Susanne kommt zurück, abgespannt.

SUSANNE Elfriede, für dich.

RICHARD Kiepert?

SUSANNE Nein. Kläuschen.
Sie setzt sich wieder. Elfriede geht nach links ab.

FELIX So. Und nun?

SUSANNE Wir warten.

FELIX Aha . . . Worauf? . . . Hm? Worauf? – Keine Antwort. Na schön. Laß uns gehen, Marlies.

PETER *gibt Richard den Block zurück:* Nein. Das ist mir zu dumm.

RICHARD Zu dumm . . . zu dumm. Alles, was ich mache, ist Ihnen zu dumm!

PETER Ich meine doch nicht, was Sie geschrieben haben. Es ist mir einfach zu dumm, mich mit diesen Holzköpfen überhaupt zu befassen.

RICHARD Das ist aber wichtig. Mir liegt an den Bildern. Ich mache das jetzt.
Er schreibt und verbessert auf seinem Block.

Blende

Viviane und Answald allein. Vermindertes Licht. Answald legt sein Jackett ab, zieht seinen Rollkragenpullover aus. Er läuft aufgeregt um Viviane herum.

ANSWALD Nimm's zurück. Kratzt.

VIVIANE Kratzt?

ANSWALD Ja. Kratzt, kratzt, kratzt. Ganze zwei Stunden habe ich mich gequält. Vor den Leuten will man sich in etwa beherrschen . . . Wo kaufst du diese gemeinen Geschenke für mich? Bei Woolworth. Keine Frage. Ich weiß es. Woolworth. Das Billigste muß es sein, das Gröbste, das Legerste, das Undurchdachteste! . . . Ein gemeines Geschenk, Viviane, abstoßend, närrisch . . . Das wirst du zurückbringen. Das bringst du mir zurück ... Damit du ein für allemal begreifst, daß man so etwas nicht kauft, du ...!

VIVIANE Der ist nicht von Woolworth –

ANSWALD Natürlich. Woolworth. Woher denn sonst?

VIVIANE Das ist doch egal, woher er ist ... Ich dachte, ich könnte dir eine Freude machen.

ANSWALD Freude? Nein, nein ... Demütigung, hast du gedacht, womit kann ich ihn diesmal demütigen? ... Deine preiswerten Geschenke bei jeder Gelegenheit – nur um den anderen sozial zu erniedrigen ... böswillige Wohltätigkeiten ... klassenbewußt, klassen u n t e r bewußt –

VIVIANE Armer Junge.

Blende

Alle sind wieder im Raum versammelt, in derselben Gruppierung wie vorher. Answald wieder in Pullover und Jackett. Elfriede kommt von links.

ELFRIEDE Kläuschen sagt, er hätte hier irgendwo eine Filmkassette liegen lassen ... Hat jemand von euch vielleicht so eine kleine flache Schachtel gesehen ... so ein graues Plastikdings ...?
Alle suchen ein wenig um sich herum. Das Licht verschwindet.

Dunkel

Dritter Teil
Gute Beziehung

Spätnachmittags

I

Derselbe Raum. Dieselbe Wartesituation wie am Ende des Zweiten Teils. Der Wärter steht auf seinem Stuhl und erzählt einen Witz nach dem anderen.

WÄRTER Welches ist das dünnste Buch der Welt? – Die Geschichte der italienischen Kriegshelden ... Wer hat Mussolini mit zweiundzwanzig Kugeln vollgepumpt? – Fünftausend italienische Scharfschützen ... Wissen Sie, wer das Puzzlespiel erfunden hat?

FELIX Keine Ahnung.

WÄRTER Ein Schotte, dem aus Versehen eine Pfundnote in eine Fleischhackmaschine gefallen ist. Oder, wenn Sie wollen, ein ganz anderer Scherz ... Die Kompanie ist angetreten. Der Hauptmann brüllt: »Alles stillgestanden! Auch der mit dem roten Helm!« Der Spieß, der daneben steht: »Melde gehorsamst, der mit dem Helm ist ein Hydrant.« Der Hauptmann: »Egal. Die Kommandos gelten auch für Akademiker!« . . . Oder, wenn Sie wollen ein ganz anderer Scherz . . . Dazu muß ich sagen, im Jahre 1940 lernte ich in Trier den später auch als Mörder bekanntgewordenen Conférencier Herbert Hengstenberg kennen. Ein wirklicher Herr mit sprühendem Witz und beißender Schlagfertigkeit. Bis sich, kurz nach dem Krieg, sein Stern verdunkelte und er im Anfall einer großen Depression seine Frau und seine beiden Kinder vergiftete. Ich darf sagen, ich verdanke ihm viel, vielleicht das beste von meinem Humor . . . Entschuldigen Sie, eine kleine Verbeugung vor meinem verstorbenen Freund Herbert Hengstenberg . . . Also: Hengstenbergs Spezi, der Berliner Liqueurfabrikant Nierenstein, ist endlich so reich geworden, daß er sich nun den größten Wunsch seines Lebens erfüllen kann. Er mietet ein ganzes Orchester, um es zu dirigieren. Doch bei der Probe will keine Harmonie entstehen, der Lärm wird zur Qual. Der Paukist will dem Inferno ein Ende bereiten und wirft seine großen Becken mit einem gewaltigen Donner zu Boden. Alles zu Tode erstarrt. Nierenstein mustert mit zusammengekniffenen Augen die Reihe der Musiker und fragt drohend in die Stille: »Also gut, wer von euch Kerlen war das?« . . . Oder, wenn Sie wollen, ein ganz anderer Scherz, Hengstenberg in einem Berliner Nobelrestaurant –

VIVIANE *kommt von links:* Guter Mann, nun beruhigen Sie sich mal wieder! Sie führen sich hier auf . . . Kaum ist der Herr aus dem Haus, da tanzen die Mäuse auf dem Tisch.

WÄRTER Gnädige Frau . . . ich bitte um Verzeihung, aber der Herr dort in der beigen Samtjacke – *Er meint Felix.* hat mich ausdrücklich aufgefordert –

MARTIN Ja, nun ist es gut. Jedes Ding hat seine Weile.
Der Wärter setzt sich, zieht seine Mütze auf.

VIVIANE Karin ist fertig mit dem Tee, Martin.

MARTIN Gut. Ich hoffe, es wird dir nicht zuviel, mein Herz.

VIVIANE Aber nein, ich freue mich.

MARTIN Meine Herrschaften, ich höre gerade, das Mädchen hat uns den Fünfuhrtee auf der Veranda serviert. Wie wär's, wenn wir alle auf einen Sprung zu uns rüber gehen! Kommen Sie. Und wenn sich das Wetter halt, gibt es anschließend eine Partie Boccia. Lothar! Nicht wahr? Kommen Sie.
Alle bewegen sich langsam zum rechten Durchgang hin. Susanne bleibt auf der Bank sitzen. Johanna läuft mit Answald, den sie an der Hand hinter sich herzieht, nach links ab. Beim Hinausgehen ergibt sich eine Gruppierung: Peter und Lothar; hinter ihnen Viviane, Martin und Franz.

PETER Der Tod ist keineswegs ein allumfassendes Naturgesetz. Denken sie nur an den Urstoff allen Lebens: die Pflanzenwelt. Dort gibt es die Zellteilung, dort sind Geburt und Vermehrung nicht an den Tod gebunden. Das Alte muß nicht sterben, um dem Neuen Platz zu machen.

VIVIANE Die Pflanzen, ach, die Pflanzen, mein Lieber, die kennen ja auch kein richtiges Sex-Leben. Na, ich danke!

MARTIN Viviane . . . !

Sie lachen beide.

PETER Aber sie kennen Angst und Schmerz . . .

FRANZ Ich habe in Bamberg einen Kollegen, der ist kürzlich zweiundneunzig geworden.

VIVIANE Nein, das ist zu alt, viel zu alt.

FRANZ Ja. Eben. Das wollte ich gerade sagen. Er ist durchaus nicht glücklich darüber. Eher ratlos. Neulich hat er zu meiner Frau gesagt: Manchmal denke ich, woran sollst du bloß noch sterben? Der Tod hat dich ja wohl vergessen. Wer holt mich denn bloß hier unten ab, wenn der Tod nun schon vorübergegangen ist . . .

VIVIANE Wie rührend. Nein, das ist wirklich allerliebst. Lebt der alte Herr allein?

FRANZ Er lebt in einem Heim für alte Künstler, traurig, traurig. Meine Frau kümmert sich ein bißchen um ihn.

Alle sind abgegangen. Susanne sitzt allein auf der Bank. Nach einer Weile kommt Martin zurück.

MARTIN Kommen Sie nicht mit uns, Susanne?

SUSANNE Ich möchte lieber nach Hause fahren.

MARTIN Na, nun kommen sie schon. Ich habe ein wunderschönes Trostpflästerchen . . . Im Garten stehen die Rosen so – *Zeigt es.* und in diesem Jahr haben wir zum ersten Mal die goldgelbe »Peer Gynt«, mit ihrem vollen weichen Duft –

SUSANNE Wenn mir einer das zuckende Herz mit dem Rasiermesser aufschneidet – dann ist es eben vorbei. Vorbei. Was soll man machen?

MARTIN Lassen Sie sich nur nicht unterkriegen! Eine Frau mit Ihren Fähigkeiten – eine so schöne, so großartige Frau. Intelligent, lebenserfahren. Die Herzensgeschichten bringen immer ein furchtbares Durcheinander mit sich, ich weiß es wohl, es geht nie ohne Auf und Ab, ohne Ruck und Riß. Aber das ist es ja gerade, was die ganze Persönlichkeit aufleben läßt. Das Leben verliert an Interesse, wenn man nicht den höchsten Einsatz wagt . . . Na, denken Sie nur, was Sie alles hinter sich haben, wo Sie überall rumgekommen sind. Währenddessen, ich bin eigentlich so richtig nirgendwohin gekommen in meinem Berufsleben. Sie dagegen haben in den Weltstädten gearbeitet, London, Kairo –

SUSANNE Gearbeitet, ich? Oh, was wohl? Ich bin doch überall nur eine Hilfskraft gewesen, eine Begleitperson . . . Die Menschen haben mich immer irgendwie so mitleben lassen . . . Und nun habe ich überhaupt kein Geld mehr!

MARTIN Was? Kein Geld? Ach so. Das wußte ich nicht. Sieht es wirklich so schlecht aus, ja? Du lieber Gott, kein Geld . . . Tja. Ich glaube aber, ich muß jetzt gehen . . . Ich verliere die anderen.

SUSANNE *steht auf:* Ja. Gehen wir.

MARTIN Sie kommen also doch mit?

SUSANNE Nein.

Martin geht rechts ab.

WÄRTER *steht auf:* Entschuldigen Sie, Frau Susanne, wegen des Zwischenfalls vorhin. Aber der eine Herr und der andere Herr – *Er zeigt hinter Martin her.* haben mich so lange gereizt, bis –

Blende

*Der Wärter sitzt auf seinem Stuhl. Susanne ist abgegangen. Von links kommen
Answald und Johanna und gehen vorüber.*

JOHANNA Was würdest du sagen, wenn die Tür aufgeht, und hereingerauscht kommt
Elfi?! Sie fällt dir um den Hals und flüstert: Ach, mein lieber Schatz, die blöde
Geschichte mit der Reise habe ich doch nur erfunden, damit wir heute, an dei-
nem Geburtstag ein um so glücklicheres Wiedersehen feiern!

ANSWALD Du mußt mich nicht quälen.

JOHANNA Wenn sich bloß mal wegen mir einer so anstellen würde! Ha! Ich will dir
sagen, was ich denke: unser Land hier, das ist einfach kein fruchtbarer Boden für
die großen Gefühle. Wir leben hier viel zu nervös und dichtgedrängt. Aber Kanada, das ist ein ruhiges, weites Land . . . Ich habe mir nämlich überlegt, ob ich
nicht mit Marlies und Felix nach Kanada auswandere . . .

ANSWALD Kanada? Ausgerechnet Kanada?

JOHANNA Jawohl. Felix wird in Quebec eine Kette von Waschsalons übernehmen, die
sein Bruder kürzlich gekauft hat . . .
Sie gehen links ab.

Dunkel

2

*Zurückgenommenes Licht. Der Wärter hat seinen Stuhl in die Nähe des rechten
Durchgangs gestellt. Nach einer Weile erscheint links Moritz, mit einem Mantel
über die Schultern gehängt.*

MORITZ Sind sie weg?

WÄRTER *steht auf:* Herr Direktor . . .!

MORITZ Alle fort, ja?

WÄRTER Sie sind alle gegangen.

MORITZ Gut so. Um so besser. *Er legt seinen Mantel ab, zieht sein Jackett aus, wirft
beides auf die Bank. Er verschwindet nach links und kommt mit einem Trans-
portwagen wieder, der mit Kisten und Containern beladen ist.* An die Arbeit,
Vogel. Helfen Sie mit! Runter mit den Bildern!

WÄRTER *aufgeregt:* Runter mit den Bildern.

MORITZ *beginnt einige kleinere Bilder auf der linken Seite abzuhängen:* Alle Bilder ab-
hängen . . . Vorsichtig! . . . Verpacken! . . . Vorsichtig! . . . Weg damit.

WÄRTER *hängt ebenfalls Bilder ab:* Weg damit . . .

MORITZ In den Keller mit der Kunst!

WÄRTER In den Keller mit der Kunst.

MORITZ Kein Mensch braucht Bilder. Firlefanz.

WÄRTER Firlefanz, Firlefanz.
*Sie kommen zu dem großen Bild im Hintergrund. Wenn sie es anfassen, ertönt
der laute Brummton der Alarmanlage.*

MORITZ   Stellen Sie den Alarm ab.

        Der Wärter läuft nach rechts und stellt die Anlage aus. Er kommt zurück. Sie hängen weiter Bilder ab, laufen dabei auch in die anderen Räume. Sie legen die Bilder vorsichtig auf den Boden oder lehnen sie an die Wand.

MORITZ   Das ist keine schöne Ausstellung, Vogel.

WÄRTER   Nein.

MORITZ   Es ist ein Sammelsurium!

WÄRTER   Sammelsurium, Sammelsurium, Sammelsurium . . .

MORITZ   Krimskrams, Schwindel, Bluff.

WÄRTER   Schwindel, Schwindel.

MORITZ   Irreführung der kritischen Öffentlichkeit. Es hat sich ausgeblufft, Vogel.

WÄRTER   Bluff, Krimskrams.

MORITZ   Aus. Schluß. Gesicht zu.

        Draußen beginnt es zu regnen. Es plätschert auf die Glasüberdachung.

WÄRTER   *ohne Bilder abzuhängen:* Die Bilder sagen uns nichts. Ich habe sie lange genug vor mir gehabt. Keine Wärme, keine Freude, kein Gleichnis, keine Kraft, keine Wärme, kein Inhalt, keine Freude, kein Leben, kein Partner, kein Stolz, keine Antwort, kein Wunder, kein Sinn, kein Kummer, kein Dank, keine Freude, kein Rätsel, keine Freude, keine Freude, keine Freude.

MORITZ   *kommt von links mit mehreren Bildern:* Sehen Sie mal – was für ein Meisterwerk! . . . »Sessel«, Domenico Gnoli, Öl und Sand. Ich liebe es. Da, sehen Sie, wenn erst die Farben still erbleichen – fein . . . aber der Schatten bleibt, der Schatten, den die Lehne wirft, sitzt auf dem Polster zu Gast. Der Schatten ist nicht mehr der Knecht des Lichts, er ist ihm vollkommen ebenbürtig . . . Dummes Geschwätz! Verstecken, verpacken, unsichtbar machen . . . vorsichtig, vorsichtig! *Er stellt das Bild ab und nimmt ein anderes.* Und dieses Bild . . . haben Sie sich dieses Bild einmal angesehen? Lucian Freud. Ein englischer Maler. Es ist nicht schön, nein. Gehört wohl nicht in diese Ausstellung, meinetwegen. Aber ich liebe es. Es heißt »Weiter Innenraum«. Aber was Sie sehen, ist ja ein enges Zimmer. Weit ist es nur, weil die beiden Menschen dort, die alte Frau auf dem Sessel und die junge Frau auf dem Bett, mit nacktem Oberkörper, in ihre Gedanken versunken starren, weit ist es nur durch die große Öffnung ihrer Augen . . . Das Einfache und das Unendliche auf einen Blick! . . . Mann Gottes, sehen Sie das? . . . Fort damit, auf die Reise, mein Liebes . . . Weiter, Vogel, weiter! Es ist noch viel zu räumen.

WÄRTER   Nein. Ich mache nicht mehr mit. Es ist gleich fünf Uhr. Mein Arbeitstag geht zu Ende. *Er zieht seine Jacke aus, nimmt seine Mütze ab und legt beides über den Stuhl.* Ich möchte Ihnen sagen, daß ich es nicht recht finde, was Sie hier tun. Sie lieben die Gemälde, ich weiß es. Und man sieht es doch. Sie hängen an ihnen wie andere Menschen an Menschen. Ich schäme mich jetzt, daß ich Ihnen geholfen habe beim Abräumen der Bilder. *Er geht nach links ab und kommt kurz darauf in Hut und Mantel zurück.* Ich muß jetzt gehen. Meine Frau wartet. Ich bin Amateurfunker, Herr Direktor. Um Punkt halb sechs hat sie eine Verabredung mit ihrer Freundin in Hartford/Connecticut. Ich muß die Verbindung herstellen . . . Ja, also . . . Hoffentlich betrübt sich unsere gute Beziehung nicht, durch diese schwarzen Minuten . . . *Guten Abend. Er geht nach rechts ab.*

MORITZ Schwätzer! *Er krempelt die Ärmel hoch, läuft nach links und holt wieder ein paar Bilder, legt sie auf den Boden. Dann setzt er sich auf die Bank und zündet sich eine Zigarette an.*

Dunkel

3

Dasselbe Licht. Moritz sitzt auf der Bank und raucht. Neben ihm leere Zigarettenschachteln. Auf dem Boden Dutzende halbgerauchter Zigaretten. Noch mehr abgehängte Bilder im ganzen Raum. Susanne kommt von rechts in einem leichten Regenmantel. Das Haar ist naß.

SUSANNE Ruth hat mich angerufen. Es soll Ihnen nicht besonders gut gehen . . . Störe ich?

MORITZ Nein.

SUSANNE *kommt nach vorn:* Haben Sie nicht zufällig in Ihrem Büro einen Fön, oder wie?

MORITZ Setzen Sie sich.

SUSANNE Sie sind wohl nicht naß geworden, nein?

MORITZ Nein.

SUSANNE Wo waren Sie?

MORITZ Im Bundesbahnhotel.

SUSANNE Im –? Wollten Sie – davonfahren?

MORITZ Ja. Ursprünglich, ja.

SUSANNE Oh! . . . Und Ruth?

MORITZ Ruth auch.

SUSANNE Und?

MORITZ Der Mensch zögert, das Schicksal zögert nie.

SUSANNE Hm?

MORITZ *mit einem Blick auf die Uhr:* Siebzehnuhrsiebenundvierzig. Jetzt ist der Zug nach München auch weg.

SUSANNE Und was ist nun das Bemerkenswerte an dieser Geschichte?

MORITZ Nichts Besonderes, im Grunde; nichts Besonderes. Ich stand eine Weile am offenen Fenster des Hotelzimmers und habe mir den Sturm angesehen –

SUSANNE Sie wollen gar nicht mit mir über Ruth sprechen?!

MORITZ Nein, ich wollte lediglich auf etwas anderes hinaus.

SUSANNE Wissen Sie, daß ich keine Kraft mehr habe, ich habe keine Kraft –

MORITZ Ruth, Ruth, Ruth –!

SUSANNE Seien Sie still! Lügen Sie nicht. Sie lügen!

Von rechts kommen in Regenkleidung langsam und leise Lothar, Answald, Martin und Viviane, Elfriede, Franz, Peter, Felix, Johanna und Marlies. Sie bleiben verstreut im Hintergrund.

Blende

MORITZ Laß uns zusammenbleiben und gute Gesellschaft leisten. Heißt es nicht so?
SUSANNE Ja. Im Märchen.
MORITZ Ach so.
Dunkel. Während der Dunkelphase hört man von den anderen Geschwätz und Geflüster, die abgehängten Bilder betreffend.

4

Moritz auf dem Weg zum linken Durchgang. Susanne folgt ihm. Er dreht sich nach ihr um. Sie bleibt stehen und wendet den Kopf zur Seite, sieht woanders hin. Wenn er weitergeht, folgt sie. So gehen sie beide ab. Die anderen beschäftigen sich unterdessen mit den herumliegenden Bildern.

RICHARD *von links draußen:* Hör mir doch zu! . . . Moritz!
Richard kommt in durchnäßter Wildlederjacke, zerrt Moritz hinter sich her.
Du . . . Du sollst mir zuhören . . . So. Bleib stehen!
Susanne kommt zurück.
Also: Kiepert zieht seinen Protest zurück. Ich war im Zoo und habe ihn schlankweg zur Rede gestellt . . . Bracke, natürlich, ganz klar, wie ich gesagt habe. Zuerst eine Menge Blablablablabla – und dann plötzlich fängt er an zu kochen: »Karneval der Direktoren« . . . Dreck, Skandal, Unverschämtheit . . . Das ist der ganze Lack. Na, was soll's? Ich schlage vor, wenn wir die Bilder jetzt wieder aufhängen –
MORITZ Laß mich in Ruhe, Richard. Mach du, was du für richtig hältst, Richard. Mach du es. Mach, was du willst, Richard. Ganz nach deinem Belieben.
RICHARD Spiel mir bloß nicht verrückt! Deiner Ausstellung wird kein Haar gekrümmt. Ich habe das doch alles klargestellt . . . Moritz!
MORITZ *geht zu Susanne:* So das war's. Nun bin ich ein Verlierer, Susanne.
SUSANNE Ja, ich weiß. Wenn Sie sich mir einmal zuwenden, dann bekomme ich immer nur Ihre Schwächen zu sehen . . . Ich will mich nicht beklagen. Aber gut tut mir das nicht.

Blende

Moritz ist abgegangen. Susanne, Johanna und Elfriede sitzen vorn auf der Bank. Hinter der Lehne stehen Marlies und Richard auf dem Polster und dirigieren Martin, Franz, Answald, Lothar und Peter, die die Bilder wieder an die Schnüre hängen.

RICHARD   Wenn der Moritz sein Museum ausräumen will, seine geliebten Bilder, Bilder,
          die er braucht zum Sehen, wie andere Leute die Brille, das ist geradeso, als woll-
          te die Zunge im Mund alle Zähne hinauswerfen, weil sie sie plötzlich als Fremd-
          körper empfindet. Maniak ist das, komplett maniak! Wir werden es nicht zulas-
          sen. Ich nicht. Marlies – was wollen wir auf die Rückwand hängen?

MARLIES   Ich dachte, etwas Kleineres, Empfindliches. Eine Serie von Zeichnungen viel-
          leicht. Die Hockneys zum Beispiel.

RICHARD   Einverstanden. Reservieren wir den ganzen Saal für das Empfindliche. Alles
          was nicht faustdick realistisch ist.

MARLIES   Auch die beiden Janssens gehören dann hierher.

RICHARD   Sehr gut. Weiter! Nach links nebenan alle deutschen Realisten: Sorge, Nagel,
          Richter und Konsorten.

MARTIN   Richter nicht, bitte nicht. Den sollten wir in einer Extraabteilung würdigen.

RICHARD   Abteilung Naturrealismus?

FELIX   Aber woher? Der gehört doch zu den Fotorealisten.

RICHARD   Wir haben aber ausschließlich Landschaftsbilder von ihm. Gut. Klären wir
          später.

PETER   Hier ist dieses einsame Bild von Lucian Freud . . .

RICHARD   *zu Marlies:* Was meinen Sie?

MARLIES   Ich kann überhaupt nichts damit anfangen.

RICHARD   Klären wir später.

FELIX   Die mythischen Realisten dürfen auf keinen Fall so auseinandergerissen werden,
          wie Moritz das getan hat.

RICHARD   Tja. Was nennen Sie mythisch, mein Lieber:

FELIX   Mythisch? Mythisch – bestimmte Tiefenvisionen . . .

RICHARD   Das nennt man Surrealismus.

FELIX   Machen Sie keine Witze! Sie wissen genau, was ich meine. Colville, Bailey,
          Marcomeit.

RICHARD   Gut. Stellen Sie die Werke zusammen. Wir machen eine Abteilung daraus. *Zu
          Marlies.* Ich fühle mich sehr wohl neben Ihnen, Marlies. Manchmal tritt man
          ja erst bei der Arbeit zu jemandem in nähere Beziehung.

MARLIES   *steigt von der Bank:* Arbeit dürfen Sie unser Vergnügen aber nicht nennen.

RICHARD   Nun, Intelligenz ist aber schon gefordert.
          Er steigt von der Bank. Sie gehen beide nach links hinten.

MARLIES   Wenn Sie Montag früh in die Druckerei fahren – nehmen Sie mich mit?

RICHARD   Wie meinen Sie –? Ja, gerne . . .

MARLIES   Sie brauchen nicht rot zu werden. Es geht um diese neue Offsetmaschine, deren
          Geräusch Sie so quält –

RICHARD   Oh, verdammt, ja. Davon haben Sie gehört, ja.

MARLIES   Ich möchte gerne wissen, wie gut sie Farben druckt. Ein Verlag will ein paar
          Fotos von meinen Objekten bringen.

RICHARD   *während sie links abgehen:* Ich zeige Ihnen die Maschine. Wir drucken gerade
          einen Textilkatalog. Ich zeig Ihnen alles . . . Meine Güte – ich wollte schon im-
          mer mal morgens mit einer Freundin am Arbeitsplatz erscheinen . . .!
          Währenddessen reden vorne auf der Bank Elfriede, Susanne. Johanna schnappt

ab und zu etwas von dem auf, was im Hintergrund gesprochen wird, und wiederholt es bestätigend. »Die Hockneys« ... »Fange nichts damit an« ... »Klären wir später« usw.

ELFRIEDE Hast du Kummer?

SUSANNE Ja.

JOHANNA So bis ins Sture hinein betrübt, wie?

SUSANNE Hm.

ELFRIEDE Nicht mitanzusehen.

JOHANNA Nein. Es ist nicht mitanzusehen.

ELFRIEDE Nur wegen Ruth. Ruth, das traurige Vollweib.

JOHANNA Hast du Kummer, wähl die Nummer –

ELFRIEDE Ich möchte wissen, wie die wohl einen Mann in die Arme nimmt.

JOHANNA Ich sage dir, sie faltet über dem Männerrücken die Hände zum Gebet.

ELFRIEDE Oder auch nur zum Däumchendrehen.

JOHANNA An Leib und Seele geformt von Badewannen, Hängematten und Sofas.

ELFRIEDE Wißt ihr eigentlich, daß Viviane Krebs hat?

JOHANNA Nein!?

SUSANNE Ist sie nicht vor ein paar Jahren operiert worden?

ELFRIEDE Ja. Jetzt ist er wieder da.

JOHANNA Woher weißt du?

ELFRIEDE Von Ruth.

SUSANNE Ist sie hier?

ELFRIEDE Sie hat es mir vorhin erzählt.

SUSANNE Typisch Ruth. Klatscht aus der Praxis ihres Mannes.
Viviane kommt von rechts.

VIVIANE Du liebe Güte, mein Mann und der Schriftsteller reden politisch miteinander ... Darf ich? *Sie setzt sich dazu.* Was ist dieser Peter für ein Mensch? Ein Radikaler?

ELFRIEDE *sieht die anderen an:* Nein.

JOHANNA Bestimmt nicht.

ELFRIEDE Er ist lediglich sehr arm.

JOHANNA Von uns allen der Ärmste.

SUSANNE Und sehr einsam.

JOHANNA Weil man ihn auch schwer versteht.

SUSANNE Ein Mädchen wie du sollte ihn eigentlich verstehen.

JOHANNA Ach, hör auf.

ELFRIEDE Er könnte uns, so wie wir sitzen, nicht mal zum Eiscafé einladen.

VIVIANE Wovon lebt er?

JOHANNA Tja ... wovon? *Sie stößt Elfriede an.* Wovon?

ELFRIEDE Weiß es doch nicht ... *Zu Susanne.* Weißt du's?

SUSANNE Nein.

ELFRIEDE *zu Viviane:* Wir wissen es nicht.

JOHANNA Er hat dieses Theaterstück geschrieben –

ELFRIEDE Vor zwei Jahren.

JOHANNA In dem Answald gespielt hat. Wie hieß es?

ELFRIEDE Vergessen.

JOHANNA Irgendwas mit Innereien oder Abfall.

VIVIANE Absurdes Theater?

ELFRIEDE UND JOHANNA Oh nein!

SUSANNE »Palast der Eingeweide«. Ein philosophisches Schauspiel.

VIVIANE Ich habe aber doch gesehen, wie er ein ganzes Bündel Geldscheine aus der Hosentasche zog –

JOHANNA Oja –!

ELFRIEDE Oh nein, das hat nichts zu bedeuten.

JOHANNA Er hat kein Geld.

ELFRIEDE Absolut nichts. Glauben Sie mir.

JOHANNA Das macht er immer. Holt so ein Bündel aus der Hosentasche, biegt es wie Spielkarten vor dem Mischen – aber zwischen den paar Geldscheinen stecken lauter Kalenderblätter und Rechnungen.

SUSANNE Das ist wahr. Er hat nichts.

ELFRIEDE Absolut nichts.

VIVIANE Na gut. Um so besser. Mein Mann will ihn nämlich fragen, ob er nicht Vorleser bei uns werden möchte. Mir wäre es recht. Wenn er kein Radikaler ist. Armut an sich ist keine Schande. Normalerweise haben wir keine Sympathien für die kleinen Leute. Mit der Mehrheit des Volks und mit dem Grund des Volks wollen wir nichts mehr zu schaffen haben. Die sollen alleine sehen, wie sie weiterkommen.

SUSANNE Na, wenn Sie sich da mal nicht in den Finger schneiden, mit der Auffassung!

VIVIANE Ach, meine Liebe, wenn Sie sich in Ihrem Leben mit soviel Personal und kleinen Leuten herumgeärgert hätten wie ich, dann wäre auch Ihnen der Sinn fürs Soziale gründlich vergangen.

SUSANNE Sie sind sehr, sehr eingebildet.

ELFRIEDE Susanne!

SUSANNE Ich bin selbst Personal gewesen. Oft genug. Ich darf mich wohl verteidigen.

VIVIANE Elfriede! Kommen Sie. Lassen Sie uns einen kleinen Rundgang machen. Unsere Ausstellung hat ja ein ganz neues Gesicht bekommen. Gottlob.
Elfriede und Viviane stehen auf, gehen nach links. Von dort kommen Felix und Marlies.

FELIX Was denkst du dir eigentlich?

MARLIES Felix –

FELIX Es reicht, Marlies. Es reicht. Wenn du dir diesen Kerl anlachen willst, bitte –

MARLIES Welchen Kerl! Ich habe niemanden angelacht. Richard ist doch ein Freund von dir.

FELIX Kein Wort mehr. Es kotzt mich an.
Er geht rechts ab. Marlies hinterher.

JOHANNA *ist aufgestanden:* Schon wieder Krach . . . Oh, Marlies, so kommen wir niemals nach Kanada!

Blende.

Susanne ist verschwunden. Johanna und Marlies gehen langsam nebeneinander
links ab. Johanna hat den Arm um Marlies' Schulter gelegt.

JOHANNA Nicht?

MARLIES *schüttelt den Kopf:* Nein.

JOHANNA Überhaupt kein bißchen?

     Marlies zuckt mit den Schultern, schüttelt den Kopf. Sie gehen beide ab. Von
     rechts kommt Answald, allein. Er sieht sich Bilder an. Er bekommt einen starken
     Hustenanfall. Ruth kommt von rechts, in Regenkleidung. Sie sieht sich ver-
     wundert im Raum um. Sie geht zu Answald.

RUTH Was ist denn hier passiert? Wo – *Sie wartet, ob der Husten nicht aufhört, nimmt*
     ihren Hut ab.

ANSWALD *unter Husten:* Einen Augenblick bitte –
     Ruth läuft nach links weg, da der Husten nicht aufhört.

     Dunkel

     5

     Lothar und Moritz kommen von rechts.

LOTHAR *sehr erregt:* Senegalesen! Die ärmsten Kreaturen aus Obervolta und andere
     Schwarze, die fliehen vor dem nackten Hungertod aus ihren Ländern. Mit einem
     Kilo Hirse unter dem Arm machen sie sich auf den Weg. Letzte Lebensfrist, zir-
     ka vierzehn Tage. Nach Frankreich, nach Paris. Das sagt dieser Staatsbeamte
     vom Senegal selbst und lächelt dazu! Diese gottverlassenen Geschöpfe fallen, da
     sie nicht wissen, wie sie durch die verschiedenen Länder kommen, ohne Arbeit,
     ohne Papiere, fallen sie in die Hände von hochbezahlten Fluchthelfern, die sie
     schleusen. Und wie bezahlen sie die? Unglaublich! Sie verkaufen die Nieren
     ihrer sterbenden Eltern oder Geschwister! Die Nieren! Das mußt du dir einmal
     vorstellen! Und dann, auf dem Weg vom Senegal nach Paris, durch die Pyre-
     näen, in der Kälte der Berge, da verlassen sie natürlich die letzten Kräfte. Da
     liegen dann in den Pyrenäen diese toten Senegalesen herum. Ein paar kommen
     durch, sicherlich, kommen durch bis nach Paris und dort kriegen sie auch Ar-
     beit, wenn sie Glück haben. Und wo? Bei der Müllabfuhr. Jawohl. Laufen zu
     Fuß von Obervolta nach Paris, um bei der Städtischen Müllabfuhr zu arbeiten
     . . . Das ist einfach unfaßlich . . . Das hat mich derart gepackt!

MORITZ Beruhige dich doch. Es war ja nur im Fernsehen . . . Das ist ein Fall für die Men-
     schenrechtskommission –

LOTHAR Ja, ja, das nützt gar nichts. Verbrecher! Mörderpack! Diese Herren vom Sene-
     gal! . . . Ich bin froh, daß wir, trotz allem, wieder einmal Zeit gefunden haben
     für ein Gespräch, Moritz. Ich kann eigentlich nur bei dir richtig aus mir heraus-
     gehen.

MORITZ Jederzeit, Lieber, jederzeit. Es ist auch für mich immer sehr wohltuend.

LOTHAR Du wirst zu mir als Arzt kein großes Vertrauen haben –

MORITZ Selbstverständlich. Ein sehr großes Vertrauen. Das weißt du.

LOTHAR Ich bin bekanntlich kein versierter Diagnostiker.

MORITZ Was gibt's? Stimmt etwas nicht mit dir?

LOTHAR Ach, du, es ist nichts, eine Lappalie.

MORITZ Ja?

LOTHAR Oh, bitte, frag mich nicht so!

MORITZ Dann sag endlich, was los ist.

LOTHAR Inzwischen ist es einfach zu lächerlich geworden.

MORITZ Halt mich nicht zum Narren!

LOTHAR Aber wenn ich's dir jetzt sage, glaubst du wirklich, ich halte dich zum Narren.

MORITZ Schluß jetzt!

LOTHAR Gott, ich wollte nur sagen, was jeder sagt: du hast schon mal besser ausgesehen, alter Freund …

MORITZ Hm.

LOTHAR Irgendwelche Beschwerden?

LOTHAR Nicht direkt. Mich plagt halt dies und das.

LOTHAR Übermüdung, Erschöpfung?

MORITZ Morgens, neuerdings, kurz vorm Aufwachen, träume ich felsenfest, es sei spät
abends und ich hätte mich eben erst zu Bett gelegt.

LOTHAR Übermüdung, Erschöpfung.

MORITZ Demzufolge, wahrscheinlich, tagsüber diese Déja-vus. Am laufenden Band, Einbildungen, Sinnestrug. Rechts und links an den Blickfeldrändern tauchen Figuren auf, die es in Wirklichkeit gar nicht gibt. Kommen und gehen und rufen
mir zu. Ich bin geneigt, ihnen zu folgen, ich folge ihnen und gehe manchmal
die seltsamsten Wege.

LOTHAR Zum Beispiel ins Bahnhofshotel.

MORITZ Wie? … Ach so. Ich verstehe … Ich dachte, du interessierst dich ernsthaft
für mein Übel.

LOTHAR Tue ich, tue ich.

MORITZ Statt dessen nutzt du die Gelegenheit und machst frivole Anspielungen.

LOTHAR Moritz, dreh jetzt bloß den Spieß nicht um! … Lächerlich … Du weißt, ich bin
nicht der Typ, der sich in einem Donnerwetter entlädt. Und du weißt auch, wie
abgenutzt und wie ausgelebt mein Verhältnis zu Ruth ist. Aber ich will dir offen
sagen, was ich wirklich empfinde: Ruth ist ein lieber, ein wertvoller Mensch,
eine humane Frau. Ja, lach nicht. Ich weiß, was ich damit meine. Daß sie nämlich Vertrauen und Liebe schenken kann wie niemand sonst auf der Welt, und
es ist eine Schande, ein infames Verbrechen, sie für ein kurzes Absteigeaben-
teuer zu gebrauchen und sie ausgeknutscht liegen zu lassen wie … wie eine
deiner – *Leise.* Kulturnutten …

*Richard kommt von links. Hinter ihm Ruth, im aufgeknöpften Mantel, den
Hut in der Hand. Sie bleibt nach wenigen Schritten stehen, als sie Lothar und
Moritz bemerkt. Richard geht flott weiter.*

RICHARD Moritz! Was sagst du? Die neue Ordnung! Schön, nicht?

MORITZ Langweilig.

RICHARD Langweilig? Bestimmt nicht. *Er geht nach rechts ab.*
RUTH *aus ziemlicher Entfernung:* Na, ihr beide –
MORITZ Danke. Es geht . . . Wie?
LOTHAR Hat gar nicht gefragt.
MORITZ Nein?
RUTH Störe ich?
MORITZ Nein.
LOTHAR Ich gehe wohl besser –
RUTH Wie?
MORITZ Ach, komm doch bitte ein bißchen näher.
LOTHAR Geh du doch näher zu ihr.
RUTH *kommt näher:* Es hat sich ja einiges verändert in der Zwischenzeit.
LOTHAR Wie meinst du?
RUTH Die Bilder.
MORITZ Nun ja. Verändert hat sich im Grunde nichts.
RUTH Wie geht es dir jetzt?
MORITZ Danke. Es geht.
LOTHAR Moritz sieht enorm abgespannt aus. Findest du nicht?
MORITZ Nicht der Rede wert.
RUTH Genau wie Lothar.
LOTHAR Wieso?
RUTH Du sagst auch immer »Nicht der Rede wert«, wenn es dir schlecht geht. Ihr Männer freßt eben alles in euch hinein.
ELFRIEDE *kommt von links:* Hallo, Ruth! *Sie bleibt stehen.*
RUTH Halihallo . . .
Peter kommt von rechts, stellt sich dazu.
ELFRIEDE Tja. Es gibt noch eine Menge zu tun. Ich muß die Schilder für die neuen Abteilungen malen. *Sie wendet sich zum Gehen.* Kiepert schaut in ein paar Minuten herein, wenn er Kläuschen zurückbringt . . . Du, Moritz – ist aber zu guter Letzt alles in Ordnung so, oder?
MORITZ Ja. Langweilig.
ELFRIEDE Langweilig? Nein. Bestimmt nicht. *Sie geht nach links ab.*
LOTHAR Ruth . . .!
PETER Was habt ihr gegen die Langeweile? Da kann ich nur mit Nietzsche sagen: Die Langeweile Gottes am Siebten Schöpfungstage – der ideale Vorwurf für einen Dichter . . . Wie leicht hat es da der Museumsdirektor! In seinen Räumen ist der Sonntag zu Hause. Die Tatenlosigkeit, die Stille, die Erwartung –
Elfriede kommt von links zurück.
LOTHAR Ruth, siehst du mich bitte einmal an?
RUTH Entschuldige, ich war in Gedanken.
ELFRIEDE *zu Peter:* Eines muß ich noch wissen: haben Sie nun die Stelle bei Martin angenommen oder nicht?
PETER Ich habe keine Stelle angenommen, keine Stelle.
RUTH Was für eine Stelle?
ELFRIEDE Also, Stelle – wie soll ich es nennen? Eine Art Kulturpfleger, wie? . . . Er soll

Martin und Viviane abends aus Büchern vorlesen.

RUTH Oh, für Viviane wäre es wundervoll.

ELFRIEDE Wundervoll, eben. Ich denke auch vor allem an Viviane dabei.

PETER Die beiden Alten sind mir sympathisch . . . Was werden wir lesen, fragt er. Von allen Meistern am liebsten das Spätwerk, sage ich und er nickt dazu. Altherrendichtung. *Er lacht.* Auch gefällt es mir, daß er offen zugibt, was er von Wilhelm Raabe hält: nämlich nichts.

Von rechts kommt Johanna und schimpft.

Um die Wahrheit zu sagen, ich bin gerade dabei, aus dieser Stadt wieder fortzuziehen . . .

JOHANNA Lump, du bekommst auf die Augen gehauen! Schwein! Verbrecher! Abführen, einsperren! Frauenschinder! . . . Er nimmt sie in die Arme, er küßt sie, er lacht mit ihr. Plötzlich preßt er das eisgekühlte Whiskyglas zwischen ihre nackten Schulterblätter. Sie bäumt sich auf, du denkst: vor Lust, in Wahrheit aber vor Entsetzen. Er selbst innerlich bis zur Gestaltlosigkeit betrunken . . . Es ist wie: wachgeprügelt werden mitten in der Nacht, aus tiefem Schlaf. Der Geliebte sitzt am Bettrand. Beim ersten Augenaufschlag erscheint er als dein rettender Engel. Bis du merkst, daß er es ist, der dich schlägt . . . Grausame Verbrechen, sage ich, grausamer als Totschlag an einem hergelaufenen Unbekannten, im Namen der Liebe, Betrug und Nötigung und Folter . . . Und kein Gericht hört uns an! *Sie geht wieder nach rechts ab.*

RICHARD *ruft von draußen:* Elfriede! Kommen Sie!

ELFRIEDE Ja – *Sie geht nach rechts ab.*

PETER Dadurch, daß wir in unserer Jugend viele Filme gesehen haben, oft Tag für Tag, zuweilen mehrmals am Tag, Filme, Filme, Filme, in frühester Jugend, so ist uns eine größere Unruhe zur zweiten Natur geworden. Die geheimen Reisen der Filme gehen uns nicht aus dem Kopf und lassen uns nicht so schnell seßhaft werden –

Marlies kommt von rechts. Sie geht stockend und wie in Trance. Sie erscheint in Peters Rücken, so daß seine Zuhörer ein wenig von ihm zurückweichen. Marlies stößt Peter an, geht vorbei und kommt zur Bank.

Indem wir keine Wohnung mieten, keinen Besitz anschaffen, keine Versicherung abschließen, in Pensionen oder bei Freunden unterkommen, von einer Trennung zur nächsten leben, und wenn wir uns hinsetzen und schreiben, sind wir auch wieder unterwegs und schreiben immer weiter . . . Die Zeilen murmeln und wimmeln wie Vertriebene auf der Flucht . . . Ein Mensch wird nicht auf einen Fleck gepflanzt wie ein Baum . . . Ich möchte hier nicht leben, dort nicht leben. Es wird immer ortloser, wohin es mich zieht . . . Oft weiß ich auch einfach nicht, wie es weitergehen soll . . .

Dunkel

6

Marlies sitzt auf der rechten Seite der Bank. Peter steht neben ihr und hält ihre Hand. Moritz, Lothar und Ruth gehen langsam nach links. Von rechts kommt Susanne.

MARLIES *leise:* Hilfe! . . . Hilfe! . . . Hilfe!

PETER Hilfe . . . Ja, ich möchte ja helfen . . . aber wie?

SUSANNE *ruft leise:* Ruth!

PETER Ich kann nur bei dir stehen bleiben, auf meine Weise. Weißt du, was Rousseau einmal gesagt hat?

MARLIES Nein . . . Was wird er schon gesagt haben?
Felix und Viviane kommen lachend von rechts und gehen vorüber. Er flüstert ihr etwas ins Ohr. Viviane fragt: »Was?« Er wiederholt. Sie lachen. Er nimmt ihren Arm und versucht neben ihr wie Martin zu gehen. Er fragt mehrmals: »Verstehen Sie? Verstehen Sie?«

MARLIES *steht auf:* Ich komme, ich weiß nicht, von wo? / Ich bin, ich weiß nicht, was? / Ich fahre, ich weiß nicht, wohin? / Mich wundert, daß ich so fröhlich bin!
Sie setzt sich wieder. Felix und Viviane überholen Moritz, Lothar und Ruth, gehen links ab.

SUSANNE *ruft:* Ruth!
Ruth wendet sich um, die beiden Männer gehen ab.

Blende

Auf der Bank. Rechts Peter und Marlies. Links Susanne, vor ihr steht Ruth.

SUSANNE Schlagen Sie mich . . . Reden Sie schlecht von mir . . . Beleidigen Sie mich . . . Aber: lassen Sie ihn – lassen Sie ihn . . . Bin ein abgekämpftes Mensch, ein abgeschlagener Kopf . . . ich kann nicht mehr.
Bin ich ein abgekämpftes Mensch, ein abgeschlagener Kopf . . . ich kann nicht mehr.

RUTH Ein Irrtum, bitte, hören Sie mich –

SUSANNE Sie sind schön. Sie gefallen. Sie sind da und träumen. Ihr Mund, Ihre Wärme, Ihre Stimme –

RUTH Jesus! Das Gleiche könnte ich von Ihnen sagen. Und dann wär's wahr.

SUSANNE Ich bewundere Sie. Ich beneide Sie. Ich hasse Sie.

RUTH Es geht mir ja mit Ihnen nicht anders –

SUSANNE Hätte ich nur Kraft genug, ich würde Sie einsperren, demütigen, aushungern. Sie stehen vor mir, Sie erdrücken mich –

ANSWALD *kommt von rechts gelaufen:* Susanne! . . . Susanne! . . . Johanna sagt, du hättest vorhin in der Stadt Elfi gesehen, stimmt das?

SUSANNE Elfi . . . Sind Sie wahnsinnig?!

ANSWALD Es ist wichtig . . . meine Freundin –

SUSANNE Gehen Sie! Machen Sie, daß Sie weiterkommen!

ANSWALD   Ja, sagen Sie's mir nicht oder –?!
SUSANNE   Kscht! Kscht! Verschwinden Sie! Zum Teufel mit Ihrer Pingpongfee!
          Answald geht nach rechts. Bleibt einen Augenblick bei Peter stehen.
ANSWALD   So etwas habe ich noch nie erlebt . . . Ich bin doch hier nicht der Hanswurst! Sie
          wollen mich zum Hanswurst machen. *Im Abgehen, für sich.* Mir bleibt wirklich
          nichts erspart. Aber auch gar nichts . . . Gerüchteküche . . . Erniedrigung kennt
          keine Grenzen. Ich dachte, tiefer als in den Erdboden kannst du nicht sinken . . .
          von wegen! *Dreht sich im rechten Durchgang noch einmal um.* Susanne – Sie
          sind im Herzen Eis und Asche. Ich will nie wieder mit Ihnen sprechen . . .
          Susanne hat längst weitergesprochen und reagiert nicht auf Answald. Er geht ab.
SUSANNE   *zu Ruth:* Wissen Sie, wovon ich rede? Wissen Sie es? Ich sage Moritz, Moritz,
          Moritz. Sie wissen nicht, wie oft wir voreinander umgekehrt sind, im letzten
          Augenblick. Er ist gegangen oder ich bin gegangen. Unsere einzige Hoffnung:
          der gleiche Lauf der Wiederholung . . . Am Anfang ist immer der Abschied . . .
          dann kommt ein Wiedersehen . . . Zwischen Kommen und Gehen die Wende,
          dort treffen wir uns . . . Seien Sie gütig, Ruth, ich muß alleine bleiben mit ihm,
          bis wir zu Ende sind.
RUTH   Aber ja, aber ja! Sie haben da wirklich umsonst Ihre Fassung verloren. Wie ich
          schon sagte, ein Irrtum Ihrerseits. Ich stell in seinen Augen nämlich gar nichts
          dar. Genau genommen, hat er mich nach wenigen Minuten gebeten zu gehen.
          Ich nehme es ihm nicht übel. War alles nur ein Palaver aus Verzweiflung.
SUSANNE   Sagen Sie die Wahrheit?
RUTH   Natürlich. Ich hätte es längst tun sollen. Aber Sie waren ja nicht zu bremsen
          . . . Auf der anderen Seite, ich gebe zu, es hat mir gutgetan, daß Sie so unentwegt
          zu mir gesprochen haben . . . Das ist ja überhaupt das Beste an dem kleinen
          Zwischenfall, daß einem hinterher doch der eine oder andere ein gewisses Mehr
          an Beachtung schenkt. Lothar, Sie, auch Moritz, nicht zu vergessen . . .

Dunkel

7

Martin und Franz sitzen auf der Bank.

MARTIN   Sie haben ja nun unsere kleine Gesellschaft kennengelernt. Alberne Leute, nicht
          wahr? Es ist im Grunde kein Vergnügen mit immer alberner werdenden Freun-
          den zu verkehren. Mich eingeschlossen. Nur die Albernheit erlaubt uns noch –
FRANZ   Wir selbst zu sein.
MARTIN   Richtig.
FRANZ   Nun ja. Darüber denke ich anders.
MARTIN   Wir verstehen uns nicht, wir beide? Was? *Er holt ein Zigarettenetui hervor
          und nimmt sich eine Zigarette.*
FRANZ   Apart . . .
MARTIN   Ja, hübsche Zigaretten, nicht? Orient, rein und feinste Wahl. Nehmen Sie. Die
          können Sie nirgendwo kaufen. Die laß ich mir spezialanfertigen. Ich bin be-
          freundet mit einem Tabakindustriellen, der macht mir das.

FRANZ   Das nenne ich individuell.

MARTIN Ist es. Individuell und durchdacht. Das Stück für elf Mark fünfzig – da werden Sie mal zum Kettenraucher! Rauchen ist Genuß – Massenproduktion verhindert Genuß. Sie essen ja auch keine Kohlrouladen aus der Konservenbüchse.

FRANZ   Nein. Wahrhaftig nicht.

Beide rauchen.

MARTIN Wie alt sind Sie, wenn ich fragen darf?

FRANZ   Achtundsechzig.

MARTIN Tatsächlich? Ich bin knapp vierundsechzig.

FRANZ   Jahrgang elf.

MARTIN Wir müssen uns aber verstehen, verdammt nochmal. Jetzt gibt es kein Zurück mehr. Ich habe die Hosen schon viel zu weit runtergelassen vor Ihnen. Ich dachte, wir liegen auf der gleichen Welle –

FRANZ   Was soll ich nur tun? Ich kann Ihnen unmöglich beipflichten, wenn Sie sagen: der Sinn meines Lebens löst sich auf wie die Vitamintablette in einem Glas Wasser –

MARTIN Tja. Schlimm. Schlimm. Ich muß trotzdem sagen: mir geht es nicht so. Im Gegenteil. Es scheint, seit einigen Jahren haben sich auch die letzten Widersprüche in mir glücklich miteinander ausgesöhnt . . . Mit Ihrer Frau möchten Sie nicht darüber sprechen, nein?

MARTIN Ich liebe Viviane. Aber was ich wirklich denke, weiß niemand.

FRANZ   Wenn man sie beide so sieht – entschuldigen Sie, wenn ich das sagen darf –, man glaubt doch: hier gehen zwei Hälften ein und desselben Lebewesens.

MARTIN Schön und gut. Franz, wie im Leben eines jeden reifen Mannes, so gibt es auch bei mir eine natürliche Dunkelzone, die der eigenen Frau nicht zugänglich ist und auch gar nicht zugänglich sein darf. Und dort herrscht kein Frieden. Dort brodelt und zischt ein alter ego. Seitdem ich mich nicht mehr ums Geschäftliche kümmere, ist mir die Sittlichkeit in den Beziehungen der Menschen untereinander mehr und mehr ein Rätsel geworden. Irgend jemand sagt dauernd zu mir: es ist sowieso alles erlaubt. Achte auf die Regeln im Straßenverkehr, im übrigen tu, was dir gefällt. Es ist deine Privatsache. Privatsache! Wenn alles Privatsache wird im Leben, dann ist es nicht mehr interessant. Wir langweilen uns den Rest unserer Jahre zu Tode. Ich frage mich also: wie kann ich meinem Leben noch einmal ein zentrales Interesse abgewinnen? Etwas, das alle meine Kräfte in Anspruch nimmt, volles Risiko . . . Doch nur, indem ich ein Gewaltverbrechen begehe –

FRANZ   In unserem Alter? Ach nein. Ich selbst bin in der Jugend eine Weile auf der schiefen Bahn gelaufen. Bis zu einem gewissen Zeitpunkt habe ich eine ähnliche Biographie –

MARTIN Ich habe mein Verbrechen bereits verübt, Franz . . . Indem ich nämlich seit diesem Sommer zu einer Geliebten gehe –

Franz schweigt und raucht.

Ja.

FRANZ   Das tun Sie wirklich?

MARTIN Glauben Sie's mir nicht? Sieh an, er traut es mir nicht mehr zu! Menschenskind, Sie sind doch auch nicht schlechter beieinander als ich!

FRANZ Es geht so.

MARTIN Ich wollte Sie fragen – Sie sehen gleichfalls auf eine glückliche Ehe zurück . . . vielleicht haben Sie mal eine ähnliche Erfahrung gemacht?

FRANZ Ich möchte nicht darüber sprechen.

MARTIN Ach so . . . Möchten Sie nicht.

FRANZ Ich kenne Ihre Frau, ich schätze sie sehr –

MARTIN Ich dachte nur: Sie fahren ja morgen wieder . . .

FRANZ Trotzdem! Ich möchte nicht.

MARTIN Ja . . . Oh Gott! . . . Also gut. *Er zündet sich eine Zigarette an.* Sprechen wir über etwas anderes . . . Was hält Sie denn so am Leben?

FRANZ Ich liebe meinen Sohn, meine Frau und, last not least, ich liebe das Theater.

MARTIN Richtig. Sie sind ja Schauspieler. Kaum zu glauben, wenn man Sie direkt neben sich hat. Sie machen so gar nichts von sich her. Schauspieler haben fast immer diesen gewissen Pfiff. Auch mal ein bißchen Trallala und Hopsassa!

FRANZ Das liegt mir nicht.

MARTIN Nein, liegt nicht in der Familie, wie? Ihr Sohn ist ja auch ein rechter Trauerkloß.

FRANZ Holla!

MARTIN Ein Komödiant der untersten Garnitur! Ein Statist! Ein Statist!

FRANZ Na, was wird denn das?!

MARTIN »Na, was wird denn das«! Mann, Ihren Sturkopp möchte ich haben! . . . Nun gehen Sie doch bloß mal ein bißchen aus sich heraus, Sie alter Langweiler!

FRANZ Ich bin kein Langweiler.

MARTIN Ach, ist doch wahr . . . Da lassen Sie mich einfach hängen mit meinem Geständnis, ich sitze da und bekomme einen knallroten Schädel!

FRANZ Lieber Herr – was soll ich Ihnen sagen, was soll ich sagen? Ja, ich habe auch mal Freundinnen gehabt, ich habe auch Freundinnen gehabt – aber, verstehen Sie nicht? Das ist vollkommen gleichgültig, völlig bedeutungslos im Vergleich zu Ihnen, zu Ihrem Fall . . . Sie und Viviane . . . Sie wissen anscheinend überhaupt nicht Bescheid?!

MARTIN Gut, gut. Sie fahren morgen wieder nach Hause. Vergessen Sie alles. Ich habe mich vergaloppiert. Schwören Sie mir, daß Sie zu niemandem darüber sprechen . . . Schwören Sie es!

FRANZ Meinetwegen. Ich schwöre es.

Sie stehen auf. Richard kommt von links hereingelaufen.

RICHARD Kiepert ist da! . . . Helft mir, bitte! . . . Ich glaube, ich habe richtiges Lampenfieber . . .! *Er verschwindet wieder nach links.*

MARTIN Ich danke Ihnen.

FRANZ Nichts zu danken.

MARTIN Und – seien Sie mir nicht böse!

FRANZ Sie müssen mich verstehen . . . Man kann oft nicht so, wie man gern möchte.

MARTIN Aber ja, ich verstehe Sie. Brauchen wir kein Wort darüber zu verlieren. Ich verstehe Sie sehr gut, mein Lieber.

Von rechts kommen Susanne, Lothar, Ruth, Johanna.

Blende

Alle sind im Raum versammelt. In Erwartung, zum linken Durchgang hin grup-
piert. Viviane und Martin stehen eingehakt. Peter steht allein. Lothar und Ruth
nebeneinander. Franz in der Nähe von Elfriede. Johanna und Marlies. Felix und
Answald. Moritz sitzt im Mantel auf der Bank. Susanne neben ihm.

SUSANNE Nichts fremder als der überstandene Schmerz, der dich beinahe die Identität gekostet hätte. Nichts fremder ...
Moritz holt unter der Bank ein Bild hervor, sieht es an und hängt es sich um den
Hals.

SUSANNE Was machen Sie, Moritz?

MORITZ Ich muß noch ein Bild aufhängen. Es ist hier nicht gerne gesehen. Mir aber gefällt es ...! »Karneval der Direktoren« ...
Susanne hilft ihm, die Aufhängung unter seinen Mantelkragen zu schieben. Er
steht auf.

SUSANNE Auf Wiedersehen, Moritz.

MORITZ Auf Wiedersehen, Susanne.
Er geht nach rechts, lehnt sich in der Nähe des Durchgangs mit dem Bild vor
seinem Bauch an die Wand. Franz geht zu Answald, nimmt ihn beiseite.

FRANZ Was ich dich fragen wollte – weißt du eigentlich, daß Viviane –

ANSWALD Ja, Vater, ich weiß.

FRANZ Ach, du weißt es. Alle scheinen es zu wissen. Nur Martin hat keine Ahnung ... er ... er!

ANSWALD Sei still. Es gibt da nichts zu sagen.

FRANZ Nein. Rasch tritt der Tod den Menschen an, es ist ihm keine Frist gegeben ... Plötzlich, mitten im Leben.
Marlies geht schnurstracks auf Felix zu und gibt ihm zwei Ohrfeigen. Sie geht
wieder zurück zu Johanna. Felix reagiert nicht. Das Licht nimmt ab. Richard
kommt hereingelaufen und macht mit beiden Händen Victory-Zeichen. Er
bleibt im linken Durchgang stehen.

RICHARD Und diese Abteilung nennt sich dann: »Einbildungen der Realität«. Dachten wir ...
Kiepert erscheint mit seinem Sohn an der Hand.

Dunkel

Vorhang

Alexander Wampilow
Letzten Sommer in Tschulimsk

Drama in zwei Akten

Deutsch von
Gerhard Neubauer

Letzten Sommer in Tschulimsk

Personen: Schamanow · Paschka · Pomigalow · Dergatschow · Metschotkin · Jeremejew ·
Valentina · Kaschkina · Choroschich

Erster Akt

Der Morgen

*Sommermorgen in einer Kreisstadt in der Taiga. Ein altes Holzhaus mit über-
dachter Vortreppe, Terrasse und Obergeschoß. Hinter dem Haus eine einzelne Birke. In der Ferne ein kleiner Berg, an seinem Fuß wachsen Tannen,
weiter oben Kiefern und Laubwald.*
*Auf die Terrasse des Hauses gehen drei Fenster und eine Tür mit dem Schild
»Teestube«. Die Fenster sind mit Läden verschlossen. An einem Fensterladen
hängt ein Zettel, wohl die Öffnungszeiten. Auf der Terrasse stehen einige
moderne Metalltische und -stühle.*
*Links vom Haus eine Pforte und eine Bank, daneben ein hohes, massives
Holztor. Hinter diesem Tor beginnt eine Treppe mit Geländer, die zum
Obergeschoß des Holzhauses führt. Das Obergeschoß hat einen kleinen Balkon; die Balkontür ist halb geöffnet.*
*Dachgiebel, Fenstereinfassungen, Fensterläden und Türen sind reich mit
durchbrochenem Schnitzwerk geschmückt, das – obwohl zur Hälfte wegge-
brochen, zerschrammt und von der Zeit geschwärzt – dem Haus noch ein
schmuckes Aussehen gibt. Vor dem Haus ein bohlenbelegter Bürgersteig und
ein alter Vorgarten, der Zaun ist ebenfalls mit Schnitzwerk verziert. In diesem Garten stehen ein paar Johannisbeersträucher, dahinter wächst Gras
mit einigen blaßrosa Blumen darin verstreut, zufällig, wie im Wald. Dieser
Vorgarten ist für die von rechts, von der Straße, kommenden Besucher der
Teestube eine Art Hindernis, das man über den Bürgersteig am Zaun vorbei
umgehen muß – ein kleiner Umweg von etwa zehn Schritten. Aber bei den
Teestubenbesuchern hat sich die Gewohnheit eingebürgert, diesen Umweg
zu vermeiden und direkt durch den Vorgarten zu gehen. Deshalb macht die
Anlage einen unordentlichen Eindruck: abgeknickte Zweige am Johannis-
beergesträuch, zwei Zaunlatten sind abgerissen, und die Pforte des Vorgartens, die direkt zur Terrasse führt, steht offen und hängt schief in einer
Angel. Auf der Terrasse, in der Ecke neben der überdachten Vortreppe, liegt
ein Mann. Wattejacke und Lederolstiefel – viel mehr ist nicht zu sehen. Man
bemerkt kaum, daß da ein Mensch ist.*
*Hundegebell in der Nachbarschaft und entferntes Motorengeheul stören
die anfängliche Stille und Reglosigkeit der Szenerie. Dann schnappt das*

Schloß der Pforte links, und Valentina erscheint. Valentina ist nicht älter als achtzehn Jahre, mittelgroß, schlank, hübsch. Sie trägt ein Sommerkleid aus Baumwollstoff, billige Schuhe an den bloßen Füßen; ihre Frisur ist einfach. Valentina geht zur Teestube, aber auf der überdachten Vortreppe bleibt sie stehen, dreht sich um und betrachtet den Garten. Eilig, wie sie gekommen ist, läuft sie wieder hinunter, hebt die abgerissenen Zaunlatten auf und steckt sie an ihren alten Platz zurück. Dann versucht sie, hier und da das Gras wieder aufzurichten, und geht daran, die Gartenpforte richtig einzuhängen. Aber die Tür reißt ganz ab und fällt um.
In diesem Moment steht der Mann, der auf der Terrasse geschlafen hat, plötzlich und behend auf. Valentina, die ihn bisher nicht bemerkt hat, schreit vor Schreck leicht auf.
Vor ihr steht ein alter, nicht sehr großer, hagerer, leicht gebeugter Mann. Er hat Schlitzaugen, sein Gesicht ist dunkel, wie gegerbt, seine Haare sind grau und ungepflegt. In der Hand hält er seine Wattejacke, neben ihm liegt ein Schultersack, den er offenbar als Kissen benutzt hat. Er heißt Jeremejew.

JEREMEJEW Du, warum?
Valentina schweigt. Sie hat ihren Schreck noch nicht überwunden und starrt Jeremejew an.
Warum schreien?
VALENTINA Oh, haben Sie mich erschreckt!
JEREMEJEW Erschreckt? Warum Schreck? Ich bin nicht schrecklich.
VALENTINA Doch, wenn Sie so plötzlich . . . *Sie lächelt.* Sie entschuldigen natürlich . . .
JEREMEJEW *lächelt:* Warum Angst? Vor wildem Tier mußt du Angst haben, vor Mensch nicht.
VALENTINA Schon vorbei. *Sie beschäftigt sich wieder mit der Gartenpforte.* Helfen Sie mir bitte.
Jeremejew geht zu ihr.
Halten Sie doch mal . . . Ja, so.
Gemeinsam hängen sie die Gartenpforte wieder ein.
So! Vielen Dank . . . Ich habe Sie geweckt?
JEREMEJEW *nickt:* Hast du. *Er hustet.*
VALENTINA *geht auf die Terrasse:* Hier haben Sie geschlafen? Das ist doch kalt und hart wohl auch. Hätten Sie doch geklopft.
JEREMEJEW Klopfen? Nur im Winter. Kennst du Afanassi?
VALENTINA Afanassi? Wollen Sie zu ihm?
Jeremejew nickt eilig.
Er kommt gleich. Hierher.
JEREMEJEW Hierher?
VALENTINA Sicher. Er arbeitet jetzt hier, er baut unsere Teestube um. Gehen Sie doch zu ihm. Dort wohnt er – *Zeigt.* –, das Haus mit den zwei Fenstern, wissen Sie?
JEREMEJEW Er kommt gleich – dann warte ich hier.
VALENTINA Wie Sie wollen. *Schließt die Tür auf.* Setzen Sie sich doch, was stehen Sie denn? Setzen Sie sich.

In diesem Moment wird oben laut die Balkontür geöffnet. Valentina, die im Begriff war, in die Teestube zu gehen, verharrt für eine Sekunde an der Schwelle.

Auf den Balkon des Obergeschosses tritt die Kaschkina. Sie schaut blinzelnd auf die Straße. Die Kaschkina ist nicht jünger und nicht älter als achtundzwanzig Jahre. Eine attraktive Frau. Kurzes, glattes Haar, im Augenblick unfrisiert. Sie ist etwas kurzsichtig, später trägt sie eine Brille. Sie ist barfuß, noch im Morgenrock.

KASCHKINA *gedämpft:* Wieder dasselbe . . . Noch so ein schöner Tag.

Valentina verschwindet in die Teestube und schließt eilig hinter sich die Tür. Jeremejew hat auf einem Stuhl Platz genommen und sitzt reglos da.

Sag mal, warum habe ich so ein Pech? *Spricht zu jemandem im Zimmer, dreht sich aber nicht um und schaut auf die Straße.* Weißt du noch, das herrliche Wetter hier im Mai? Ja. Ich mache Urlaub – und es regnet. Ich fahre in die Stadt – es regnet. Ich fahre zur Tante, denke, dort werde ich endlich braun – es regnet. Und einen Tag vor der Rückfahrt scheint die Sonne. *Kämmt sich.* Ich komme zurück, muß zur Arbeit – bitte, fängt das schönste Sommerwetter an. Scheußlich. *Hält beim Kämmen inne.* Sag mal, hast du wenigstens ein bißchen Sehnsucht nach mir gehabt? Ja oder nein? *Wartet einen Moment auf Antwort, kämmt dann weiter. Lächelt.* Schön, du mußt nicht antworten. Streng dich nicht an. Ich hab nur so gefragt, aus Langeweile . . . Und doch wird das heute ein herrlicher Tag. Weißt du was, heute gehen wir tanzen. Warum eigentlich nicht? Ja, jetzt sagst du wieder, das ist Wahnsinn, du bist zu alt zum Tanzen; ich weiß schon, was du sagen willst . . . Ach, du sagst gar nichts? Das heißt, es stimmt alles? Gut, war ja nur ein Vorschlag. Willst du Tee? *Wartet auf Antwort und wendet sich dann um.* Ob du Tee willst? Schläfst du? Also schon wieder. *Schweigt.* Na, dann schlaf. *Bitter.* Schlafen – das kannst du. Das ist das einzige, was du noch nicht über hast . . . Na schön. Schlaf nur. *Geht hinein.*

Von rechts, von der Straße, kommt Metschotkin. Er ist etwa vierzig Jahre alt, trägt einen neuen grauen Anzug, Schlips und einen etwas albernen grünen Hut. Er wirkt auffallend krampfig, gibt sich streng und sorgenvoll wie ein Chef. Er bemüht sich beim Sprechen um eine möglichst tiefe Stimme, aber oft bricht sein natürliches Falsett durch. Er geht zum Vorgarten, reißt eine Latte aus dem Zaun und will sich durchzwängen, aber erfolglos – er ist schon, wie man so sagt, etwas beleibt. Er reißt eine zweite Latte ab, durchquert den Vorgarten und läßt die geöffnete Gartenpforte hinter sich. Bei Metschotkins Erscheinen steht Jeremejew auf und packt die Wattejacke in seinen Schultersack.

METSCHOTKIN Was soll denn das! *Streng.* Was machst du denn da?

Jeremejew schweigt.

Na? Hast du etwa hier geschlafen?

JEREMEJEW *nickt, lächelt:* Etwas ausgeruht.

METSCHOTKIN Ausgeruht, soso! *Gehässig.* Angenehm geruht?

JEREMEJEW *ehrlich:* Angenehm.

METSCHOTKIN Soso … Und wer hat dir das erlaubt? Na? Ich frage dich, wer hat dir erlaubt, hier zu schlafen? *Klopft an die Tür.*
Jeremejew schweigt. Valentina, in weißer Schürze, erscheint auf der Schwelle. Metschotkin lüftet den Hut.
Liebenswürdig. Gruß den Mitarbeitern der Gastronomie …
VALENTINA Guten Morgen.
METSCHOTKIN Nun … Wie geht's, wie steht's? Wie ist die Stimmung?
VALENTINA Danke, gut.
METSCHOTKIN Der Eindruck, den Sie machen, ist positiv.
VALENTINA *lacht:* Tatsächlich?
METSCHOTKIN Unbestreitbar, unbestreitbar.
VALENTINA Innokenti Stepanytsch, Sie haben ja heute gute Laune.
METSCHOTKIN Wo ist die Chefin? Noch nicht hier? *Schaut auf seine Uhr.* Schon wieder zu spät.
VALENTINA Keine Sorge, sie wird gleich kommen. Nehmen Sie Platz, warten Sie den Moment. *Ab in die Teestube.*
METSCHOTKIN *geht auf der Veranda umher:* Soso … Ich warte immer noch auf Antwort. Wer hat dir erlaubt, hier zu schlafen? Na? Ist das hier ein Hotel, oder was?
JEREMEJEW Bin nachts gekommen, aus Taiga gekommen …
METSCHOTKIN Das sieht man. Und wozu? Der Grund?
JEREMEJEW Etwas erledigen.
METSCHOTKIN Ihr und etwas erledigen! Das kennen wir! Euch vollaufen lassen – mehr habt ihr doch nicht zu erledigen. Wenn du schlafen willst, dann geh ins Hotel. Wie alle.
JEREMEJEW Warum Hotel? Hier ist mein Freund, Afanassi. Wollte ihn nicht wecken.
Die Choroschich kommt, eine Frau von etwa fünfundvierzig Jahren, aber jünger aussehend; energisch, mit kräftigen, schwungvollen Bewegungen. Sie ist recht elegant gekleidet.
METSCHOTKIN *zu Jeremejew:* Nicht wecken. Schau an, wie rücksichtsvoll. Aber hier in der Öffentlichkeit herumzulungern – das macht dir nichts aus? Du bist mir einer!
CHOROSCHICH *zu Metschotkin:* Laß mich mal durch. Was krakeelst du schon wieder? *Erkennt Jeremejew.* Das ist doch Ilja?
JEREMEJEW Ilja.
CHOROSCHICH Tag, Ilja!
JEREMEJEW Tag, Tag!
CHOROSCHICH *geht in die Teestube:* Tag, Valentina.
METSCHOTKIN *schaut auf seine Uhr:* Soso …
Die Choroschich kommt heraus und öffnet die Läden eines Fensters. Dort stehen die Verkaufsvitrine, eine Waage, ein Regal mit Flaschen usw. – das Büfett.
Übrigens, es ist zehn nach acht.
CHOROSCHICH Ja und?
METSCHOTKIN Sie kommen zu spät, Anna Wassiljewna. Eher aufstehen.
CHOROSCHICH Dich hat keiner gefragt. *Sie geht ins Haus und erscheint gleich darauf am Büfettfenster. Zu Jeremejew.* Du hast dich lange nicht sehen lassen.

JEREMEJEW	Lange nicht, lange nicht.
METSCHOTKIN	*zu Choroschich:* Disziplin, vergessen Sie das nicht, gilt bei uns für alle.
CHOROSCHICH	Hör bloß auf. Laß mich mit dem Mann reden.
METSCHOTKIN	Vorsicht, Anna Wassiljewna, es ist nicht das erste Mal. Sie kommen systematisch zu spät, vergessen Sie nicht . . . Für mich zwei Spiegeleier, Joghurt, Brot und einen Tee. Vergessen Sie nicht, es hat Ihretwegen schon mehrfach Hinweise gegeben.
CHOROSCHICH	Du kannst mich mal mit deinen Hinweisen. Sag mir lieber, wann heiratest du eigentlich?
METSCHOTKIN	Was heißt das? Was wollen Sie damit sagen?
CHOROSCHICH	Daß es höchste Zeit wird. Ich warte und warte . . .
METSCHOTKIN	Hm . . . Übrigens, was geht Sie das an?
CHOROSCHICH	Und ob mich das was angeht. Dann kämst du nämlich Gott sei Dank nicht mehr her. Würdest zu Hause essen und uns damit einen Gefallen tun! Aber deine Frau beneide ich nicht.
METSCHOTKIN	Anna Wassiljewna! Übrigens, Sie vergessen sich.
CHOROSCHICH	*schreibt die Bons aus, ruft:* Valentina! Zwei Spiegeleier! *Reicht Metschotkin die Bons und Brot.* Iß und halt den Mund. *Zu Jeremejew.* Und du, Ilja, willst du Frühstück?
JEREMEJEW	Danke, danke.
	Am Büfett klingelt das Telefon. Die Choroschich nimmt den Hörer ab.
CHOROSCHICH	Teestube. Guten Morgen. Ja, wir haben geöffnet. Der Umbau? Geht voran, ist bald fertig. Nein, nein, den ganzen Tag, bis zehn. Ja, einstweilen kommen wir zu zweit zurecht, die anderen haben Urlaub. Wann Sie wollen, Sie sind immer herzlich willkommen. Alles Gute! *Legt auf. Zu Jeremejew.* Seit wann bist du hier?
JEREMEJEW	Bin nachts gekommen.
CHOROSCHICH	Und wo hast du geschlafen?
METSCHOTKIN	Hier. Es wird immer schöner. Hier, wo die Leute essen . . . *Geht ins Haus.*
CHOROSCHICH	Warum hast du nicht angeklopft? Hast du vergessen, wo wir wohnen?
JEREMEJEW	Nein.
CHOROSCHICH	Also! Haben wir etwa keinen Platz im Haus? Hier ist's allerdings eng geworden. Siehst du, wir mußten auf die Terrasse. Umbau!
METSCHOTKIN	*kommt wieder, trägt ein Tablett mit seinem Essen:* Auch so eine Wirtschaft. Dieser Umbau geht äußerst langsam.
CHOROSCHICH	Nun sei endlich still, verdammt noch mal.
METSCHOTKIN	Und immer dasselbe Essen. Die Buletten sind von gestern.
CHOROSCHICH	Na, Ilja, nun bist du allein?
JEREMEJEW	Allein, allein.
CHOROSCHICH	Und das in der Taiga . . . Alt bist du geworden. Schwer, so allein, was?
JEREMEJEW	Alt, alt.
CHOROSCHICH	Da kommt er ja, dein Freundchen, das Prachtstück.
	Auftritt Dergatschow. Etwa fünfzig Jahre, groß, breitschultrig, lockiges Haar – mit einem Wort: noch ein ansehnlicher Mann. Ein Mangel: Sein linkes Bein ist steif, er trägt eine Prothese. Er hinkt merklich und rudert

forsch mit dem rechten Arm. In der linken Hand trägt er einen Kasten mit Tischlerwerkzeug. Er ist mürrisch und unrasiert. Wie Metschotkin geht er quer durch den Vorgarten. Er erblickt Jeremejew und strahlt.

DERGATSCHOW Heee, wer ist denn das! *Er geht zu ihm, stellt den Werkzeugkasten auf einen Stuhl, packt Jeremejews Hand, schüttelt sie und klopft ihm mit seiner Linken auf die Schulter.* Grüß dich, Bruder, grüß dich!

JEREMEJEW Grüß dich, Afanassi, grüß dich . . . *Lacht und hustet.*

DERGATSCHOW Und ich dachte, dich hat's schon erwischt.

CHOROSCHICH Das sind vielleicht Komplimente.

DERGATSCHOW Alt und grau bist du geworden, Bruder, aber du machst's richtig – lebst lange.

JEREMEJEW Lange, ja . . . *Lacht.*

DERGATSCHOW Recht so. Ja, uns Taigajäger haut nicht so leicht was um, stimmt's?

CHOROSCHICH Was stimmt, stimmt.

DERGATSCHOW Ilja, du bist in Ordnung!

CHOROSCHICH Wann hast du deine Frau begraben, Ilja? Letzten Sommer oder vorletzten?

JEREMEJEW Zwei Sommer ist her . . .

CHOROSCHICH Und seitdem bist du allein . . . Schwer für dich, ja?

DERGATSCHOW Tja, allein ist's trübe dort.

JEREMEJEW Trübe . . .
Pause.

DERGATSCHOW Anna.
Die Choroschich antwortet nicht.
Anna. Na.

CHOROSCHICH Was – na?

DERGATSCHOW Na. Oder verstehst du nicht?

CHOROSCHICH Was heißt hier »Na« . . . Ist Pawel wach?

DERGATSCHOW Dein Pawel ist aufgestanden und rasiert seine freche Visage . . .

CHOROSCHICH Frech! Schau dir gefälligst deine an. Pawel rasiert seine wenigstens . . .

DERGATSCHOW *unterbricht sie:* Wir reden jetzt nicht von Pawel.

CHOROSCHICH Du hast doch angefangen.

DERGATSCHOW *nachdrücklich:* Anna! Schluß jetzt mit Pawel. Er soll sich wegscheren. Sein Urlaub ist zu Ende, länger will ich ihn nicht sehen. *Schweigt.* Punkt. *Nach einer kleinen Pause, versöhnlich.* Ich meine etwas anderes. Mein Freund ist da. Hörst du?

CHOROSCHICH Nein. Und ich will's nicht hören.

DERGATSCHOW Na.
Die Choroschich schweigt.
Na!

CHOROSCHICH Was heißt hier »Na«! Na und? Du hast doch schon einen intus, stimmt's?

DERGATSCHOW Na, was ist!

CHOROSCHICH Wohl bekomm's.

DERGATSCHOW Wirst du wohl! *Knallt die Faust auf den Tisch.*

METSCHOTKIN *zuckt zusammen:* Was ist?

DERGATSCHOW *zur Choroschich, ruhiger:* Bewirte den Gast.

METSCHOTKIN Randalierst du schon wieder?

DERGATSCHOW	Du misch dich nicht ein!
METSCHOTKIN	*steht auf:* Unverschämtheit! Ein Gebrüll wie auf der Treibjagd, und das in aller Öffentlichkeit . . . *Geht zum Büfettfenster.*
CHOROSCHICH	*zu Dergatschow:* Also wirklich. Ich bin doch nicht dein Kuli.
DERGATSCHOW	Bewirte den Gast.
CHOROSCHICH	Bewirte ihn selbst, ist doch dein Gast.
JEREMEJEW	Afanassi . . . Warum machst du Krach, Afanassi? Hör auf . . .
DERGATSCHOW	Moment, Ilja.
METSCHOTKIN	Zweihundert Gramm Bonbons, von diesen hier . . . *Zeigt.*
	Valentina kommt mit einem Tablett und räumt den Tisch ab, an dem Metschotkin gesessen hat. Sie sieht den Vorgarten, stellt das Tablett ab, geht hinunter und macht sich erneut an den Latten und an der Gartenpforte zu schaffen.
DERGATSCHOW	Nimm dich in acht, Anna . . .
CHOROSCHICH	*rechnet für Metschotkin zusammen:* Ihr könnt auch ohne. Bin ich 'ne Millionärin? Und Unterschlagungen mach ich nicht.
METSCHOTKIN	*kaut Bonbons:* Unterschlagungen will freilich keiner machen, aber dann kommt eine Kontrolle, und es stellt sich raus . . .
CHOROSCHICH	Quak nicht.
METSCHOTKIN	Ich quake nicht, ich warne.
CHOROSCHICH	*zu Dergatschow:* Sitz nicht rum. Mach lieber was. Der Chef hat schon heute früh angerufen. Dein Umbau steht mir schon bis hier.
DERGATSCHOW	Anna, nimm dich in acht! Vom frühen Morgen an heute diese Quengelei!
CHOROSCHICH	Nichts da. Du bekommst keinen Tropfen, nicht soviel! *Bissig.* Punkt! *Ruft.* Valentina! Wo bist du? *Verläßt das Büfettfenster und kommt sofort zurück.* Wo steckt sie denn?
VALENTINA	*repariert die Pforte:* Hier!
CHOROSCHICH	Du mit deinem Garten! Hast du das nicht bald satt? Komm mal, Kisten reintragen.
VALENTINA	Sofort!
	Ein Riegel klappert, das große Hoftor öffnet sich. Pomigalow, Valentinas Vater, schiebt ein Motorrad heraus. Er ist über fünfzig, mittelgroß, hager, aber kräftig; sichere, ruhige Bewegungen, fester Blick. Er trägt Arbeitskleidung und Lederolstiefel. Durch das geöffnete Tor ist ein Teil des Hofes zu sehen: ein offener Verschlag mit gestapeltem Brennholz, ein Staketenzaun mit Tür zum Gemüsegarten. Alles hübsch ordentlich.
POMIGALOW	*zu allen:* Guten Morgen.
	Man grüßt zurück. Pomigalow schließt das Tor. Er spricht laut, im Gehen, ohne zur Teestube zu sehen.
	Valentina! Mittags kehrst du den Hof, holst Wasser, fütterst den Eber. Vergiß nicht, ihn rauszulassen.
VALENTINA	*mit der Pforte beschäftigt:* Vater! Komm doch mal.
POMIGALOW	Was denn?
VALENTINA	Mir helfen.
POMIGALOW	*sieht, was Valentina macht, winkt ab:* Ah! Keine Zeit.

VALENTINA	Einen Moment nur. Nur mal festhalten.
POMIGALOW	Wozu denn. *Rollt das Motorrad hinaus.* Laß das! Kinderei. *Erteilt Valentina Anweisungen.* Gib auf den Eber acht. Und vergiß die Sauna nicht. Wenn du Wasser holst, paß auf, daß die Hühner nicht in den Garten gehen. *Ab.* *Das Motorrad knattert los, das Geräusch verliert sich in der Ferne.*
CHOROSCHICH	Also wirklich, Valentina, ist es dein Garten? Und überhaupt: Es ist doch völlig zwecklos. Die Leute laufen nun mal durch und werden's weiter tun.
DERGATSCHOW	Mach du ihr keine Vorschriften. Das geht dich nichts an! Wenn ihr der Unsinn Spaß macht – soll sie, solange sie jung ist. Stimmt's, Ilja?
JEREMEJEW	Stimmt, stimmt. Ein gutes Mädchen, ja, ja.
METSCHOTKIN	*kaut:* Von wegen! Ein Witz ist das und kein Garten! Liegt quer im Wege und behindert den rationellen Verkehr.
CHOROSCHICH	Valentina! Wird's bald?
VALENTINA	Gleich . . . Fertig. *Sie hat dennoch die Pforte repariert.* Ich komme!
METSCHOTKIN	*steht auf:* Und überhaupt: Wenn das hier so weitergeht, mache ich euch vor dem ganzen Kreis unmöglich. Merken Sie sich das. *Ab.* *Valentina geht ins Haus. Zwei-, dreimal erscheint sie mit der Choroschich kistentragend am Büfettfenster.*
JEREMEJEW	Wohl großer Chef, der da.
DERGATSCHOW	*geringschätzig:* Der? Buchhalter bei der Kreishygiene. Und schmiert Artikel für die Zeitung.
JEREMEJEW	Streng, ja, ja.
DERGATSCHOW	*lacht auf:* Und ob. Der Siebente Sekretär.
JEREMEJEW	Sekretär?
DERGATSCHOW	Sein Spitzname. Siebenter Sekretär – anders heißt er gar nicht mehr. *Die Choroschich kehrt zum Büfett zurück. Valentina kommt auf die Terrasse und wischt den Tisch ab, an dem Metschotkin gesessen hat.* Ilja, hast du Geld?
JEREMEJEW	Geld? Ein bißchen.
CHOROSCHICH	*zu Dergatschow:* Schämst du dich nicht?
DERGATSCHOW	Schämst du dich nicht?
CHOROSCHICH	Ilja! Kommt nicht in Frage! Er kriegt nichts.
DERGATSCHOW	Du halt dich da raus. Los, Ilja, hör nicht auf das Weib.
CHOROSCHICH	Ilja!
JEREMEJEW	*verwirrt:* So ist nicht gut . . . Und so auch nicht. *Lächelt.* Dann müssen wir bißchen trinken.
CHOROSCHICH	Ooooch! Alles eine Bande! Alkoholiker! *Sie nimmt eine Flasche aus dem Regal und knallt sie aufs Fensterbrett.* Da, erstick dran.
DERGATSCHOW	*nach einer kleinen Pause, ruhig, aber eindringlich:* Bring Gläser und bediene uns, wie es sich gehört.
CHOROSCHICH	Noch was?! Ich denk nicht dran. Hol sie dir, brichst dir nichts ab.
DERGATSCHOW	Na!
VALENTINA	Ich serviere, Tante Anna.
CHOROSCHICH	Nein. Die kommen auch so zurecht. Hier ist Selbstbedienung. *Jeremejew will die Flasche holen, Dergatschow hält ihn zurück.*

DERGATSCHOW	Bleib sitzen, Ilja. *Zur Choroschich.* Bring her.
CHOROSCHICH	Ich eile, ich fliege! *Schweigt.* Da kannst du lange warten, sag ich dir.
DERGATSCHOW	Und ich sag dir: Bring her!

Oben öffnet sich die Balkontür – Auftritt Schamanow. Er ist zweiunddreißig Jahre alt, mittelgroß bis groß, schlank. Alles an ihm – Kleidung, Sprechweise, Bewegungen – zeugt von echter Nachlässigkeit, Schlampigkeit und Zerstreutheit. Beim Zuhören passiert es, daß er plötzlich den Kopf sinken läßt, als ob er einschliefe. Von Zeit zu Zeit aber belebt er sich unter einem plötzlichen Zustrom von Energie – aber danach ist er dann gewöhnlich besonders apathisch. Während er aus der Balkontür tritt, legt er die Armbanduhr um und betrachtet die Gegend. Im selben Moment kommt von innen aus dem Zimmer die Stimme der Kaschkina.

KASCHKINA	Warte doch.
SCHAMANOW	*etwas ungeduldig:* Ja?
KASCHKINA	Frühstücken wir zusammen?

Sie reden nicht laut, aber unten hört man sie natürlich. Valentina wird blaß, als sie die Stimmen hört, ihre Bewegungen werden krampfig und unnatürlich.

SCHAMANOW	*verdrossen:* Meinetwegen, aber ich . . . Das Auto wartet auf mich.
CHOROSCHICH	*zu Dergatschow, heiter:* Sitz nur, sitz nur. Lange hältst du es sowieso nicht aus.
KASCHKINA	*noch im Zimmer:* Warte, ich bin gleich soweit.

Die Stimmen von oben machen auf Valentina starken Eindruck. Um sich nichts anmerken zu lassen und um ihre Gefühle zu verbergen, wendet sie sich an die Choroschich.

VALENTINA	Das gibt Ärger, Tante Anna! *Will wieder die Flasche nehmen.*
CHOROSCHICH	*hält sie mit einer Geste zurück:* Was soll das? Kümmere dich um deine Angelegenheiten. *Weist mit den Augen nach oben.* Hörst du nicht?

Valentina zuckt wie unter einem Schlag zusammen und wird rot.

Giftig. Beweg dich – da kommt Kundschaft.

SCHAMANOW	*leiser:* Ich warte unten. *Er steigt hinab, die Treppe knarrt unter ihm. Er bleibt stehen und geht dann sehr vorsichtig weiter.*
KASCHKINA	*aus dem Zimmer:* Fertig. Ich komme.

Als Antwort darauf steigt Schamanow genauso vorsichtig, aber noch schneller und geduckt nach unten. Valentina geht in die Teestube. Oben erscheint die Kaschkina in hellem Rock, weißer Bluse, Sandalen, mit Handtasche. Sie beobachtet, wie Schamanow nach unten schleicht.

Ruft leise und spöttisch. Haltet den Dieb!

Schamanow bleibt stehen und richtet sich plötzlich auf.

Haltet ihn! Er hat meinen Bettbezug gestohlen!

CHOROSCHICH	*zu Dergatschow:* Und wenn du den ganzen Tag da sitzt, mir kannst du damit nicht . . .
SCHAMANOW	*zur Kaschkina:* Hör mal, was soll der Blödsinn?
KASCHKINA	Gar kein Blödsinn, du schleichst wie ein Dieb.
SCHAMANOW	Wie hättest du's denn gern? Arm in Arm?
KASCHKINA	Hör mal. Du gehst jetzt fast drei Monate über diese Treppe. Glaubst du

wirklich, daß es in Tschulimsk noch jemanden gibt, der dich da noch nicht gesehen hat?

SCHAMANOW Na und? Sollten wir deswegen jetzt bei Sonnenaufgang auf dem Dach sitzen?

KASCHKINA Wir und bei Sonnenaufgang . . . Schon gut, beruhige dich. Geh runter. Erst du, dann ich.

SCHAMANOW Ach, Unsinn. *Geht ihr zwei, drei Schritte nach oben entgegen, ärgerlich und ironisch.* Ihren Arm, Madame, diese Treppe ist wackelig. *Nimmt ihren Arm.* Darf ich bitten! Dann pfeifen wir eben auf die Vorurteile, wenn es denn sein muß.

CHOROSCHICH *zu Dergatschow:* Na? Euch ist wohl der Durst vergangen?
Dergatschow sitzt unbeweglich und zieht drohend die Augenbrauen zusammen.

KASCHKINA Schon gut. Geh nur, ich habe das Geld vergessen . . . Ja, du hast auch etwas vergessen. *Holt eine Pistole aus ihrer Handtasche.* Hier – und laß das Ding nie wieder bei mir liegen.

SCHAMANOW *nimmt die Pistole:* Merci.
Die Kaschkina geht ins Obergeschoß zurück. Schamanow befestigt die Pistolentasche am Gurt unter der Jacke, dreht sich um und steigt geräuschvoll, ohne jede Vorsicht die Treppe hinunter.

CHOROSCHICH *zeigt nach oben:* Halb neun. Die Kripo kommt von der Apothekerin. *Sie verläßt das Büfettfenster, kommt heraus, stellt die Flasche, zwei Gläser und einen Teller mit Imbiß auf den Tisch. Mehr gibt's nicht. Geht wieder in die Teestube.*
Unten erscheint Schamanow. Er schließt vorsichtig und leise die Gartenpforte hinter sich, wartet einen Moment, dann geräuschlos ab.

DERGATSCHOW *gießt ein:* Also, Ilja, aufs Wiedersehen.
Jeremejew zwinkert, nickt eilig. Beide trinken.

CHOROSCHICH *am Büfettfenster:* Ilja, was macht denn deine Tochter? Wo wohnt sie?

JEREMEJEW Tochter? War in Leningrad. Jetzt weiß ich nicht.

CHOROSCHICH Schreibt sie nicht?

JEREMEJEW Nein.

CHOROSCHICH Das ist schlimm.

DERGATSCHOW Ja, Bruder, bei dir sieht's nicht rosig aus.

JEREMEJEW Nicht rosig, nein. Keine Hirsche mehr, wenig Wild in der Taiga, die Arme tun weh – alles nicht rosig. *Plötzlich.* Ob ich Rente bekomme – weißt du nicht?

DERGATSCHOW Rente? Wie alt bist du?

JEREMEJEW *eilig:* Fünfundsechzig hab ich schon. Schon lange. Bin schon vierundsiebzig.

CHOROSCHICH Vierundsiebzig? Na, Ilja, du hast Humor! Seit neun Jahren steht dir Rente zu.

JEREMEJEW Ja. Petja Sangejew bekommt schon lange.

CHOROSCHICH Was dachtest denn du? Ilja, du bist eine Nase! Du Dummkopf! Schlafmütze! Worauf wartest du denn? Schlag Krach bei der Sozialversicherung.

DERGATSCHOW Mal langsam mit der Sozialversicherung. Pustekuchen. Bei Petja ist das was anderes. Petja war Lohnempfänger. Der hat sein ganzes Leben lang beim Forstbetrieb gearbeitet.

CHOROSCHICH Und Ilja? Der hat wohl nicht gearbeitet?

JEREMEJEW Hab ich. Bei den Geologen, als Geländeführer. Vierzig Jahre gearbeitet.

DERGATSCHOW Arbeit hin, Arbeit her – hast du denn Papiere?

JEREMEJEW Ah?

DERGATSCHOW Papiere. Arbeitsbuch? Eine Bescheinigung von den Geologen, daß du da gearbeitet hast? Hast du so was?

Jeremejew schweigt.

CHOROSCHICH Etwa nicht?

DERGATSCHOW Nein? Dann ist deine Rente futsch. Ohne Papiere kriegst du keine. Brauchst gar nicht erst hinzugehen.

Die Kaschkina kommt von oben herunter.

JEREMEJEW Warum, Afanassi? Ich habe gearbeitet. Bei den Geologen.

CHOROSCHICH Wo hast du deinen Kopf gehabt? Du hättest dich um Papiere kümmern müssen. Dann such mal deine Geologen jetzt.

DERGATSCHOW Die sind über alle Berge.

Die Kaschkina kommt durch die Gartenpforte, grüßt alle und geht zum Büfett.

CHOROSCHICH Du schläfst lange, Gnädigste. Hast du wieder schön geträumt?

KASCHKINA Lassen Sie die Sticheleien, Anna Wassiljewna. Gibt's Joghurt?

CHOROSCHICH Joghurt ist da, aber die Brötchen sind von gestern. Heute gibt es keine frischen.

KASCHKINA Und Zigaretten?

CHOROSCHICH Leider, meine Beste. Keine Lieferung.

KASCHKINA Auch hübsch.

CHOROSCHICH *ruft:* Valentina! Einen Joghurt!

JEREMEJEW Ich habe gearbeitet, vierzig Jahre gearbeitet . . .

DERGATSCHOW Keine Papiere – keine Rente.

JEREMEJEW Ich habe gearbeitet, Afanassi, du weißt . . .

DERGATSCHOW Ich ja.

JEREMEJEW Du kommst mit mir. Du sagst es. Sie müssen doch glauben?

DERGATSCHOW Ilja, Ilja, du bist naiv. Deine Rente kriegst du da oben – *Zeigt zum Himmel.* –, aber hier, Bruder, kannst du lange warten. Hier ist nichts zu holen.

CHOROSCHICH Nimm ihm nicht den Mut. Zuerst soll er sich mal genau erkundigen.

Valentina bringt ein Glas Joghurt ans Büfett. Sie und die Kaschkina nicken einander ziemlich kühl zu. Die Kaschkina nimmt den Joghurt und ein Brötchen, bezahlt und setzt sich an den Tisch rechts in der Ecke. Dergatschow gießt zum zweiten Male ein.

Ilja! Trink nicht soviel, geh lieber zur Sozialversicherung oder sonstwohin . . . *Zu Dergatschow.* Für dich gilt das gleiche. Schadet nichts, wenn du aufhörst. Was hältst du von arbeiten?

Auftritt Schamanow von links, von der Straße her. Unbemerkt verschwindet Valentina vom Büfett.

SCHAMANOW Guten Morgen.

DERGATSCHOW Tag.

CHOROSCHICH Wladimir Michailytsch ... Wir warten und warten auf Sie. *Ruft hinein.* Valentina! Ein Spiegelei!

SCHAMANOW Ja ... Und Tee ... Oder Kompott.

CHOROSCHICH *schreibt die Bons aus:* Tee, Kompott. Mehr nicht?

SCHAMANOW Nein, Anna Wassiljewna, das wär's.

CHOROSCHICH Richtig so. Nicht wie die da. *Nickt in Richtung Dergatschows und Jeremejews.*

SCHAMANOW Wieso?

CHOROSCHICH Sehen Sie nicht? Kaum geht die Sonne auf, stehen die schon unter Strom.

SCHAMANOW So, jetzt schon. Ist das nicht ein bißchen früh?

DERGATSCHOW Für Sie vielleicht. Für uns nicht.

SCHAMANOW Nein?

DERGATSCHOW Gerade richtig.

SCHAMANOW Na denn, Anna Wassiljewna ... ein Gläschen Schnaps.

CHOROSCHICH *vorwurfsvoll:* Wladimir Michailytsch!

SCHAMANOW Ein Gläschen, mehr nicht ... *Zur Kaschkina.* Sina, vielleicht ... *Winkt, ob sie nicht einen mittrinkt.*
Die Kaschkina schüttelt den Kopf. Schamanow nimmt Brot und Schnaps und setzt sich zu ihr.

DERGATSCHOW Also, Bruder Ilja. Zur Sozialversicherung mußt du natürlich, aber, offen gesagt, mach dir keine Hoffnung. Und jetzt trinken wir. Auf die Treue in der Liebe.

KASCHKINA *hebt ihr Glas mit Joghurt:* Schließe mich an.
Schamanow hebt schweigend sein Glas. Alle trinken.

CHOROSCHICH Wladimir Michailytsch, hier ist so eine Sache, vielleicht wissen Sie Bescheid?

SCHAMANOW Was ist, Anna Wassiljewna?

CHOROSCHICH Hier, dieser Ilja Jeremejew ist wegen seiner Rente gekommen. Was meinen Sie: Er ist vierundsiebzig, hat sein ganzes Leben als Geländeführer bei den Geologen gearbeitet ...

JEREMEJEW Gearbeitet ...

CHOROSCHICH Hat gearbeitet, aber keine Papiere. Keine Bescheinigung, kein Arbeitsbuch – nichts. Was wird nun mit seiner Rente? Was tun?

SCHAMANOW Und wo sind die Papiere?
Jeremejew schweigt.
Jeremejew, das sind Sie?

JEREMEJEW *nickt sofort:* Jeremejew, Jeremejew ...

CHOROSCHICH Er ist Ewenke.

JEREMEJEW *nickt:* Ewenke.

CHOROSCHICH Nur der Name ist russisch. Er ist getauft.

JEREMEJEW *eifrig:* Getauft, getauft ...

CHOROSCHICH Woher soll er denn Papiere haben! Ein Mann aus der Taiga, ohne Bildung. Wenn man ihm früher etwas von solchen Papieren gesagt hätte ...

SCHAMANOW Hat er wenigstens einen Ausweis?

JEREMEJEW Ja. Ausweis hab ich.

SCHAMANOW Na, dann holt er sich eine Bescheinigung von der Arbeitsstelle und . . .

CHOROSCHICH Arbeitsstelle ist gut. Die Geologen sind doch längst sonstwo. Die einen in den Städten, die anderen vielleicht schon gestorben.

SCHAMANOW Ich bin ja kein Fachmann, aber da gibt es doch alle möglichen Lohnlisten, Archive . . . Da müssen Sie sich eben kümmern.

KASCHKINA Sich kümmern – er?

SCHAMANOW Da hilft nichts, Sie müssen herumfahren, sich dahinterklemmen . . . Gehen Sie erst mal zum Stadtrat, vielleicht können die was machen.

DERGATSCHOW Alles sinnlos.

CHOROSCHICH Wie, »sinnlos«? Das ist doch die Höhe! Wenn er es nicht brauchte, wäre er nicht gekommen. Er ist alt und allein in der Taiga . . .

KASCHKINA *zu Schamanow:* Kann man da wirklich nichts tun?

SCHAMANOW Weiß nicht. Ich möchte auch in Rente gehen.
Valentina bringt das Spiegelei für Schamanow. Sie sieht weder ihn noch die Kaschkina an.

SCHAMANOW *mechanisch:* Danke. *Er schiebt den Teller von sich weg.*

KASCHKINA *stellt den Teller wieder vor ihn:* Schön weich, so wie du es magst. *Im Unterschied zu Schamanow betrachtet sie Valentina aufmerksam.* Unsere Küche macht Fortschritte.
Valentina ist bemüht, ihre Gefühle zu verbergen, geht aber zu abrupt ins Haus zurück.

DERGATSCHOW Komm, Ilja. *Schenkt ein.* Wer noch lebt, ist nicht tot.

JEREMEJEW *hat nicht begriffen:* Ja, tot, tot . . .

CHOROSCHICH Na, ihr, jetzt ist aber Schluß! Ilja, geh zum Stadtrat, und du mach endlich was. Früh um neun . . . daß du dich nicht schämst.

DERGATSCHOW Kannst es wohl nicht erwarten, was? *Steht auf.* Nimm dich in acht, Anna, du schaffst es heute noch . . . *Zu Jeremejew.* Wir verschwinden hier.
Er nimmt die halbleere Flasche, die Gläser, den Werkzeugkasten und geht ins Haus. Jeremejew folgt ihm.

SCHAMANOW Kommst du nicht zu spät zur Arbeit?

KASCHKINA Keine Angst . . . Und dein Auto? Noch nichts zu sehen.

SCHAMANOW Muß bald da sein.
Die Choroschich verläßt das Büfett, bleibt im Haus.

KASCHKINA Wohin fährst du? Was gibt's dort Schönes, Neues?

SCHAMANOW Immer dasselbe . . . In Poterjaicha Einbruch in einen Schnapskiosk. In Tabarsuk hat ein Traktorist seine Frau verprügelt.

KASCHKINA Weswegen?

SCHAMANOW Weswegen er sie verprügelt hat? Am Telefon hieß es »wegen taktlosen Verhaltens«.

KASCHKINA Wegen was? *Lacht.* Wohl aus Eifersucht. *Seufzt.* Gott, das gibt es noch.

SCHAMANOW Wahnsinn. *Seufzt.* Wann hört das bloß alles auf . . .

KASCHKINA Na weißt du, wenn alle so unvernünftig wären wie du . . .

SCHAMANOW . . . könnte ich vielleicht in Rente gehen. Herrlich.
Von innen her die Stimme der Choroschich.

CHOROSCHICH Jetzt reicht's, hab ich gesagt!

Die Choroschich erscheint an der Tür und schließt sie von innen. Das folgende Gespräch zwischen der Kaschkina und Schamanow begleitet der Spektakel von jenseits der Tür.

KASCHKINA Die schlagen sich doch nicht etwa?

SCHAMANOW Sehr gut möglich.

KASCHKINA Weißt du, warum?

SCHAMANOW *gleichgültig:* Warum?

KASCHKINA Sie liebt ihn.

Der Krawall im Haus wird lauter. Die Choroschich keift mit gellender Stimme, aber die Worte bleiben unverständlich.

Er sie auch. Sie lieben sich wie in der Jugendzeit.

SCHAMANOW Hoffentlich bringen sie sich nicht gegenseitig um. In letzter Zeit kracht es ziemlich oft bei ihnen.

KASCHKINA Weil Paschka hier ist. Weißt du, daß Afanassi nicht sein Vater ist?

SCHAMANOW Hab davon gehört.

KASCHKINA Aber als Afanassi in den Krieg mußte, waren sie noch nicht verheiratet. Nur verlobt.

SCHAMANOW Na und?

KASCHKINA Paschka wurde fünfundvierzig geboren. Und Afanassi, der war in Gefangenschaft und dann im Norden. Erst sechsundfünfzig kam er zurück . . . Stell dir vor, er kann ihr bis heute nicht verzeihen, er leidet noch immer darunter. Ist das etwa keine Liebe? Sag schon, wie denkst du darüber?

SCHAMANOW Weiß nicht. Ich kenne mich da nicht aus.

Kleine Pause. Der Spektakel im Haus ebbt ab, nur vereinzelte unverständliche Rufe sind noch zu hören.

Sina, was willst du von mir?

KASCHKINA Ich?

SCHAMANOW Ja, du. Was willst du von mir?

KASCHKINA Was glaubst du?

SCHAMANOW Daß ich dich heirate.

KASCHKINA Möglich. Aber das ist nicht das Wichtigste.

SCHAMANOW Na, ich weiß nicht. Ich habe den Eindruck, daß du Unmögliches von mir erwartest.

KASCHKINA Ich fürchte, das stimmt.

SCHAMANOW Sina, ich mache alles, was du willst. Aber was nicht geht, geht nicht. Du kannst von mir nicht Dinge fordern, die ich nicht habe.

KASCHKINA Vielen Dank. Jedenfalls drückst du dich sehr fein aus. Na, schon gut . . . Was hast du heute abend vor?

SCHAMANOW Heute abend?

KASCHKINA Du, gehen wir heute abend tanzen?

SCHAMANOW Tanzen?

KASCHKINA Warum nicht? Was sollen wir sonst mit dem Abend anfangen?

SCHAMANOW Sina, ich staune über dich. Tanzen – du lieber Himmel. Tanzen war ich das letztemal neunzehnhundert . . .

KASCHKINA Gut, du brauchst nicht weiterzureden.

SCHAMANOW   Und außerdem, heute ist hier Gott sei Dank kein Tanz, sondern Kino. Und den Film habe ich Gott sei Dank schon gesehen.

KASCHKINA   Aber ich wollte doch nicht ins Kulturhaus. Ich dachte mir, wir gehen nach Poterjaicha.

SCHAMANOW   Wohin?

KASCHKINA   Oder nach Kljutschi. Dort ist heute Tanz.

SCHAMANOW   Poterjaicha? Kljutschi? Das ist ein Witz, oder?

KASCHKINA   Wieso denn? Bis Kljutschi sind es sieben, bis Poterjaicha sogar nur fünf Kilometer. Ein herrlicher Spaziergang.

SCHAMANOW   Fünf hin und fünf zurück. *Entsetzt.* Zehn Kilometer!

KASCHKINA   Schämst du dich nicht?

SCHAMANOW   Ins Kulturhaus, das geht ja noch, aber nach Poterjaicha! Sina, das ist Wahnsinn.

KASCHKINA   Gut, gut. Muß ja nicht sein. Ich habe nur überlegt, was wir heute nach der Arbeit machen könnten. Schon gut ... Was ich dich fragen wollte ... Ja. Was würdest du tun, wenn ich dich betrüge?

SCHAMANOW   Bist du sicher, daß du genau das fragen wolltest?

KASCHKINA   Genau das. Wenn ich dich betrügen würde – würdest du überhaupt etwas tun, und wenn ja, was?

SCHAMANOW   *seufzt:* Was ich tun würde? Das kennt man doch. Ich würde dich erschießen. Oder erwürgen. Wie hättest du's lieber? Und verteidigen würde ich mich damit, daß du mich mit dummen Fragen gequält hast. Das Gericht würde mich freisprechen. Und überhaupt möchte ich in Rente gehen.
Pause.

KASCHKINA   Weißt du, ich glaube, den Witz meinst du ernst.

SCHAMANOW   Welchen Witz?

KASCHKINA   Den mit der Rente. Ich glaube, das ist tatsächlich dein einziger Wunsch.

SCHAMANOW   Natürlich.

KASCHKINA   Ich begreife nur eines nicht: Wie bist du soweit gekommen ... Wenn du mir das endlich erklären könntest.
Schamanow zuckt mit den Schultern.

DERGATSCHOW   *singt drin im Haus:* Das war vor fünfzehn Jahren, das ist schon lange her ...

KASCHKINA   Ernsthaft, wie lange kennen wir uns? Und ich weiß fast nichts von dir. Und was ich weiß, weiß ich von anderen Leuten, nicht von dir. Du, das ist geradezu beleidigend. Nein, nein, reg dich bitte nicht auf, ich verlange ja nichts von dir. Aber ich möchte dich verstehen.

SCHAMANOW   Verstehen. Wozu, Sina? Wozu?

KASCHKINA   Wozu? Vielleicht nur, um dir keine dummen Fragen zu stellen. Aber wirklich – warum erzählst du nicht von dir, von früher, von deinem Leben in der Stadt?

SCHAMANOW   Ausgeschlossen. Weil du dann noch mehr und noch dümmer fragst. Laß mich, Sina ... Sei nicht böse, aber ich habe kein Bedürfnis zu beichten.

KASCHKINA   Schön, niemand zwingt dich dazu ... *Kurze Pause.* Aber glaub nicht, daß ich von dir nichts weiß. Einiges weiß ich trotzdem.

SCHAMANOW   Um so besser.

DERGATSCHOWS STIMME Das war vor fünfzehn Jahren, das ist schon lange her, als ich das
Mädchen im Postschlitten fuhr . . .

KASCHKINA Du sollst ein ganz anderer Mensch gewesen sein, nicht so wie jetzt. Deine
Frau soll die Tochter von irgendeinem großen Tier und sehr schön gewesen
sein. Und du warst überhaupt groß im Kommen. So sagt man . . .
Pause. Ich habe nämlich in der Stadt eine Bekannte getroffen, Larissa vom
Gesundheitsamt – kennst du die?

SCHAMANOW Nicht, daß ich wüßte.

KASCHKINA Aber sie kennt dich. Du bist ja sogar im eigenen Auto herumkutschiert . . .
Hätte ich nie gedacht . . . Larissa sagte: »Er hatte alles, was er brauchte – ich
verstehe das nicht!« Und dann sagte sie noch: »Er hätte es weit bringen
können, hätte er nicht verrückt gespielt.«
Schamanow lacht auf.
Das hat sie gesagt. *Sie ahmt ihre Bekannte aus der Stadt nach.* »Was ihn
damals nur gepackt hat – ich verstehe ihn nicht.« *Leise.* Aber ich verstehe
dich. Ich glaube, ich weiß, worum es ging.

SCHAMANOW *müde:* Worum denn?

KASCHKINA Vor einem Jahr hat der Herr Sohn von irgendwelchen Leuten einen Mann
umgefahren. War doch so? Siehst du. Und der Fall wurde dir übergeben.
Stimmt's? Larissa sagt, daß sie diesen Sohn, also den, der den Mann umgefahren hat, auch kennt. *Sie ahmt wieder Larissa nach.* »Weißt du, meine
Liebe, einerseits war es eine böse Sache, andererseits war sie ganz klar:
Keiner dachte, daß er ihn hinter Gitter bringen will. Keiner hätte das von
ihm erwartet.« Larissa – kannst du dich nicht entsinnen? Sie hat solche
Augen – *Zeigt.* –, schwarze Haare, gefärbt, und – was noch? Ja! Fingernägel,
herrliche Fingernägel, alles was recht ist. Du kannst dich tatsächlich nicht an
sie erinnern?

SCHAMANOW Keine Ahnung. Die haben dort alle herrliche Fingernägel. Kann mich nicht
erinnern.

KASCHKINA Merkwürdig . . . Also. Was keiner erwartet hatte: Plötzlich wolltest du ihn
hinter Gitter bringen. Aber du hast es nicht geschafft. Der Prozeß wurde
vertagt, den Fall übernahm ein anderer, aber du hast nicht aufgegeben, sagt
sie. *Sie ahmt Larissa nach.* »Stur wie ein Bock. Ich weiß nicht, was er sich
einbildete, wer er sei, aber erwischt hatte es ihn, das ist sicher. Er verließ seine
Frau, zog sich zurück, vernachlässigte sein Äußeres; mit einem Wort: er kam
auf den Hund.« War es so?

SCHAMANOW Du weißt doch alles über mich. Ich verstehe nicht, warum du beleidigt bist.

KASCHKINA Das warst wirklich du? *Nach einer Pause.* Ich glaube, du wolltest Gerechtigkeit.

SCHAMANOW Vielleicht. Und?

KASCHKINA Aber das ist doch großartig.

SCHAMANOW Glaubst du?

KASCHKINA Ist das etwa schlecht?

SCHAMANOW Weder schlecht noch gut. Es ist Wahnsinn. Deine Larissa hat recht.

KASCHKINA Meine?

SCHAMANOW Ich kann mich nicht an sie erinnern. Aber Unmögliches erzwingen wollen ist tatsächlich Wahnsinn . . . Übrigens, der Prozeß ist dieser Tage. Ich habe die Vorladung bekommen.

KASCHKINA Ja?

SCHAMANOW Ja! Irgendwer in der Stadt erwartet wohl, daß ich hinrenne und aussage bei diesem Prozeß.

KASCHKINA Und du willst nicht?

SCHAMANOW Auf keinen Fall. Mir reicht's. Mit dem Kopf durch die Wand – das sollen andere versuchen. Jüngere. Mit dickeren Schädeln.

KASCHKINA Ja, du warst ein anderer. Jetzt sehe ich es.

SCHAMANOW *mit einer müden Geste:* Wer ich auch war – wenn ich dort aussage, ändert das nichts. Gar nichts. Also ist es niemandem nütze.

KASCHKINA Bist du sicher?

SCHAMANOW Zu neunundneunzig Prozent.

KASCHKINA Trotzdem. Bleibt ein Prozent.

SCHAMANOW Eins zu neunundneunzig – das ist eine Chance für geistig Minderbemittelte. Sollen die es versuchen. Und damit lassen wir dieses unsinnige Gerede.

KASCHKINA Wie du willst.

DERGATSCHOWS STIMME Das war vor fünfzehn Jahren, das ist schon lange her . . .

KASCHKINA Weißt du, was diese Larissa sagte, als sie erfuhr, daß du hier bist? *Ahmt Larissa nach.* »Na ja, Landluft soll beruhigen. Es war vernünftig von ihm, dorthin zu fahren.«

SCHAMANOW Quatsch. Ich hatte gar keine andere Wahl.

KASCHKINA Sie läßt dich grüßen. *Ahmt Larissa nach.* »Herzlichen Gruß! Hoffentlich ist er noch nicht unter die Mönche gegangen.«

SCHAMANOW *lacht:* Jetzt erinnere ich mich! Sie hat hier – *Zeigt.* – eine Stahlkrone.

KASCHKINA Genau.

SCHAMANOW Und wenn sie lacht, wackelt die Krone.
Beide lachen.

KASCHKINA Genau.

SCHAMANOW Wackelt sie immer noch?

KASCHKINA Immer noch.

SCHAMANOW Ja, sie hat solche Augen. *Zeigt. Anerkennend.* Doch, sie ist . . .

KASCHKINA *unterbricht ihn:* Ja, ja. Sie ist ganz passabel. Sogar sehr passabel.

SCHAMANOW Ja, jetzt weiß ich wieder. *Er hört auf zu lachen. Plötzlich.* Ein gemeines Weibsstück. Aber nicht dumm.

KASCHKINA Du hast lange gebraucht, bis du wieder auf sie gekommen bist. Na, egal. Ich muß in meine Apotheke. *Steht auf.* Da, meine Chefin winkt schon aus dem Fenster. Ich gehe los . . . Wann sehen wir uns? Zum Abendbrot?

SCHAMANOW Weiß nicht, Sina. Ich komme abends zurück. Wohin soll ich denn schon?
Er steht auf, geht zum Büfettfenster. Paschka kommt, der Sohn der Choro-schich und Stiefsohn Dergatschows. Er macht keinen Umweg: Er reißt eine Latte aus dem Vorgartenzaun und tritt gegen die Pforte, so daß sie wieder nur in einer Angel hängt.
Paschka ist vierundzwanzig. Hier im Dorf ist er zu Besuch. Er trägt eine

knallrote, hochmodische Jacke, aber dazu grobe Arbeitsschuhe. Er ist groß
und ungeschlacht; tiefliegende Augen, Baßstimme. Insgesamt paßt sein
Äußeres zu seinem rücksichtslosen Draufgängertum.

PASCHKA Tag.

KASCHKINA Guten Tag.

Schamanow nickt ihm zu. Paschka tritt ans Büfettfenster. Die Kaschkina
geht durch den Vorgarten nach draußen, denselben Weg, den Paschka ge-
kommen ist. Zu Schamanow. Bis heute abend. Verschwindet.

SCHAMANOW *Tschüs. Er langt das Telefon durch das Büfettfenster und hebt den Hörer*
ab. Die Miliz, bitte.
Paschka wartet am Büfett, trommelt mit den Fingern auf der Vitrine.
Diensthabender? Hier Schamanow. Ich warte auf das Auto nach Tabarsuk
. . . Bald? Wann genau? Sag ihm, er soll zur Teestube kommen. Ich warte
hier auf ihn . . . Sag ihm, er soll sich beeilen. *Er stellt das Telefon zurück*
und setzt sich wieder, aber nicht an den Tisch, wo er mit der Kaschkina ge-
sessen hat, sondern weiter vom Büfettfenster weg.

PASCHKA *klopft:* Mutter!
Die Choroschich erscheint am Büfett.

CHOROSCHICH Bist du auch schon da . . .

PASCHKA 'ne Schachtel Belomor.

CHOROSCHICH *gibt ihm die Papirossy:* Hast du Holz gehackt?

PASCHKA Hab ich.

CHOROSCHICH Du heizt heute das Bad.

PASCHKA Das soll mal der Invalide machen.

CHOROSCHICH Ich habe gesagt, du heizt das Bad. Ist das klar?

PASCHKA Gut, mal sehen. *Er setzt sich auf das Fensterbrett und raucht.* Das wird heute
ein edler Tag.

CHOROSCHICH Aber nicht für dich, Pawel . . . Wo sitzt du? Geh da runter. *Stößt ihn vom*
Fensterbrett.

PASCHKA Hör auf, Mutter. Laß mich doch in Ruhe rauchen.

CHOROSCHICH *nicht sofort:* Du bist doch nicht bloß gekommen, um hier zu rauchen?

PASCHKA Was denn noch? Ich trinke auch was, wenn du was hast.

CHOROSCHICH Ich werd dir was, von wegen trinken. Das fehlte noch.

PASCHKA Muß ja nicht sein. Ich bin auch so in Form.

CHOROSCHICH In Form . . . Du mußt wieder weg, Pawel.

PASCHKA Oho . . . Das nennt sich Besuch bei der eigenen Mutter. Jagst du mich weg,
oder was?

CHOROSCHICH Ich jage dich nicht weg, aber es wird Zeit für dich. Der Urlaub ist vorbei, du
hast deinen Spaß gehabt. Sonst werfen sie dich dort noch raus.

PASCHKA Die nicht, keine Angst. Ihr hier haltet nichts von mir, aber die – keine Angst.
Die Choroschich stöhnt laut und bitter auf.
Leise. Wo ist sie?

CHOROSCHICH Pawel, hör auf deine Mutter. Fahr wieder weg. Das führt zu nichts.

PASCHKA Du bist nicht nett, Mutter. Du könntest mir helfen.

CHOROSCHICH Ach, Pawel, außer mir will dich doch hier keiner. Wie kann ich dir schon
helfen.

PASCHKA   Wenn du nicht kannst, dann stör wenigstens nicht.
    Valentina kommt mit Tablett und Wischtuch. Sie macht den Tisch sauber, an dem Schamanow und die Kaschkina gesessen haben.
    Tag, Valentina.
VALENTINA   Tag.
    Sie will ins Haus zurück, Paschka versperrt ihr den Weg.
PASCHKA   Wart mal ...
    Sie versucht erfolglos, an ihm vorbeizukommen. Er hält ihren Arm fest.
    Hab dich doch nicht so.
VALENTINA   Laß los.
PASCHKA   Kommst du heute abend raus?
VALENTINA   Nein.
PASCHKA   Du kommst wirklich nicht?
    Valentina sucht vergeblich, den Arm zu befreien.
    Sei nicht voreilig, überleg's dir.
VALENTINA   Ich hab dir schon mal gesagt ... Laß los.
CHOROSCHICH   *streng:* Pawel!
PASCHKA   *leise:* Ich sage dir, Valja, sträube dich nicht. Ich kriege dich sowieso.
VALENTINA   *verzweifelt:* Laß mich los!
SCHAMANOW   Hör mal, geht das nicht sachter?
PASCHKA   *dreht sich um:* He, was soll das? Paßt dir was nicht?
SCHAMANOW   Ob das nicht sachter geht mit dem Mädchen?
PASCHKA   Wieso, was paßt dir nicht?
    Schamanow antwortet nicht. Paschka setzt sich ihm gegenüber.
    Also ernsthaft, was paßt dir nicht?
CHOROSCHICH   Pawel!
PASCHKA   Ich rede mit einem Mädchen. Was geht dich das an? Paßt es dir nicht, wenn ich mit ihr rede?
SCHAMANOW   Mir schon. Ihr nicht.
PASCHKA   Geht sie dich was an? Wer bist du denn, wer?
CHOROSCHICH   Pawel! Wie redest du mit den Leuten!
PASCHKA   Normal, wie denn sonst! Oder wird hier Ausländisch gewünscht? Bitte. *Beugt sich zu Schamanow hin.* How do you do – das ist englisch, und russisch heißt das: Steck deine Nase nicht in fremden Dreck. Okay?
SCHAMANOW   Nein, mein Lieber. Dein Englisch ist ein bißchen schwach. How do you do – das heißt: Laß die Flegelei, benimm dich gefälligst anständig.
PASCHKA   *schnalzt beifällig:* Alle Achtung!
CHOROSCHICH   Jawohl, Wladimir Michailytsch, packen Sie ihn hart an, damit er kapiert.
PASCHKA   *steht auf:* Alle Achtung. Man merkt halt gleich, das ist Bildung. *Beugt sich zu Schamanow. Leise.* Also, merk dir, Kriminaler, laß die Finger von Valentina. Ein für allemal ... Das meine ich ernst. *Geht von Schamanows Tisch weg.*
    Am Büfett taucht hinter dem Rücken der Choroschich Jeremejew auf. Er streckt ihr Geld entgegen.

CHOROSCHICH Nein, nein. Keinen Tropfen mehr. Punkt.

JEREMEJEW Trotzdem, nur einen kleinen . . .

CHOROSCHICH Ilja, weg, geh raus hier. *Schiebt ihn hinaus.* Ich habe nein gesagt . . .
Dergatschow kommt und schiebt Jeremejew von hinten.

DERGATSCHOW Es ist nicht dein Geld, du hast kein Recht.

CHOROSCHICH Ich habe nein gesagt! Nichts gibt es!

DERGATSCHOW *drohend:* Bedien den Gast, und keine Sperenzchen.

PASCHKA *kommt zum Büfettfenster, zur Choroschich:* Was hat der denn?
Jeremejew verläßt das Büfett.

CHOROSCHICH Afanassi, geh raus hier. Du bekommst doch nichts mehr.

DERGATSCHOW Na, Anna, mach dich auf was gefaßt . . .

PASCHKA He, du Könner . . .
Dergatschow dreht sich um und bemerkt erst jetzt Paschka.
Komm raus da. Im guten.

DERGATSCHOW Ah, ihren SpRößling hat sie geholt. Du glaubst wohl, der steht dir bei?

CHOROSCHICH Geh raus, Afanassi. Und du bist still, Pawel . . .

DERGATSCHOW *zu Paschka:* Halt die Schnauze, sonst . . .

PASCHKA Sonst?
Dergatschow schlägt mit der Faust auf den Ladentisch.
Ruhig! Sonst tust du dir noch weh.

CHOROSCHICH Sei still, Pawel! Afanassi, laß das! O Gott, o Gott . . . Du kriegst was, nur sei
still! Du kriegst was, hörst du?

PASCHKA Der? Der hat doch schon von heute früh genug.

DERGATSCHOW Na, SpRößling . . . *Verläßt schnell das Büfett.*

CHOROSCHICH Afanassi! *Eilt ihm nach.*
Dergatschow kommt zu Paschka und packt ihn an der Brust.

PASCHKA *hält seine Arme fest:* Na? Und was jetzt? Na?

DERGATSCHOW Das wirst du schon erleben. Ich werde dir schon beibringen . . . Du Bastard!
*Die Choroschich kommt und versucht, Paschka und Dergatschow zu tren-
nen, die über die ganze Terrasse stolpern. Paschka, der sich nur verteidigt, ist
deutlich der Überlegene. Schamanow hilft der Choroschich. Jeremejew
schaut kopfschüttelnd zu. In der Tür erscheint Valentina und bleibt auf der
Schwelle stehen.*

DERGATSCHOW Ich werd's euch zeigen . . . Ihr könnt was erleben . . .

PASCHKA Mutter, nimm ihn weg von mir!

CHOROSCHICH Afanassi! Pawel!

SCHAMANOW *brüllt:* Aufhören!
Alle stehen einen Moment starr.

CHOROSCHICH *schiebt Dergatschow und Paschka zur Treppe:* Kommt zur Besinnung.
Afanassi . . . Pawel! Bring ihn nach Hause.

PASCHKA Der kann mich mal . . . Sieh doch zu, wie du mit ihm fertig wirst!

CHOROSCHICH Hilf mir, Pawel. Wir bringen ihn zusammen, hörst du? Um Gottes willen,
Pawel . . .

DERGATSCHOW Loslassen, sonst . . . könnt ihr euer blaues Wunder erleben.

PASCHKA Ja, hör auf . . . Hast wieder mal dein Mütchen gekühlt, nun ist's gut. Ab
mit dir.

Paschka schleppt Dergatschow durch den Vorgarten. Die Choroschich folgt ihnen. Am Zaunloch gibt es ein Gedrängel. Dann reißt Paschka noch eine dritte Latte ab und schiebt Dergatschow durch die Lücke. Alle drei ab. Jeremejew folgt ihnen, umgeht aber den Vorgarten.

SCHAMANOW   Ein fröhlicher Morgen, alles was recht ist . . .

Lärm und die Stimme der Choroschich: Rühr ihn nicht an! Rühr ihn nicht an! Dann wird der Krawall leiser und verstummt. Valentina geht in den Vorgarten hinunter, hebt die Latten auf und repariert den Zaun. Schamanow sieht ihr erst zerstreut, dann aufmerksam zu. Seit dem Abgang Paschkas, Dergatschows und der Choroschich ist mindestens eine halbe Minute vergangen.

Valentina . . .

Valentina hält beim Arbeiten inne.

Was ich dich schon immer fragen wollte . . . Warum machst du das?

VALENTINA   *nicht sofort:* Sie meinen, warum ich mich um den Garten kümmere?

SCHAMANOW   Ja. Warum?

VALENTINA   Aber . . . Ist das nicht klar?

Schamanow schüttelt den Kopf.

Also auch Sie begreifen es nicht. Das haben mich schon alle gefragt, nur Sie nicht. Ich dachte, Sie wüßten es.

SCHAMANOW   Nein, ich weiß es nicht.

VALENTINA   *heiter:* Dann erkläre ich es Ihnen. Ich repariere den Zaun, damit er ganz ist.

SCHAMANOW   *lächelt:* So? Und ich dachte, du reparierst ihn, damit er wieder kaputtgemacht wird.

VALENTINA   *ernst:* Nein, damit er ganz ist.

SCHAMANOW   Wozu, Valentina? Es braucht doch nur einer zu kommen, und . . .

VALENTINA   Na und? Mache ich ihn eben wieder ganz.

SCHAMANOW   Und danach?

VALENTINA   Auch danach. So lange, bis sie gelernt haben, den Weg zu gehen.

SCHAMANOW   *schüttelt den Kopf:* Zwecklos.

VALENTINA   Wieso zwecklos?

SCHAMANOW   *melancholisch:* Weil sie immer durch den Garten gehen werden. Ewig.

VALENTINA   Ewig?

SCHAMANOW   *finster:* Ewig.

VALENTINA   Und das stimmt nicht. Einige gehen schon jetzt den Weg. Es gibt solche.

SCHAMANOW   Wirklich?

VALENTINA   Ja. Sie zum Beispiel. Sie gehen doch immer den Weg entlang.

SCHAMANOW   *wundert sich echt:* Ich? Na, ich weiß nicht, das habe ich nie bemerkt. Aber das Beispiel paßt nicht. Ich komme von dort.

VALENTINA   Von dort und von da. Aber immer außen herum.

SCHAMANOW   Ja? Dann bin ich einfach zu faul, mich zu bücken. Ich mache lieber den Umweg.

Pause.

Nein, Valentina, es hat keinen Zweck.

VALENTINA Stimmt nicht. *Nach zwei, drei Handgriffen ist sie mit dem Zaun fertig.* So, fertig. Ein bißchen Arbeit, und alles ist in Ordnung, der Zaun ist ganz. *Lebhaft.* Begreifen Sie das wirklich nicht? Wenn man nur die Achseln zuckt und nichts macht, dann zertrampeln sie doch in zwei Tagen den ganzen Garten.

SCHAMANOW So wird es auch kommen.

VALENTINA Nein! Sie werden sehen, wie sie den Weg gehen.

SCHAMANOW Du erwartest zuviel von ihnen.

VALENTINA Aber nein, sie werden es schon lernen, passen Sie auf! Sie müssen es doch einfach begreifen, irgendwann. Ich säe hier Mohn, und dann . . .

SCHAMANOW *unterbricht sie:* Nein, Valentina, es ist zwecklos. *Er geht zum Büfettfenster, nimmt sich das Telefon.* Die Miliz, bitte. *Er wartet, dann zu Valentina.* Hast du mal probiert, die Latten anzunageln?

VALENTINA *heiter:* Hab ich. Da haben sie zwei Latten zerbrochen.

SCHAMANOW Siehst du. Ich sage doch, es ist zwecklos. *Ins Telefon.* Diensthabender? Hier Schamanow. Hör mal, ist Komarow in der Nähe? Gib ihn mir mal . . . Tag, Fedja. Schamanow. Aus der Teestube. Was ist denn los bei euch? Wann kommt das Auto?

Valentina repariert die Gartentür.

Deshalb rufe ich ja an. Wann? Eher nicht? Mir kann's ja egal sein, aber wenn, dann bald. Es ist schon zehn durch . . . Zum Chef? Was gibt's denn? In die Stadt? Ja, ich habe die Vorladung bekommen . . . Ja, der bewußte Prozeß. Ja, übermorgen. Mir egal, meinetwegen auch heute – ich fahre nicht. Wieso? Es ist doch sowieso schon alles beschlossen. Ohne mich. Schluß. Ich halte nichts von schönen Gesten . . . Ich sage doch: Nein. Ja, das kannst du ihm sagen. Ich lehne es ab. Und überhaupt will ich in Rente gehen. Ja, sag ihm das so. Hm. Was gefällt ihm nicht? Die Pistole? *Faßt prüfend zur Hüfte.* Ja, hab ich. Wieso? Na und? Ich bin mitten in der Nacht zurückgekommen, wann sollte ich sie abgeben? Ach, er wird's überleben. Jetzt? Ausgerechnet . . . Nein. Nein, ich habe nichts gegen Disziplin, ich bin einfach zu faul, jetzt hinzukommen. Ach, er soll sich abregen. Ich will keinen umbringen. *Lauscht. Darauf.* Was für Gerüchte? Aha, aha . . . Ich verstehe. Es interessiert die Öffentlichkeit, wo ich nächtige . . . Es beunruhigt sie? Sie ist besorgt? Auch das noch! Ich habe den Eindruck, daß das die Öffentlichkeit mehr aufregt als mich selbst. Also folgendes: Diese Aufmerksamkeit schmeichelt mir natürlich, aber wo ich schlafe – diese Sorge bitte ich gütigst mir selbst zu überlassen. Da weiß ich doch wohl besser Bescheid.

Valentina senkt dabei den Kopf noch tiefer. Schamanow bemerkt es, und beim Weitersprechen blickt er zu Valentina. Ich verstehe nicht, sind wir die Miliz oder ein Kloster? Weißt du, lassen wir das. Neben mir steht ein Mädchen, und deshalb kann ich dir nicht ausführlicher meine Meinung zu dem Thema sagen . . . Das Mädchen? Ja, interessant, glaube ich. Ja. Ja, von hier. Ja, stell dir vor. Beruhige dich, Alter, du könntest ihr Vater sein . . . Du hast recht: ganz jung und grün. Und unser Gespräch verwirrt sie . . . Na, mach's gut . . . Ja, ich erwarte das Auto.

Er legt auf und stellt das Telefon zurück. Pause. Schamanow geht über die Terrasse zur überdachten Vortreppe. Valentina repariert die Gartentür. Schamanow betrachtet sie erneut, diesmal mit großem Interesse.

Valentina . . .

Valentina blickt hoch. Pause.

Hör mal . . . Du bist eigentlich schön . . .

Die Gartentür, die Valentina festhielt, fällt jetzt um.

Daß ich das bisher nicht bemerkt habe . . . Unbegreiflich.

Valentina hebt die Tür wieder auf.

Nun laß doch diese Tür . . . *Nicht sofort.* Ach, bist du stur. *Kommt die Treppe herunter.* Wo fehlt's denn? Soll ich dir helfen?

VALENTINA Wenn Sie wollen . . . Halten Sie. Ja, so.

SCHAMANOW Gut . . . *Nach einem Weilchen.* Heb den Kopf hoch. Du siehst ja nicht, was du machst.

Valentina hat die Gartentür repariert und richtet sich auf. Pause. Valentina ist im Vorgarten, Schamanow steht ihr gegenüber auf der anderen Seite der Tür.

VALENTINA Danke . . . Das ist nicht so einfach mit dieser Tür. Manchmal geht's leicht, aber heute . . .

SCHAMANOW Ja, tatsächlich . . . Ein seltsamer Morgen. Ich kenne dich schon ein ganzes Jahr, und erst jetzt sehe ich dich richtig. Und ich muß dir sagen . . .

VALENTINA *leise:* Nicht nötig.

SCHAMANOW Du entziehst mir das Wort? Warum?

VALENTINA Weil Sie sich über mich lustig machen.

SCHAMANOW Nein. Überhaupt nicht. Ich meine das ernst. Du bist schön, Valentina. Wirklich . . . *Wenig später.* Siehst du, nun wirst du schon rot. Nein, blick nicht weg. Ich möchte dich anschauen. Ich habe lange nicht mehr gesehen, wie jemand rot wird.

Sie will aus dem Vorgarten hinaus, er schließt die Tür.

Warte. Warte, Valentina. Seltsam. Ich sehe dich wie zum erstenmal, und gleichzeitig . . . *Plötzlich.* Hör zu! Ja . . .

Kleine Pause.

Ich hab früher, ganz früher, einmal ein Mädchen geliebt, und seltsam: du bist ihr ähnlich.

Kleine Pause.

Warum? Valentina?

Pause.

Wie alt bist du? Siebzehn? Achtzehn?

VALENTINA Ja.

SCHAMANOW Warum bist du nicht in der Stadt wie deine Freundinnen?

VALENTINA Ja, viele sind fort.

SCHAMANOW Und du? Warum bis du geblieben?

VALENTINA Eben so . . . Müssen denn alle weggehen?

SCHAMANOW Nein. Ganz und gar nicht. Aber wenn du geblieben bist, mußt du Gründe haben.

VALENTINA	Hab ich wohl.
SCHAMANOW	Und welche? Ich habe gehört, dein Vater läßt dich nicht weg, ja? Oder was hält dich hier?
VALENTINA	Was interessiert Sie das . . .
SCHAMANOW	Trotzdem, was ist es?

Pause.

Was hast du? Wenn es ein Geheimnis ist, will ich es nicht wissen . . . Ist es ein Geheimnis?

Pause.

Valentina, du bist ein erstaunliches Mädchen. Dir steht alles im Gesicht geschrieben, alle deine Geheimnisse. Du bist hiergeblieben, weil du jemanden liebst. Etwa nicht? Und wer ist es? Sagst du's nicht? Natürlich nicht . . . *Er betrachtet sie, dann lächelt er.* Wenn du dich sehen könntest . . . Ach, Valentina, wenn ich dich anschaue, werde ich traurig, weil mich so eine wie du nie mehr lieben wird.

VALENTINA	*aus ihr bricht heraus, was sie ihm jederzeit sagen könnte:* Das ist nicht wahr!
SCHAMANOW	Ach . . . *Neugierig.* Wer könnte schon an mir etwas finden. Ich habe niemand bemerkt. Vielleicht kennst du jemand?
VALENTINA	*leise:* Das weiß doch jeder. Außer Ihnen.
SCHAMANOW	So?
VALENTINA	Sie sind der einzige hier. Sie sehen nichts . . . *Plötzlich laut, verzweifelt.* Sie sind blind! Blind – verstehen Sie?

Pause. Schamanow ist betroffen von diesem unerwarteten Geständnis.

SCHAMANOW	*erstaunt:* Meinst du das ernst? *Pause. Verwirrt.* Du glaubst, daß . . . *Hält inne.*
VALENTINA	*bemüht sich mit aller Kraft um ein Lächeln:* Sie sind blind. Aber taub sind Sie nicht, stimmt's?
SCHAMANOW	*nicht sofort:* Aber Valentina, das geht doch nicht . . . *Lacht auf.* Das fehlte noch. Da hast du dir einen ausgesucht. Ehrlich, etwas Schlimmeres hätte dir kaum einfallen können. *Er macht die Gartentür auf, geht zu ihr und streicht ihr übers Haar.* Du bist ein herrliches Mädchen, du bist wunderbar – aber was du eben gesagt hast, das schlag dir aus dem Kopf. Es ist heller Wahnsinn. Vergiß es und denk nie mehr daran. Und überhaupt: Du hast nichts gesagt, und ich habe nichts gehört . . . Das wär's.
VALENTINA	*leise, mit Anstrengung:* Ich hätte es niemals gesagt. Sie haben selbst angefangen.
SCHAMANOW	*gewollt lässig:* Ich habe Spaß gemacht.

Valentina weicht einen Schritt zurück, dann geht sie schnell aus dem Vorgarten hinaus.

Warte . . . *Folgt ihr nach.* Valentina!

Sie verschwindet in ihrem Hof und läßt die Tür offen. Er bleibt lange stehen, dann geht er auf die Terrasse und setzt sich. Er bleibt einige Zeit dort sitzen, die Beine von sich gestreckt, den Kopf zurückgelehnt.

Na ja . . . Das hat mir noch gefehlt.

Gleichzeitig kommen die Kaschkina und Paschka, sie von links, er von rechts. Am Zaun stoßen sie aufeinander. Paschka bleibt stehen, wendet sich schroff um und verschwindet wieder. Die Kaschkina geht diesmal um den Vorgarten herum und steigt zur Terrasse hinauf.

KASCHKINA   Wo bleibt denn dein Auto? *Ironisch.* Du Ärmster, da sitzt du einsam und allein, und niemand zum Amüsieren. Alle sind weggelaufen . . .
Schamanow schaut sie finster an. Die Kaschkina wechselt den Ton.
Unser Fenster ist gegenüber, du mußt schon entschuldigen . . .

SCHAMANOW   Aber bitte. Wo ihr doch nichts weiter zu tun habt . . .

KASCHKINA   Das nun auch nicht. Aber wenn es etwas zu sehen gibt . . . Und das gab es ja.

SCHAMANOW   Also seid ihr heute nicht umsonst zur Arbeit gekommen.

KASCHKINA   Sei ruhig, außer mir hat keiner was gesehen. Nur ich habe euch beobachtet.

SCHAMANOW   Hoffentlich war die Sicht gut?

KASCHKINA   Hervorragend. Nur leider konnte ich nichts verstehen.

SCHAMANOW   Und was interessiert dich? Ich erzähle es dir gern.

KASCHKINA   Wie seid ihr denn so plötzlich . . . ins Gespräch gekommen?

SCHAMANOW   *spöttisch:* Einfach so. Ich habe ihr ein Kompliment gemacht, und sie . . . Ein Wort gab das andere, ganz von selbst. Und nun weiß ich mehr.

KASCHKINA   Bisher hast du das nicht gewußt?

SCHAMANOW   *nicht sofort:* Du hast es gewußt?

KASCHKINA   *nicht sofort:* Also nun weißt du mehr. Und weiter? Wie findest du das?

SCHAMANOW   Ich? *Immer noch spöttisch.* Sie hat mich neugierig gemacht. Ja, was dachtest denn du? Sie ist ein nettes Mädchen – etwa nicht? Schade, daß ich das nicht schon eher bemerkt habe . . . Ja, so ist das. Früher hab ich das nicht bemerkt, erst heute . . . Wie soll ich es dir beschreiben? Sie kam unerwartet, wie ein Lichtstrahl aus den Wolken. Gefällt dir der Vergleich?

KASCHKINA   Nicht schlecht.

SCHAMANOW   Außerdem erinnert sie mich an meine erste Liebe. Das glaubst du nicht? Ganz ernsthaft. Und das Tollste – sie liebt mich bereits. Na, was meinst du, wie nennt man das?

KASCHKINA   Ich verstehe nicht, über wen machst du dich jetzt lustig?

SCHAMANOW   *im selben Ton:* Schicksal. Schicksal, nicht anders. Und sie sagte: Kopf hoch, Alter, noch ist nicht alles verloren. Das ist deine Chance, sagte sie, greif zu, es ist deine letzte. *Schweigt.* Ja. So ist das.

KASCHKINA   Und wie geht es weiter?

SCHAMANOW   Weiter? Klarer Fall. Ich danke dem Schicksal, pfeife auf alle Vorurteile, schnappe mir das Mädchen und adieu. Ich beginne ein neues Leben. Wie gefällt dir das?

KASCHKINA   Und dir?

SCHAMANOW   *in anderem Ton, gereizt:* Sina, ist das deine Taktik, oder bist du tatsächlich so blöd? Also wirklich! Wir beide kennen uns schon eine Ewigkeit – wenigstens kommt es mir so vor –, aber du hast nichts von mir begriffen – nichts! *Verliert die Beherrschung.* Du drehst mir ja jedes Wort im Mund herum, jeden Laut, jeden Buchstaben! Wenn ich vom Tag rede, redest du von der Nacht, wenn ich von Wanja rede, redest du von Tanja. Was soll das? Nun sag mir um Gottes willen, weshalb du jetzt herübergekommen bist – weshalb? Was hast du denn gesehen, was? *Springt auf.* Wirklich, woher hast du diese verrückten Ideen, diese blödsinnigen Verdächtigungen? Nun sag mir doch: Was, was, was könnte ich mit diesem Mädchen haben? Na? Verdammt noch mal, sehe ich denn verliebt aus? Sehe ich irgendwie verliebt aus? Auch nur andeutungsweise? *Seufzt tief.* Mein Gott! So ein blödsinniger Morgen! Was ist denn los mit euch allen? Was wollt ihr von mir? Ich will nichts! Absolut nichts! Ich habe nur einen einzigen Wunsch: Laßt mich in Ruhe. Alle! Und du auch. Du vor allem! Wieso terrorisierst du mich eigentlich? Mit welchem Recht? Ich mache das nicht länger mit. Ich denke nicht daran! Ist das klar?

KASCHKINA   Ja. Aber warum verlierst du gleich die Nerven?

SCHAMANOW   Sina, geh.

KASCHKINA   Was hast du? Wie du aussiehst . . . Bist du krank?

SCHAMANOW   Geh. Ich möchte in Ruhe gelassen werden. Jetzt. Sofort.

KASCHKINA   Gut, ich geh ja schon. Aber . . .

SCHAMANOW   *unterbricht sie:* Geh. *Plötzlich erschlafft er und läßt sich auf einen Stuhl sinken. Leise, mit völlig gleichgültiger Stimme.* Bitte geh.
Die Kaschkina geht verwirrt und beleidigt über den Hof und die Treppe in ihre Mansarde. Dann kommt Paschka, steigt zur Terrasse hoch und bleibt schweigend vor Schamanow stehen. Pause.
Na? Red schon.

PASCHKA   Geredet haben wir schon. Du hast mich anscheinend vorhin nicht verstanden, wegen Valentina. Hast du verstanden oder nicht?

SCHAMANOW   Einstweilen nicht. Noch nicht.

PASCHKA   Tu nicht so . . . Du versuchst es also bei ihr auf die feine Tour, auf die intelligente Tour. Ich sage es dir geradeheraus und zum letztenmal: Wenn ich dich noch einmal mit ihr sehe, geht's euch beiden schlecht. Mein Wort drauf.
Pause.

SCHAMANOW   Noch was? Dann geh jetzt.
Pause.
Geh spazieren, kühl deinen Kopf ab . . .
Pause.
Ich warne dich: Ich habe heute verdammt schlechte Laune.

PASCHKA   Sei vorsichtig. Es ist mir Ernst: Ich warne dich zum letztenmal. Sonst . . . *Dumpf.* Ich bring dich um. Verstanden?

SCHAMANOW   *lächelt:* Du bringst mich um?

PASCHKA   Ich bring dich um, egal, wer du bist und was dir da am Gürtel baumelt. Ich bring dich um.

SCHAMANOW   Tatsächlich?

PASCHKA   Du denkst wohl, ich habe Angst vor deiner Kanone?

SCHAMANOW   Du bringst mich um?

PASCHKA   Ich pfeife auf deine Kanone.
Pause.

SCHAMANOW   Die Kanone . . . Da hast du sie. *Er greift zur Pistolentasche, zieht die Waffe heraus, legt sie auf den Tisch und schiebt sie Paschka hin.* Du bringst mich um?

Paschka lächelt, nimmt die Pistole, betrachtet sie, nimmt das Magazin heraus, steckt es wieder zurück.

Na, alles in Ordnung?

Paschka wiegt die Pistole auf der Hand, wirft sie leicht nach oben.

Schießen kannst du doch wohl?

Paschka lächelt.

Schaffst du's, mich totzuschießen? Sonst jagst du mir nur einen Schreck ein oder schießt mich bestenfalls zum Krüppel. Oder schaffst du's doch?

PASCHKA   Nimm. Wenn's drauf ankommt, komme ich auch ohne aus.

Paschka reicht Schamanow die Pistole, aber der nimmt sie nicht. Die Waffe bleibt bei Paschka.

SCHAMANOW   Ohne? Wie denn? Mit dem Knüppel? Oder mit der Axt? Nein, mein Lieber, mit dem Knüppel – das ist vulgär. Gegen Knüppel habe ich was . . . Du hast da eine ganz ordentliche Maschine in der Hand. Zwar nicht die modernste, aber immerhin. Willst du mal probieren?

PASCHKA   Laß das, Kriminaler. Ich mache keinen Spaß. Vergiß das nicht.

SCHAMANOW   Ich mache auch keinen Spaß.

PASCHKA   Nimm. *Reicht Schamanow die Pistole.* Ich habe dich gewarnt, und du hast mich verstanden. Trennen wir uns im guten. Hörst du? *Dumpf.* Halt dich hier raus. Schnüffle da, wo du mußt. Bei dem, was dir zusteht. Und denk dran: Dies war unser letztes Gespräch. Wenn ich euch noch einmal sehe . . .

SCHAMANOW   *unterbricht ihn:* Das kannst du. Heute noch.

PASCHKA   Untersteh dich . . .

SCHAMANOW   Wir sind hier verabredet. Heute abend um zehn. Und nicht zum erstenmal. Zu spät gekommen, mein Lieber.

PASCHKA   Halt die Schnauze.

SCHAMANOW   Du bemühst dich umsonst. Sie braucht dich nicht.

PASCHKA   *schreit:* Halt die Schnauze, sag ich!

SCHAMANOW   Sie braucht dich nicht.

Paschka weicht vor Schamanow zurück, die Pistole in der Hand.

Mich liebt sie. Du kannst ihr doch nicht das Wasser reichen, du Idiot begreifst das ja nicht einmal. Du wirst sie nie kriegen. *Er umklammert die Stuhllehnen und schreit hysterisch.* Schieß doch!

Paschka drückt ab. Es klickt – die Waffe hat versagt. Die Angst in Schamanows Gesicht wechselt in Ungläubigkeit. Paschka läßt die Waffe fallen. Schamanow kommt zu sich. Doch die um die Stuhllehnen geklammerten Finger kann er nicht sofort lösen. Aber dann gehorchen ihm die Hände wieder, und er streicht sich über Stirn und Augen.

Heb die Pistole auf.

Paschka hebt die Pistole auf.

Leg sie auf den Tisch.

Paschka legt die Pistole auf den Tisch.

Geh.

Paschka verläßt, leicht schwankend wie ein Betrunkener, die Terrasse. Ab.
Schamanow versucht aufzustehen; seine Füße tragen ihn nicht. Einen Mo-
ment später erscheint Jeremejew. Murmelnd und seufzend setzt er sich auf die
unterste Stufe der überdachten Vortreppe.

JEREMEJEW Och-och-och . . .

SCHAMANOW Was ist, Großvater? Wie steht's denn nun mit der Rente?

JEREMEJEW Elend. Dem Menschen glauben sie nicht, nur dem Papier.
Man hört ein Auto kommen.
Ich habe gearbeitet, vierzig Jahre lang . . .

SCHAMANOW *steht auf:* Mein Beileid, Großvater. Helfen kann ich dir nicht.
Er steckt die Pistole ein. Man hört, wie das Auto bremst. Eine Männer-
stimme. Na, was ist? Fahren wir? Sofort!
Schamanow nimmt eine Papierserviette vom Tisch, den Füllfederhalter aus
der Tasche, schreibt schnell etwas und faltet die Serviette zusammen.
Großvater, ich habe eine Bitte. Sei so lieb, gib das Valentina. Weißt du, wer
das ist?
Jeremejew nickt. Schamanow gibt ihm den Zettel. An der Balkontür er-
scheint die Kaschkina. Als sie Schamanows Stimme hört, bleibt sie auf der
Schwelle stehen.
Das gibst du ihr. Aber gleich wenn sie kommt. Abgemacht?
Jeremejew nickt.
Paß auf, gib es niemand anderem.

JEREMEJEW Gut, gut.

SCHAMANOW *zu sich selbst:* So . . . *Zu Jeremejew.* Danke, Großvater. *Schnell ab.*
Man hört das Auto wegfahren. Die Kaschkina kommt herunter. Nach eini-
gem Zögern spricht sie Jeremejew an.

KASCHKINA Nun, wie steht's? Was gibt's Neues? Was sagen die auf der Versicherung?
Klappt's mit der Rente?
Jeremejew schüttelt den Kopf.
Und warum nicht?

JEREMEJEW Oh, oh, sie wollen Papiere. Du bist gebildet, weißt doch Bescheid . . . *Leb-*
haft. Bist du aus Stadt?

KASCHKINA Ich? Ja, bin ich.

JEREMEJEW *hoffnungsvoll:* Kennst du Karassjow? Er war Oberster bei den Geologen . . .
Kennst du nicht?
Die Kaschkina zuckt mit den Schultern.
Kennst du Edelmann?
Die Kaschkina schüttelt den Kopf.
Dann kennst du Bykow auch nicht.

KASCHKINA Woher denn? Die Stadt ist doch groß.

JEREMEJEW Wo finden? Wie finden?

KASCHKINA Warum denn nicht? Wenn sie noch da sind, nicht weggezogen sind . . .

JEREMEJEW *winkt ab:* Wenn hier nicht – dort erst recht nicht.

KASCHKINA Nein, nein. Übereilen Sie nichts. Nur nicht gleich den Mut verlieren . . . Was
haben Sie denn da? *Sie zeigt auf den Zettel, den Jeremejew noch in der Hand*
hält.

JEREMEJEW   Hm? Ein Brief. Muß ich Mädchen geben, wenn sie kommt. Vom jungen
            Mann.
            Pause.
KASCHKINA   Trotzdem, verlieren Sie nicht die Hoffnung wegen der Rente. Ich habe da
            mit einer Frau gesprochen. Sie müssen zu ihr gehen. Sie wird Sie beraten und
            . . . Überhaupt, gehen Sie ruhig mal hin.
JEREMEJEW   Wo arbeitet sie?
KASCHKINA   Sie gehen diese Straße lang und fragen nach dem Kreisgesundheitsamt. Das
            zeigt Ihnen jeder. Und im Kreisgesundheitsamt fragen Sie nach Rosa Mat-
            wejewna. Sie erwartet Sie.
JEREMEJEW   *eifrig:* Gesundheitsamt, sagst du? Sie wartet, sagst du?
KASCHKINA   Ja, aber was nun? Sie müssen doch den Brief abgeben. Nicht wahr?
JEREMEJEW   Muß ich, muß ich.
KASCHKINA   Sehen Sie. Und zu Rosa Matwejewna müssen Sie auch. Am besten gleich.
            Was machen wir denn da?
JEREMEJEW   *verdrossen:* Was machen wir denn da?
KASCHKINA   Wir müssen uns etwas einfallen lassen. Aber was?
JEREMEJEW   Aber was?
KASCHKINA   Ich hab's! Sie können schon gehen, und den Brief gebe ich ab.
JEREMEJEW   *glücklich:* Danke, danke. *Gibt der Kaschkina den Zettel.*
KASCHKINA   Wer bekommt das?
JEREMEJEW   Kennst du Valentina?
KASCHKINA   Und ob.
JEREMEJEW   Wenn sie kommt, gib ihr.
KASCHKINA   Ja, ja. Gut.
JEREMEJEW   *geht los, bleibt stehen:* Rosa, sagst du?
KASCHKINA   Rosa Matwejewna, vergessen Sie es nicht.
JEREMEJEW   *bleibt wieder stehen:* Den Brief gib Valentina. Keinem anderen geben.
KASCHKINA   Schon gut, schon gut.
            Jeremejew ab.
            Geht zum Büfettfenster, nimmt sich das Telefon. Das Gesundheitsamt, bitte.
            Wartet. Dann. Rosa, bist du's? . . . Grüß dich, Rosa. Ich habe eine Bitte. Zu
            dir kommt jetzt so ein Alter . . . Ein Ewenke, ziemlich alt. Wegen seiner
            Rente. Ja, wundere dich nicht. Er braucht Hilfe, wenn möglich . . . Ich weiß
            doch nicht. Laß dir was einfallen. Vielleicht Sanatorium. Oder Altersheim.
            Höre ihn auf jeden Fall an, gib ihm irgendeinen Rat, sei verständnisvoll. Ja,
            es muß sein. Ja. Zeig Verständnis für ihn, das allein ist schon etwas. Er ist ein
            alter Mann. Einverstanden? . . . Na, mach's gut. *Sie stellt das Telefon zu-
            rück, setzt sich an einen Tisch, überlegt einen Moment. Dann klappt sie ent-
            schlossen den Zettel auf und liest laut die letzten Worte.* ». . . hier, heute
            abend um zehn . . .« *Langsam legt sie den Zettel wieder zusammen.*
            Auftritt Choroschich.
CHOROSCHICH Herrgott . . . Scham und Schande. *Zur Kaschkina.* Hat man je so etwas erlebt
            . . . Kaum auseinanderzukriegen, diese Räuber. Mir ist fast das Herz stehen-
            geblieben. *Sie geht ins Haus und erscheint am Büfettfenster.* Die Leute

haben schon recht: Zwei Bären in einer Höhle, das geht nicht gut. *Pause.*
Warum bist du nicht auf Arbeit? Sinaida! Hörst du nicht?

KASCHKINA   Bitte, Anna Wassiljewna?

CHOROSCHICH   Und wo ist Valentina? *Ruft.* Valentina! Wo steckt sie? Das Büfett offen, die
Kasse offen, was denkt sie sich denn? *Zur Kaschkina.* Sitzt du schon lange
hier? Du hast sie nicht gesehen?

KASCHKINA   Nein, Anna Wassiljewna.

CHOROSCHICH   Sie ist doch noch nie weggegangen, ohne was zu sagen. Was hat sie nur?
Ruft laut. Valentina!

Vorhang

Zweiter Akt

Der Abend

*Der Abend desselben Tages, kurz vor Sonnenuntergang. Haus und Vorgar-
tenzaun werfen lange Schatten.*
*Aus der Teestube hört man von Zeit zu Zeit Sägen und Hammerschläge –
dort wird gearbeitet.*
*Valentina steht auf der Terrasse, vor dem Vorgarten. Die Choroschich sitzt
drin am Büfettfenster, klappert mit dem Rechenbrett, notiert etwas.*
Aus der Teestube Dergatschows Stimme; er singt.

DERGATSCHOWS STIMME   Das war vor fünfzehn Jahren, das ist schon lange her, als ich das
Mädchen im Postschlitten fuhr ...

CHOROSCHICH   Ich an deiner Stelle, Valentina, ich wäre schon lange weg von hier. Hörst du?
Den ganzen Tag kein Wort – macht dir das Spaß? *Pause.* Also wirklich!
Deine Schwestern, seit sie ausgelernt haben, wohnen in Irkutsk und Krasno-
jarsk – bist du schlechter als sie? Du warst noch nicht einmal in der Stadt, in
deinem Alter ... Pawel sagt: In der Stadt kann man lernen und arbeiten,
kein Problem. Ihm haben sie sogar eine Wohnung versprochen. Dabei ist er
nicht einmal verheiratet. *Schweigt.* Deinen Vater kann ich verstehen. Der
hängt am Hof. Und am Geld vom Forstbetrieb. *Bedeutungsvoll.* Dich verstehe ich nicht. *Plötzlich aufgebracht.* Hör mal, wie lange soll das noch
gehen? Gut, er hat dich verteidigt. Glaubst du, das bedeutet etwas? Nicht
soviel. Das war einfach der Ordnung halber und überhaupt nicht deinetwegen. Er nimmt dich gar nicht zur Kenntnis. Stimmt es oder nicht?

VALENTINA   Ja, Tante Anna.

CHOROSCHICH   Er ist verheiratet, in der Stadt. Weißt du das? Und Sinaida? Oder hast du
keine Augen im Kopf?

VALENTINA	Doch, Tante Anna.
CHOROSCHICH	Und wegen so einem machst du dir Kummer? Schämst du dich nicht?
VALENTINA	Nein. Ich dränge mich keinem auf. Und von wem ich mir Kummer bereiten lasse, ist meine Sache. Das kann mir keiner verbieten – Sie nicht, und wenn Sie es wissen wollen, nicht einmal er. Das ist meine Sache.

Die Choroschich verzichtet mit einer großen verständnislosen und verzweifelten Geste auf weiteres Argumentieren.

Beide schweigen eine Zeitlang.

CHOROSCHICH	*ruhig, versöhnlich, traurig:* Was soll ich nur mit Pawel machen? Was nur? Er ist stur. Und er ist schlecht geworden. Stur war er schon immer. Ich bin seine Mutter, aber er gerät nicht nach mir . . . Was er will, muß er haben, auf der Stelle. Bis zu seinem zehnten Lebensjahr, solange ich allein war, habe ich ihn verwöhnt. *Seufzt.* Dann war sein Schlaraffenland vorbei. *Pause.* Er wird keine Ruhe geben. Hörst du, Valentina, er wird dich nicht in Ruhe lassen.

Pause. Von links kommt Metschotkin und geht um den Vorgarten herum zur Terrasse.

	Ich weiß nicht, was ich machen soll. Am liebsten würde ich einfach weglaufen, irgendwohin.
METSCHOTKIN	Warum denn, Anna Wassiljewna? Sie entschuldigen, daß ich mich einmische, aber leben Sie etwa schlecht hier?
CHOROSCHICH	Etwa nicht? Das ist doch kein Leben hier. Gut, für uns Alte mag's ja noch gehen, aber für die Jugend? Was gibt es denn schon in unserem Tschulimsk? Mücken. Und rundum hundert Werst Taiga, wohin man sich auch dreht. Gar nicht daran denken darf man, sonst wird es einem gleich schlecht. Bitte, sogar Ilja hält es nicht mehr aus, und der ist in der Taiga zu Hause.
METSCHOTKIN	Wissen Sie, das ist eine sehr dumme Ansicht . . . Zwei Buletten, zwei Joghurt und Tee . . . Dumm und höchst falsch. Und übrigens kommt Ihr ganzes Unglück daher, daß Sie keine einzige Zeitung abonnieren.
CHOROSCHICH	Tatsächlich.
METSCHOTKIN	Sonst wüßten Sie nämlich, daß wir in einigen Jahren Eisenbahnanschluß bekommen.
CHOROSCHICH	Valentina, Bedienung. *Laut.* Valentina!

Valentina wendet sich um.

Wach auf! Bring ihm zwei Buletten.

Valentina geht hinein.

Für sich. Wie eine Mondsüchtige.

METSCHOTKIN	Was hat sie?
CHOROSCHICH	Was weiß ich. *Lächelt.* Sie abonniert wohl auch keine Zeitung.

Aus der Teestube kommen Dergatschow und Jeremejew. Dergatschow trägt eine Leiter, Jeremejew einige kleinere Balken. Sie stellen die Sachen in eine Ecke der Terrasse.

DERGATSCHOW	Pause, Ilja.

Er setzt sich auf die Eingangstreppe. Jeremejew setzt sich neben ihn. Valentina bringt Metschotkin die Buletten. Metschotkin ißt. Valentina geht ins Haus zurück. Oben kommt die Kaschkina auf den Balkon und verschwindet sofort wieder.

METSCHOTKIN	*kauend, zu Jeremejew:* Ich habe gehört, du bemühst dich um Rente?
JEREMEJEW	*winkt ab:* Ich gehe zurück, in Taiga zurück.
METSCHOTKIN	*wendet sich an die anderen:* Das ist mir einer. Will Rente und hat keine Dokumente.
CHOROSCHICH	Schließlich hat er gearbeitet. Wenn er nichts von diesen Papieren gewußt hat, ist das seine Schuld?
METSCHOTKIN	Etwa nicht? Das lebt in den Tag hinein wie ein Vöglein auf dem Feld ... Bitte, nun soll er für seinen Leichtsinn zahlen. *Kaut.* Hast du Kinder?
CHOROSCHICH	Eine Tochter hat er. Aber was nützt das? Die ist nicht mehr hier.
METSCHOTKIN	Volljährig?
CHOROSCHICH	Kann man sagen. Über vierzig, mindestens.
METSCHOTKIN	Das ist ein Volk. Früher waren sie ja noch schlimmer, da ließen sie die Alten überhaupt einfach im Stich. Die jungen Leute zogen weiter, und die Alten konnten zusehen. Für ein, zwei Tage stellten sie ihnen was zu essen hin und – leb wohl! *Zu Jeremejew.* So war doch der Brauch?
CHOROSCHICH	Der braucht keine Bräuche. Sag ihm lieber, was er machen soll. *Ironisch.* Du bist doch unsere Autorität, du kannst alles, du kennst die Gesetze – tu mal was!
METSCHOTKIN	*bemerkt die Ironie nicht, macht sich wichtig:* Hm. Nun, ich hätte da einen guten Rat.
CHOROSCHICH	Und der wäre?
METSCHOTKIN	Er soll zum Gericht gehen.
JEREMEJEW	*erschrocken:* Warum Gericht?
METSCHOTKIN	Wegen seiner Tochter, sie ist unterhaltspflichtig. Die holen deine Tochter ran, und du verklagst sie.
JEREMEJEW	Warum Gericht? Warum meine Tochter? Nein, nein! Das nicht.
METSCHOTKIN	*zu allen:* Angsthase. Das ist mir einer. *Zu Jeremejew.* Brauchst nicht zu erschrecken. Der Prozeß findet ohne dich statt. Und außerdem gewinnst du ihn. Und außerdem ...
JEREMEJEW	*unterbricht ihn:* Nein, nein. Ich gehe zurück, in Taiga zurück.
CHOROSCHICH	Nein, Ilja, hör doch zu. *Auf Metschotkin.* Blöd ist er ja, aber wo er recht hat, hat er recht.
METSCHOTKIN	*beleidigt:* Anna Wassiljewna, Sie vergessen sich.
CHOROSCHICH	*zu Jeremejew:* Versteh doch, da finden sie deine Tochter.
JEREMEJEW	*unsicher:* Finden sie, sagst du?
CHOROSCHICH	Darum geht es doch. Sie muß dir helfen. Und wenn sie nicht will, dann wird sie eben vom Gericht gezwungen.
JEREMEJEW	*schüttelt den Kopf:* Nein, nein. Ich gehe in Taiga zurück.
DERGATSCHOW	Jawohl! Die bringen dir was bei: die eigene Tochter verklagen. Höre nicht auf sie. Du hast noch nie jemand verklagt und wirst es auch nicht tun. *Die Kaschkina tritt auf den Balkon.* Du bist ein freier Mann. Dein Gesetz ist die Taiga. Dein Staatsanwalt ist der Bär. Geh nach Hause zurück, Ilja.
JEREMEJEW	*nickt:* Nach Hause, nach Hause.
DERGATSCHOW	Und ich, Ilja, komme mit dir. *Die Choroschich horcht auf.*

JEREMEJEW	Du?
DERGATSCHOW	Oder nimmst du mich nicht mit?
METSCHOTKIN	*ablehnend:* Ihr seid mir welche. *Steht auf.*
DERGATSCHOW	*zu Jeremejew:* Hast du vergessen, wie wir zusammen gejagt haben?
JEREMEJEW	Schon lange her, immerhin . . . Vor dem Krieg, immerhin.
DERGATSCHOW	Mit dir nehm ich's noch immer auf, keine Angst.
	Er steht auf und geht ins Haus. Jeremejew folgt ihm. Metschotkin will durch den Vorgarten weggehen, da ruft ihn die Kaschkina.
KASCHKINA	Innokenti Stepanytsch!
	Metschotkin dreht sich um.
	Wie spät ist es?
METSCHOTKIN	Eh . . . Zwanzig nach acht.
KASCHKINA	Danke. *Sie will zurück in ihr Zimmer.*
METSCHOTKIN	Entschuldigung, Sinaida Pawlowna, ich hätte Sie gern gesprochen.
KASCHKINA	Ja?
METSCHOTKIN	Nein, nicht was Sie denken, sondern in meiner Eigenschaft als Mitglied der Gewerkschaftsleitung. Es geht um eine beiderseits interessierende Frage.
	Dergatschow kommt mit der Säge heraus, nimmt einen Balken und will ihn zersägen.
KASCHKINA	Na, was ist? Soll ich runterkommen, oder kommen Sie herauf zu mir?
METSCHOTKIN	Aber ich bitte Sie! Natürlich komme ich hoch. *Er geht in den Hof und dann über die Treppe nach oben.*
CHOROSCHICH	Was machst du den Alten verrückt? Du und Taiga? Du und Jagd?
DERGATSCHOW	Meine Sache. Dich hat keiner gefragt.
CHOROSCHICH	Bist du übergeschnappt? Hier kommst du nicht zurecht, und dort . . .
DERGATSCHOW	*unterbricht sie:* Schlimmer als hier kann es nicht werden. Ich gehe. Punkt. Und mach bitte kein Geschrei. Das reicht mir nun.
	Metschotkin ist oben bei der Kaschkina angekommen. Sie bietet ihm Platz an.
CHOROSCHICH	*ironisch:* Wenn ihr Zobel fangt, dann denk an mich . . . *Ernst.* Vergißt du das nicht? Du hast mir schon mal welche geschenkt.
DERGATSCHOW	Ja. Aber das war mal. *Er geht hinein.*
	Die Choroschich wischt sich mit dem Taschentuch über die Augen. Aus der Teestube kommen Hammerschläge – Dergatschow arbeitet.
KASCHKINA	*verschlossen:* Ich höre.
METSCHOTKIN	Sehen Sie, Sinaida Pawlowna . . . Einerseits ist das eine ausgesprochene Privatsache, andererseits muß ich Ihnen sagen . . .
KASCHKINA	Worum geht es denn? Ohne Umschweife.
METSCHOTKIN	Verstehen Sie mich bitte recht: Ich persönlich habe weder etwas gegen Sie noch gegen den Genossen Schamanow.
KASCHKINA	*zerstreut:* Aha . . . Verstehe. Und?
	Die Choroschich verläßt das Büfett und verschwindet im Hausinneren.
METSCHOTKIN	Alles wäre nicht so schlimm, Sinaida Pawlowna, wenn es nicht bestimmte Hinweise gäbe. Irgendwie muß man reagieren. *Er erschlägt eine Mücke auf seiner Wange.* Was tun?
KASCHKINA	*für sich:* Was tun, was tun . . . *Zu Metschotkin.* Trinken Sie Wodka? Kommen Sie, trinken wir was.

METSCHOTKIN Wie bitte?

KASCHKINA Möchten Sie etwas trinken?

METSCHOTKIN Mit Ihnen? *Er erstarrt vor der sich ihm plötzlich bietenden Gelegenheit.* Wenn das kein Scherz ist . . .

KASCHKINA Haben Sie Geld?

METSCHOTKIN Hab ich.

KASCHKINA Also! Traben Sie runter und bringen Sie eine Flasche. Wir rechnen dann ab . . . Was ist? Oder sind Sie Abstinenzler?

METSCHOTKIN Das nicht. Mitunter nehme ich schon etwas zu mir.

KASCHKINA Worauf warten Sie dann?
Metschotkin setzt sich in Bewegung, aber in die der Treppe entgegengesetzte Richtung.
Wohin denn? Was haben Sie denn? Oder sind Sie zufällig Alkoholiker?

METSCHOTKIN Das keinesfalls.

KASCHKINA Was ist denn los mit Ihnen?

METSCHOTKIN Nichts, Sinaida Pawlowna. Ich hole den Wodka.

KASCHKINA Warten Sie . . . Ich habe keinen Appetit mehr.

METSCHOTKIN *nicht sofort, dramatisch:* Ich weiß Bescheid. Es war eine momentane Laune, ich habe es gewußt.

KASCHKINA Wa-as?

METSCHOTKIN Aber vielleicht sollte ich trotzdem . . .?

KASCHKINA Nein, nicht nötig.

METSCHOTKIN Sinaida Pawlowna! Verstehen Sie mich bitte recht: Es ist kein Leichtsinn, Sinaida Pawlowna, sondern ernst . . . Ich bin noch frei.

KASCHKINA Was-was-was? *Sie verscheucht die Mücken.*

METSCHOTKIN *hoffnungslos:* Ich will heiraten . . .
Die Kaschkina lacht los.
Sinaida Pawlowna . . .
Sie lacht.
Sinaida Pawlowna, Sie vergessen sich . . .

KASCHKINA *lachend:* Innokenti Stepanytsch, Goldstück! Konnte ich denn ahnen, daß es heute noch so heiter wird?

METSCHOTKIN Ach, Sie haben sich also einen Spaß erlaubt? Ich öffne Ihnen meine ganze Seele, und Sie – entschuldigen Sie schon . . .

KASCHKINA Aber nein, das war doch nur ein Mißverständnis. Vielen Dank für Ihren Antrag, aber . . . Wirklich, Sie dürfen nicht beleidigt sein. Überlegen Sie doch selbst: Bin ich eine Braut für Sie?

METSCHOTKIN *unsicher:* Warum nicht, Sinaida Pawlowna?

KASCHKINA Aber nein! Sie, ein so prinzipienfester, positiver Mann – und ich? Denken Sie doch daran, warum Sie hier sind. Wissen Sie es noch? Sagen Sie, waren Sie schon einmal verheiratet?

METSCHOTKIN Noch nie.

KASCHKINA Ich ja. Sehen Sie. – Nein, Innokenti Stepanytsch, ich passe nicht zu Ihnen, leider. Sie brauchen eine Braut, die Ihrer würdig ist. Verstehen Sie? Wie muß eine Braut sein? Vor allem unschuldig, ja? *Nachdenklich.* Verstand – unnötig. Fürsorglichkeit, Ergebenheit – alles überflüssig. Erfahrung – um Gottes willen. Hauptsache unschuldig . . . Haben Sie verstanden? Suchen Sie so eine.

METSCHOTKIN Leicht gesagt, wenn alle davonlaufen.

KASCHKINA Alle?

METSCHOTKIN Ausnahmslos, Sinaida Pawlowna. Diese Frage macht uns schwer zu schaffen. Es ist einfach katastrophal.

KASCHKINA Sie geben sich keine Mühe.

METSCHOTKIN Keine Mühe? Ich habe alles durchgekämmt, alles! Ich kann doch nicht in die Schulen gehen, Sie verstehen . . . *Pause.* An wen denken Sie? Ich kann es mir nicht vorstellen.

KASCHKINA Überlegen Sie.

Metschotkin überlegt und zuckt resigniert die Achseln.

Herrgott, da, direkt vor Ihrer Nase.

METSCHOTKIN *erstaunt:* Valentina?

KASCHKINA Gefällt sie Ihnen etwa nicht?

METSCHOTKIN Aber sie ist doch . . . Sinaida Pawlowna, ich bin schon vierzig.

KASCHKINA Na wunderbar.

METSCHOTKIN Ich bin – entschuldigen Sie – etwas kahlköpfig. *Er nimmt den Hut ab und zeigt seine kahle Stelle.*

KASCHKINA Unsinn! Sie haben nur eine hohe Stirn. Das ist sehr ausdrucksvoll.

METSCHOTKIN Aber sie ist so – zierlich, und ich, entschuldigen Sie . . .

KASCHKINA Das beunruhigt Sie? Fülle macht einen Mann imposant.

METSCHOTKIN Wie sagten Sie?

KASCHKINA Imposant. Etwa nicht?

METSCHOTKIN Ein schönes Wort.

KASCHKINA Sie unterschätzen sich wirklich.

METSCHOTKIN Sie glauben . . .

KASCHKINA *unterbricht ihn:* Ich bin sicher. Sie sind der erste Bräutigam hier am Platze. Das sagt Ihnen jeder.

METSCHOTKIN Und Paschka?

KASCHKINA Sie mag ihn nicht.

METSCHOTKIN Haben Sie nicht den Eindruck, als ob sie . . . an jemand anderem hängt?

KASCHKINA Das bilden Sie sich ein. Überlegen Sie nicht so lange, handeln Sie. Reden Sie mit ihr, gehen Sie mit ihr spazieren, Sie haben ein Boot, fahren Sie mit ihr Boot, sprechen Sie mit ihrem Vater, Sie sind von hier, er ist ein patriarchalischer Mann – ist das nichts? Glück will erkämpft sein, Innokenti Stepanytsch, mit Zähnen und Klauen, klar?

METSCHOTKIN *Feuer und Flamme:* Ich habe Sie verstanden.

KASCHKINA *wie ein plötzlicher Einfall:* Sie entschuldigen, ich habe auf einmal schreckliche Kopfschmerzen . . . *Verschwindet im Zimmer.*

METSCHOTKIN *ein Weilchen später, entschlossen:* Mit Zähnen und Klauen! *Er geht nach unten, wandert einige Male über die Terrasse, klopft ans Büfettfenster.* Anna Wassiljewna!

Die Choroschich kommt.

Bitte – eh – einmal Buletten. *Er bezahlt und erhält den Bon.*

CHOROSCHICH   *ruft:* Valentina! Einmal Buletten!

Metschotkin setzt sich an einen Tisch. Valentina bringt ihm die Buletten. Metschotkin stellt den Teller beiseite.

METSCHOTKIN   Valentina ... Es ist nicht wegen der Buletten. Es ist, weil wir beide ein Problem lösen müssen. *Er erschlägt eine Mücke an seinem Hals.* Was für einen Bootsmotor hat dein Vater? Einen »Moskwa«? Übrigens, ich habe einen »Taifun«. Zehn PS stärker. Aber das ist nicht das Problem ... Wann ist deine Arbeit zu Ende?

VALENTINA   *zuckt mit den Schultern:* So in einer Stunde. Weshalb?

METSCHOTKIN   Weißt du, wir verlegen unser Gespräch auf den Feierabend.

VALENTINA   Reden Sie ruhig ... *Sie verscheucht die Mücken.*

METSCHOTKIN   Nein, Valentina. Es ist mir sehr ernst, ein beiderseitig interessierendes Problem. Nein, jetzt nicht.

VALENTINA   *zuckt mit den Schultern:* Wie Sie wollen. *Ab ins Haus.*

METSCHOTKIN   *blickt Valentina nach:* Mit Zähnen und Klauen ... *Er holt sich den Teller heran und beginnt zu essen.*

Langsam, wie in der Natur, wird es dunkler. Man hört ein Motorrad näher kommen. Metschotkin ißt eilig seine Buletten auf. Das Motorrad ist verstummt, Pomigalow erscheint an seinem Hoftor. Metschotkin lüftet den Hut, den er beim Essen aufbehalten hat.

Gruß den Aktivisten der Forstwirtschaft!

POMIGALOW   Guten Abend.

Metschotkin stürzt von der Terrasse und hilft Pomigalow, das Motorrad in den Hof zu schieben.

METSCHOTKIN   Eine ausgezeichnete Maschine. Ich habe übrigens einen Saporoshez bestellt. *Schließt das Hoftor.* Fjodor Ignatjitsch, wie steht es mit Ihrer Zeit? Wissen Sie, ich hätte Sie gern gesprochen.

POMIGALOW   Na, leg los.

METSCHOTKIN   Es ist mir sehr ernst, ein beiderseitig interessierendes Problem ...

Die beiden verschwinden in Pomigalows Hof. Valentina kommt aus der Teestube und räumt die Tische ab. Auftritt Paschka, mit einem Gewehr über der Schulter. Er trägt Khaki und Gummistiefel. An seinem Gürtel baumeln zwei Haselhühner. Leise pfeifend geht er auf die Terrasse zu Valentina und demonstriert seine Trophäen.

PASCHKA   Meine Jagdbeute. Die sind selten geworden. Nimm, wenn du willst.

VALENTINA   Nicht nötig. *Sie erschlägt eine Mücke auf ihrer Hand.*

PASCHKA   Laß uns miteinander reden, Valja.

Pause.

Als ich von hier weg bin, warst du so – *zeigt* –, so klein, und ich hab dich nicht angesehen. Es gab ja auch nichts zu sehen ... In den sechs Jahren hab ich einiges erlebt, Valja. Die Geologie, die Armee, allerhand Baustellen und das Leben in der Stadt.

VALENTINA   Ist das nicht ein bißchen viel?

PASCHKA   Valja, ich werde überall gebraucht. Aber darum geht's nicht ... Woanders ist's schön, aber am schönsten ist's zu Hause, heißt es. Vielleicht stimmt es?

Vielleicht sollte ich Schluß machen mit dem Wanderleben? Hier ist das Haus, die Wirtschaft, der Forstbetrieb – Arbeit jede Menge. Ein Kraftfahrer, hab ich gehört, macht hier einen Haufen Geld ... Vielleicht sollte ich Schluß machen mit den Gastrollen mal hier, mal da und auf der heimatlichen Scholle seßhaft werden? Was meinst du, Valja? *Wartet, dann.* Warum sagst du nichts? Ich frage dich um Rat.

VALENTINA Das ist deine Sache. Was kann ich dir raten?

PASCHKA *gepreßt:* Du wartest auf den Kriminalen?

VALENTINA *schüttelt den Kopf:* Nein, ich warte auf niemand.

PASCHKA Du lügst.
Valentina will weggehen, Paschka hält sie fest.
Worüber habt ihr geredet, heute früh?
Valentina schweigt.
Ich weiß alles.

VALENTINA Hast du uns belauscht?

PASCHKA Warum? Belauschen – das ist nicht meine Art. Ich habe mit ihm gesprochen. *Schweigt.* Er sagte, daß du auf ihn wartest, hier, um zehn. Etwa nicht? Was guckst du so? Hör auf, Valja, verstell dich nicht. Er sagte, daß ihr euch schon lange trefft.

VALENTINA Lüg nicht, Pawel.

PASCHKA Ich lüge?

VALENTINA Selbstverständlich. Oder du willst mich aushorchen. Er kann das nicht gesagt haben.

PASCHKA Hat er aber.
Valentina schüttelt den Kopf.
Er hat gesagt: »Wir treffen uns schon lange.«

VALENTINA *schüttelt den Kopf, dann wie zu sich selbst:* Oder er hat wieder Spaß gemacht.

PASCHKA Das Gespräch war ernst.

VALENTINA Du kennst ihn nicht. Spaß oder Ernst – das weißt du bei ihm nicht sofort. Warum soll er etwas erfinden, was nicht gewesen ist?

PASCHKA Nicht?

VALENTINA *traurig:* Nein.

PASCHKA Wirklich nicht?

VALENTINA *erregt:* Ja oder nein – was geht dich das an? Es wäre gewesen, wenn er gewollt hätte! Damit du Bescheid weißt.
Pause. Die Kaschkina kommt mit einer Einkaufstasche von oben die Treppe herab.

PASCHKA Ich will's nicht wissen, Valja, ich will nichts wissen. *Leise.* In Poterjaicha ist heute Tanz ...

VALENTINA Nein.

PASCHKA Ich trage dich auf Händen hin. Bis Poterjaicha.

VALENTINA Nein. *Versöhnlicher.* Ich komme nicht mit. Ich kann nicht mit dir gehen, versteh doch.

PASCHKA *schüttelt den Kopf:* Ich bin dumm, Valja, ich verstehe nicht.
Die Kaschkina steigt zur Terrasse hoch.

KASCHKINA   Guten Abend. *Sie erblickt Paschkas Jagdbeute.* Ach, ist das toll! Prima,
            prima. Gratuliere. Sind das Rebhühner?

PASCHKA   Haselhühner.

KASCHKINA   Haselhühner? Ach, so ein Luxus. Und die fliegen einfach so im Wald her-
            um?

PASCHKA   Die nicht mehr.

KASCHKINA   Schrecklich, ja . . . Oh, und diese Brauen! Schauen Sie nur, ganz rot.

PASCHKA   Ein Hahn.

KASCHKINA   Ich habe noch nie Haselhühner gegessen.

PASCHKA   *reicht sie ihr:* Dann probieren Sie.

KASCHKINA   Was denken Sie? So habe ich das nicht gemeint.

PASCHKA   Nehmen Sie nur.

KASCHKINA   Nein, nein. Sie werden doch sicherlich mit der Beute erwartet . . .

PASCHKA   *unterbricht sie:* Nehmen Sie. Für uns ist's sowieso zuwenig, für Sie allein
            reicht's gerade.

KASCHKINA   Nein, nein. *Bedeutungsvoll.* Ich esse nicht allein, ich habe einen Gast,
            also . . .

PASCHKA   Ich sage: nehmen Sie. Für jeden eins – das geht auch noch. *Er drückt der
            Kaschkina die Haselhühner in die Hand.*
            *Während dieses Gesprächs steht Valentina am Vorgartenzaun und schaut vor
            sich hin.*

KASCHKINA   *nimmt die Haselhühner:* Danke. Aber ich bezahle sie Ihnen. *Sie kramt in
            ihrer Tasche.*

PASCHKA   Lassen Sie das. Entweder so oder . . .

KASCHKINA   Dann herzlichen Dank. Ich wollte nämlich solche gräßlichen Buletten holen.
            Begeistert. Wird das ein Essen heute, eine richtige Überraschung! Hasel-
            hühner – das ist was für Männer, stimmt's?

PASCHKA   Und ob. Besonders wenn . . . *Macht eine Trinkgeste.*

KASCHKINA   Ja! Heute unbedingt. Valentina, was habt ihr da für Wein?
            Valentina antwortet nicht.
            Wohl Wermut. *Verzieht das Gesicht.* Nein, der paßt nicht dazu. Ich gehe in
            den Laden. *Sie geht von der Terrasse hinunter zur Tür des Vorgartens.*

VALENTINA   Außen herum.
            Die Kaschkina bleibt stehen und schaut betont fragend zu Valentina.
            Gehen Sie bitte außen herum.

KASCHKINA   Ach ja! Entschuldige, ich vergesse das immer. Bitte. *Sie geht um den Vor-
            garten herum.* Das macht mir gar nichts aus. *Ab.*

PASCHKA   *geht zu Valentina:* Valja . . .
            *Valentina kehrt schnell in die Teestube zurück. Paschka zögert und geht
            dann weg, diesmal nicht durch den Vorgarten.*
            *Aus Pomigalows Hof kommen Metschotkin und Pomigalow. Pomigalow
            trägt einen Kanister.*

METSCHOTKIN Also, wenn ich Sie richtig verstanden habe, hängt die Lösung des Problems
            von der eigenen Initiative ab?

POMIGALOW   Nenn es, wie du willst, ich bin hier nicht die Hauptperson. Du weißt ja, wie
            das heute geht.

METSCHOTKIN Klar, Fjodor Ignatjitsch. Wenn Sie nichts einzuwenden haben – wir sind bereits verabredet. Für heute abend.

POMIGALOW So, schon verabredet? Sieh an, wie flink.

METSCHOTKIN Operatives Handeln, Fjodor Ignatjitsch . . . wenn Sie nichts einzuwenden haben.

POMIGALOW *heiter:* Dazu habe ich kein Recht. *Spöttisch.* Aber nimm dich in acht.

METSCHOTKIN Fjodor Ignatjitsch! Ich bitte Sie!

POMIGALOW Meine Schrotflinte hängt nicht weit. In der Diele. Und du kennst mich.

METSCHOTKIN Ich bitte Sie! Wer kennt Sie nicht! Wie könnte ich! Gemeinheit, Fjodor Ignatjitsch, das ist nicht mein Fall.

POMIGALOW Sieh zu. Mal sehen, was wird. Geh nur.

METSCHOTKIN Auf Wiedersehen, Fjodor Ignatjitsch. *Lüftet seinen Hut.* Auf Wiedersehen. *Ab.*

POMIGALOW *ruft:* Valentina!
Valentina kommt aus der Teestube und geht zu ihrem Vater.

VALENTINA Wohin willst du?

POMIGALOW *nickt Metschotkin hinterher:* Er sagt, ihr seid verabredet?

VALENTINA Unsinn, Vater. Er wollte nur irgend etwas mit mir besprechen.

POMIGALOW *setzt sich auf die Bank:* Er hält um dich an.

VALENTINA *heiter:* Um mich? *Setzt sich neben ihn.*

POMIGALOW Du wunderst dich?

VALENTINA Mach dich nicht lustig, Vater.

POMIGALOW *nicht sofort:* Ich mache mich nicht lustig. Ich meine das ernst. Sag mal, wie alt bist du?

VALENTINA Weißt du das nicht?

POMIGALOW Du weißt es nicht. Spielst immer noch das Kind. Aber du bist kein Kind mehr. Valentina Fjodorowna, du mußt bald heiraten.

VALENTINA *leicht:* Wirklich?

POMIGALOW Was dachtest du denn? Die Zeit ist ran. Und wo sind die Männer für dich? Sag, wo? Was sich hier herumtreibt, ist nichts für dich, ich warne dich zum hundertsten Male. Laß dich mit so einem nicht vor mir blicken.

VALENTINA *schmiegt sich an den Vater:* Hör auf, Vater, wovon du da redest . . . Erst läßt du mich nicht aus dem Haus, und jetzt gleich heiraten.

POMIGALOW *streng:* Hör zu. Die Zeit ist da, also rede ich davon. Ich sehe keinen Mann für dich. Der ist der erste. Der einzige. Und er hält um dich an. Er ist selber gekommen, ehrenhaft und anständig. So. Und ich achte das.

VALENTINA *rückt etwas von ihm weg:* Vater, du meinst das ernst?

POMIGALOW Wieso nicht? Du willst sagen, er ist zu alt. Aber ich sage: Wie man's nimmt. Deine selige Mutter war fünfzehn Jahre jünger als ich. Und? Oder sieh dir deine Schwestern an. Die haben junge Männer geheiratet, und was ist daraus geworden? Die eine schlägt sich jetzt ohne Mann durch, von der anderen wissen wir nichts. Sie hat den eigenen Vater vergessen. Das ist uns eine Lehre. Mag sein, er ist als Bräutigam nicht die erste Garnitur. Dafür . . .

VALENTINA Vater! Was redest du? Der ist doch lächerlich! Und überhaupt, ich will das nicht mehr hören.

POMIGALOW Nein, du hörst mir zu. Er hält um dich an, also verlangt das eine entsprechende Behandlung. Auslachen ist schnell getan. Und ich meine, wir sollten nicht lachen, sondern überlegen. So lächerlich ist er auch wieder nicht. Er arbeitet ehrlich, trinkt nicht, prügelt sich nicht, er besitzt ein Haus, das ist eingerichtet, und Geld hat er auch. *Um ihren Einwänden zuvorzukommen.* Ja, Valentina Fjodorowna, auch Geld! Weil, wenn ein Mann Geld hat, ist er nicht mehr lächerlich. Dann ist er solide. Bettler sind heutzutage nicht mehr Mode. Sogar in der Stadt gehören eine Hochzeit dazu, ein Ring, ein Sparbuch. Ich finde das richtig.

VALENTINA *steht auf:* Vater, du wolltest doch weg . . . Geh, wohin du wolltest.

POMIGALOW *steht auf, eindringlich:* Zwingen kann ich dich nicht. Aber überlege es dir. Die Stadt schlag dir aus dem Kopf. Vergiß nicht: Solange ich lebe, ist dein Zuhause hier. Dort steht es – *Zeigt.* –, Sowjetskaja-Straße Nr. 34. Dort triff auch deine Entscheidungen. *Er will weg, bleibt aber noch einmal stehen.* Treib die Hühner rein, füttere das Kalb. Und um elf bist du zu Hause. *Nach seinem Weggang setzt sich Valentina wieder auf die Bank. Die Sonne ist eben untergegangen, und auf dem Hof wird es merklich dunkler. Die Choroschich erscheint am Büfettfenster, gleichzeitig kommt Paschka von der Straße. Er ist gekleidet wie am Morgen. Er will zu Valentina, aber die Choroschich ruft ihn.*

CHOROSCHICH Pawel! Komm mal her.

PASCHKA *geht zu ihr, zögernd:* Nun, Mutter, was gibt's?

CHOROSCHICH *zögernd, versöhnlich:* Mach dich fertig, Pawel. Du mußt fahren . . . Fahr wieder weg.

PASCHKA *nicht sofort:* Ist das alles?
Valentina steht auf und geht auf ihren Hof.

CHOROSCHICH Ich jage dich nicht weg. Ich bitte dich. Tu mir den Gefallen. Hab Mitleid mit deiner Mutter.

PASCHKA So . . . *Grob.* Und wer hat Mitleid mit mir?
Aus der Imbißstube kommt Dergatschow mit seinem Werkzeugkasten.

DERGATSCHOW *auf der Schwelle:* Tempo, Ilja, Tempo. Aufräumen sollen die selbst.
Jeremejew kommt und folgt Dergatschow.

CHOROSCHICH *gemacht munter:* He, Handwerker! Wohin denn? Die Arbeit ist getan, nun setzt euch schon.

DERGATSCHOW *im Gehen:* Wir danken. Wir gehen Luft schnappen. *Zu Jeremejew.* Tempo, Ilja!
Beide durch den Vorgarten ab.

PASCHKA Richtung Laden also. – Liegst du schon wieder vor ihm flach?

CHOROSCHICH *nicht gleich:* Ich liege mein ganzes Leben vor ihm flach. Hast du verstanden?

PASCHKA Ach was. Sooft ich euch sehe, blafft ihr euch an wie Hunde. Ewig.

CHOROSCHICH Stimmt. Wie Hunde. In deiner Gegenwart. Aber was ohne dich ist – das weißt du nicht.

PASCHKA *nicht gleich:* Ach, so ist das! Wenn ich da bin . . .

CHOROSCHICH *scharf:* Morgen fährst du.
Pause. Die Choroschich räumt schnell auf und schließt die Kasse ab; sie will gehen.

PASCHKA Vielen Dank, Mutter. Das nenn ich Zärtlichkeit und Mutterliebe . . .
Die Choroschich kommt auf die Terrasse, schließt die Läden des Büfettfensters und dann die Tür der Teestube.
Und wer ist schuld, Mutter?
Valentina kommt aus dem Hof und bleibt bei der Bank stehen.
Wer ist schuld, Mutter? Sag's. Wer hat mich zur Welt gebracht? Du – oder wer?

CHOROSCHICH Sei still.

PASCHKA Wer hat auf deinen Afanassi gewartet . . .

CHOROSCHICH *schreit:* Du sollst still sein!

PASCHKA . . . und konnte nicht abwarten . . .

CHOROSCHICH Sei still.

PASCHKA . . . du oder ich?

CHOROSCHICH Sei still! Verfluchter Bengel . . . *Sucht nach einer Beleidigung . . .* du Bastard!
Schweigen. Die Choroschich erschrickt über das, was sie eben gesagt hat.
Paschka . . . mein Junge . . . *Weint.* Verzeih mir . . . *Sie will zu Paschka, aber er unterbricht sie.*

PASCHKA *gepreßt:* Schon gut, Mutter. Geh nur.
Die Choroschich weint.
Geh nur, Mutter.

CHOROSCHICH Verzeih, mein Sohn. *Unter Tränen.* Und fahr weg. Mach dich nicht unglücklich, fahr weg . . .
Sie geht durch den Vorgarten ab und wischt sich mit dem Taschentuch die Augen. Paschka begibt sich langsam zur Vortreppe und setzt sich auf die Stufen. Pause. Valentina nähert sich Paschka.

PASCHKA *bitter:* Und da heißt es, zu Hause ist's am schönsten. Irrtum.
Paschka schlägt plötzlich mit der Faust auf das Geländer. Pause. Er sitzt mit gesenktem Kopf. Valentina tritt auf ihn zu und berührt vorsichtig seine Schulter.

VALENTINA Pawel . . . Pawel. Ich komme mit. Zum Tanz.

PASCHKA *hebt den Kopf:* Mitleid? Das brauch ich nicht.
Auftritt Kaschkina.

VALENTINA Ich ziehe mich um, und wir gehen . . . Gleich. *Schnell ab in ihren Hof.*

KASCHKINA *verwirrt:* Schon zu? Pech. Ich hatte die Zwiebeln vergessen. Sagen Sie, kann ich die Hühner auch mit Knoblauch machen? Ohne Zwiebel?

PASCHKA Ist egal.

KASCHKINA Danke.
Sie geht in den Hof, erscheint oben auf der Treppe, aber auf halbem Wege bleibt sie stehen, setzt sich auf die Stufen und stellt die Tasche neben sich. Pause. Sie steht auf und geht zielstrebig wieder in den Hof hinab. Die Tasche läßt sie auf der Treppe stehen.

STIMME DER KASCHKINA IM HOF Warte, Valja! Bleib stehen! Hör auf mich: Geh nicht. Mach das nicht . . . Warte, hör mich doch an.

VALENTINAS STIMME Ich störe Sie doch nicht. Was wollen Sie von mir?

Valentina kommt heraus und schlägt hart hinter sich die Pforte zu. Sie trägt ein fliederfarbenes Kleid und über dem Arm eine blaue Strickjacke. Sie geht zu Paschka und bleibt vor ihm stehen.

VALENTINA   *lächelt:* Also. Ich bin soweit.

Paschka steht auf, sieht sie an und nimmt sie plötzlich auf die Arme.

Nein, nein. *Weicher.* Ich kann selbst gehen.

Paschka läßt sie hinab.

Steht vor dem Zaun, berührt langsam und nachdenklich die Pforte. Na also. Wieder alles kaputt.

PASCHKA   Reparierst du jetzt wieder? *Lacht.* Du bist ja direkt mit diesem Vorgarten verheiratet, Valja! Komm, ich mache das.

Paschka will zur Pforte, aber Valentina hält ihn mit einer Geste auf.

VALENTINA   Nicht nötig.

PASCHKA   Es dauert nur einen Moment.

VALENTINA   Nein. Es ist zwecklos. Mir reicht's . . . Komm.

Valentina geht durch den Vorgarten nach draußen. Paschka folgt ihr.

PASCHKA   *im Gehen:* Nach Poterjaicha oder nach Kljutschi?

VALENTINA   Egal.

Beide ab. Die Kaschkina kommt aus dem Hof, geht ihnen unentschlossen einige Schritte nach und bleibt dann stehen. Es dämmert bereits. Der Himmel ist noch blau, aber die Schatten sind verschwunden, und Finsternis breitet sich aus. Die Gestalten sind noch gut zu sehen, aber die Gesichter kaum noch erkennbar. Die Kaschkina steigt zur Terrasse hinauf und setzt sich leise an einen Tisch in der Ecke. Kurz darauf tritt Metschotkin auf. Er geht um den Vorgarten herum zur überdachten Vortreppe. Er hat sich herausgeputzt: dunkles Jackett, strahlendweißes Hemd. Er spielt den flotten Kavalier: Er schwingt sich aufs Geländer, holt ein weißes Taschentuch hervor, fächelt sich zunächst effektvoll Luft zu, dann schneuzt er sich geräuschvoll.

METSCHOTKIN   *mit gedämpfter Stimme:* Bemerkenswertes Wetter. Übrigens gibt es das oft Anfang August . . . Ich habe heute in einem Buch geblättert, so aus Muße, und da bin ich auf ein Gedicht gestoßen, übrigens ein lyrisches. Es geht so . . . *Strengt sein Gedächtnis an.* Einen Moment . . .

KASCHKINA   *gleichgültig:* Bemühen Sie sich nicht.

METSCHOTKIN   Aber . . . *Kommt auf die Terrasse.* Sie? Entschuldigen Sie, aber hier wollte doch . . .

KASCHKINA   Sie ist nicht hier.

METSCHOTKIN   Nein?

KASCHKINA   Und sie kommt auch nicht.

METSCHOTKIN   Nicht? Aber sie müßte doch . . .

KASCHKINA   Sie kommt nicht. Sie brauchen daher nicht auf sie zu warten.

METSCHOTKIN   Warum nicht? Ich bin verabredet. Ich warte. *Setzt sich wieder auf das Geländer.* Ich störe Sie hoffentlich nicht. *Er fächelt sich mit dem Taschentuch Luft zu.*

KASCHKINA   Sie warten umsonst. Gehen Sie lieber nach Hause.

METSCHOTKIN   Wieso? Was wollen Sie damit sagen?

KASCHKINA   *gereizt:* Daß Sie sich zur Ruhe begeben sollen, nach Hause.
METSCHOTKIN   *im gleichen Ton:* Übrigens, Sinaida Pawlowna, ob ich hier sitze oder nach Hause gehe, das entscheiden nicht Sie. Das ist eine ganz private Frage meinerseits.
KASCHKINA   Ach, Sie sind ein Trottel, Metschotkin.
METSCHOTKIN   *steht auf:* Trottel? Sinaida Pawlowna, Sie vergessen sich.
     Auftritt Schamanow; er rennt hastig, fast ungestüm zur Terrasse.
SCHAMANOW   Sina? *Schaut sich suchend auf der Terrasse um. Zur Kaschkina.* Ich muß mit dir reden.
METSCHOTKIN   Ich will Sie nicht stören. Aber merken Sie sich, Sinaida Pawlowna, ich habe Ihre Allegorie verstanden. *Ab.*
SCHAMANOW   Sina, ich muß mich bei dir entschuldigen. Für das von heute früh. Ich war ungerecht zu dir. Verzeih, du hattest recht. Du kennst mich besser als ich mich selbst. Du bist die klügste Frau der Welt.
KASCHKINA   *mit bitterer Heiterkeit:* So?
SCHAMANOW   *setzt sich zur Kaschkina und nimmt ihre Hand:* Seit wir uns kennen, vom ersten Tage an, hast du mich sofort verstanden. *Lacht.* Du, heute früh habe ich dir etwas ganz Falsches gesagt. Du staunst? Sina, ich staune selbst. Aber heute ist eben so ein Tag – früh so und abends ganz anders. Ein merkwürdiger Tag. Aber mein bester Tag in Tschulimsk. Ehrenwort. Du hast ja tausendmal recht: Was bisher war, kann man denn das Leben nennen? Ich habe geschlafen, im Stehen geschlafen, vor mich hin gedämmert. Diese ganzen vier Monate habe ich hoffnungslos verdämmert, ohne jeden Skrupel . . . Hör zu! Neulich bin ich früh aufgewacht und sah meine Hände. Sie lagen auf meiner Brust – meine eigenen Hände, und plötzlich – hörst du? –, plötzlich kamen sie mir wie fremde vor. Stell dir das vor! Zuerst die Hände und dann mein ganzes Ich: Mein ganzer Körper und sogar meine Gedanken kamen mir fremd vor, als ob sie einem anderen gehörten! Jetzt erschrecke ich, wenn ich wieder daran denke, aber damals – und das war ja das schrecklichste! –, damals war es mir völlig gleichgültig. So gleichgültig, daß ich nicht einmal merkte, wie ich kaputt ging. Verstehst du mich, Sina? Ich konnte so nicht weiterleben. Und heute . . . *Erhebt sich.* Heute ist ein wunderbarer Tag! Lach mich aus, aber es kommt mir so vor, als ob ich tatsächlich ein neues Leben beginne. Ehrenwort! Ich habe die Welt um mich wiedergefunden, wie ein Säufer, der aus dem Rausch erwacht. Ich finde alles wieder: den Abend, die Straße, den Wald – ich bin eben durch den Wald gefahren –, das Gras, die Vögel, die Düfte – es kommt mir vor, als hätte ich all das seit meiner Kindheit nicht mehr gespürt. *Er setzt sich und nimmt wieder ihre Hand.* Versteh mich – erst jetzt sehe ich dich richtig. Du bist die beste, klügste, schönste Frau der Welt. Du bist eine wunderbare Frau. Ich will, daß du mich verstehst. Ich will, daß du mir verzeihst. Ich will . . . Ich will dich fragen . . . Wo ist Valentina?
     Pause.
KASCHKINA   Sie ist . . . sie sind tanzen gegangen.
SCHAMANOW   Mit wem?

KASCHKINA   Mit Paschka.

SCHAMANOW   Unmöglich . . .

KASCHKINA   Deinen Brief . . . habe ich . . . Valentina kennt ihn nicht.

SCHAMANOW   Was? Und du hast . . .

KASCHKINA   Ich wollte es ihr sagen . . .

SCHAMANOW   Und?

KASCHKINA   *hoffnungslos:* Daß du dich mit ihr verabreden wolltest. Sie weiß es nicht.

SCHAMANOW   Wann ist sie weg?

KASCHKINA   Vor einer halben Stunde . . . Vor zwanzig Minuten.

SCHAMANOW   Wohin? Nach Kljutschi? . . . Nach Poterjaicha?

KASCHKINA   Nach Poterjaicha.

SCHAMANOW   Du lügst.

> *Die Kaschkina antwortet nicht. Schamanow sieht sie schweigend an, dann rennt er von der Terrasse herunter nach links, nicht in die Richtung, in die Valentina und Paschka gegangen sind.*

KASCHKINA   *eilt ihm nach, ruft:* Sie sind nach Poterjaicha! Wolodja!

> *Pause. Die Kaschkina geht über den Hof und dann langsam die Treppe hinauf ins Obergeschoß.*
>
> *Es wird dunkel. Dann – nach mindestens einer Minute – knattert der Dieselmotor los, der Tschulimsk mit Licht versorgt. Das Geräusch wird allmählich gleichmäßig und dumpf. Dieses Geräusch begleitet das ganze folgende Bild.*

Die Nacht.

> *Über der Terrasse brennt eine elektrische Lampe. Der Vorgarten, ein Teil der Terrasse, die überdachte Vortreppe und der Platz davor sind schwach beleuchtet. Auch im Obergeschoß, hinter dem verhängten Fenster, brennt Licht.*
> *Über das obere Fenster gleitet ein Schatten.*
> *Pomigalow kommt von seinem Hof und setzt sich auf die Bank, die im Halbdunkel steht. Lange geschieht nichts. In der Ferne knattert gleichmäßig der Dieselmotor. Dann hört man von rechts Dergatschows Stimme. Er singt.*

DERGATSCHOWS STIMME   Das war vor fünfzehn Jahren, das ist schon lange her, als ich das Mädchen im Postschlitten fuhr . . .

> *Pomigalow steht auf und geht in den Hof zurück.*

Das war vor fünfzehn Jahren, das ist schon lange her . . .

> *Am oberen Fenster huscht wieder ein Schatten vorbei.*

. . . als ich das Mädchen im Postschlitten fuhr . . .

> *Man hört Jeremejew husten. Die Kaschkina tritt auf den Balkon. Dann kommt die Choroschich.*

KASCHKINA   Anna Wassiljewna? Sind Sie's?

> *Die Choroschich bleibt stehen.*

Schlafen Sie nicht?

DERGATSCHOWS STIMME Das war vor fünfzehn Jahren, das ist schon lange her . . .

CHOROSCHICH Da soll einer schlafen . . . Und dieses Mühlrad im Kopf. Hab ich die Kasse abgeschlossen oder nicht? Keine Ahnung.
Pause.
Und warum schläfst du nicht?

KASCHKINA Ich kann nicht schlafen . . . Wie spät ist es?

CHOROSCHICH Nach eins. Viertel zwei.
Beide schweigen. Die Kaschkina ab ins Zimmer.

DERGATSCHOWS STIMME Das war vor fünfzehn Jahren . . .
Die Choroschich geht auf die Terrasse. Auftritt Pomigalow.

POMIGALOW Anna, bist du's?

CHOROSCHICH *erschrocken:* Ja? – Ich bin's, Fjodor Ignatjitsch. *Als ob sie sich rechtfertigen müßte.* Ich hab wohl die Kasse nicht abgeschlossen und wollte nachsehen . . . Und du?

POMIGALOW Ist dein Junge zu Hause?

CHOROSCHICH Wer? Paschka? Weiß ich doch nicht. Er schläft auf dem Heuboden.

POMIGALOW Wo ist Valentina?

CHOROSCHICH Ich weiß nicht, Fjodor . . . Wie soll ich das wissen? Vielleicht tanzen? Unsere Tschulimsker sind nach Kljutschi und noch nicht zurück.

POMIGALOW Sie geht nicht tanzen, das weißt du.

CHOROSCHICH Ich weiß nicht, wo sie ist.
Pause.

POMIGALOW Nehmt euch in acht, ihr . . .
Er geht in den Hof, macht das Tor auf, schiebt das Motorrad heraus nach links in Richtung Straße. Gleich darauf hört man das Motorrad losknattern. Das Geräusch entfernt sich.
Fast gleichzeitig kommen von der anderen Seite die Stimmen Paschkas und Valentinas. Die Choroschich schließt die Tür zur Teestube auf und geht hinein, läßt aber die Tür offen und macht kein Licht.

VALENTINAS STIMME Geh weg.

PASCHKAS STIMME Warte doch . . . Nun bleib doch stehen! Hör doch zu, was ich sage . . .

VALENTINAS STIMME Geh weg.

PASCHKAS STIMME Hab dich doch nicht so, Valja . . . Bis vorhin, gut, aber jetzt doch nicht mehr . . .
Paschka und Valentina sind zu sehen. Er geht rückwärts vor ihr. Valentina schaut ihn nicht an.
Nimm die Jacke.
Er drängt ihr die Strickjacke auf, sie nimmt sie nicht. Die Strickjacke fällt zu Boden, sie tritt darauf und geht weiter. Paschka hebt die Jacke auf und legt sie um Valentinas Schultern. Valentina reißt sich die Strickjacke ab und bleibt stehen.

VALENTINA *ohne ihn anzusehen, verächtlich:* Laß dich nie mehr bei mir blicken. Fahr weg von hier. *Drohend.* Wenn du nicht wegfährst – ich erzähl's meinem Vater!
Sie geht zu ihrem Hoftor, Paschka will ihr nach, aber da erscheint die Choroschich und ruft ihn.

CHOROSCHICH Pawel!
Pawel wendet sich zu ihr um. Valentina bleibt im Halbdunkel unentschlos-
sen vor dem Hoftor stehen und setzt sich dann müde auf die Bank. Paschka
und die Choroschich merken nicht, daß Valentina anwesend ist.
Was hast du angestellt?

PASCHKA *guter Laune:* Alles, Muter. Das Garn ist geknüpft. Jetzt gehört sie mir.

CHOROSCHICH *düster:* Nein, Pawel.

PASCHKA Laß nur, Mutter. Das ist so beim erstenmal.
Pause.

CHOROSCHICH Dummkopf . . . Jetzt haßt sie dich.

PASCHKA Sei still, Mutter. Das wird schon.

CHOROSCHICH Ich würde dich auch hassen. Ich könnte dich . . . *Sie geht auf Paschka los.*
Oben auf dem Balkon erscheint die Kaschkina und schleicht lauschend die
Treppe hinab.

PASCHKA *weicht zurück:* Ruhig, Mutter.

CHOROSCHICH *bedrängt ihn:* Ich könnte dich . . .

PASCHKA *weicht zurück:* Mutter, Mutter . . .

CHOROSCHICH Du hast gehört, was sie dir gesagt hat? Daß du ja morgen spurlos verschwunden bist. Fjodor wird nicht lange mit dir fackeln.

PASCHKA Vor dem hab ich keine Angst. Macht, was ihr wollt! Ich hab vor keinem
Angst!

CHOROSCHICH *stößt ihn weg:* Verschwinde, Pawel!
Beide ab. Die Kaschkina kommt zu Valentina.

KASCHKINA Valja . . .
Pause.

VALENTINA Was wollen Sie?

KASCHKINA Denk von mir, was du willst . . . Für dich.
Sie reicht Valentina Schamanows Brief. Valentina nimmt ihn nicht.
Für dich. Von Wladimir. Er hat ihn heute früh geschrieben. Ich habe ihn be-
halten.
Pause.

VALENTINA Was steht da?

KASCHKINA Er hat dich hier erwartet. Abends um zehn . . . Er liebt dich.
Pause. Valentina sitzt unbeweglich und starrt vor sich hin. Schamanow
kommt und geht zu Valentina. Pause. Die Kaschkina geht, ohne von Scha-
manow Notiz zu nehmen, zur Straße und verschwindet in der Dunkelheit.

SCHAMANOW *weich:* Und es gibt doch einen Gott. Hörst du, Valentina? Als ich hierher-
kam, dachte ich: Wenn es einen Gott gibt, dann treffe ich dich hier . . . Wer
beweist mir nun, daß es ihn nicht gibt? *Setzt sich neben sie.* Ich habe dich gesucht . . . Hörst du? Wo ich seit zehn überall gewesen bin! Und was für Gedanken ich mir gemacht habe . . . Valentina, du, ich habe dir heute früh etwas
ganz Falsches gesagt . . .
Valentina schlägt die Hände vors Gesicht und schluchzt plötzlich. Schama-
now steht auf.
Valentina, was hast du?

Sie schluchzt.
Was ist? Was ist passiert?
Schluchzen.
Beruhige dich . . . Sei ruhig . . .
Schamanow berührt ihre Schulter.
Was auch passiert ist – beruhige dich . . .
Aus der Dunkelheit kommt Paschka und nähert sich lautlos der Bank.
Hör mich an. Was auch passiert ist – sag nur ein Wort, und ich bringe dich weg von hier . . . *Er umarmt sie.* Möchtest du, daß ich dich wegbringe?
Sie hört auf zu weinen und sieht ihm zum erstenmal ins Gesicht.
Ja, Valentina. Du weißt nicht, was du für mich geworden bist in diesen paar Stunden . . . Ich verstehe, du wirst mir vielleicht nicht glauben. Aber du weißt nicht, was mit mir geschehen ist. Ich erkläre es dir. Wenn man ein Wunder erklären kann, will ich's versuchen . . .

PASCHKA Gib dir keine Mühe.
Schamanow dreht sich um.
Schluß, Kriminaler. Nicht deine Sache. Du kommst zu spät.
Pause. Man hört das Motorrad näher kommen. Paschka und Schamanow wollen gerade aufeinander losgehen. Valentina steht plötzlich auf und wischt ihre Tränen mit der Jacke ab.

VALENTINA Vater kommt. Geht.
Pause.

PASCHKA Geh, Kriminaler. Misch dich nicht in fremde Angelegenheiten.

VALENTINA Geht. Beide.
Der Lärm des Motorrads ist ganz nahe, der Motorradscheinwerfer reißt die Dreiergruppe aus dem Halbdunkel. Der Motor verstummt, Pomigalow kommt schnell zur Bank.

POMIGALOW *drohend, zu allen:* Na?
Alle schweigen.
Zu Valentina. Wo warst du? Mit wem?

SCHAMANOW Mit mir. Sie war mit mir. Wir waren in Poterjaicha.

PASCHKA Lüge! *Zu Pomigalow.* Ich war mit ihr, ich! Er lügt.

SCHAMANOW Sie war mit mir.
Paschka stürzt sich auf Schamanow, aber Pomigalow drückt ihn auf die Bank.

POMIGALOW Halt! *Zu Valentina.* Mit wem warst du?

PASCHKA *zu Valentina:* Sag's!

POMIGALOW Rede! *Zeigt auf Paschka.* Mit dem?

VALENTINA Nein.

POMIGALOW *zeigt auf Schamanow:* Mit ihm?

VALENTINA Nein.
Pause.
Glaub ihnen nicht, Vater. Sie haben hier auf mich gewartet. Ich war mit Metschotkin . . . Reg dich nicht auf.
Schweigen.

Sie haben damit nichts zu tun, sie sollen nicht lügen. Und . . . Sie sollen
mich künftig in Ruhe lassen.
Schweigen.
Komm, Vater. Wir gehen nach Hause.
*Das ferne Knattern des Dieselmotors reißt ab und schweigt. Die Lampe über
der Terrasse erlischt langsam. Völlige Dunkelheit.*

Der Morgen des nächsten Tages

*Morgens um halb neun. Alle sind auf der Terrasse, außer Valentina und
ihrem Vater. Die Choroschich sitzt an ihrem Büfett. An einem Tisch, nahe
beim Büfett, sitzt Paschka, neben ihm steht ein großer Koffer. Schamanow
und die Kaschkina sitzen am Mitteltisch und beenden ihr Frühstück. An dem
mit Essen schwerbeladenen Nebentisch sitzt Metschotkin. Auf den Stufen der
überdachten Vortreppe sitzen Dergatschow und Jeremejew. Jeremejew packt
seinen Schultersack. Dergatschow hilft ihm.
Einige Zeit schweigen alle.*

METSCHOTKIN *es bleibt unklar, ob er sich an Schamanow oder die Kaschkina wendet:* Dieses
Haus – *Klopft auf den Tisch.* – hat der Kaufmann Tschernych gebaut. Und
diesem Kaufmann hatten sie übrigens geweissagt . . . – *Kaut.* – geweissagt,
daß er so lange lebt, wie er an diesem Haus baut.
Pause. Metschotkin ißt.
Verstehen Sie, soweit ging das mit dem Aberglauben. Als er das Haus fertig
hatte, ging er ans Umbauen. *Kaut.* Sein ganzes Leben lang baute er an dem
Haus herum . . .
Schweigen.

DERGATSCHOW Ilja, das muß nicht sein. Du solltest hierbleiben.

JEREMEJEW *schüttelt den Kopf:* Taiga wartet auf mich. Beeren, Tannenzapfen, alle warten. Eichhörnchen wartet auch . . . Aber im Winter komme ich wieder.

DERGATSCHOW Na, sieh zu, Ilja. Hier ist immer Platz für dich.
*Schamanow steht auf, geht zum Büfett, greift das Telefon, nimmt den Hörer
ab.*

SCHAMANOW Die Miliz, bitte. Den Chef . . . Guten Tag. Hier Schamanow. Sagen Sie,
haben Sie ein Auto frei, jetzt gleich? Zum Flugplatz. In die Stadt. Ja, ich will
vor Gericht aussagen. Ja, morgen. Nein, ich will fahren. Nein, ich fahre. Mir
liegt dran. Und nicht nur mir . . . Ja. Danke.
Valentina kommt aus dem Hof nebenan.
Gut. Danke. Auf Wiedersehen.
Er legt den Hörer auf. Alle sehen zu Valentina. Schweigen.
*Valentina geht ruhig und gefaßt auf die Terrasse. Plötzlich bleibt sie stehen
und betrachtet den Vorgarten. Sie geht langsam, aber entschlossen zum Zaun
und befestigt die abgerissenen Latten. Das Hoftor öffnet sich, Pomigalow
schiebt das Motorrad heraus. Er bleibt stehen und sieht schweigend, wie alle,
auf Valentina.*

Valentina bringt auch die Tür des Vorgartens in Ordnung. Als in ihrer Arbeit eine kleine Stockung eintritt, steht Jeremejew, der ihr am nächsten sitzt, auf und hilft ihr. Schweigen. Valentina und Jeremejew bringen den Garten in Ordnung.

Vorhang

Materialien

Samuel Beckett

Geboren am 13. April 1906 in einem Vorort von Dublin. Nach Beendigung seiner Schulzeit studierte er am Trinity College in Dublin Französisch und Italienisch. Er promovierte 1927 und ging als Lektor für Englisch nach Paris. Hier lernte er James Joyce kennen. Lange war er sein Sekretär. Er kehrte 1930 als Lektor für Französisch nach Dublin an das Trinity College zurück. 1932 gab er die Lehrtätigkeit auf und schrieb Gedichte und Kurzgeschichten. 1938 zog er wieder nach Paris, wo er seitdem lebt.

Stücke: 1952 »EN ATTENDANT GODOT« (»WARTEN AUF GODOT«); 1957 »FIN DE PARTIE« (»ENDSPIEL«); »ALL THAT FALL« (»ALLE, DIE DA FALLEN«); »ACTE SANS PAROLES I« (»SPIEL OHNE WORTE I«); 1959 »KRAPP'S LAST TAPE« (»DAS LETZTE BAND«); »ACT WITHOUT WORDS II« (»SPIEL OHNE WORTE II«); 1961 »HAPPY DAYS« (»GLÜCKLICHE TAGE«); 1963 »PLAY« (»SPIEL«); 1966 »COME AND GO« (»KOMMEN UND GEHEN«); »EH, JOE« (»HE JOE«), 1969 »BREATH« (»ATEM«); 1972 »NOT I« (»NICHT ICH«); 1976 »FOOTFALLS« (»TRITTE«); »THAT TIME« (»DAMALS«); »BRUCHSTÜCKE I+II«.

WALTER D. ASMUS: NOTIZEN ZU DEN PROBEN VON »DAMALS« AM SCHILLERTHEATER BERLIN 1976

Dienstag 31.8.76

Beckett definiert zunächst die Funktion der drei Lautsprecher: Sie sollen dazu dienen, den Übergang von einer Geschichte zur anderen deutlich zu machen. Es sei dieselbe Stimme, aber die Geschichten spielen sich auf verschiedenen Zeitstufen ab. Die Stimmen fließen ohne wesentliche Unterbrechung ineinander, sind nur durch die Position des Lautsprechers links, in der Mitte und rechts eines etwa 2,50 m hohen Podestes, auf dem der Mann sitzt, differenziert. Die B-Geschichte bezieht sich auf den jungen Mann, die C-Geschichte sei die Geschichte des ältesten und die A-Geschichte die des Mannes in den mittleren Jahren. Er höre aus weiter Ferne seine heutige Stimme.

Herm liest. Beckett spricht, nur die Lippen bewegend, hin und wieder korrigierend eingreifend, den Text auswendig mit. Herm versucht, inhaltlich Bilder herzustellen, macht Zäsuren, liest auf Sinn.

Beckett unterbricht nach der ersten A-Geschichte. Es solle ganz schnell gesprochen werden. Da das physisch nicht pausenlos gehen werde, solle er da Pausen machen, wo es nötig sei. Die würden vom Tontechniker später rausgeschnitten.

Am Ende von Teil I werde die Stimme leiser ab »to keep the void from pouring in . . .«, mit »the shroud« wird das Licht angehoben, zehn Sekunden lang (später wird das geändert in 15 Sekunden), bleibt 10 Sekunden auf einem hellen Stand und blendet in der gleichen Zeit auf den ursprünglichen, schummerigen Stand zurück. Teil 2 beginnt leise »Wie ein Wagen, der anfährt, ein Motor . . .«.

Mittwoch 1.9.76

Zwischen Beckett und Herm beginnt die Probe mit Textzitaten, beide werfen sich die Bälle mit sichtlichem Vergnügen zu. Schlüsselwörter wie „when was that«, »after this«, »after that« werden lustvoll gedehnt akzentuiert. Am Ende jeder Replik etwas langsamer werdend, am Ende der 12. am deutlichsten. Es wird von Teil I die erste Aufnahme gemacht.

Donnerstag 2.9.76
Die Pausen im Text sind noch nicht präzise genug herausgeschnitten; sie sind noch spürbar. Auch scheint der jeweilige neue Einsatz zu verschieden vom letzten Wort davor; er ist zu laut und kräftig. Die Lautsprecher sind zu weit voneinander entfernt und werden auf den äußersten Abstand von ca. 6 m zusammengerückt. Im Tonstudio wird noch einmal eine Aufnahme gemacht, die Pausen werden gleich rausgeschnitten. Zwischen A, B, C solle ein Übergang ohne Unterbrechung sein wie in der Musik von a-Moll zu C-Dur zum Beispiel. Ein Fluß ohne Anfang und Ende, ohne daß sehr viel betont oder herausgehoben werde.

Freitag 3.9.76
Die B-Geschichte ist die Gefühlvollste, die C-Geschichte dagegen kalt, fast zynisch. Immer noch besteht das Problem des ununterbrochenen Flusses des Textes. Herm möchte noch mehr Pausen machen, die dann herausgeschnitten werden sollen. Beckett spricht selber vor: Flach, unhörbar atmend, raunend, träumerisch, ohne spürbare Unterbrechung mit großer suggestiver Kraft eine ganze Replik ohne anzuhalten. Um das Fließen des Textes anzuzeigen, sprechen beide ganze Passagen mit beschwörenden Armgesten durch . . . Wenn man ganz ohne Schnitte auskäme, konstant das gleiche Tempo haltend, das wäre optimal . . .
Beckett kommentiert in C 7 den Text: Da sei eine schwierige Stelle fürs Publikum: ». . . the old rounds trying to wangle you into it«, wobei er »it« betont. Das sei eine Geschichte von Depersonalisierung, sich als Objekt zu sehen . . .
In A 8 »the passers pausing to gape . . .«, der sei aus der Bibel.
Herm: »Ja, Lucas-Evangelium«
Beckett: »Ich habe nachgesucht, ich habe es nicht gefunden, aha, Lucas . . .«

Samstag 4.9.76
Herm versucht, mit kleinen Atempausen zu lesen. Das stellt sich als nicht praktikabel heraus. Es werden zuviele und es entsteht der Eindruck eines Stakkato und nicht der des gewünschten Legato.
Teil II. B 5. Beckett insistiert auf einer kleinen Pause nach »muttering (:) that time . . .«
B 6. Beckett akzentuiert die Parallelität der Reihung, deren einzelne Glieder mit hervorgehobenem »never«, »always«, »never«, »no«, »always«, »no« beginnen und die in dem Schlüsselwort »vows« am Ende kulminiert, das mit viel »Zärtlichkeit« gesprochen werden solle.
Eine Aufzählung, deren einzelne Glieder durch kleine Pausen getrennt werden, findet sich in C 7: ». . . till the words dried up and the head dried up and the legs dried up . . .«
B 8. Eine weitere kleine Serie: »no stir or sound only faintly the leaves in the little wood behind or the ears or the bent or the reeds . . .«
Die Rhythmisierung des Textes geht in die Aufnahme ein.

Donnerstag 9.9.76
Die Aufnahme des II. Teils ist unbefriedigend. Die Einsätze nach den Pausen sind immer noch zu kraftvoll und laut, dadurch entstehen unmotivierte Akzente, der Fluß des Textes wird verdorben. Eine neue Methode wird ausprobiert: Herm liest bis zu einem bestimmten Punkt, macht Pause, und setzt mit dem Text einige Worte vor dem Stop wieder ein, so daß mit den ersten Worten sich ein akustisches Gleichmaß jeweils eingependelt hat. Dieses Überlappen erweist sich beim Anhören als praktikabel. Es ergibt sich ein sehr schöner Gleichlauf des Textes.
Beckett mahnt noch einmal, am Ende der Teile I, II, III an das Retardando zu denken. Vor allem ganz am Ende solle sich ein dramatischer Effekt einstellen: »Wird es noch weitergehen?«

Mittwoch 15.9.76
Herm liest Teil III.
Beckett findet es zu zerhackt und wenig fließend. Er spricht vor. Am Ende, den letzten Repliken in der Reihenfolge BAC vermißt Beckett Gefühl. Es solle nicht sentimental sein, aber er habe den Eindruck, Herm sei zu sehr mit der Technik, mit Atem etc. beschäftigt. Es sei zu wenig Gefühl drin. Vielleicht wäre es als Übung interessant, es einmal mit zuviel Gefühl zu lesen, man könne immer noch reduzieren.

Donnerstag 16.9.76
Beckett kommentiert das Schweigen nach jedem der drei Teile: In diesen Momenten komme der Mann in die Gegenwart zurück. Er war, während er seine Stimme hörte, in der Vergangenheit, die war zwar nicht besonders schön, aber wenigstens vergangen . . . Während des Zuhörens ist alles geschlossen, im Schweigen ist er erschrocken, sich gegenwärtig zu finden, alles ist offen. Es sei nicht entschieden, ob er die Augen öffne und die Stimme höre deshalb auf, oder ob die Stimme aufhöre und er deshalb die Augen öffne.
Die Aufnahme vom Vortage erscheint ihm zu gleichmäßig und spannungslos.
Herm schlägt vor, gleich eine neue zu machen. Beckett ist einverstanden, aber seltsam unruhig.
Schließlich sagt er halb im Scherz, er könne den Text nicht mehr leiden . . . er sei ganz imprägniert davon . . .
Wir machen die Aufnahme ohne ihn.

Dienstag 21.9.76
Beim Abhören der Aufnahme langweilt sich Beckett sichtlich. Er findet sie zu lang. Es sei sein Fehler gewesen, meint er, so fixiert auf den Fluß zu sein. Es werde zu monoton.
Wie wäre eine Aufnahme, in der der Text ganz normal mit Atmern gesprochen wird?
Herm probiert über Mikrofon, es klingt nicht schlecht.

Mittwoch 22.9.76
Die Aufnahme, die auf Sinn gesprochen ist, läuft. Sie ist unerträglich. Beckett windet sich nervös. Die Aufnahme ist 30 Minuten lang. 8 Minuten länger als sonst. Der Text verliert jegliche Spannung, bekommt gleichzeitig einen falschen Tiefsinn.
Der »Fluß« ist der richtige Weg. Eine neue Aufnahme mit herausgeschnittenen Pausen wird sehr gut: Sie gewinnt ein Tempo, das zur Konzentration beim Zuhören zwingt, gleichzeitig eine Suggestivkraft, die einen in die Geschichte hineinzieht, gegliedert durch die höchstdramatischen Momente des Schweigens, in denen der weißhaarige Kopf im schwarzen Raum zu schweben beginnt und die weitaufgerissenen Augen ein Bild festgenagelten Entsetzens bieten.
Der Text fließt ohne monoton zu sein und seine Bilder sind plastisch vorhanden, ohne daß eine langatmige Erzählung daraus wird: Das lange Hin und Her hat ein optimales Ergebnis hervorgebracht.

Thomas Bernhard

1931 in Heerlen (Holland) geboren, lebt in Ohlsdorf (Österreich).
Stücke: »Ein Fest für Boris«, Uraufführung am 26. 6. 1970 am Schauspielhaus Hamburg, Regie: Claus Peymann; »Der Ignorant und der Wahnsinnige«, Uraufführung am 29. 7. 1972 in Salzburg, Regie: Claus Peymann; »Die Jagdgesellschaft«, Uraufführung am 4. Mai 1974 am Burgtheater Wien, Regie: Claus Peymann; »Die Macht der Gewohnheit«, Uraufführung am 27. 7. 1974 in Salzburg, Regie: Dieter Dorn; »Der Präsident«, Uraufführung am 17. 5. 1975 am Burgtheater Wien, Regie: Ernst Wendt; »Die Berühmten«, Uraufführung am 8. 6. 1976 am Theater an der Wien, Regie: Peter Lotschak; »Minetti«, Uraufführung am 1. 9. 1976 am Württembergischen Staatstheater Stuttgart, Regie: Claus Peymann; »Immanuel Kant«.

Peter von Becker: »Minetti« und Minetti

Endlich Minetti als »Minetti« – gibt's sowas nun wirklich: das Theater ein Leben, ein Kunststück Natur?
Der Schauspieler M. spielt den Schauspieler »M«. an einem erdachten Silvesterabend, der im Stuttgarter Staatstheater ursprünglich auch am 31. Dezember (1975) in Szene gesetzt werden sollte. Natürlich war nun die beinahe doppelte Duplizität der Ereignisse nur schöner Schein. Doch diese ein bißchen aberwitzige Spekulation, hier dürfe sich zum erstenmal in der Geschichte des literarischen Theaters ein Schauspieler womöglich nicht bloß im kritisch übertragenen Sinne »selbst« darstellen, nährte sich immer an einem realen Vorspiel ums Theater: Einmal hatte Thomas Bernhard, dessen Bühnenfiguren sonst retortenhafte Sprechmaschinen, apokalyptische Thesensänger oder sprachlose Marionetten, keinesfalls recht menschliche Leidwesen waren, in *einem* Stück sich überraschend von den großen und letzten Dingen (Phrasen) entfernt, hatte seine Kopfinnenwelt einer auch vom Text her beglaubigten Theater- und Zirkuswelt geöffnet. Das war »Die Macht der Gewohnheit«, in welcher Kunst- und Perfektionswahn des Zirkusdirektors Caribaldi verdächtig komisch (oder umgekehrt) dem Dressurwahn anderer, leibhaftiger Direktoren glich. Caribaldi der ersten Stunde aber »war« Minetti (in Dieter Dorns Salzburger Uraufführung).
Minetti konnte und kann wie kaum ein anderer mit seinen Knarz- und Blafftönen der abgründigen Lächerlichkeit, wie im Leisen auch der Traurigkeit, alles Wahnhaften und, im besonderen, der kunstdespotischen Monologik Bernhardscher Haupt-Figuren Sprache verleihen. Minettis Caribaldi bedeutete eine (leider nicht überall vollzogene) Wende der bisherigen Bernhard-Rezeption. Denn wer unter den von Bernhards Prosa mit Todesernst geblendeten Exegeten noch Aug und Ohren hatte, konnte endlich spüren, daß dieser Autor für die Bühne (auch danach) immerzu »Komödientragödien« (z. B. in »Frost« und ähnlich in mehreren anderen Texten) geschrieben hatte. Tiefsinn ist häufig Unsinn, Wahn war da immer auch Wahn-Witz.
Bernhard nannte diesen Interpreten folglich einen »durch und durch elementaren *Geistes*theaterkopf«, und Geist bedeutet in Bernhards Werk soviel wie tödlicher, komischer Kunstsinn, Wahnsinn und Trübsinn in einem. Trotz dieser Liebeserklärung sind Poet und Mime allerdings auch nur im Geiste (Bernhards) vereint, denn Bernhard Minetti ist natürlich nicht Bernhards »Minetti«. Nur einmal mehr hat ein Dramatiker einem verehrten Schauspieler eine Rolle geschrieben, wie viele zuvor, Shakespeare wohl, Goldoni, Nestroy – bis hin zu Brecht und Kroetz. Daß hier gerade eine »Schauspieler«-Rolle zugleich

stückfüllend geraten ist, hat so nicht nur in Minettis »MINETTI«-Monologen seinen Grund. Läßt man die mehr thesenhaft theatralischen Momente einer Verhöhnung des (Opern-)Kulturbetriebs in »DER IGNORANT UND DER WAHNSINNIGE« sowie in den »BERÜHMTEN« außer acht, dann ist Bernhard nach »MACHT DER GEWOHNHEIT« jetzt zum zweitenmal erst ein wirkliches *Theater*stück, ein Stück übers Theater, gelungen, in dem Kunststücke nicht nur zu *Künstlichkeits*stücken erbleichen, in dem Theater auf ganz materiale Weise als Realität erscheint.

Bernhards Realismus: Theatertheater

Zwar unvorstellbar, Bernhard hätte nicht wieder in geradezu adenauerischer Verwaltung eines gering variierten und eng begrenzten (aber formal oft reizvoll arrangierten) Wort- und Ideenschatzes all die bekannten, immer nur behaupteten und nie diskursiv/dialogisch bewiesenen Ekeltiraden zum »Geistesunrat« in Kunst und Gesellschaft repetiert. Doch die monologischen »Widerwärtigkeits«-Philosopheme erheben sich (nicht allzu hoch) erstmals über einer kleinen *Geschichte*, nicht nur einer szenischen *Situation*. Diese Geschichte, oder genauer der *plot* (denn Bernhards Stücke sind mit ihren Pointen, Kalauern und strukturellen Appellen an bestimmte Vorverständnisse des Publikums auf schon absurde Weise boulevard-verwandt): Silvester in einem schäbigen Hotel in Oostende. Von draußen, aus tobendem Schneesturm, tritt ein alter Mann ein, mit langem, verbeultem Mantel, Schlapphut, unterm abgewetzten Anzug vorbaumelndem Unterhosenband . . . nur im Besitz eines monströs altmodischen Reisekoffers. Das ist »Minetti, der sich der klassischen Literatur verweigert hat«.

Er, der »Bühnensensibilist« und (vormals ausübende) »Kunstgewalttäter«, ist hier mit dem Theaterdirektor von Flensburg verabredet. In Flensburg soll er zur 200-Jahrfeier des Stadttheaters nochmals den »LEAR« spielen, den er zuletzt vor 30 Jahren gespielt hat, damals selbst Theaterdirektor (ein Kollege Caribaldis) in Lübeck, von wo man ihn verjagt hat als Klassikerdienstverweigerer. Während seltsame und rührend theatralische Menschen im Hotel, alte Paare, Krüppel, Liliputaner, Betrunkene, über die Szene schleichen (darunter von Claus Peymann sehr stimmungsvoll geführt Edith Heerdegen, Hans Mahnke, Traugott Buhre), erzählt »Minetti« zwei Gästen, erst einer leicht skurrilisierten Dame und später einem jungen Mädchen, die Geschichte seines »Exils«: 30 Jahre Dinkelsbühl, als »Selbstjustiz« bei seiner Schwester gelebt, die »klassische Literatur« studiert (um zu wissen, wem er sich verweigert hatte), täglich zweisprachig den »LEAR« (statt des Forellenquintetts) memoriert und sich vorm Spiegel jeden 13. des Monats vorgespielt. Gespielt in einer Maske James Ensors, dem er in ebendiesem Hotel vor Zeiten begegnet sein will. Den »LEAR« hat er gespielt, weil das keine »klassische«, das Publikum nicht behelligende Erbauungsliteratur sei, sondern Entsetzen, Tod, Wahnsinn, Narretei und »Geisteskappe« (B.'s neuestes Reiz-Wort). Jetzt Warten auf den Direktor, dieser ein »Friese«, was auch heißen kann: ein »Striese«.

Das sind die Boulevardpointen, deren hübscheste ist, wenn dieser Lear-Fanatiker in seiner »Kontinentexistenz« einmal sagt: »England/von allen Ländern liebe ich England am meisten/Shakespeare und Scotland Yard«. Der Direktor aber kommt sowenig wie Godot, und »Minetti«, heute abend in seinem Endspiel auch eine Beckettfigur, Lear und Hamm, hat am Ende ausgespielt ohne »Beweismittel« (das Telegramm aus Flensburg verloren), ohne Geld für die Rückreise. In der Schlußszene sitzt er draußen auf einer Parkbank im Schneetreiben, schluckt schnell ein paar Pillen, holt die Lear-Maske aus dem Koffer, die ihn endlich schützt gegenüber dem Gelächter einer mehrmals wie Lemuren zum Totentanz auftauchenden Schar silvesterlich Maskierter. »Minetti« wird nun starr und langsam eingeschneit. Davor sagt er noch »Schnell weg«. Ich finde das eigentlich eine schöne Geschichte. Ein Theatermärchen, ein Märchen übers Theater. »In meinen Stücken ist alles *künstlich*, das heißt, alle Figuren, Ereignisse, Vorkommnisse spielen sich auf einer Bühne ab«, hat Thomas Bernhard in seiner Erzählung »Der Italiener« gesagt. Aber eine Bühne zeigt auch etwas Reales, Natürliches, Theater als Arbeits- und Schaustätte ist ein Stück Kunst-Natur. Damit, mit dieser Realität und der unserer eigenen Theatererfahrungen, hat »Minetti« zu tun.

Zum erstenmal: ein Individuum

Schon die Stückeröffnung ist ein wundervoller, spezifischer Theatertrick: »Minetti« ist noch gar nicht aufgetreten, da schleppt ein Diener seinen musealen Reisekoffer auf die Bühne, eine Hotelhalle. Der Portier aufblickend: »Was ist *das*?« Der Diener: »*Ein komischer Herr*«. So wird nicht nur erstmals eine Bernhard-Figur von Anfang an als *Individuum* eingeführt. Vielmehr beschreibt die kurze Szene etwas über das Verhältnis von Requisiten und Menschen auf einer Bühne. Auch Pappglatzen und rote Gumminasen signalisieren dort nicht Haarausfall und Alkoholismus, sondern sagen, das »ist« ein Clown. Und dieser »komische Herr«, Literaturverweigerer und Publikumsentsetzer, unterhosenanbändelnder Lear von Dinkelsbühl und letzter Schauspielkünstler, spielt nichts anderes als die Rolle des tragischen Clowns. Komödientrauer. Aus »Lear« das Motto des Stücks: »A bitter Fool«. Dazu zeigt in Stuttgart die angebliche Learmaske des Malers Ensor das Antlitz eines Erschrockenen unter einem lächerlichen, schiefsitzenden Faschingskrönchen. Oder: Karl-Ernst Herrmanns Bühnenbild stellt im dritten Akt als Hintergrund einer *belgischen* Hotelbar ein riesiges Seestück und einen Dampfer mit den Hoheitszeichen der *deutschen* Reichskriegsmarine dar. Also sagt das Bild ironisch: dies soll keine belgische Hotelbar, sondern (sehr teutonisches) *Theater* sein.

Und Bernhard selbst zitiert als werkimmanente Hommage und Parodie die Effekte jener theatralischen »Macht der Gewohnheit«. Wenn »Minetti« jetzt angewidert »Lüttich«, »Lübeck« oder »Dinkelsbühl« spricht, dann hat man immer Minettis/Caribaldis »Augsburg« im Ohr, und das geht einem natürlich an die Lachnerven (Komik entsteht hier, wie im Boulevard, überhaupt *nur* durch theaterspezifische Assoziationen). Schließlich »Minettis« Untergang im Schneegestöber, ähnlich Horváths »Don Juan«. Sicher kennzeichnet er das Ende eines »Rührstücks« (Georg Hensel). Aber doch nur als Gestus, als Theaterdonner. Dieses Verenden unter der erschreckend komischen Maske des »bitter fool«, anspielend auf die Unwetter-Heideszenen im 3. Akt des »Lear«, ist von genauso bewußt monströser Pathetik wie etwa der Bühnenselbstmord des Helden in Otto Bierbaums satirischem Künstlerroman »Stilpe«. Das traurige Ende eines Tragöden hat immer etwas Lächerliches, das lächerliche Ende eines Komödianten etwas Trauriges.

In Wedekinds halbem, höhnischem Künstlerdrama »Musik« erkennt das unselig zum Sange (und Gesangslehrer) strebende Fräulein Hühnerwadel: »Die Menschen bekommen Krämpfe vor Lachen, wenn sie die Erzählung meiner Qualen hören!« Von dieser rührend bitteren Komik ist viel in »Minetti«.

Wie Minetti »Minetti« spielt

Hat dies »Komödientragische« auch (der wahre) Minetti in Claus Peymanns Inszenierung erspielt? Zuletzt hat Minetti als Pinters Spooner schon einen heruntergekommenen (angeblichen) Künstler, einen Schriftsteller, geboten. Auch dort ein eher pseudotiefsinniger Text, den Minetti komödiantisch verfärbte und aus dem Vagen wie aus dem peinlich Erkünstelten in Menschennähe beförderte. Hier nun ist Minetti weniger kauzig und »komischer Herr«, er riskiert mehr Pathos, ist als »Minetti« auch ein fürchterlicher, weil wehleidiger, Tragöde, wenn ihm gleich nach dem »Lear« der »Sturm« kommt, er hochfahrend klagt »Ich habe den Prospero nie gespielt!« und auch den jammervollen Satz »30 Jahre verhöhnt und verspottet worden in Dinkelsbühl!« kein bißchen unterspielt.

Minetti kriecht im Verlaufe der Aufführung tief in seinen fiktiven Namensvetter, setzt auf die sentimentale Ichgerührtheit des verkannten Schauspielkünstlers mehr, als daß er nur ihre Komik zitiert. Die traurige Komik dessen, der despotisch das Publikum verachtet, in ihm und seinen Unterhaltungstrieben den Todfeind des »wahren« Schauspielers sieht, sich aber doch ganz an der Erinnerung des vergangenen Beifalls wärmt (das spiegelt zugleich die Absurdität Bernhards, der auch bekennt, nur immer *gegen* sein Publikum zu schreiben, als Akt des Widerstandes gegenüber der Geistlosigkeit von Massenkultur: der Salzburger Festspielautor auf den Spuren der Kulturkritik Horkheimers, Adornos, Habermas', das ist schon ein Witz).

Möglich wäre gewesen, bei diesem Stück wohl schärfer die *Parodie* eines bürgerlichen Künstlerdramas in der Tradition des »TASSO«, »TONIO KRÖGER« oder »MICHAEL KRAMER« zu spielen (den Arnold Kramer z. B. gab Minetti 1937 neben Werner Krauß). Dagegen trägt der Text eine, von Minetti zumindest angedeutete, existentielle Künstlertragödie mangels argumentativer und analytischer Substanz so wenig wie Minetti allein. Zur Dichotomie zwischen Künstler und Gesellschaft kann er nur einen (manchmal fast wörtlichen) Abklatsch ganz anders beglaubigter Briefe Flauberts deklamieren. (Herbert Gampers Essay über den Riß zwischen bürgerlicher Gesellschaft und Kunst – Kunst nicht *als*, sondern Kunst *statt* Ware –, den das wie immer liebevoll-intelligente Stuttgarter Programmbuch zum Stück gedruckt hat, zitiert Flaubert dagegen wie einen Zeugen Thomas Bernhards.) Das »*Bildnis des Künstlers als alter Mann*« (Untertitel »MINETTIS«) zeigt diesen als Hungerkünstlers, gleich einer Charaktermaske vor gänzlich unbenannten Verhältnissen. Tönt Bernhard einmal mehr »Der wahre Künstler hat sich den Wahnsinn zur Methode gemacht«, dann trifft ein Dictum Foucaults auch das, was wir gerade über »Minetti« und andere Kunst-Außenseiter seines Schöpfers erfahren: »Die Freiheit des Wahnsinns versteht sich nur von der Höhe der Festung her, die ihn gefangen hält. Er verfügt nun aber nur über die grämlichen Personenstandsangaben seiner Gefängnisse, seiner stummen Erfahrung als Verfolgter, und wir haben unsererseits nur seinen Steckbrief.«

Minettis Zauberei

Minettis Zauberkunststück ist freilich: Er kann den alten *(Tragödien-)*Künstler »Minetti« immer wieder verschwinden lassen und spielt »mit« ihm zugleich die Komödientragödie des ängstlich gewordenen, gebeutelten und doch noch sich ins Hoffnungsvolle mogelnden, in Sehnsüchten wiegenden »*alten Mannes*«. Und da sind dann erneut alle Wunder dieses im Alter immer lebendigeren und wacheren Spielers zu sehen: Wenn er sich gegenüber der betütelten demimondänen Dame an den Gedanken klammert, noch ein (letztes) Mal den Lear zu spielen, plötzlich hochaufgerichtet zu wippen beginnt, dann in den Knien schwankt, sehr ernst meint, »es sind die Nerven«, und in das gerade noch zusammenfallende Gesicht wieder ein Lächeln zieht: »Das entsetzliche *Klima*, wissen Sie.« In wenigen Sekunden ist das eine ganze Psychologie des Alter(n)s. Oder: Wenn der breit ausgewachsene Briefkastenmund sich zu einem fast kindlichen O rundet bei jedem enttäuschten, hoffenden Blick auf seine Taschenuhr und die Tür, durch die der Flensburger Theaterdirektor nie treten wird. Schön auch, wenn nach der Pause, dicht an der Rampe auf einem Sofa neben dem jungen Mädchen sitzend, das mit einem Kofferradio auf den Knien seinen Liebhaber erwartet, selbst Minetti kurze Anlaufschwierigkeiten hat und, in den ersten Sätzen noch steif und stelzig, gerade dann in die Rolle zurückfindet, als er von seinen Anfängen als »einfacher« Zauberkünstler erzählt: der Menschen verschwinden läßt! Bei dem Wort »Zauberkünstler« blitzen Minettis Augen kennerisch auf, und von diesem Wort an beginnt ein eigener, ganz besonderer Zauber.

Denn in den ersten Bildern hat er in erwähnter Dame (Karin Schlemmer) nur eine deutlich für seine

Erzählung hin*gesetzte*, anders als etwa die Gute (»EIN FEST FÜR BORIS«) oder Frau Frölich (»DER PRÄSIDENT«) auch physisch völlig passive Zuhörerin, Minetti steht da buchstäblich allein. Mit dem »Mädchen«, der hinreißenden, mit so träumerisch ratlosen wie auch neugierigen Augen an diesem wunderlichen Herrn hängenden Therese Affolter, passiert dagegen eine Sensation. Denn das ist nicht nur eine dumme, stumme Gans für einen monologisierenden Despot, eine Bernhard-Puppe wie noch des »PRÄSIDENTEN« Kasino-Duse.

Die Sensation: Minettis Liebesgeschichte

Die von den meisten Premierenkritiken gänzlich übersehene Sensation: Zum erstenmal findet bei Thomas Bernhard eine Art Liebesgeschichte statt. Sie wird, beim Lesen des Texts schwer erkennbar, von Minetti zärtlich mitgespielt, wenn er »Minettis« Kunst- und Selbstbesessenheit entspringt und die kehlig heisere Stimme plötzlich ins träumerisch Sanfte bricht; wenn Minetti, ohne wieder aus »Minetti« zu fallen, das Mädchen mit Blicken streichelt, ihm leise sagt »Nicht nach Dinkelsbühl gehen, nicht nach Dinkelsbühl«, später zu sich selber wie angewidert und mit erdvollem Mund aus dem Lear brabbelt »thou wert better in a grave / than to answer with thy uncover'd body«, um dann auf Deutsch gleich ganz weich, in einer Stimmung der Marienbader Elegie, *auch* dem Mädchen in seinem verhuschten Ballkleidchen zuzuflüstern: »Du wärst besser in einem Grab / als mit deinem unbedeckten Körper.« Und vor dem Ende sogar Bernhards erstes, wirklich dramatisches »Du«: Das bisher fast stumme Mädchen sagt dem komischen Herrn nur einen einzigen Satz: »Magst du Musik?« Minetti lächelt wie ein nochmal Verführter, streckt seine alten Knochen wohlig von sich, da erscheint der Liebhaber des Mädchens in der Hotelbar . . . – Als das Mädchen mit dem Radio gehen will, kehrt sie zum Sofa zurück, stellt den Transistor lauter, läßt ihn Minetti, und dann bleiben da nur noch der alte Mann und die Musik.
Ein dudelndes Kofferradio als Zeichen: Eine gefühlvollere, rührendere und auch menschlichere Szene hat Bernhard nie geschrieben. In Claus Peymanns gerade an den Rändern des Textes sehr präziser Inszenierung wirkte diese Geschichte, eigentlich die *ganze* Geschichte für mich noch im Sentimentalsten weniger verkitscht als alle Talmiphilosophie in diesem und anderen Bernhard-Stücken.

(Aus: »Theater heute« Oktober 1976.)

Thomas Brasch

Geboren 1945 in Westow/Yorkshire, aufgewachsen in der DDR, lebt seit Dezember 1976 als freier Schriftsteller in Westberlin.
Stücke: »DER PAPIERTIGER«; »LOVELY RITA«; »DIE ARGENTINISCHE NACHT«, Uraufführung am 19. Oktober 1977 im Tübinger Zimmertheater; »HERR GEILER«; »EULENSPIEGEL«; »ROTTER«, Uraufführung am 21. Dezember 1977 am Württembergischen Staatstheater Stuttgart, Regie: Christoph Nel.

BRIEF AN DEN REGISSEUR DER WESTBERLINER AUFFÜHRUNG, NIELS-PETER RUDOLPH, 10. 1. 1978

Lieber Rudolph,
hier die zweite Fassung von »LOVELY RITA«. Sie ist nach einigen Erfahrungen mit bundesdeutscher Realität + Theater nötig geworden. Wichtigste Beobachtung für mich war dabei die fast vollständige

Abwesenheit eines sozialen Erlebnishintergrunds bei den meisten Kunstproduzenten meiner Generation in diesem Land. Dies unterscheidet sie von den gleichaltrigen Schreibern, Schauspielern in fast allen anderen Ländern, gleich ob kapitalistischen oder sozialistischen Systems und hat sicher mit der Art Reichtum zu tun, die es hier gibt und gleichzeitig mit der Rolle von Kunst in eben diesem reicheren deutschen Land. Die Biographien der Kunstproduzenten weisen diesen Umstand deutlich aus. Dieses Problem sozialer und historischer Erlebnislosigkeit ist eben auch eines von Rita und ich habe es verstärkt. Der Versuch der Frauen in WAGGON 1, auf ihre eigene Verletzung zu sprechen zu kommen und sie gegen das spielerisch Pubertäre der Rita zu wenden, habe ich größer gemacht ebenso wie Ritas scharfe Abwehr dieses Versuchs. Sie siegt natürlich wie in der 1. Fassung, denn auf dem SPIELFELD ist sie die stärkere. Die zweite Änderung betrifft die Erwähnung Hitlers und Stalins bei dem Offizier-Beerdigungs-Ritual. Ich habe beide Namen gestrichen, weil sie erstens den historischen Zeitpunkt auf eine falsche Weise festlegen, zweitens weil die (Männer-)Politik in der sozialen Phantasie dieser Frauen durch Namen wie Müller und Meier härter formuliert ist und drittens die Beliebigkeit und Austauschbarkeit sprachlich einfacher demonstriert sein muß.

Die BROTszene habe ich erweitert, um Rita im wörtlichsten Sinn einmal auf den Boden kommen zu lassen, auf dem ihr Spiel nicht mehr zählt. Die Rolle der Kindesmörderin als Gegenpart zu Rita mußte wichtiger werden. Deshalb die Reiter-Erzählung (nach Babel) und der Sieg dieser Frau über den Spielversuch Ritas; den ersten, den sie ernster nimmt als sich selbst.

Die letzte Veränderung betrifft die Ersetzung des Besatzungsoffiziers durch den Direktor des Filmstudios in der FILMPROJEKTORszene. Sie hat einen zeitlichen und einen politischen Aspekt: Die Bürger haben die Verwaltung ihrer Institutionen selbst übernommen, die Besatzungsmacht ist anonym geworden, verschwunden allerdings ist sie nicht.

Dies zu den Änderungen, die das Stück und die Sicht auf seine Hauptfigur schärfer konturieren. Im wichtigsten Punkt aber wird es nicht verschoben: Es spielt weiter im Schädelnerv seiner Hersteller.

Mit den besten Wünschen für Deine Arbeit daran

Brasch

THOMAS BRASCH IM GESPRÄCH MIT CHRISTOPH MÜLLER, BERLIN/DDR, OKTOBER 1976.

Müller: Mit »LOVELY RITA« veröffentlichen Sie, die vom »Verlag der Autoren« vertriebene Hundetragödie »DIE ARGENTINISCHE NACHT« und die Bearbeitung »HAKIMS GESCHICHTEN« ausgenommen, zum ersten Mal ein Stück in der BRD. Welchen Platz nimmt »LOVELY RITA« in Ihrer bisherigen Arbeit ein?

Brasch: Ich habe das Stück 1974/75 geschrieben und zwei Theatern in der DDR zur Aufführung eingereicht. Beide Theater lehnten es als politisch nicht tragbar ab. Da »LOVELY RITA« mir der konsequenteste Ausdruck meiner Arbeit für das Theater scheint, habe ich mich entschlossen, das Angebot von »Theater heute« anzunehmen und es zuerst in der BRD zu veröffentlichen.

»LOVELY RITA« ist mein siebtes Stück. Es entstand nach einer Zeit, in der ich große Schwierigkeiten hatte, mit den mir bekannten Formen, Stücke zu schreiben, weiter umzugehen. Das kann damit zusammenhängen, daß die Stücke hier nicht gespielt wurden, bzw. ich zu den Aufführungen in der BRD und USA nicht reisen durfte (und nicht in den Genuß von Erfolg oder Niederlage gekommen war), hat aber meines Erachtens tiefere Gründe. In einem Spiel für Schüler »SIE GEHT/SIE GEHT NICHT« und in der Tragödie »DAS BEISPIELHAFTE LEBEN UND DER TOD DES PETER GÖRING« (mit Lothar Trolle) hatte ich versucht, das wahrscheinlich einzig DDR-spezifische Problem zu behandeln: die Mauer. Damit war eben dieses

DDR-spezifische Problem erschöpft, was gleichzeitig eine Schwäche offenlegte: die Koketterie mit dem Provinzialismus. Nach verschiedenen untauglichen Ansätzen, Geschichten in der Historie anzusiedeln und dadurch eben dieser Schwierigkeit zu entgehen, sah ich mich einem Haufen Papier und Anfangsszenen gegenüber, mit denen ich nichts mehr anfangen konnte. Der entscheidende Irrtum dabei war, daß ich versucht hatte, einer äußerst aktionsarmen Situation, in der ich mich befand, eine scheinbare Dramatik aufzupflanzen. Die Einsicht in diesen Sachverhalt führte mich schließlich zum »Rita«-Stoff, in dem eben dieser Zustand und der Versuch seiner Überwindung beschrieben wird. Ich habe einfach meine Schwierigkeit bei der Arbeit zur Ausgangssituation von Rita gemacht und das schien mir in dieser Situation der ehrlichste Ansatz, ein Stück zu schreiben.

Müller: Sie würden also als den wichtigsten Konflikt in »Lovely Rita« den Versuch eines Menschen bezeichnen, seiner Situation zu entkommen, indem er sie dramatisiert: die Hauptfigur als Organisator einer Handlung. Sehe ich das richtig? Wenn ja, stellt ein solcher Ansatz nicht ein Zurückweichen von der konkreten Situation dar, in der Sie leben?

Brasch: Rita ist am Anfang am Ende und katapultiert sich gleichzeitig mit dem Schnitt in ihr Handgelenk vom Kinosessel in einen Konflikt, der größer ist als sie selbst und sie damit größer macht vor sich selbst: zwischen die Frauen und die Offizier. Rita gehört einer geschichtslosen Generation an, die in einer Zeit lebt ohne Konflikte, die ihrem großen Anspruch genügen. Sie will aus diesem kahlen Feld, das sie umgibt, in eine Situation, die ihre Kräfte fordert, und das scheint eine Nachkriegssituation zu sein, in der alle Möglichkeiten greifbar sind. Das entspricht meiner Erfahrung mit meiner Generation, die sich nicht mit dem identifizieren kann, was war (Krieg, Wiederaufbau einer Leistungsgesellschaft), und nicht mit dem, was zu werden scheint (Perfektionierung der Leistungsgesellschaft). Rita versucht, sich aus der Windstille in einen Konflikt auf Leben und Tod hineinzuorganisieren, der sie so groß macht, wie sie sich fühlt. Dieser Konflikt hat mehrere Aspekte: den politischen, den sexuellen und den formalen. Indem sie sich zwischen die Gruppe und die Offizier begibt, stellt sie sich gleichzeitig zwischen die Vertreter der Macht und der Ohnmacht, zwischen Gleichgeschlechtlichkeit und Zwischengeschlechtlichkeit, zwischen Lust- und Leistungsprinzip, und schließlich zwischen das Prinzip der Einzelbindung (Offizier) auf der einen Seite und des Aufgehens in einem Kollektiv auf der anderen. Als sie das Problem für sich erschöpft hat, entledigt sie sich seiner Protagonisten, das heißt: sie tötet den einen und liefert den anderen seinen Feinden aus. Sie hatte ihren großen Konflikt. Sie war gleichzeitig Objekt und Subjekt. Sie scheitert tödlich, indem sie überlebt. Rita ist am Schluß nur noch ein Stück Licht an der Wand, nur noch das Bild von sich selbst, nur noch ein Kunstprodukt. Was ich jetzt sage, ist *eine* mögliche Interpretation.

Müller: Welchen Stellenwert hat in diesem Zusammenhang Europa, das in mehreren Szenen ausdrücklich als der »tote Kontinent« angesprochen wird, den man verlassen muß. Auch das Zitat von Franz Fanon (»Gegen Europa müssen wir eine neue Haut schaffen«) steht doch an einem Schnittpunkt des Stückes, nämlich vor dem Mord.

Brasch: Zur Selbstaufwertung Ritas gehört offensichtlich, daß sie ihr Problem der Geschichtslosigkeit, des Austrocknens vergrößert, indem sie es zum Problem einer Generation eines Landes und sogar eines Kontinents macht. Sie verallgemeinert ihre Müdigkeit in die Müdigkeit eines Erdteils, der ihr als einer erscheint, der von seiner eignen Geschichte erschöpft ist, von seinem eigenen Prinzip, nämlich dem der Leistung, der seine Potenzen zum Blühen gebracht hat und jetzt in die Perfektionierung abmattet. Gleichzeitig mit dem Aufschwingen ins Pathos wird sich Rita aber ihrer eigenen Lächerlichkeit bewußt und das macht sie tragisch, weil dieser Konflikt nicht aufzulösen ist. Die Bewunderung für die sogenannte Dritte Welt ist ja heute nichts anderes mehr als Sentimentalität. Das begreift Rita: die Leistungsgesellschaft ist schon auf die ehemals jungfräulichen Erdteile übergeschwappt, das heißt, daß alles, was sie für Zukunft gehalten hat, Vergangenheit geworden ist.

Müller: Sie leben in der DDR. Ich muß darauf zurückkommen. Was Sie jetzt sagen, entspricht offensichtlich nicht den in diesem Staat vertretenen Vorstellungen von der Zukunft. Anders kann ich mir auch nicht erklären, daß »Lovely Rita« nicht in dem Land gespielt wird, in dem es geschrieben wurde. Ist es nicht doch wieder ein DDR-spezifisches Stück?

Brasch: Es gibt außer der Mauer und ihren Auswirkungen keine spezifische DDR-Problematik. Alle anderen gegenwärtigen Probleme (Nachlassen des Fortschrittsglaubens, Bürokratie, Ohnmacht) finden sich vermutlich auch in Finnland oder Japan. Eine andere Sache ist, daß in der DDR als politisches Tabu auch gilt, was nicht nur ein DDR-Konflikt ist. Das ist ein Problem, nicht nur für mich. Theater kommt hier in Schwierigkeiten, sobald es politische Probleme behandelt, aber nicht gleichzeitig klar ablesbare Absichten offenlegt, das heißt: für die Regierung oder gegen sie. Im Zweifelsfall heißt es dann oft: gegen sie. In »Lovely Rita« ist das aber nicht der wichtige Punkt. Ich interessiere mich im Augenblick nicht für den Beifall oder die Drohung zum Gipfel, auf dem die Herrschenden sitzen, sondern für die Probleme der Leute hier im Tal. Indem Kunst, besonders die in diesem Land, immer wieder auf Polemik reduziert wird, kommt sie in die Gefahr der Pubertät. Das ist eine Sache, mit der auch Rita zu tun hat und gegen die sie sich emanzipieren will. Insofern ist es natürlich ein DDR-Stück, aber der Zustand der Ohnmacht, der Windstille, das Bedürfnis nach Identifikation, nach Formen für die eigene Aggressivität scheint mir über die Grenzen dieses Landes hinauszugehen. Ich glaube nicht, daß jemand auf die Idee käme, Beckett zu fragen, was das spezifisch Irische am »Godot« sei.

(*Aus: »Theater heute«, Februar 1977, Seite 45.*)

Gerlind Reinshagen

Gerlind Reinshagen, geboren 1926 in Königsberg, lebt in West-Berlin. 1944 Abitur, anschließend Apothekerlehre, Studium der Pharmazie, Arbeit in verschiedenen Apotheken.
Verschiedene Hörspiele. »Sonntagskinder« ist ihr viertes Theaterstück. Es gingen voraus: »Doppelkopf« (uraufgeführt 1968 von Claus Peymann am TAT in Frankfurt), »Leben und Tod der Marilyn Monroe« (Uraufführung 1971 in Darmstadt) und »Himmel und Erde« (Uraufführung 1974 am Staatstheater Stuttgart, Inszenierung Claus Peymann). »Sonntagskinder« wurde, wiederum in der Inszenierung von Claus Peymann, im Juni 1976 am Staatstheater Stuttgart uraufgeführt.

Der Mensch muss träumen · Gerlind Reinshagen und Horst Laube unterhalten sich über Theater und über das Theater der Reinshagen

Reinshagen: Warum soll Theater nicht so etwas wie ein Fluchtort sein? Ich meine das jetzt gar nicht negativ als Rückzug ins Private, die Idylle, sondern eher umgekehrt: ein Ort der Selbstbesinnung vielleicht, der Klärung, der Versammlung; eine Zelle, um neue Entwürfe zu machen, Ausgangspunkt für mögliche Offensiven ... Sagt man nun aber, Theater ist ... wie wenn ich in den Wald gehe, dann müßte der Wald eben auch ein Wald sein und kein Mischmasch aus Ansprüchen, die das Theater als Museum oder als Katheder, gleichzeitig auf jeden Fall als Amüsierschuppen wollen.

Laube: Aber auch der schönste Wald ist auf der Bühne aus Pappe, schlägt keine Wurzeln, ist ein ästhetisches Problem.

Momente des Unvermuteten

Reinshagen: Da bin ich mir nicht im klaren, das überlege ich seit geraumer Zeit, inwieweit Ästhetik, die so häufig diffamiert wird, dem Verhalten von Leuten neue Impulse geben kann. Ich versuche – immer wieder – Zusammenhänge zu finden . . . beispielsweise herauszufinden, woran es liegt, daß sich die Frauen selbst im letzten Winkel von Italien so schön kleiden, ob die Umwelt, die Landschaft Einflüsse ausüben, ob deren Schönheit auf das Benehmen ausstrahlt, warum dort eine andere Art von Höflichkeit, von Herzlichkeit entsteht, ein direkteres Lebensgefühl . . . das, diese Art von Korrelation, das interessiert mich und auch, oder noch viel mehr, herauszufinden, ob und wo Menschen m e h r können, als es ihnen eben diese Umwelt, eben diese Verhältnisse erlauben, der Moment des Unvermuteten, der Freiheit. Neulich z. B. war ich auf einer Autorenversammlung, zu der man unter anderem einen Versicherungsfachmann eingeladen hatte. Er sollte zur Altersversorgung sprechen, einem wichtigen Thema immerhin. Der Mann kam herein, korrekt gekleidet, er sah nach regelmäßigen Mahlzeiten aus und wichtigen Besprechungen, also tatsächlich so, wie man sich einen Versicherungsfachmann vorstellt. Sofort entstanden zwei Klassen: die Künstler und der Bürger. Viele tuschelten, manche lachten. Ich habe mich auch dabei ertappt. Dann hat er angefangen zu reden, sich für seine Sache engagiert. Und da kam plötzlich etwas heraus, was über den scheinbar genau einzuordnenden Angestellten hinausging, eine Art, sich zu stellen, oder: der Wille, eine Sache g a n z zu machen, oder auch: Mut, es mit einer Übermacht aufzunehmen; ich dachte: der würde mich jetzt auf einer Bühne interessieren, an dem einzigen Ort, wo wirklich noch die Möglichkeit gegeben ist, jemanden mit der nötigen Geduld und Ruhe, aus der Nähe, von allen Seiten, in allen seinen Lebensäußerungen zu entdecken, wo man ihn mit der ihm gebührenden Aufmerksamkeit betrachten kann, umfassender, als die Psychologie es kann, die Soziologie, wo man also mehr erfahren könnte über ihn selbst, vor allem aber über seine Vorstellungen, woher er sie bezieht, wie determiniert sie sind, was ihn eventuell befähigt, über sich hinauszugehen, dieser Augenblick des Sprunges . . . das herauszubekommen, darin liegt für mich ein Ziel von Theaterarbeit.

Laube: Der humane Mehrwert . . .

Reinshagen: Das ist jetzt ein schnelles Wort . . .

Laube: Problematisch, sicher . . . wie jede Einschnürung in den Begriff; aber . . . wie auch immer wir es nennen, es entläßt den Autor ja nicht aus den Pflicht, zu sagen, daß es schlimm ist mit den Verhältnissen des Menschen, daß es schlimmer ist, als man es zeigen kann. Erst die beharrliche Feststellung dieser Tatsache legitimiert den Hinweis auf die nicht manipulierbaren Kräfte. Sonst redet man einem öden Mittelwert das Wort, auf den das Leben mal Sonnenschein, mal Regen streut.

Hinweise, wie es auch sein könnte

Reinshagen: Ich glaube, jedes Stück seit Aischylos, das Interesse verdient, zeigt diese Abgrund-Situation, die äußerste Isolation, die extremste Verzweiflung. Aber jedes Stück, das Interesse verdient, deutet gleichzeitig eine Gegenmöglichkeit an, wie es a u c h sein könnte, eine Ahnung, die Spur von Glück, von Erkenntnis.

Laube: Der Begriff Ästhetik ist, glaube ich, in dem Zusammenhang, in dem Sie ihn gebrauchen, mißverständlich. Sie meinen doch schlicht Schönheit. Elsie in den »SONNTAGSKINDERN« ist einfach ein schöner Mensch. Bei ihr geht auf ganz idealistische Weise eine innere Schönheit mit der des Verhaltens einher. Das steht einer ganzen Zeit gegenüber, der Nazizeit. Da ist doch eine Art Botschaft der Autorin Reinshagen zu finden.

Reinshagen: Sagen wir mal: es wird versucht, eine von den schlimmen Verhältnissen und vom Milieu noch wenig korrumpierte Haltung aufzuzeigen, die bis zu einem bestimmten Alter mit den Träumen und Vorstellungen (in welchen immer nach dem kompromißlosen, dem vollkommenen, ja, fast »idealischen« Entwurf gestrebt wird) identisch ist. Mit der systematischen Erstickung dieses Strebens durch die Erwachsenen ist es dann auch mit der Haltung vorbei. Immerhin war da etwas im Ansatz, der Möglichkeit nach, vorhanden. Das deutlich zu machen, daß es nicht vergessen, nicht verschleudert wird . . . eine Art Botschaft, wenn Sie so wollen . . .

Laube: Ich bin da skeptisch. Denn wer macht sich so eine Botschaft, an deren subjektiver Ehrlichkeit kein Zweifel besteht, zu welchen Zwecken zu eigen? Man könnte ja daraus den Schluß ziehen, daß das gar nicht so schlimm war mit dem Nazismus, daß das Leben stark genug ist, sich zu behaupten, obwohl Sie am Schluß Ihres Stückes mit der Einkleidung Elsies ein skeptisches Bild anfügten.

Reinshagen: Wenn ein Stück davon handelt, wie das Denken von Kindern langsam erstickt wird, so daß sie darüber zugrunde gehn, s i c h s e l b s t ruinieren, so kann man nur die schlimmsten Schlüsse ziehn . . . fast könnte sich die »Einkleidung« erübrigen . . .
Was die Botschaft, das Aneignen von Botschaften betrifft, ja, ich glaube, so direkt eignet sich niemand nirgendwo Botschaften an. Andererseits – wenn wir mal Gorkis »KLEINBÜRGER« als Beispiel nehmen . . . ich meine, daß selbst jemand, der keinerlei Überlegungen ökonomischer, soziologischer, moralischer Natur daran knüpfen würde, doch zumindestens am Ende beschließen würde: so . . . möchtest du nicht sein, so erstarrt, so verängstigt, so unfähig zu Handlungen. Und dann ist da noch Elena Nikolajewna, nicht zu vergessen. Da überträgt sich etwas nicht als Botschaft, sondern als direkte Erfahrung.

Laube: Sie meinen, daß diese Erfahrung so deutlich zu handhaben ist?

Reinshagen: Nein. Es ist und bleibt wahrscheinlich in den meisten Fällen lediglich ein u n deutlicher Gedanke, ein Baustein im Gedankengebäude. Aber Einflüsse dieser Art wiederholen sich ja, sind auch nicht auf das eine Medium beschränkt. Theater ist einer von vielen Vermittlern, es gibt den Film, die Bücher, wer weiß, wie wichtig unsere ersten Bilderbücher waren . . . dann die ganze graphische Kulisse, der Beschuß mit Signalen . . .

Bruchstücke idealer Konstellationen . . .

Um beim Theater zu bleiben: ich möchte noch weitergehn und behaupten, daß sogar jemand, der . . . sagen wir von einer Inszenierung Grübers kaum etwas zu verstehen vermeint, ich glaube, daß selbst der etwas bemerken wird, einen Unterschied eventuell zu gängiger Theaterkonfektion, daß er Bilder behalten wird, das ist jetzt schwer zu erklären . . . ich kann mir einfach nicht denken, daß jemand, der z. B. in einer billigen und häßlichen Satellitenstadt wohnt, daß der nicht den Unterschied wahrnehmen sollte zu einer menschenwürdigeren Architektur . . .

Laube: Sie meinen also wirklich, daß Schönheit so eine Kraft haben kann, daß sie auf Existenz wirkt?

Reinshagen: Jetzt, scheint mir, ist es an der Zeit, den Begriff »Schönheit« seinerseits zu revidieren. Was ich meine, wovon ich gesprochen habe, könnte man eher bezeichnen als . . . Einsprengsel, Bruchstücke idealer Konstellationen, die sich auch in der verzweifeltsten Existenz, im desolatesten Milieu noch aufspüren lassen. Wenn ich an die Stücke Büchners denke, diese unglaublich modernen, immer noch nicht eingeholten Stücke, da wird vielleicht am deutlichsten, was ich meine: da gibt es die – fast ideale – Julie, es gibt Marion – die Schönheit –, die sich selbst und ihre Welt noch aus dem Bordell heraus fast wie ein Dichter beschreiben kann, und es gibt einen Woyzzeck, der sagen kann – nachdem er Marie bei der Lüge mit den Ohrringen ertappt hat: »'s ist gut, Marie.« Also überall und fast in jeder Szene diese Unberechenbarkeiten, diese nie vermuteten Möglichkeiten, beinah in jeder Figur. Ich wollte sagen, das sind Eindrücke, die ich behalten habe . . . von früher, als ich die Sachen zum erstenmal las, die habe ich nicht vergessen . . .

Laube: Sie kennen sicher das berühmte Rilke-Gedicht, mit dem er einen antiken Torso beschreibt, um am Ende das Fazit zu ziehen: du mußt dein Leben ändern.

Reinshagen: Er beschreibt eben diese Reaktion auf einen tiefen Eindruck, einen tiefen Kunst-Eindruck, und ich kann nur aus meiner Erfahrung sagen, von der Zeit her, als ich sozusagen nicht professionell gelesen und gesehen habe: sie leuchtet mir ein. Daß es sich häufig um langwierigere, komplexere und indirektere Prozesse handelt, davon sprachen wir schon.

. . . oder billiger Trost?

Laube: Aber die Aufgabe wäre doch immer wieder, herauszufinden, wo wird diese »ideale Konstellation« benutzt, um abzulenken von den wirklichen Verhältnissen, wo wird sie als billiger Trost verhökert, und wo wird sie wirklich wahr. Die Schönheit der Ereignisse, die z. B. Grüber in Gang setzt, wird ja in dem Maß legitimiert, in dem er mit seiner Existenz dafür zahlt. Das ist die Haltung, die der Kapitalismus dem Künstler aufzwingt. In diesem Bezug – sofern er im Produkt sichtbar wird – glaube ich auch, daß Schönheit einen existentiellen Impuls auslösen kann. Aber der Grat ist schmal und immer gefährdet.

Reinshagen: Ich halte es eher für verbrecherisch, diese Dimension, die, wenn auch bruchstückhaft und nur in Scherben, sogar mit bloßem Auge in unserem Leben zu erkennen ist, zu unterschlagen, nicht zu versuchen, sie wahrzunehmen, sie zu verstärken, sie vielleicht sogar ein Stück in Richtung Utopie hin vorzutreiben. »Der Mensch muß träumen« – ein Leninwort – und er tut es tatsächlich und er darf es nicht vergessen, und ich denke, wenn man Figuren auf der Bühne zeigt, die unablässig, allen Widerständen zum Trotz, danach streben, sich diesen Entwürfen in ihren Köpfen, diesen idealen Konstellationen zu nähern . . . es müßte sich einfach was übertragen . . .

Laube: Zum Beispiel die Frau, die Sie in »HIMMEL UND ERDE« beschrieben haben. Aber ich hätte mir das Stück handlungsärmer gewünscht. Diese eine Handlung, die Handlung zum Tod, ist bedeutend genug.

Reinshagen: Da haben Sie recht. Diese Frage des Kompromisses, des Zugeständnisses an traditionelle Sehgewohnheiten, die Angst vor Überforderung des Zuschauers, das ist ein ziemliches Problem für mich. Andererseits – was diese Geschichte betrifft – sind die drei Mitspieler Gegenfiguren, gehören zu der e i n e n Handlung insofern, als sie sich jeder auf andere Weise selbst täuschen, flüchten, der Konsequenz ausweichen, das Freiheitsstreben der Sonja kontrapunktieren. Aber mir gefallen überhaupt die scheinbar nebensächlichen Stellen im Stück am besten.

Laube: Die schönen Stellen sind Abschweifungen.

Reinshagen: Klar. Das ist ein Punkt, der mich ganz allgemein interessiert. Ich habe einmal überlegt, ein Stück zu machen nur darüber, wie jemand Kaffee kocht am Morgen. Nur über Handgriffe. Gegenstände und deren Benutzung. Über Alltäglichkeiten. Ein Stück wie ein Stilleben von Morandi.

Laube: Ja, die kleinen Sachen . . .

Reinshagen: Nicht, um sich herumzudrücken um die großen, die Konflikte, Widersprüche, Ausbrüche, sondern um zu sehen, ob man vielleicht von daher näher herankommt an eine Zeit, eine Figur, ob das ein Weg wäre, der weiterführt. Die bildende Kunst ist uns wohl ein Stück voraus. Wir müssen noch nach Formen suchen, Realität genau zu beschreiben, das Detail in seiner Komplexität, nicht mit irgendwelchen Riesenkonstruktionen . . . Im täglichen Leben ist sie verstellt, undurchschaubar geworden. Und die brisanten Themen unserer Gegenwart . . .

Laube: Der Sturz des Kanzlers Brandt z. B. . . .

Ein Theater der Einzelheiten

Reinshagen: Ja, dieser Sturz, die Watergate-Affäre, die sind im Kino besser aufgehoben. Die Techniken des Films – ich brauche sie jetzt nicht aufzuzählen – kommen an solche aktuellen, verästelten, personen-intensive Ereignisse besser heran, sind dem Theater überlegen. Das Theater wiederum hat zur Definition des Individuums, seines häuslichen Mikrokosmos die besseren Mittel, ist einfach das feinere Instrument. Sehen Sie Möglichkeiten für diese Art Theater?

Laube: Der Einzelheiten? Ja, man müßte eine ziemlich alte und starre Pyramide umkippen, eine Pyramide, an deren Spitze immer noch der sogenannte Inhalt, die Botschaft, das Mitnehmbare steht, denen sich dann hierarchisch die Einzelheiten, nach unten abfallend, zuordnen; ist diese Pyramide gekippt, kann man die einzelnen Sachen, die angeblich großen und die angeblich kleinen, auf derselben Ebene erzählen.

Reinshagen: Ich muß noch einmal insistieren auf dieser … Dimension der Phantasie, dieses mensch-lichen Triebs zum ständigen Entwerfen, Projektieren, das gerade im Alltag, gerade während der alltäg-lichsten Beschäftigung zum Vorschein kommt. Alle Welt sucht jetzt nach Erziehungsprinzipien. Wenn Theater eine Möglichkeit andeuten könnte, wie diese Kraft zu nutzen, in die Erziehung zu integrieren wäre … nicht in einer didaktischen, lehrstückhaften Weise, sondern mit einfachen sinnlichen Mitteln … z. B. zu zeigen … eine neue Art vielleicht, mit einem Kind umzugehn, mit Gebrauchsgegenständen; utopische Momente könnten aufscheinen in der Weise, wie sich zwei Menschen zueinander verhalten. Wenn z. B. die Figuren in »HIMMEL UND ERDE« über ihrem scheinbar ganz gedankenlosen Fressen plötz-lich sich dieses Vorgangs bewußt werden, über dieser Erkenntnis plötzlich eine Freiheit verspüren, auch ein Verständnis für den anderen … Wenn Tilda in den »SONNTAGSKINDERN« in einem einzigen Augen-blick ihre Lebensangst überwindet und einen Blumenstrauß zu den toten »Hochverrätern« bringt, ich glaube dies … dieser a n d e r e Blick auf Leute, das sollte man noch radikaler machen …

Laube: Und ich muß insistieren, ob man nicht doch in den Verdacht gerät, der leichtfertige Tröster zu sein, der zwar zugibt, daß alles furchtbar schlimm ist, aber einen Blumenstrauß dazulegt, der das Dilemma erträglich machen soll.

Mit der puren Utopie ins Abseits?

Reinshagen: Ich glaube eher, der Blumenstrauß, oder besser: die T a t des Blumenstrauß’ – diese zunächst ganz kleine Bewegung, die *jeder* machen könnte, und die dann aber große Bedeutung bekommt – macht das Dilemma für den Zuschauer nicht kleiner, sondern größer. Wenn ich im Gefängnis sitze, ganz gleich, ob in dem der Konvention, oder in dem meiner eigenen Feigheit, und sehe, daß meinem Nachbarn – für wie lange auch immer – der Ausbruch geglückt ist, werde ich schon darauf sinnen, mir eine Feile zu beschaffen. Und da eigentlich jeder dieses Gefängnisgefühl hat … Vielleicht sollte man aber gewisse Bewegungen tatsächlich noch vergrößern, die Befreiungsbewegung der Sonja in »HIMMEL UND ERDE« …

Laube: Das geht aber nur, wenn ihre Situation zwischen Leben und Tod noch fester gezurrt wäre, noch auswegloser und endgültiger, so daß jeder sicher ist, da passiert nichts, da macht sich nichts mehr frei, aber dann passiert es doch. Theater kann das Unmögliche konkret machen …

Reinshagen: Da wäre aber doch die Frage, wie weit man Situationen wegrücken kann, daß man noch mit-geht als Zuschauer, daß man die Geschichte noch annehmen kann. Ob man nicht mit der puren Utopie ins Abseits gerät …

Laube: Aber das Theater hat so viele Mittel, daß es auch die Identifikation mit dem Unmöglichen herbei-führen kann.

Reinshagen: Nein, nein ... das glaube ich nicht! Obgleich ich überzeugt bin, daß in Menschenköpfen unablässig die phantastischsten und wunderbarsten Bilder entstehen, daß dort die oben erwähnten Scherben dauernd zu ganzen, vollkommenen Gebilden gekittet werden, ein Interesse, ein wirklich atemloses Interesse – also, daß niemand während der Szene hustet – wird vom Zuschauer nur dann aufgebracht, wenn die Realisierung seiner Träume wenigstens im Bereich des Möglichen liegt. Und übrigens: wollten wir nicht auch die Pyramide kippen?

(Aus: »Theater heute«, Sonderheft 1976.)

Stefan Schütz

1944 in Memel geboren. Von 1963 bis 1966 Studium an der Staatlichen Schauspielschule Berlin. Danach als Schauspieler an verschiedenen Theatern der DDR beschäftigt. Seit 1970 freischaffend tätig. Lebt in Potsdam.
Stücke: »GLOSTER«. Nach Shakespeare (1970); »MAJAKOWSKI« (1971); »SENECA« (1971); »ODYSSEUS HEIMKEHR« (1972); »FABRIK IM WALDE« (1973), Uraufführung Hans Otto Theater Potsdam 1975, Regie: Uta Birnbaum; »DIE AMAZONEN« (1974), Uraufführung 1977 in Basel, Regie: Uta Birnbaum; »HELOISA UND ABAELARD« (1975); »MICHAEL KOHLHAAS«, nach Kleist (1975/76); »DER HAHN« (1974–1977); »STASCH I« (1977).

KLAUS VÖLKER: NUR DIE OHNMACHT DER OPFER ZÄHLT

Stefan Schütz, 1944 geboren, war Schauspieler, ehe er 1970 begann, Stücke zu schreiben aus Ärger über die Harmlosigkeit und schläfrige Unverbindlichkeit des Theateralltags, der nur wenig schöpferische Arbeit ermöglichte. Ihn störte »die Sucht nach Ruhe« in den Köpfen seiner Kollegen.
In dem Drama »GLOSTER« zeigt Schütz ein Spiel um Macht, in dem alle schuldbeladen und gewalttätig sind: »Sich vollfressen und die Wahrheit peinigen auf dem wunden Rücken dieses Volkes, Lügen verbreiten, alle Konflikte verteufeln oder sie beschweigen, und mit roter Zunge belecken, allein das ist tausend Tode wert.« Lüge und Wahrheit in der Welt, die dieses Stück beschreibt, lassen sich nur sehr schwer unterscheiden. Gloster will den Sumpf aller Übel ausrotten, dem Volk das Glück bringen und die große Veränderung herbeiführen. Aber auch der Neuerer kommt über Worte nicht hinaus: »Unsere Taten bleiben stets Verbrechen – humane Verbrechen!« Glosters Weg nach unten, zum Volk, endet mit seiner Einsicht: »Alle müssen verändern, nicht nur einer.« Bei den Ungenannten angekommen, wird er erschossen und in den Gully geworfen. Die Frage, ob das Volk nunmehr die Macht in der Hand hat oder ein neues Spiel der Mächtigen beginnt, bleibt offen.
In einem anderen Stück, »ODYSSEUS HEIMKEHR«, nähert sich der bereits totgesagte Held seiner Heimat als Fremder. Das Volk der Ithaker ist am Schorf erkrankt, ohne allerdings unter dieser Krankheit zu leiden. Da kein Hunger herrscht und Ruhe und Ordnung gewährleistet sind, wird der Mangel an Denken nicht als Unglück empfunden: »Es lebt der Mensch nicht besser als er vermag.« Und weil ein ganzes Volk nicht krank sein kann, wird der, der nicht am Aussatz leidet, für krank erklärt. Der Tod des lästigen Außenseiters wird als weiterer Schritt zu Freiheit und Glück begrüßt. Der perfekte Staat funktioniert.

Die Stücke von Stefan Schütz sind, wie ihm Heiner Müller attestiert hat, von einer »kreativen Haltung zur Geschichte« geprägt. Er entfaltet im Drama Ideen, die über das heute Mögliche hinausweisen und Beunruhigung herbeiführen wollen. Die Stoffe dieser Stücke sind großenteils bekannt, interessant ist, wie der Autor mit ihnen umgeht und wie er ihre extremen Widersprüche gestaltet.

In »DIE AMAZONEN« erzählt Schütz die Geschichte von König Theseus und der Amazonenkönigin Antiope, die beide in ihrer Liebe Betrug und Mord, all die »Unebenheiten« der Welt, den »Schmutz der Planeten« überwinden wollen. Die Amazonenstaaten entstanden bei der Ablösung mutterrechtlicher Herrschaftsverhältnisse durch das Patriarchat. Bachofen, der Theoretiker des Mutterrechts, deutete das Amazonentum als bewaffneten Widerstand der Frauen gegen durch Männer erlittene Schmach und würdigte das Phänomen trotz seiner »wilden Entartung« als »eine wesentliche Erhebung der menschlichen Gesittung«.

Stefan Schütz geht von zwei ideologisch verfestigten, dogmatischen Staatsformen aus: der großmäuligen Männergesellschaft der Griechen und dem von stolzem Männerhaß beflügelten Frauenstaat der Amazonen. Unversöhnlich stehen sich beide Lager am Flusse Thermodon in Waffen gegenüber. Die Anführer der Griechen, die den Amazonen die entscheidende Niederlage bereiten wollen, sind Herakles und Theseus. Der Göttersohn Herakles ist der Mann der Tat. Für ihn sind Mut, körperliche Tüchtigkeit und ungebrochenes Selbstbewußtsein ausschlaggebend. Er will sein Leben und seine Kraft verbrauchen, der Krieg ist seine ganze Lust. Von seiner Göttlichkeit überzeugt, ignoriert Herakles »Menschenzwang«, die irdischen Gesetze von Macht und Ruhm. Er ist eine baalische Natur und macht nur vom Faustrecht Gebrauch. Der Barbar handelt spontan – sein Partner Theseus aber ist der Techniker der Macht, der Stratege, der intellektuelle Kämpfer. König Theseus überlegt, ehe er tötet, er wendet List an, für ihn ist immer wichtig, wen und warum er tötet. Er hat Skrupel und ist Argumenten gegenüber zugänglich. Dem Nationalheld der Athener kann Ruhm nicht gleichgültig sein. Er muß die Amazonen besiegen, um die Rechte seines Throns zu behaupten: »Gemacht zum Helden, erstickt man dran.«

Das Zusammentreffen mit Antiope verändert Theseus. Er zeigt »Schwäche«, die ihn menschlich macht, aber seine Stellung als Herrscher untergräbt. Auf den ersten Blick ist er von seinem Plan überzeugt, die Amazonenkönigin gegen den Widerstand der Athener als seine Frau heimzuführen und ein Zeichen für politische Vernunft zu setzen. Solange seine Leidenschaft für eine Männerlaune gehalten werden kann, wird sie ihm zugestanden. Dann jedoch meldet der Staatsapparat seine Bedenken an, und Athen handelt, wie der »Mann« zu handeln gewohnt ist. Das von Erfahrungen geprägte »Feindbild« der Amazonen bestätigt sich. Antiope, die den unbedingten Männerhaß aufgibt, um etwas Unübliches zu tun und den Widerspruch von Gefühl und Wissen aufzuheben, sieht sich von Theseus im entscheidenden Moment im Stich gelassen. Ihr ist es im Gegensatz zum Mann unmöglich, Liebe und Staatsraison auf einen Nenner zu bringen: »Doch den Geliebten zu erwarten, sehnsüchtig, und mit gleichem Willen seinen Hinterhalt ergründen, dessen bin ich nicht fähig.« Antiope riskiert mit ihrer Liebe alles und scheitert: sie verliert ihr Volk, ihre Schwester und den Mann. Sie unterliegt, weil sie für ihre Liebe einsteht und diese Haltung als Stärke begreift. Sie kämpft nicht für ein sinnloses Leben ohne Tod. Ihre Bereitschaft zum Tod ist ihr Festhalten an ihrer Liebe und der Überzeugung, daß nur Veränderung neues Leben schafft. Nur die Ohnmacht der Opfer zählt.

Theseus zeigt keine Schwäche, wenn er seiner Sehnsucht nach Liebe nachgibt, als schwach erweist er sich erst im Festhalten an der Macht. Er widersteht Antiope, um Sieger bleiben zu können. Der Staat der Athener bleibt in den Fugen: die Männergesellschaft behauptet sich. Hoffnung auf menschliche Herrschaftsverhältnisse gibt der Autor zu verstehen, kann sich nur an den Aufbruch heften, den Frauen wie Antiope wagen.

HEINER MÜLLER: ÜBER DEN DRAMATIKER STEFAN SCHÜTZ

Das erste, was ich von ihm las, war eine dramatische Satire, der Anlaß eher privat, eine Kränkung, die er zu tief empfunden hatte, um keine Satire zu schreiben, das Resultat ein literarischer Bombenanschlag auf ein Theater. Das vom bürgerlichen Standpunkt Unangemessene der Reaktion weist ihn als Dramatiker aus. Kleist ist der deutsche Modellfall.

Inzwischen hat Stefan Schütz ein Halbdutzend Stücke geschrieben. Seine Begabung trägt ihn gelegentlich über das dem Theater hier und heute Mögliche hinaus. Das heißt: seine Stücke sollten gespielt werden, weil sie den Bereich des Möglichen erweitern. Der erste Grund, warum eine Gesellschaft, die den Sozialismus aufbaut, sich den Luxus von Dramatik leistet, ist die Möglichkeit dieser Erweiterung. Theater, als eine Utopie, bleibt lebendig nur solange, wie es sich ständig neu aufhebt. Repertoiretheater ist ein Widerspruch in sich. Mit dem wir noch leben müssen.

Was an den Texten von Stefan Schütz zuerst auffällt, ist das im besten Sinn Theatralische seiner Fantasie: er ist zu sehr Schauspieler und zu stark vom Leben in der DDR geprägt, um für die Schublade zu schreiben. Jedes neue Stück ist ein neuer gieriger Griff nach dem lebendigen Theater. Die Qualität der manchmal betäubend schönen Sprache liegt darin, daß er nicht geprägte Bilder ausmalt, sondern Bewegungskurven zeichnet, die der Wirklichkeit seiner Figuren und Vorgänge neue Aspekte aufzwingen. Die Grundform der Bewegung ist die Spirale, nicht der Kreis. Das hat mit Geschichte zu tun, mit einer kreativen Haltung zur Geschichte. Wenn er aneckt, liegt es daran, daß er hoch hinaus will. Eine Gesellschaft, die auf Produktion orientiert ist statt auf den Verschleiß von Produktivität, hat es mit Dramatik, die komisch oder tragisch aus der Zuspitzung von Widersprüchen lebt, nicht leicht. In der besonderen Art, wie Stefan Schütz mit Widersprüchen unserer Epoche umgeht, die er schmerzhaft tief empfindet, wird zunehmend ein Bedürfnis nach dem Ausgleich deutlich, nach einem Weltzustand, der Drama nicht mehr braucht, außer als freies Spiel von Kräften. Hanns Henny Jahnn hat einem seiner späten Stücke den Satz vorangestellt ALLMÄHLICH IST DIE LIEBE UNSER EIGENTUM GEWORDEN. Der Akzent liegt, hier und heute, auf allmählich, nicht auf Eigentum.

(Aus: Programmheft des Potsdamer Hans-Otto-Theaters, September 1975, zur Uraufführung von »WEDER DER TEUFEL LOS, NOCH STILLE«.)

Botho Strauß

Geboren 1944 in Naumburg/Saale. Aufgewachsen im Ruhrgebiet und in Hessen. Studium in Köln und München. Kritiker und Redakteur bei der Zeitschrift »Theater heute«. Dramaturg an der Berliner Schaubühne am Halleschen Ufer. Botho Strauß lebt heute als freier Schriftsteller. Er hat bisher drei Theaterstücke geschrieben: »DIE HYPOCHONDER« (1971); »BEKANNTE GESICHTER, GEMISCHTE GEFÜHLE« (1974) und »TRILOGIE DES WIEDERSEHENS« (1976).

ROLF MICHAELIS: BILDER DER ERWARTUNG

Das Spiel hat begonnen, längst ehe sich der Vorhang hebt. Es geht weiter, wenn der Vorhang gefallen ist – in der Phantasie der Zuschauer, in unseren (Wach-)Träumen. In der »TRILOGIE DES WIEDERSEHENS«, dem dritten Theaterstück von Botho Strauß, feiern wir Wiedersehen mit lauter alten Bekannten: mit uns selber, unseren Ängsten, Hoffnungen, Erwartungen, Enttäuschungen. Auf kleinstem Raum entwirft Strauß ein Bild der Welt. Ein Sommernachmittag in den Ausstellungsräumen eines Kunstvereins, wo sich die Clique des Direktors zur Vorbesichtigung einer neuen Schau trifft, genügt Strauß, um in diesem Bildersaal eine Bild-Sequenz aus der politischen, sozialen, intellektuellen, emotionalen Wirklichkeit der Gesellschaft unserer Zeit zu entwerfen.

Das Spiel hat begonnen, längst ehe sich der Vorhang des Deutschen Schauspielhauses in Hamburg über der von Dieter Giesing inszenierten Uraufführung hebt: Während die Zuschauer ihre Plätze suchen, sehen sie auf der Bühne Schauspieler, die in Hans Klebers drei hintereinander gestaffelten Räumen einer Ausstellungshalle Bilder betrachten. Einmal schlendern zwei Männer durch den Saal. Nach einem »kurzen Seufzer« spricht einer von ihnen die einzigen Wörter des Vorspiels: »Ja . . . Zwangsläufig.« Dann verlöscht das Licht, und die Aufführung beginnt – mit dem Schließen des Vorhangs. Mit stummem Spiel wird danach die erste Szene eröffnet. Eine junge Frau stürzt in den Bildersaal, »lehnt sich sofort mit dem Rücken an die Wand, wie nach überstandener Flucht«. Ihr auf den Fersen alles andere als ein Verfolger, sondern ein Mann, der sich mit einem Wort der Höflichkeit an sie wendet: »Entschuldigen Sie . . .«

Hier ist alles wichtig: erstes Geräusch (Seufzer der Resignation) und erstes Wort (ernüchterte Anpassung an herrschende Zustände), erste Geste (von fast allen wiederholt: müdes Halt- und Schutz-Suchen an der Wand), erster Hinweis auf Lebens-Situation und Charakter (alle Personen dieser »TRILOGIE« sind auf der »Flucht« – aus der Wirklichkeit) und erste widerspruchsvolle Handlungsführung (der Verfolger naht mit einer Entschuldigung). In den ersten Minuten der Aufführung, wenn kaum jemand schon genau hinhört oder zusieht, ist das ganze Spiel enthalten.

Der Grundakkord einer Melodie der Trauer und Vergeblichkeit, des Fliehens und Suchens nach etwas anderem ist angeschlagen. »Im Grunde wird sich nichts geändert haben«, prophezeit der Galerie-Direktor Moritz zu Beginn. Als die Ausstellung, die er unter dem Titel »Kapitalistischer Realismus« eröffnen will, verboten wird, soll sich etwas ändern: Da redet auch er plötzlich, wie all seine Freunde, von »Flucht«. Moritz will nicht »nach Kanada« ausreißen wie einige seiner jungen Verehrer; er träumt auch nicht gleich, wie ein älteres Drogisten-Ehepaar bei der Betrachtung eines Landschaftsbildes, von einem Ferienhäuschen; er erfüllt sich einen nicht unmöglichen Wunsch. Mit der einzigen Frau der Clique, mit der er noch nichts gehabt hat, will er abhauen, nach Brüssel oder München. Die Flucht endet im Bundesbahnhotel, weil beide die unmöglichen Startbedingungen in das erträumte »neue Leben« erkennen: »Ich wollte auf etwas anderes hinaus«, gesteht Moritz nach der raschen Rückkehr in seine Bilderhölle.

Auf »etwas anderes hinaus« wollen alle Figuren dieses Spiels. Laut träumen alle von einem anderen Leben. »Unser Land hier, das ist einfach kein fruchtbarer Boden für die großen Gefühle«: So klingt es aus dem Mund junger Frauen. »In einer Gesellschaft wie der unseren scheinen die Genuß- und Leidensfähigkeiten des Menschen mehr und mehr zu verkümmern. Das Wagnis der großen Erregungen bleibt weitgehend ungewagt. Wir müssen hart arbeiten für die Wiedergewinnung der Tränen, des verschollenen Lachens . . ., die dem menschlichen Leben und auch dem sozialen Leben neue Kräfte, neuen Reichtum verschaffen . . . Ich möchte hier nicht leben, dort nicht leben«: So klagt ein junger Schriftsteller.

Das sind nicht mehr die Trompeten der Utopie, die vor zehn Jahren noch aus manchen zeitkritischen Stücken zu vernehmen waren. Botho Strauß spricht leiser, genauer. Er verliert die Wirklichkeit, an der er und seine Gestalten leiden, nicht aus den Augen. Das macht die Kraft der Sehnsucht nach etwas Besserem als dem, worunter alle leiden, nur schärfer. Die Menschen dieses Stückes schreiten nicht mit strahlend in die Ferne gerichtetem Blick in eine vage Zukunft, sondern verharren, wie gelähmt oder doch erschöpft, an einer Schwelle ihrer (nicht nur privaten) Existenz. Immer wird in diesem Stück gewartet (bis hin zu der Anspielung in der berühmten Frage von Becketts »WARTEN AUF GODOT«: »Und nun? – Wir warten. – Worauf?«).

Der Dramatiker Strauß gibt nicht vor, klüger zu sein als seine Figuren – oder Zuschauer. Er predigt nicht den Himmel auf Erden, sondern bittet um Aufmerksamkeit für Überlegungen in einem privaten und gesellschaftlichen Wartestand für Kritik an dem »noch« Bestehenden, für Phantasien des »schon« Erträumten. Nicht Utopie ist Grundwort dieses Dramas, sondern Erwartung.

»Erwartung« heißt eines der unheimlichsten Bilder unserer Zeit. 1935 hat es der vor siebenundsiebzig Jahren geborene Richard Oelze gemalt: Vor dunkel schwelendem Gewitterhimmel drängt sich eine Schar seltsam neutraler Gestalten in Hut und Mantel, fast alle mit dem Rücken zum Betrachter; die Unheimlichkeit des Eindrucks einer drohenden Katastrophe ist dadurch gesteigert, daß unter dem schwarzen Hut am unteren Bildrand – schon aus Gründen der Perspektive – kein Kopf mehr stecken kann. An dieses Bild erinnernd spricht der Galeriedirektor Moritz von einer jungen Frau, die ihn mit ihrer Zuneigung seit Jahren verfolgt: »Eines schönen Tages wird sie spurlos verschwunden sein, ohne freilich abzureisen . . . Wie auf dem Bild von Oelze . . . stehen wir da in Erwartung und irgend jemand in unserem Rücken, hinter uns, da wird es immer jemanden geben, der uns warten sieht. Und dann ist es vielleicht sie, auf die wir warten, sie steht in unsererm Rücken und sieht uns still beim Warten zu . . .« Wenig später gibt es eine kurze stumme Szene: Die Clique ist im Saal verteilt und »beobachtet den rechten Durchgang«. Nach dem kurzen Blackout, mit dem Strauß seine Szenen-Miniaturen voneinander trennt, schreibt die Bühnenanweisung vor: »Dasselbe Bild der Erwartung.« Dann kommt durch den rechten Eingang – nicht das Unheimliche, sondern der Drucker mit den Ausstellungskatalogen.

Bilder der Erwartung sind sämtliche 46 Auftritte der 19 Szenengruppen, in die Strauß seine »TRILOGIE« gliedert mit den drei (Akten entsprechenden) Teilen: »Kleine Gesellschaft«, »Niemand Bestimmtes«, »Gute Beziehung«. Erwartung – das heißt für Strauß und seine Figuren nicht passives Dösen, bis irgend etwas geschieht, sondern aktives Aushalten der Spannungen dieses besonderen Lebensaugenblicks zwischen »Noch« und »Schon«, Vergangenheit und Zukunft, Wirklichkeit und Traum. Widersprüche in jeder sprachlichen und szenischen Form gehören zur Struktur dieses Spiels, vom Oxymoron der Rhetorik, der Verbindung widersprechender Begriffe in einer sprachlichen Einheit (»glückstraurig«), bis zur scheinbar sinnlosen szenischen Erfindung.

Paradox ist schon der überraschende Einfall, das Stück nicht mit dem Öffnen, sondern mit dem Schließen des Vorhangs beginnen zu lassen. Das ist alles andere als ein »Gag«. Auch hier, wie in anderen sprachlichen Chiffren, mimischen oder gestischen Zeichen ist das Stück im Kern enthalten, auf seine Formel gebracht. »Am Anfang ist immer der Abschied«, heißt es in diesem Spiel, das für die Widersprüche des Lebens immer neue – scheinbar – einander widersprechende Formeln findet. Da gibt es das eine Wort, mit dem zwei junge, unglücklich verliebte Frauen von ihrem Zustand sprechen: »Glückstraurig«: »Denn wenn wir nicht litten, so erführen wir nicht, was die Sehnsucht will.« Da gibt es die Litaneien, in denen eine andere dieser einmal »Kulturnutten« beschimpften, rat- und tatlosen jungen Frauen, die auf Vernissagen oder Premierenfeiern rumhängen, mal mit Künstlern, mal mit »Kulturmenschen«, immer aber einsam leben, ihr leeres Dasein beklagt: »Ein Maskottchen von euch Kunstgängern, Anhängsel, bezahlt fürs regelmäßige Dabeisein. Müde und einfühlsam. Wißbegierig gleichgültig, erstaunt erschöpft, nachdenklich dumm.« Und da gibt es auch das (Nietzsche-)Zitat, das der literarische Anspielungen liebende Autor seinen Doppelgänger, den kritisch bitteren Schriftsteller Peter, sagen läßt: »Der beste Autor wird der sein, welcher sich schämt, Schriftsteller zu werden.«

Muß man ausdrücklich sagen, dieses aus der Kraft eines für feinste Regungen der Sprache empfindlichen Autors lebende, sich scheinbar nur im Milieu von Kunstvereinen bewegende Spiel sei ein Schlüsselstück für die geistige und politische Situation der Bundesrepublik Deutschland dieser Jahre? Die mangelnde Bereitschaft von Teilen des Premierenpublikums, hinter verschleiernden oder verteidigenden oder aus Schwäche aggressiven Reden der Figuren das aktuelle Thema der totalen Verunsicherung einer Gesellschaft zu vernehmen, die schon kritische Befragung ihrer »Grundwerte« als Angriff mißversteht, ist erschreckend. Unsere von ideologischen Phrasen verklebten Ohren sind (wenn sie sich nicht schon aus Angst verschließen) immer weniger fähig oder auch nur willig, auf Argumente zu hören, wenn sie in einem Kunstwerk und nicht im Leitartikel vorgetragen werden.

Zu solchen Überlegungen nötigt ein an der Oberfläche nur von Kunst redendes, in Wahrheit eminent politisches Stück über Zensur und die für eine freie Gesellschaft viel gefährlichere Selbstzensur. Es waren »Linke«, die ein vermeintlich »esoterisches« Stück am Premierenabend mit solch lauter Hartnäckigkeit niederschrien, daß die Theaterleitung Polizei zum Abtransport der Störer ins Schauspielhaus holte. Es spricht für die demokratische Gesinnung der Mannschaft des Schauspielhauses, daß der Intendant Ivan Nagel sofort zu einer Diskussion über diesen Polizei-Einsatz einlud und sich samt den noch nicht abgeschminkten Darstellern bis weit über Mitternacht hinaus der Kritik stellte. Da spiegelte sich gespenstisch eines der zentralen Themen von Botho Strauß (nicht nur in diesem Stück): die Einbildungen der Realität und die Realität der Einbildungen. »Einbildungen der Realität« – auf diesen harmlosen Titel reduzieren die Freunde von Moritz eine Ausstellung, die als »Kapitalistischer Realismus« geplant – und verboten wurde.

Was wäre zu sehen (und zu hören) gewesen – glücklicherweise –: was ist nach der verunglückten Premiere zu sehen: eine der besten – ganz unverkrampften Aufführungen, die Dieter Giesing an der Kirchenallee zustande gebracht hat, auch wenn er die »TRILOGIE« allzu sehr als ironisch-satirische Boulevardkomödie aus dem Künstler-Milieu präsentiert. Zu kurz kommt die grotesk-irreale Dimension des Stückes, auf die der Satz von Georges Bataille verweist, den Strauß als Motto über sein Stück stellt: »Wenn ich im Herzen der Angst eine befremdliche Absurdität leise wachrufe, so öffnet sich ganz oben in der Mitte meines Schädels ein Auge.« Dabei betritt doch – nach dem Willen des Autors – schwankenden Grund schon, wer den Titel ausspricht, »Trilogie des Wiedersehens«: Der Titel bindet dieses Stück, das dritte, an Straußens beide früheren Spiele »DIE HYPOCHONDER« und »BEKANNTE GESICHTER, GEMISCHTE GEFÜHLE«, verweist aber zugleich auf die Wiedersehens-Erlebnisse, Erinnerungs-Seligkeiten, Déjà-vu-Momente der drei Teile des neuen Stücks.

Mit einer vom Film übernommenen Technik kurzer, kürzester »Einstellungen« (etwa für einen einzigen Satz) gelingt es Strauß, seine Geschichte simultan zu erzählen und den zwischen Dunkelblenden kurz aufscheinenden Gestalten jenen Schimmer von Unwirklichkeit zu geben, der die Imaginationskraft des Zuschauers freisetzt. Diese Szenentechnik stellt hohe Anforderungen an beide, Schauspieler und Zuschauer. Die Darsteller müssen aus dem Stand in die Szene springen, von Null aus den hohen Ton gespannter Auseinandersetzung erreichen. Denn hier sind lauter Nerventiere. In diesem Gruppenbild leben alle mit allen in gereizten Kreuz- und Quer-Beziehungen. Die Zuschauer dagegen müssen sich darauf einlassen, aus dem Angebot oft nur weniger Sätze die Lebensgeschichte der Personen in der Phantasie zu ergänzen.

Was Strauß als Dramaturg für seine Fassung von Gorkis »Sommergästen« der Berliner Schaubühne geschrieben hat, an dessen Durchleuchtung einer Gruppe die »TRILOGIE« erinnert, gilt auch für sein Stück: »Ohne jede Umschweife beginnen fremde Menschen sich in ihre privaten Auseinandersetzungen und Annäherungen zu vertiefen, und der Zuschauer weiß eigentlich nicht so recht, worum es geht.« Mit bewundernswerter Kühnheit beginnt Strauß sein Spiel mit einer Folge von Selbstgesprächen, in denen sich die weibliche Hauptfigur an Moritz wendet, den sie seit Jahren glücklos liebt.

Marlen Dickhoff läßt diese Susanne mit traumwandlerischer Sicherheit auf dem Grat balancieren, wo sich eine Mädchen gebliebene Frau in die Vokabel-Räusche ihrer Künstler-Freunde flüchtet, pseudopoetischen Kitsch quasselt, der für sie doch wahrer Ausdruck körperlicher und seelischer Not ist, und wo eine Frau in Torschlußpanik in den um sich schlagenden Jargon der Männer verfällt, von denen sie ausgehalten, ausgebeutet worden ist. Ihrem flirrenden Spiel gelingt es, in kleinsten Nuancen sprachlichen, gestischen Ausdrucks die Verzweiflung oder das Verlangen der Susanne mitzuteilen, etwa die hoffnungslose Zärtlichkeit der wiederholten Frage: »Hören Sie mich?«, und nach kurzer Wendung des Kopfes und der Beobachtung, daß Moritz nicht mehr hinter ihr steht, die nur aus der Entfernung gewagte Vertraulichkeit: »Hörst du mich?« Marlen Diekhoff und die anderen Schauspielerinnen (Donata Höffer als gescheiterte Malerin, Anne-Marie Kuster als Ausstellungsdämchen auf dem Lesben-Trip, vor allem Margit Carstensen als sanft verdrehte Alkoholikerin an der Seite eines von Fehldiagnose zu Fehldiagnose werkelnden Arztes) zeigen das auch in Erzählungen (»Marlenes Schwester«) bewährte, einfühlsame Talent von Strauß, Frauen in ihrer (trotz aller Verkorkstheit) großen und schönen Kraft zu zeichnen.

Weniger überzeugend ist die Männer-Riege. Vor allem fallen die beiden Doppelgänger-Figuren, Schauspieler und Schriftsteller, die Strauß sein Stück und sich selber kommentieren läßt, aus. Neben E. O. Fuhrmann als kunstbesessenem Drucker, Klaus Steiger und Heinz-Gerhard Lück als komischen Alten, überzeugt nur Hans-Michael Rehberg als nervöser, kaum zuhörender, lieber den eigenen Arien über Kunst lauschender Direktor des Kunstvereins. Mit leiser Komik spielt Rehberg einen sensiblen Kunstschwätzer, der den starken Mann mimt, dem die Frauen zufallen, weil sie seine – sympathische – Schwäche spüren. Jungenhaft schüchtern – und deshalb auftrumpfend – zeigt Rehberg die Hilflosigkeit des Kunstmenschen, der für seine vom Verbot bedrohte Ausstellung über »Kapitalistischen Realismus« keine Minute kämpft, sondern, in der Öffentlichkeit »gescheitert«, in die Arme der nächstbesten Frau flüchtet – auch da Vergeblichkeit schon ahnend.

Strauß stellt vor: eine Galerie scheiternder, sich in Besitz, Rausch, Flirt, Gequassel flüchtende Menschen. Warum wirkt die Bekanntschaft mit diesen siebzehn Leuten keinen Augenblick deprimierend? Weil Strauß seine Gestalten nicht verrät, nicht denunziert, sondern voll Verständnis und Liebe auf die zu ihrer Individualität gehörenden Schwächen blickt. Weil er die Wahrheit jedes Menschen sucht. Dies ist ein noch in seinen Träumen ganz realistisches Spiel. Eine Komödie, aber eine traurige.

(Aus: Die Zeit, 27. 5. 1977.)

Alexander Wampilow

Alexander Wampilow wurde 1937 in dem sibirischen Dorf Kutulik geboren. 1972 verunglückte A. Wampilow tödlich.

LOLA DEBÜSER ÜBER ALEXANDER WAMPILOW

Die Hauptfiguren der vier großen Wampilow-Stücke sind Varianten eines kleinen »Dämon«-Typs mit verlorenen Illusionen: Kolessow (»ABSCHIED IM JUNI«, 1965) ist zwar nur teilweise solch ein Typ, aber Bussygin (»DER ÄLTERE SOHN«, 1967), Silow (»DIE ENTENJAGD«, 1967) und Schamanow (»LETZTEN SOMMER IN TSCHULIMSK«, 1972) sind dies in vollem Maße. Seine Helden vergleicht Wampilow indirekt mit dem »überflüssigen Menschen« der russischen Literatur des 19. Jahrhunderts, mit Puschkins Onegin, Lermontows Petschorin und Gontscharows Oblomow. Auch Wampilow stellt seinen »Helden unserer Zeit« Frauen zur Seite, die sie anbeten und die von ihnen bitter enttäuscht werden. Oft finden wir zudem die traditionellen Attribute: schießende Revolver, Weltschmerzpose, Lebensüberdruß, Fatalismus und Gleichgültigkeit menschlichem Unrecht gegenüber.Wampilow schildert diese »Helden« ironisch, holt sie von ihrem Sockel herunter und zeigt auf: Der Verzicht auf gesellschaftliches Engagement, der vielleicht eine Protesthaltung eines Gutsbesitzers sein konnte, entartet unter heutigen Bedingungen zu einer banalen Parodie und zeitigt entweder üblen Karrierismus (Kolessow) oder Lebensflucht (Silow, Schamanow). Und diese Flucht ist illusorisch, selbstzerstörend und zerstörend für unser ganzes heutiges Leben.

Wer nicht – wie es dem angeblich desillusionierten und angeblich zynischen Studenten Bussygin gelingt – rechtzeitig die »Schwelle« zum Engagement im lebendigen Leben übertritt, wird zu einem Menschen vom Typ des dreißigjährigen Ingenieurs Silow, zu einem lebenden Leichnam. Der boshafte Scherz der »Freunde« Silows – die Geschichte mit dem Totenkranz – ist ein auch von Silow selbst erkanntes ernst zu nehmendes Symbol. In dieser Gestalt toben die extremen Kontraste eines jeden Wampilow-Stücks – romantisiertes Wunschdenken und Verdammung des Lebens – in einer Brust und beleuchten sich wechselseitig in makabrer Weise. Silows Ideal ist die Zweisamkeit mit der Natur. Hier fühlt er sich vom Sumpf seines Daseins erlöst. Dieses Dasein verdammt er selbst am scharfsinnigsten mit der Parabel vom Groschen, die er dem Kellner erzählt, der Parabel von der widerlichen Gleichgültigkeit und Sinnlosigkeit des Lebens. Einmal spricht Silow zutiefst erschüttert, ohne Pose und Maskerade, von der Misere seines Lebens – als seine Frau, die er tagaus, tagein betrogen hat, von ihm geht. Anscheinend reißt für ihn damit die letzte Verbindung zu einem anderen Silow, der er einmal war. Silow bittet Galina, mit ihm zur Jagd zu fahren und mit ihm die reinigende Harmonie der Natur zu erleben, doch seiner aufrichtigen fieberhaften Beichte lauscht hinter der Tür schon eine andere Frau und münzt alles auf sich. Silow nennt diese bezeichnende Situation später einen Witz. Wampilow versteht es, solch einer vaudevillehaften Szene einen tiefen Ernst zu verleihen. Silows Leben ist zum Witz entartet, weil ihm die Flucht als die einzige Alternative zu seinem Versagen erscheint.

Wampilow gibt keinen Menschen auf – nicht einmal einen Silow. Er führt jedes »Experiment« mit dem Ziel durch, dem Verirrten eine Chance zur Besinnung zu geben. Sogar der Hoteladministrator Kaloschin aus der »Sache mit dem Metteur« (1970) hat noch wirklich tragische Züge, als er seinen Irrweg ahnt. Und Silow überdenkt in vierundzwanzig Stunden aufrichtig die letzten Stationen seines Lebens. Das Fazit? Der Selbstmordversuch. Dann wird der Selbstmord abgesagt, und Silow entscheidet sich für die Entenjagd. Ob das eine Entscheidung zur Besinnung, zur Kaltblütigkeit oder zu erneuter Flucht ist, bleibt offen.

Nur zwei Jahre älter als Silow ist der Untersuchungsrichter Schamanow. Auch er könnte ein Silow werden. Schamanow gelingt es bei einem Gerichtsverfahren nicht, die Gerechtigkeit durchzusetzen. Der »belesene Träumer« ist zutiefst erschüttert und innerlich gebrochen. Er flieht – zieht sich beleidigt aus dem etablierten Leben zurück und ignoriert fortan die »Welt«. In einem Provinznest versinkt er in Resignation und Lethargie. Schamanow lebt wie in einem Futteral, und – ähnlich wie der Geographielehrer – füllt er sein Leben mit Warten aus, Warten aufs Dienstauto, aufs Alter, aufs Ende, das er mit Hilfe von Paschkas Blindwütigkeit beschleunigen möchte. Jedoch auf dieser »Flucht« umgibt Schamanow der gleiche Alltag, der nach Einmischung, Verantwortung, Entscheidung schreit. Und so richtet Schamanows Lebensblindheit immer neues Unheil an.

Selbst noch als er von der Wiederaufnahme des Gerichtsverfahrens erfährt, antwortet er resigniert: »Aber Unmögliches erzwingen wollen ist tatsächlich Wahnsinn.« Daß er in eine Situation »an der Schwelle« gelangt, ist das Resultat einer Schockwirkung: Valentinas Liebe trifft ihn vor allem als Anerkennung seiner Realität, an der er schon zweifelte, seiner Persönlichkeit und einfach als ein Wunder des Lebens, von dem er nichts Bemerkenswertes mehr erwartete. Der Verlust der eben erst entdeckten Valentina schreckt Schamanow endgültig aus seiner Lethargie hoch, veranlaßt ihn zur Neubesinnung und zu erneutem gesellschaftlichem Engagement.

Charakteristisch für Wampilows desillusionierte Helden und ihre Stellung im Leben ist ihr Verhältnis zu naiven, gütigen Menschen (vor allem zu Frauen) und zu ihren zynisch-brutalen »Doppelgängern«. Hier zeigen sich weitere Kreise des Wampilowschen »Experiments«.

Onegin und Petschorin waren »dämonisch« neben ihren banalen, romantisch exaltierten Gegenspielern: Lenski und Gruschnizki fielen beim Duell. Die Silows und Schamanows, denen der höhere, aber auch der niedere Lebenssinn fehlt, unterstützen bewußt oder unbewußt diejenigen, welche nur den niederen Lebenssinn haben. Gemeinheit und Grausamkeit können gut neben Egoismus und Gleichgültigkeit gedeihen. Im »Älteren Sohn« agiert neben Bussygin der leichtfertige Individualist Silva. Er nutzt, was von Bussygins »Hochstapelei« abfällt. Und als er begreift, daß dieser nicht sein Bundesgenosse ist, denunziert er ihn. In der »Entenjagd« entwickeln sich die Beziehungen zwischen Silow und dem Kellner zu einer komplizierten Doppelgängerproblematik. Auf das Verhältnis von Dostojewskis Iwan Karamasow und Smerdjakow wird angespielt. Silow beneidet den Kellner wegen der Kaltblütigkeit bei der Jagd, wegen der Fähigkeit, die fliegenden Enten schon als tote anzusehen. Gleichzeitig schaut er auf ihn verächtlich herab und nennt ihn einen Lakaien. Der Kellner haßt Silow, weil dieser ihm überlegen ist und sich vieles erlauben kann, weil er selbst die Frauen »aufhebt«, die Silow seelisch getötet hat (Vera, Irina). Schließlich reflektiert er ganz berechnend auf Silows Boot und lädt dessen Gewehr nach dem mißglückten Selbstmordversuch wieder. Silow weiß um diese Beziehungen (vgl. die Parabel vom Groschen). Aber gerade diesem Mann bietet er, als er völlig einsam bleibt, seine Freundschaft an. Und mit ihm will er die Harmonie der Jagd erleben. Wieder ein Witz.

Auch Sajapin ist eine Variante dieser beiden Doppelgänger. Er ist eine vergröberte Karikatur Silows beziehungsweise eine verfeinerte des brutalen Kellners.

Die Brutalen sind heute – zeigt Wampilow – die potentiellen Denunzianten und Mörder der neuen Petschorins. Doch wesentlich ist zugleich, daß Wampilow den inneren Zusammenhang, die beiden Arten des Egoismus in ihrer wechselseitigen Bedingtheit darstellt.

In »LETZTEN SOMMER IN TSCHULIMSK« erfährt diese Problematik eine gesellschaftlich noch relevantere Ausdeutung. Paschka (übrigens auch ein Jäger!) fühlt sich als »Herr« des Lebens, ihn und seine Tüchtigkeit brauche man überall. Alles ist erzwingbar, wenn man nur hartnäckig genug ist. Zwei extreme Wege werden gezeigt: hemmungsloser Macht- und Besitztrieb und Flucht aus dem gesellschaftlichen Leben und vor jeglicher Verantwortung. Beide können im heutigen Leben weder persönlich erfolgreich noch moralisch und gesellschaftlich sinnvoll sein.

In den vier großen Stücken Wampilows gibt es noch einen durchgehenden wesentlichen Typ: den variierten, aber im Grunde immer selben Typ eines Mädchens, das jugendliche Naivität, tiefen Lebensernst und innere Reinheit verkörpert – Tanja, Nina, Irina, Valentina. Letztere ist als Symbol besonders überhöht. Diese Gestalten, die das ideale Prinzip verkörpern, werden oft von den »Petschorin-Helden« enttäuscht und verraten. An diesen Gestalten offenbart sich besonders drastisch die zerstörende Wirkung jener Menschen, die Ideale und Engagement aufgeben.

Seine Idealfiguren deutet Wampilow weniger aus als die anderen Gestalten. Auf sie trifft etwa zu, was der sowjetische Literaturkritiker Berkowski über Tschechows junge Helden sagt: »Junge Seelen, noch unberührt . . . stellen etwas vielversprechend Nebulöses dar.« Dennoch zeigt Wampilow auch diese Gestalten vielschichtig im indirekten Vergleich mit Typen der klassischen russischen Literatur. Valentina zum Beispiel erinnert in ihrem romantischen Idealstreben und ihrer Liebe zur Natur an Katerina aus A. N. Ostrowskis »GEWITTER«. Einen »Lichtstrahl aus den Wolken« nennt Schamanow sie in Anspielung auf Dobroljubows Worte über Katerina: »Ein Lichtstrahl im finsteren Reich«. Valentinas patriarchalischer Vater mit seinem soliden Haus und Hof hinter hohem Zaun und mit seinem Glauben, dort herrschen zu können, erinnert, obwohl er in der Sowjetskaja-Straße wohnt und Motorrad fährt, noch an einstige Haustyrannen Ostrowskis. Doch wer nimmt diesen Pomigalow heute noch ernst, höchstens ein Metschotkin, der ebenfalls psychologisch der Vergangenheit verhaftet ist. Valentina läßt sich weder vom Vater noch von einem anderen Menschen etwas aufzwingen. Sie ist aus eigenen Erwägungen in Tschulimsk geblieben.

Innerlich lebt Ostrowskis Katerina außerhalb des damaligen Alltags, des in sich geschlossenen »finsteren Reichs«, lehnt dieses entschieden ab und bleibt für sich allein. Ihr Selbstmord ist vor allem ein Ausdruck ihres kompromißlosen Ausbruchs aus dem »finsteren Reich«. In Wampilows Provinz gibt es keine Spur mehr von diesem Reich. Nichts von der grausamen Beschränktheit der alten russischen Provinz. Wampilow kennt daher auch keine satirische Boshaftigkeit. Im Gegenteil, Wampilows Provinz entbehrt nicht der Poesie. Doch ist sie auch keineswegs eine Idylle.

Valentina ist ihrer Umgebung nicht konträr gegenübergestellt. Sie lebt mitten im Alltäglichen und will – trotz der Langeweile der Provinz – nicht ausbrechen. Sie will wirken, verändern, sich engagieren und glaubt an die Erziehbarkeit der Menschen. Daher nimmt sie sich des Vorgartens an. Er verkörpert für sie ein Stückchen Natur und Schönheit. Der Gegenstand ihrer Fürsorge ist natürlich nicht gerade gewichtig, was die Vielschichtigkeit dieser Gestalt, ihre zugleich rührenden und komischen Züge mit bedingt. Sie kennt die Wirklichkeit noch nicht. Kindliche Träume erfüllen sie, in die sie gern flieht. Und auch sie muß ihre Illusionen verlieren. Sie reißt ihren Zaun selbst nieder und geht zu Paschka, nachdem Schamanow ihr seine Lebensphilosophie – nichts könne man verändern und wozu überhaupt – entwickelt hat. Paschka macht sich ihre momentane innere Schwäche zunutze. Ähnlich verhält sich der Kellner in der »ENTENJAGD« zu Irina. Doch die wirklich Schuldigen sind die Schamanows und Silows, denn ihre »Philosophie« der »verlorenen Illusionen« wirkte ansteckend und entwaffnend.

In einer früheren Fassung des »TSCHULIMSK«-Stückes sollte Valentina – wie Ostrowskis Katerina – Selbstmord begehen. Der neue Schluß unterstreicht Wampilows Grundanliegen. Es geht ihm nicht um die Darstellung einer Kluft zwischen Ideal und Wirklichkeit, sondern um die Bewältigung einer Krise, die jeder auf die eine oder andere Weise im Prozeß seines Reifens durchlebt, um die Besinnung auf das ethischmoralische Engagement und die Realität – die einzige wirkliche Lebensmöglichkeit. Daher verdeutlicht dieser Schluß Wampilows Anliegen viel konsequenter als der alte. Es handelt sich um Valentinas erste schwere Lebensprüfung. Sie wird nicht gebrochen, sondern findet die Kraft, sowohl Schamanow als auch Paschka abzuweisen, die an ihr schuldig wurden. Von Valentina geht die Bewegung des Stückes aus, und sie vertritt Wampilows Glauben an die alles überwindende Kraft des Guten. Wenn Valentina sich mit ihrem neuen Wissen um das reale Leben wieder des Vorgartens annimmt, begreifen auch die anderen: So wunderlich und kindlich war ihre Beharrlichkeit gar nicht. Alle, die früher achtlos auf den gewohnten Pfaden des Vorgartens herumtrampelten, empfinden plötzlich den gleichsam symbolischen Ernst von Valentinas Beschäftigung.

Die Geschichte des Vorgartens klingt gewiß wenig nach Epochenproblematik. Es ist vielleicht auch kein Epochenproblem, wenn ein alter Ewenke, der vierzig Jahre seines Lebens gearbeitet hat, sich ohne Rente wieder in die Taiga zurückzieht, weil er nicht die nötigen Papiere beisammenhat und keiner eine Möglichkeit sieht, ihm zu helfen. Wampilow mißt jedoch an diesem Problem – noch mehr als an Valentina und ihrem Vorgarten – alle Figuren seines Stücks und schafft neuartige indirekte Möglichkeiten, wesentliche soziale und historische Aussagen zu entwickeln. Diese Verhaltensweisen der Figuren sind lapidarer Ausdruck von Lebenserscheinungen, die in der Literatur bisher wenig beachtet wurden, im Leben aber nicht selten anzutreffen sind. Der Ewenke ist vergleichbar dem Sarafanow aus dem »ÄLTEREN SOHN«, obwohl sein Los trauriger ist, denn zu Sarafanow bekennen sich so viele Menschen. Jede der handelnden Figuren brauchte den alten Ewenken auf ihre Weise. Und das Versagen ihm gegenüber klagt die Figuren auch in unterschiedlichem Maße an, besonders Schamanow, der vor allem berufen wäre zu helfen, aber auch die anderen, den verbitterten Dergatschow, Sina – alle.

Bedenkt man, was für einen Schaden dieses moralische Versagen anrichtet und wie es den Idealen widerspricht, die wir verwirklichen wollen, muß man anerkennen: Auch das gehört zu unserer Epochenproblematik, zur Forderung des Tages. Gerade in diesem Sinne schrieb auch die Literaturkritikerin Kutschkina in der »Komsomolskaja Prawda« über Wampilow: »Seine zentralen Gestalten sind zentrale wunde Punkte von bestimmten gesellschaftlichen Problemen. Wie es sich für einen Dramatiker gehört, umgeht er diese nicht.«

Im stillen Alltag der Provinz kann Wampilow – Tschechow folgend – den Menschen in seiner Lebensweise, seinen alltäglichen Gedanken, in seinem individuellen Schmerz, in den weniger sichtbaren Konflikten zeigen. Und diese Konflikte tragen – so paradox das klingen mag –, da Wampilow ihre historische und soziale Aussagefähigkeit herausarbeitet, mehr Neues und Wesentliches zur Epocheninterpretation bei als manches Stück mit äußerlich erregenden und neuartigen Sujets. Auf Wampilows Dramatik treffen Gorkis Worte aus einem Brief an Tschechow zu: »Andere Dramen führen den Menschen nicht von den Realitäten zu philosophischen Verallgemeinerungen – Ihre tun es.«

Allerdings gilt das vor allem für Wampilows letzte Stücke. Die frühen waren betont fabelstark und sowohl in Richtung des Grotesken als auch des Romantisch-Utopischen überhöht. Seine letzten Stücke sind psychologische Dramen, in denen nicht mehr das Ereignis waltet, sondern der innere Sinn. Das »Tschulimsk«-Stück ist der Höhepunkt dieser Entwicklung Wampilows. Die unterirdischen Verflechtungen der einzelnen Sujetlinien sind hier so entscheidend, daß der gesamte kompositionelle Zusammenhang des Stückes davon abhängt. »Letzten Sommer in Tschulimsk« – ein Stück von erschütternder Menschlichkeit, Wampilows letztes und reifstes Werk – läßt sich daher besonders schwer erschließen und gab Anlaß zu Mißverständnissen. Ohne Verständnis für den inneren Fluß des heutigen Lebens, der vielschichtig erzählt wird, erscheint die »Fabel« wie eine banale, oft gehabte Geschichte vom Ewigweiblichen, das einen Skeptiker hinanzieht, oder wie romantische Unverbindlichkeiten. Ähnlich wie Tschechow schränkt Wampilow die Rolle der einzelnen Gestalten ein. Und da es auch ihm vor allem um historische Entsprechungen geht, begnügt er sich sogar manchmal – wie gesagt – mit nur schwach angedeuteten Figuren. Die Anlage der Wampilowschen Dramatik als sozialpsychologisches »Experiment« führt dazu, daß sie weniger auf die allseitige Ausprägung eines Charakters zielt als auf die Darstellung der »feinen« Bewegungen eines menschlichen Zustands in einen anderen, der Übergänge zu neuen Zuständen. Und ähnlich wie bei Tschechow wird dadurch ein Licht auf den Weltzustand geworfen. In dieser Dramatik gibt es weder Sprachrohre des Autors noch sogenannte positive Helden. Alle Gestalten unterliegen dem Gesetz der inneren Widersprüchlichkeit. Doch gerade diese polyphone und aufrüttelnde Dramatik bietet jene großen Möglichkeiten der Identifikation und vielfältigen Assoziierbarkeit, die ihre erstaunliche Publikumswirksamkeit erklären.

Die wichtigen Traditionsbeziehungen der Wampilowschen Dramatik sind natürlich mannigfacher, als hier angedeutet werden konnte. Aber die angeführten Beispiele zeigen bereits das Wesentliche: Wampilow vergleicht seine Helden und Situationen mit Helden und Werken der klassischen Literatur, die dem russischen Publikum von Kindheit an vertraut sind, um durch die Betonung der Unterschiede heutige Antworten auf heutige Probleme zu verdeutlichen und zu verallgemeinern.

Auch Wampilows Verhältnis zu Tschechow ist nicht epigonal. Wenn man von einer Tschechowschen Alltagsebene bei Wampilow spricht, darf man nicht übersehen, daß das Verhältnis beider Dramatiker zum Alltag sehr unterschiedlich ist. Tschechow gestaltete den Zerfall einer Epoche. Im kleinen Alltag suchte er Ansatzpunkte für künftiges Leben (daher das Nicht-zu-Ende-Gestaltete, Nicht-zu-Ende-

Gesprochene, Tastende). Die agilen Kräfte des Alltags, die das Leben beherrschen wollen, sind bei Tschechow böse. Die Guten sind die Suchenden, Aufnahmebereiten, die von einem Ausbruch aus der grauen, sinnlosen Alltagsmisere träumen. Diese Tschechowschen Helden wollen sich in die Praxis der bestehenden Welt nicht mehr einmischen, weil sie noch nicht wissen, ob sich Einmischen lohnt. Wampilow geht es primär nicht um künftiges Leben, sondern um unser Hier und Heute. Er fordert dazu auf, sich in diesem hochinteressanten und komplizierten Alltag, in dem der Sozialismus realisiert werden muß, zu engagieren und handelnd zu entscheiden.

Wir stehen erst am Anfang der Auseinandersetzung mit Wampilows Werk. Das Werk selbst ist jedoch bereits abgeschlossen. 1972, zwei Tage vor seinem 35. Geburtstag, ist Alexander Wampilow bei einer Bootsfahrt im Baikal ertrunken. Er stammte aus dem sibirischen Dorf Kutulik bei Irkutsk, wo seine Eltern Dorfschullehrer waren. Sein ganzes Leben – Studium an der Universität, journalistische Tätigkeit, erste Veröffentlichungen seiner frühen Prosa und die Erstaufführungen seiner frühen Stücke –, alles war mit Irkutsk verbunden.

Die dramatische Erschließung seines der Welt noch wenig bekannten sibirischen Alltags ließ ihn weit in die Welt ausschreiten. Sein dramatischer Mikrokosmos birgt noch viele Entdeckungen. Doch bereits heute wissen wir, wie es der sowjetische Dramatiker Alexej Arbusow sagte: »Der Verlust Wampilows ist der schrecklichste Verlust unserer Dramatik in den letzten zehn Jahren.«

(Auszug aus dem Nachwort von Lola Debüser in: Alexander Wampilow/Stücke, Berlin, 1976.)

Moderne Dramatik in »Spectaculum«